社会学名著译丛

反思社会学导引

〔法〕布尔迪厄 〔美〕华康德 著
李猛 李康 译

Pierre Bourdieu and Loïc Wacquant
AN INVITATION TO REFLEXIVE SOCIOLOGY
©Pierre Bourdieu and Loïc Wacquant, 1992
The copyright of the Simplified Chinese edition is granted by the Author.
本书根据芝加哥大学出版社 1992 年版译出

社会学名著译丛
总序

　　学术名著，经典之谓也，通常是指学术大家所撰文本及其思想。中国文化传统强调诗言志、歌咏言、文以载道，在这样的文脉里大家其人与其文本及其思想之间是互为表里、相互佐证的。在中国学术传统里，经典历来居于核心地位，始终是人们关注的中心。或如有人所说，在这一领域，所有后来者都是踩着巨人们的臂膀向上攀登的。言外之意，在社会研究领域，人们讲究传承下的创新，向不轻言"前无古人，后无来者"，更不轻信什么"顶峰"之类。这点与自然科学适成鲜明对照。自然科学追求的是一种科学的真理，它是一种约定性的、假设性的、命题性的真理。这是一种工具性的标准，故它关注真理标准以及证实真理即经验检验的前提——方法论问题。简言之，这是一种有用即被采纳的实用理路。因此，自然科学的某些成就可能在相对较短时间里譬如几年、几十年就会被超越、被颠覆。而社会科学追求的真理首先是一种存在的属性，其次才是一种命题的属性；一个人是否拥有真理，端赖于他与某一"此在"或体现真理的实在是否保有共享关系，因而，这种真理是一种存在的真理，这是一种目的性的标准。存在真理要有意志论的和形而上的预设：意志论预设关乎能对人的行动起激励作用的情感和愿望方面，而形而上预设则有关实在之本质的认识论和本体论方面。这样说并不否认社会研究也有其方法论的方面，而是说它与意志论和形而上相比只居次要地位。不消说，后两方面都与研究者本人的传承、学识、洞见、表达能力等学术修养方面有诸多关联。这也是在社会科学领域大家及其文本居于核心地位的存在理据。

社会学从创立之初，就自我期许要把社会研究变成一门科学并以此作为追求的目标。正是在这种观念影响下，强调以自然科学方法和成就为模本几乎成为这门学科一百多年来发展的主流。但这并不构成实证主义所主张的统一科学观要求社会科学要像自然科学那样仅把经验事实视为思想的源头并减少对经典关注的理由，因为经验主义在关注经验事实的同时却忽略了选择事实所依据的启示性原则。这种启示性原则本身就是一种前提预设，一种本质上先于经验的理性思考。社会科学的探究毫无疑问要以经验事实为依据，但同样明确的是，社会研究除了经验事实之外还要关注能对经验观察提供启示的那些原则，即还要有超越经验的理性思辨。从知识社会学的传统来说，社会学就是这样地处于经验论与先验论、实证论与唯理论之间的对立张力中，因为它所要研究的是由人们的行动结果所造就而成的社会现象；社会现象固然有如一般客观事实那样外在的第一级表层物理结构，但它还有其内在的属人的第二级深层意义结构；它毕竟不只是物理学意义上的物，而且还是由意义动机引发的行动所构成的现象，即社会的物，亦即由观念构成的实在。职是之故，社会学自十九世纪上半期创立迄今一百多年来的发展，不仅在经验观察、量化研究上取得了长足进展，而且在标志人类理智成长的社会理论领域更是江山代有才人出，造就成群星璀璨、相映生辉的繁荣景象。

由这些大家阐发的不同启示性原则之间也有歧见，因为每一种原则都是基于自身原理对外物的一维解释，只要坚持首尾一贯性做到逻辑自洽，就都具有自身的合理性，但又不能自诩是对外物穷尽无遗的把握。这些启示性原则并不具有像自然科学中那种在时间中流动呈线性累积的进步特征，而是一种抽象的、一般性的约定。故科学研究越是抽象化、一般化，其具有的累积性特征就越少。这些启示性原则与其说是关于外在世界的真理性标准，毋宁说只是提供了关于这一标准的最低程度的共识，一个共同的参照点。它仰赖于一个特殊的文化共同体相对一致的利益、旨趣和偏好的支撑，表现了个人从审美上、哲学上、诠释上、观察等方面上对作为现代性之生命的体验、理解和领悟的表意能力。归根到底，作为这些启示性原则之结晶的经典，类似一种顿悟式的人类理智能力的偶然性（个体性）贡献。它或由于对人类精神状态和主观倾向的睿智洞察如涂尔干的宗教社会学之穿透力，或由于对经验世界的复杂性、敏锐性重构如马克思对资本主义和商品及其规律的揭示，或由于对意识形态和道德价值的评判如韦伯对新教伦理的诠释，而成为经典并进入社会科学研究的关注中心，进而构成社会理论中具有范式般指导意义的三大传统，为人类理智在社会领域继续向上攀登奠定了基础。

人们通常把这些大家们在认识社会和解释社会事实所表现出的想象能力、穿透能力和批判能力直白地称为"社会学的学科意识"，意即经由一代代大家们累积起来的学术素养和传承，包括他们强烈的社会关怀的情愫，这些是社会学的"根"或"灵魂"。社会学如果丧失了自己在认识社会和解释社会的学科意识，也就是失掉了自己的灵魂，无异于取消了自己存在的理据。这里强调大家及其文本在认识社会中的核心地位，目的在于克服时下一些号称"实证研究"的著述只罗列经验事实不做理论思考的流弊，避免由此导致对社会现象的单面、一维的理解。对社会学来说，所谓增强学科意识，除了参与、观察变革社会的实践之外，就是要提倡阅读经典、研究大家，舍此别无他途。

商务印书馆几十年来坚持不懈地推介"汉译世界学术名著丛书"，哺育了几代学人，对于促进中西文化交流和提升汉语学界学术水准居功至伟，海内外华人学界同仁有口皆碑。现今又专门辟出社会学名著译丛系列，这一举措对于充实和扩展汉译世界学术名著丛书的规模效应可谓锦上添花，而对社会学知识的普及和提升研究水准不啻雪中送炭，可说恰逢其时。

谨以上述感怀序写于丛书付梓之际，并与社会学界同仁共勉。

苏国勋

于 2006 年岁末

目　　录

前言一 ·······································布尔迪厄　1
前言二 ·······································华康德　4

第一部分　迈向社会实践理论：布尔迪厄社会学的结构和逻辑 ·······································华康德　12

第一节　超越社会物理学与社会现象学的对立············17
第二节　分类体系的斗争以及社会结构与心智结构的辩证关系····22
第三节　方法论上的关系主义························25
第四节　实践感的模糊逻辑··························31
第五节　反对唯理论主义和唯方法论主义：总体性社会科学······39
第六节　认识上的反思性····························48
第七节　理性、伦理和政治·····························60

第二部分　反思社会学的论题（芝加哥研讨班）
·······································布尔迪厄／华康德　99

第一节　作为社会分析的社会学························99
第二节　独特性和恒定性····························116
第三节　场域的逻辑································137

第四节　利益、惯习与理性·················163
第五节　语言、性别与符号暴力·················193
第六节　捍卫理性的现实政治（Realpolitik）·················236
第七节　个人性即社会性·················272

第三部分　反思社会学的实践（巴黎研讨班）··········布尔迪厄　334
第一节　传承一门手艺·················335
第二节　从关系的角度来思考·················342
第三节　彻底的质疑·················356
第四节　双重约束与转换·················370
第五节　参与性对象化·················378

附　录

怎样阅读布尔迪厄·················华康德　398
致谢·················华康德　404
布尔迪厄著作年表·················407
其他参考文献·················421
人名索引·················466
主题索引·················482

译后记·················511
校订说明·················515
重订补记·················516

前言一

布尔迪厄

本书肇始于我在芝加哥大学与一群研究社会学、人类学和政治科学的博士生之间的交流。这些博士生组织了一个为时一学期的研讨班,由华康德负责指导,来讨论我的作品。我与这些博士生的交流就是在这个研讨班上进行的。当我于1988年春抵达芝加哥时,他们先交给我一个长长的单子,上面全是精心设计、清晰准确和有根有据的问题、意见和诘难。然后,我们就在非常融洽的气氛中,对这些在我看来是我研究中最基本的问题逐一进行了详尽的讨论。后来,在芝加哥和巴黎,我与华康德——他总是既穷究不舍又善解深意——花了几个月的时间,以访谈和对话的方式继续并扩展了这种问答活动。

起初有人提出将这些谈话的改写文字汇编成书(其中的一些部分已经以片段的形式在许多刊物上发表了),我最开始有些犹豫不定:以现有的形式将这些带有半即兴性质的陈述和并未充分考虑成熟的反省拿去出版,岂不是有些太过狂妄吗?不过,同时我也感觉到,这些内容广泛的对话成功地解决了我在相当一段时间内一直面对的一个问题,对这个问题我始终没有找到一种好办法来协调其间所涉及的各种相互抵触的限制条件。这个问题就是：如何既系统全面又深入浅出地总结我的研究的核心意图和研究成果？当然，这个问题的成功解决，尤其应归功于华康德对此所做的文字组织工作和提供的大量注释。随着对话的进行，我们逐渐创造出一种混合文体，它将简洁的阐述和口头论述的自由发挥与严格确定的一系列注释糅合成一个整体；这些注释采自书面著作，从而把其中的一些关键因素与口头论述联系起来。我相信，这种文体使我们得以对我的那些基本概念及其相互关系提供一个系统性的画面，而同时又不致囿于思想的学术陈规。因此，本书并不是一个片面简化的理论讲解；相反，就那些对此感兴趣的读者来说，这本书应该能够向他们提供一种方式，引导他们直接领会一个著作体系的生成性原则，而这一著作体系无论就其对象还是方法，都颇为复杂多样；而且可以坦诚地说，它也并不总是"板起面孔教训人"的。

本书中向我提出的那些问题，曾激起过整个大陆的激烈反对和严厉批评。与美国社会科学最先进的研究者进行的友善论辩，迫使我阐明和澄清我观点中的许多预设。以往，法国情况的特殊性曾允许我让这些预设始终隐含在论述的背后而无须阐明。这些论辩给了我一个机会，使我能更充分地展现我的学说的理论目标。出于一种科学的高傲和科学的谦虚（hauteur et pudeur）兼而有之的心态，此前于某种程度上，我一直将这些目标置于我的著作的背景之中。此次访美，我在几所大学都与美国学者进行了论辩，这些论辩既非咄咄逼人又非俯首帖耳，双方以诚相待，彼此都有所启发。这样的论辩正是当下的法国大学所极缺乏的。这些论辩对于我来说，是一种特别的激励，促使我反思自己的著作。更具意义的是，它们帮助我去克服那些我深恶痛绝的倾向，亦即当下巴黎时兴的唯理论主义者的表现癖（theoreticist exhibitionism）的多如牛毛的"表演"；而且正是我对这种倾向的厌恶，促使我对那些试图解决宏大的理论问题和认识论问题的"宏大"理论和"宏伟"话语，采取一种准实证主义的拒绝态度。

最后，我必须请求读者宽恕谈话体裁所造成的一种效果。无疑，这是一种非常令人不快的效果：一个人，作为被提问的对象，就像我们用法语所说的，是"被盘问"（sur la sellette）的，他构成了注目的焦点，不可避免地受着趾高气扬和自鸣得意的诱惑。支离零散的陈述，专横独断的发言，过于简化的评价，所有这些都是谈话的场景所赋予的自由的伴生物。这些问题也许都是不可避免的，但如果谈话的自由能够促使我直陈或暴露隐藏在我的许多科学选择背后的某些弱点，那么它也就起到了应有的功用。

对那些最初参与了在芝加哥大学举行的研讨班的学生，我谨向他们表达我热忱的谢意，他们包括：Daniel Breslau, Josh Breslau, Carla Hess, Steve Hughes, Matthew Lawson, Chin See Ming, Janet Morford, Lori Sparzo, Rebecca Tolen, Daniel Wolk 和 Eunhee Kim Ti。

前言二

华康德

本书很可能会令那些习惯于标准化理论产品的"消费者"困惑不解，也会令那些急于寻觅布尔迪厄著作的一个公式化的简译本——本"布尔迪厄基本思想手册"——的读者失望。本书并不是布尔迪厄社会学的一个全面摘要，也没有对他理论的概念结构做逐一的评注；本书既不是入门指南，也不是一次建构（元）理论的尝试。本书毋宁是这样一种努力，即它力图通过阐明那些支撑布尔迪厄的科学实践的原则，向读者提供理解布尔迪厄著作的内在理路和广博体系的钥匙。

本书的前提是：布尔迪厄从事的事业具有持久的重要意义，这一重要意义并不在于他所提出的一些个别概念、某些实质理论、几条方法论规定或者一些经验性的考察结果，而在于他用以产生、使用这些概念、理论、方法论规定和经验材料，并使之相互关联的方式。借用一对布尔迪厄所偏爱的对立概念来说，正是他的社会学的"做法"（modus operandi），而非"完工的作品"（opus operatum），才最充分地确定了这一社会学的独创性。本书的主旨——也是支撑本书独特结构的理由——就是以各种各样的例子来说明：布尔迪厄作为韦伯所谓的"一个以不同寻常的方式进行思考的研究者和导师"所具有的"通常习惯",从而使我们能体会他那"积极活动着的心灵"(Weber 1949: 41)。

本书的形式是一份"口述出版物"[1],包含了一组主题对话和一段针对研讨班所做的提纲挈领的口述导言,这种形式的设定乃是为了实现上述主旨。作为一种学术交流的媒介,交谈具有大量众所周知的缺陷。[2]它不仅冒着将那些转瞬即逝的言论付诸印行的危险,并且还必须考虑到谈话各方回避问题、运用诡辩和随便转移话题的可能性。但是,如果交谈者能共同努力来避免这些潜在的危险,交谈方式也具有几点独特的优越之处。第一,在交谈中,有可能提出一些临时性的说法,从不同的角度对同一个问题作出分析,并且尝试以不同的方式使用同一个概念,而这些不同的方式可以作为桥梁,帮助我们更充分的理解它们在使用意图和含义方面的复杂性和彼此差异。第二,它有助于在对象领域和对对象的研究工作之间建立起快捷、有效且具有启发性的和谐关联、类比乃至对比关系;而科学工作的常规体制则往往趋向于将这些关系拆散,使对象领域与研究相互分离。当我们所考察的思想像布尔迪厄的理论一样,不仅涵盖了大量经验问题,而且还渊源于许多彼此分离、毫无联系的学术传统,那么上面这一点就尤其有价值。第三,同那种颐指气使、独断专行的标准学术独白[柏拉图《智者篇》中的"大道"(macros logos)]的说教模式相决裂,交谈容许异他性(otherness)、批判,进而容许对白真正地进入文本的核心:通过迫使该思想家对体现在交谈者身上(当交谈者所插入的问题恰巧与读者要提出的问题有所共鸣时,读者就可能把相应的发言者看作自己的化身)的他人的思想作出回应，交谈的方式便能迫使他拒绝将自己封闭在某种具有历史局限性的语言和学术传统之中，从而将他置于一个更为广泛的语义空间（semantic space）。第四，也是最重要的一点，对话可以使读者感知作者何以达致他的立场的心智历程；它特别适于把握实际运作（inactu）的社会学方法。总之，分析性交谈引起人们对研究方式本身的关注，并使作者和读者能够以一种不受常规学术交流固有的监督审查限制的方式彼此沟通，从而弱化了作者的权威地位和读者的被动地位。

本书并非一种总结或概述，相反，它是一种"邀请"或"导引"（invitation），亦即邀请或导引读者与布尔迪厄一起思考，来（再）思考布尔迪厄本人。借用伯格在《社会学导引》一书开篇的一句话（Peter Berger 1966: 7），这意味着本书"是意在被阅读，而非被研究的"。它"勾画出了读者正在被导引或被邀请进入的那个世界，不过很明显，读者如果打算严肃对待这一邀请或导引，他就必须超越这本书本身"。本书是进入布尔迪厄著作的一个跳板，因此，如果把它视为对布尔迪厄其他著述的一个指南或者视作提出和解决各种社会学问题的"工具箱"（tool box，维特根斯坦语），那么它将最富裨益。

本书由三个独立部分组成，但它们相互补充。第一部分是诠释性的或评注性的，第二部分基本是分析性的，而第三部分则以更为具体的社会学训练的问题为出发点。第一部分，通过勾画出布尔迪厄有关知识、实践和社会的理论结构及其学术图景的轮廓，向读者提供了理解布尔迪厄著作的广博体系和内在理路的钥匙。在这一部分，我剖析了布尔迪厄提议用来克服客观主义和主观主义——社会物理学和社会现象学——的二元对立，并用以构建有关（符号）权力（symbolic power）及其多种多样的形式和机制的生成性人类学（generative anthropology）的策略。通过强调布尔迪厄对个人和社会的二元对立的拒弃，我阐明了他在方法论上的关系主义（methodological relationalism），这种方法论上的关系主义揭示出布尔迪厄对社会结构与认知结构的辩证关系进行概念化的整个过程，并确定了他对社会理论与经验研究之间的纽带关系的理解。在第一部分的结尾，我强调指出了布尔迪厄的"认识上的反思性"（epistemic reflexivity）概念所具有的独特内涵，并展示了这一概念与布尔迪厄对理性、道德和政治的看法——简言之，就是支撑他的实践的有关知识分子使命的调控性观念（regulative idea）——之间的内在关联。

第二部分主要反映芝加哥大学研讨班的成就，其间包含了一组精心构思的对话。在这组对话中，布尔迪厄澄清了他的理论研究实践和经验研究实践中的全部要害之处，并以坦白直率和深入浅出的方式对他在这两方面的实践进行了反思。这部分的各个章节回顾了他在20世纪80年代发表的主要研究成果，并且突出了他的著作所产生的一系列认识移置（epistemic displacements）：其中包括，从学院式的社会学到社会学眼光的社会学（sociology of sociological eye）；从结构到场域（field）；从规范和规则到策略和惯习（habitus）；从利益和理性到幻象（illusio）和"实践感"（practical sense）；从语言和文化到符号权力；从超验的科学理性观念到历史主义的科学理性观念，后者旨在使社会科学的各种手段为知识分子自由的政治学服务。总之，这一部分澄清了布尔迪厄所关注的那些核心问题，澄清了他对社会学与哲学、经济学、历史学和政治学之间关系的看法，以及他的智识努力中的那些独特的主张和意图。

这一部分会谈的素材是三年以来我们与布尔迪厄在芝加哥和巴黎（分别用英语和法语）进行的一系列讨论，它的核心部分则来自布尔迪厄对芝加哥大学博士研究生在"布尔迪厄研讨班"上所提出的问题作出的回应。芝加哥大学博士生的跨学科研讨组，花费了1987学年至1988学年的整个冬季的时间来研究布尔迪厄的著作。我通过与布尔迪厄的书面交流，进一步有条理地扩展和补充了这些最初的讨论（甚至重写了其中的一些部分），并将其编辑成一部统一的文稿。

在阐明那些组成这一部分的对话的疑难问题和议题时，我力图既剖析居于布尔迪厄社会学核心地位的概念和理论环节，又考虑它在法国以外读者那里所经常遇到的批评和反对意见。因此我也有意将布尔迪厄和我的交谈设计成这样一种形式，使布尔迪厄的关键论点与那些在英美社会科学中处于显著地位的立场和问题相互对照。在我撰写的脚注中，包含了我对布尔迪厄观点的深入阐释、对以往说法的限定、对某些概念理论的佐证，以及对布尔迪厄其他主要著述[特别是他在《区隔》(Distinction)之后的著作，其中的大部分尚未译成英文]的援引；这些脚注补充了正文的论述。

第三部分以巴黎研讨班的讨论为基础。这是一份经过粗略编辑的改写文字，出自1988年春季布尔迪厄在法国社会科学高等研究院为他的研究生讨论课所做的导论性质的发言。这样的年度讨论课往往有20至30名来自不同学科（因此，在具体叙述中经常涉及语言学和历史学）的学生和研究者参加，还包括一批为数不少的国外学者——每年都有这样的国外学者来到巴黎与布尔迪厄一起研究和工作。以往曾参加过讨论课的成员定期在课上介绍他们的研究成果，并且担任新参与者的非正式导师。

在这一讨论课上，布尔迪厄所追求的，不是去灌输某个确定的理论或一组有限的概念，而是强调一种产生社会学创造力的一般性倾向。他通过颠覆那些业已被接受的教学秩序来实现这一目的：他的教学从实践到告诫（axiometics），从应用返回原理，在他讨论社会学对象所依凭的这一"运动过程"中说明支配社会学对象构建的基本认识论规则。[3] 为了对抗学术训练情境中固有的唯智主义（intellectualist）偏见（并与他的反唯智主义实践哲学保持一致），讨论课从对社会学理性原则的实践理解逐渐提升到对它们的话语把握（discursive mastery）。布尔迪厄倡导并采纳了一种总体性的自我指涉的（selfreferential）教学法，这种教学法坚决反对将理论研究和经验操作割裂成相互分离的活动和领域，因为这种割裂只不过有助于再生产今天已经被接受——并被强制推行——的科学工作的分工而已。

虽然我作为这一对话的参与者和编辑，在本书的第二部分扮演了一个非常活跃的角色，但在第三部分，我则十分忠实原文，以保留布尔迪厄教学实践的讲解风格和实质内容。我对法文原文只做了微小的改动，以尽可能传达布尔迪厄力图通过他自己的口头表述和道德立场来呈现的全部科学态度，并使读者可以身临其境地体验布尔迪厄的教学过程。在本书的整个叙述中，"社会学家"一词都用来宽泛地意指不同的专业化社会科学学科的实践者。我们尽可能交替使用男性和女性的人称代词，但具有潜在的性别歧视的语言并未能完全清除，因为那样做不免会加重翻译的负担，并且增加本书定稿后在行文风格上的困难。

*　　　*　　　*

一种真正新颖的思维方式,即生成性的思维方式,其标志之一就是它不仅能超越最初被公之于世时受各种因素限定的学术情境和经验领域,从而产生颇有创见的命题,而且还在于它能反思自身,甚至能跳出自身来反思自身。布尔迪厄的著作并非没有矛盾、脱漏、张力、困惑乃至未解决的问题,其中许多都是布尔迪厄公开承认的,并且随着本书的展开,它们也许会不断被强调指出。不过,我们对这些问题的讨论绝不是要敦促对社会学的思考进行规范化(normalize)。

　　布尔迪厄一心一意地反对那种为知识正统开路而将思想教条化的做法。反思社会学力图"促使更多的人拿起反抗符号支配(symbolic domination)的武器"(Bourdieu 1980b: 13)。它不可能去要求一种思想的封闭,因为这将导致它的自我毁灭。因此,邀请(或导引)读者与布尔迪厄一起思考,也就必然是邀请(或导引)他们超越布尔迪厄去思考,并在需要的时候通过反对布尔迪厄的观点去思考。如果本书能被读者用作适合于他们自身具体分析的目的的工作工具(instrument of work),它就达到了目标。这意味着,读者不要怕去"使用它,不要怕使它变形,不要怕让它发出呻吟和抗议",一如福柯针对尼采的思想所表示的那种态度(Foucault 1980: 53-54)。

注　释

〔1〕默顿(Merton 1980: 3)认为,"以演讲、讨论课、教学、实验课、研讨会和各种类似安排的形式出现的口述出版物"有很高的认识价值。

〔2〕在美国社会学界,科学监督体制的(实证主义)"教规"强烈压制了自我质

前言二

询和被认为更具"文学色彩"的学术表现渠道（参见 Wacquant 1989c）。对于法国的学术界来说，交谈，至少就其传记形式而言，则比美国社会学界要常见得多。例如，雷蒙·阿隆（Raymond Aron 1981）、列维-斯特劳斯和埃里蓬（Claude Levi-Strauss and Eribon 1991）和杜梅泽尔（Georges Dumézil 1987）都已经发表了他们各自的思想自传。在英语文本方面，福柯（Foucault 1977b, 1980, 1988）和哈贝马斯（Habermas 1986）也都以交谈的方式讨论了他们的作品。布尔迪厄本人（Bourdieu 1980b, 1987a）也已出版了两本包含大量访谈和口述文字的论文集。

[3] 这一"运动"（的方向）与《社会学的技艺：认识论基础》（*The Craft of Sociology: Epistemological Foundations*）一书（Bourdieu, Chamboredon, and Passeron 1973, 英译本 1991）所产生的观点正好相对，本书在许多方面补充和修正了《社会学的技艺》一书（参见布尔迪厄在《社会学的技艺》英译本的跋中对此问题所做的评论）。

第一部分　迈向社会实践理论：布尔迪厄社会学的结构和逻辑

华康德

1　　洞见或透识隐藏于深处的棘手问题是艰难的，因为如果只是把握这一棘手问题的表层，它就会维持原状，仍然得不到解决。因此，必须把它"连根拔起"，使它彻底地暴露出来；这就要求我们开始以一种新的方式来思考。这一变化具有决定意义，打个比方说，这就像从炼金术的思维方式过渡到化学的思维方式一样。难以确立的正是这种新的思维方式。一旦新的思维方式得以确立，旧的问题就会消失；实际上人们会很难再意识到这些旧的问题。因为这些问题是与我们的表达方式相伴随的，一旦我们用一种新的形式来表达自己的观点，旧的问题就会连同旧的语言外套一起被抛弃。

——路德维希·维特根斯坦《札记》

2　　在过去30年里，皮埃尔·布尔迪厄撰写了大量著作。这些著作所涉及的范围十分广泛，已经跻身于战后时代最具想象力和最富成果的社会理论和经验研究之列。经历了一段漫长的潜伏期后,其影响迅速上升,并稳定地扩展到许多学科中,从人类学、社会学、教育研究到历史学、语言学、政治科学、哲学、美学和文学研究。从地域上看,这些著作的影响从法国的欧陆邻国扩展到东欧、斯堪的那维亚、亚洲、拉美和美国。[1] 布尔迪厄的著作,包含了百科全书式的内容[2],完全不拘泥于学科的界限,兼及非常广泛的专业化研究领域(从对农民、艺术、失业、教育、法律、科学、文学的研究到对亲缘群体、阶级、宗教、政治、体育、语言、居住状况、知识分子以及国家的分析)并且能够将许多不同的社会学体裁糅合在一起(从细致入微的民族志描述到统计模型、再到抽象的元理论和哲学论述),所有这些都从许多方面对社会科学现行的学科分工和已被接受的思维方式提出了挑战。

不过更具有深远意义的是,布尔迪厄的整个工作之所以如此不拘一格,正在于他始终孜孜以求,力图超越某些导致社会科学长期分裂的根深蒂固的二元对立。这些二元对立包括看起来无法解决的主观主义与客观主义知识模式间的对立,符号性分析与物质性分析的分离,以及理论与经验研究的长期脱节(Bourdieu 1973c, 1977a, 1990a)。而且,在这一探索过程中,布尔迪厄通过逐渐摸索出一套能够消解上述二元对立的概念工具和方法论手段,逐步抛弃了另外两个近年来占据理论讨论中心舞台的二元对立,一个是结构与能动作用(structure and agency)的对立,另一个则是微观分析与宏观分析的对立。[3] 布尔迪厄不为变幻莫测的学术时尚所动,坚定地认为有可能建构起一门有关实践——特别是有关符号权力——的统一的政治经济学(unified political economy of practice)。这种政治经济学可以有效地将现象学的分析角度和结构性的分析角度结合成为一体化的社会研究方式,既在认识论上做到逻辑贯通,又具有普遍的适用性,即一门康德意义上的"人类学"。但同时,布尔迪厄的理论又是独具特色的,因为它明确地将那些对他人实践进行理论说明的分析者的活动也纳入了它的范围之内(Bourdieu 1982a 和 1988a)。

不过颇为矛盾的是,这一成果虽然在范围和内容上都十分广泛和系统,但却明显是以一种"零敲碎打"的方式被理解和接纳的。加纳姆和威廉姆斯(Garnham and Williams 1980: 209)曾提请人们注意,"对一个内容丰富、完整统一的理论体系和跨越许多领域的相关经验研究,如果采取零碎片面的方式加以吸收……那只会导致对该理论的严重的误读"。他们的告诫现在看来颇有先见之明。如果说布尔迪厄理论中一些被挑选出来的概念(例如文化资本的概念)已经被那些在特定的经验研究和理论领域工作的美国社会科学家所广泛使用,并且已经产生了颇为丰硕的成果[4],那么布尔迪厄的著述作为一个整体仍在被广泛地误解,而且它的整个体系和内在理路仍然有待澄清。它所引发的各种解释芜杂不清,评论彼此对立,反应矛盾不一。这些都证明:布尔迪厄理论从欧洲大陆向英语世界的传播过程乃是对他的理论作零敲碎打的运用和断章取义的理解的过程。

因此,简而言之,英语世界对布尔迪厄著作的吸收,迄今为止一直是围绕三个主要环节进行的,每一个环节都相应地以他的一部主要著作为支撑。[5] 研究教育问题的专家讨论的对象总是《教育、社会和文化的再生产》(*Reproduction in Education, Society and Culture,* Bourdieu and Passeron 1979),人类学家关注的则是布尔迪厄在阿尔及利亚的民族志研究以及《实践理论大纲》(Outline of a Theory of Practice, Bourdieu 1977a)一书所包含的对惯习(habitus)和符号资本理论的论述,而研究文化、审美、阶级的社会学家则盯住《区隔》(Distinction, Bourdieu 1984a)一书不放。每一群解释者都显然忽视了其他解释者的关注或布尔迪厄关于其他问题的研究,以致几乎没有人能够识别出可以将布尔迪厄对上述每一领域的研究和他对其他领域的广泛研究联系起来的理论逻辑与具体内容的有机关联。结果是,尽管近来匆忙翻译了布尔迪厄的许多著作,而且围绕他的作品已经产生了大量二手文献(并且其数量还在迅速增长),但对布尔迪厄思想的理解仍然存在许多疑点。

在对本书主体进行导读的第一部分,我打算提纲挈领地勾画出赋予布尔迪厄的事业以整体的统一性和敏锐的洞察力的基本原理和中心主张。需要预先指出的是:基于一种拒绝将主体与客体、意图和原因、物质属性和符号表象割裂开的非笛卡尔式的社会本体论,布尔迪厄力图克服那种将社会学要么化约为只关注物质结构的客观主义物理学,要么化约为只强调认知形式的建构主义现象学(constructivist phenomenology)的企图,他认为这些化约只会使社会学丧失活力。他本人则采用一种能够同时包容这两种途径的生成结构主义(genetic structuralism)。布尔迪厄不是通过形成一套严格限定的理论,而是通过系统地发展一种社会学方法,来实现这一目的。这一方法主要包括一种提出问题的方式,一套十分简明的概念工具,建构研究对象的程序以及将在一个研究领域中业已发现的知识转用到另一个领域的程序。[6]"尽管(某个)研究的特定对象十分重要,但实际上它并没有应用于这一对象的方法重要,而且这种方法可以应用于无限多的不同对象"（Bourdieu and de Saint Martin 1982: 50）)[7]，因为它被深深地植根于那种持久存在并能够转化的科学惯习的结构之中。[8]

这里首先有两点要预先说明，以防误解。第一，在布尔迪厄的著作和下面我们对他理论要采取的"照相式"的静态说明方式之间，存在着某种矛盾，至少是一种强烈的张力。布尔迪厄的著作始终在不断地发展和演变；随着他循环往复的螺旋式思维在时间和分析空间中的展开，他不停地修正自己的理论，并不断回到那些棘手的问题、对象和区域（sites），重新处理它们。[9]但我们在下文使用的线性的诠释方法，则由于它对于那些对应于布尔迪厄思想发展的不同阶段并因此显示出其不尽相同的理论精致程度的阐述进行了人为的共时性处理，而有可能"冻结"布尔迪厄思想历程中那种螺旋演变的运动过程。虽然布尔迪厄思想的主要意图和力图解决的问题早在60年代中期就已经牢固地确立下来了，但自那时以来，在他的作品中仍然存在明显的变动、转向和断裂。而在本书中，由于我们对其理论结构内在动力机制的淡化处理，所以这些变动、转向和断裂也将在某种意义上被忽略。[10]

第二，无论设想在布尔迪厄和英美社会科学界的重要人物之间存在对立、类似还是传承关系，都可能在无意之间助长那种对布尔迪厄著作作出草率结论或化约式的解读方法，而这往往不利于布尔迪厄的理论精确无误地传入英语世界（参见 Wacquant 1992）。在跨越民族场域的边界译介思想成果的过程中，牵涉到熟识与生疏之间的辩证关系，而对这一关系的处理，往往要冒一些风险。在牵强的同化和富有启发性的类比之间，存在着明确的界限。一方面要在文字上做到清晰可读；另一方面又须忠实准确地传达其形式、内容和学术谱系，这二者之间的两相权衡是十分微妙的。在原则上，我更倾向于前者，并相信读者会始终牢记：布尔迪厄的重要意义在于他科学实践的实际运动，而不在于一个诠释者——不论他多么知识渊博、多么富有技巧——对他的理论所作的共时性说明。

第一节 超越社会物理学与社会现象学的对立

在布尔迪厄看来（Bourdieu 1989a: 7），社会学的任务，就是"揭示构成社会宇宙（social universe）的各种不同的社会世界（social worlds）中那些掩藏最深的结构，同时揭示那些确保这些结构得以再生产或转化的'机制'"。这一宇宙十分独特，形象地说，它的各种结构就像"过着一种双重生活"[11]，以两种方式存在着：首先是存在于"初级的客观性"（objectivity of the first order）①中，其次是存在于"次级的客观性"（objectivity of the second order）之中。初级客观性包括各种物质资源的分配，以及运用各种社会稀缺物品和价值观念（用布尔迪厄的术语说，就是各类资本）的手段；而次级客观性则体现为各种分类（classification）体系，体现为身心两方面的图式，在社会行动者的各种实践活动，如行为、思想、情感、判断中，这些

---

① 在布尔迪厄的作品中，object 往往兼有"客观"与"对象"之义，在本书中，我们往往根据上下文斟酌处理。但读者应注意，布尔迪厄反对主观主义与客观主义的二元对立，因此 object 及我们所译的"客观"或"客体"都没有传统客体主义的强烈实体主义的意涵，而带有浓厚的关系主义色彩。——译者

分类系统和图式发挥着符号范式的作用。社会事实是对象,但也是存在于现实自身之中的那些知识的对象,这是因为世界塑造了人类,人类也给这个世界塑造了意义。[12]

因此,若将这种关于社会的科学理解为一个二维的"关系体系,既包括各群体或阶级间的权力关系,也包括它们之间的意义关系"[13],就必然产生一种双重解读(double reading)。或者更确切地说,这种科学体系必须设计出一套"双焦解析透镜",既吸取每种解读的长处,又避免每种解读的毛病。第一种解读用社会物理学(social physics)的方式透视社会:它将社会看作一种客观的结构,可以从外部加以把握,可以无视居处于其间的人们的各自看法而从物质上观察、测量和勾画这种结构的关联接合。这一立场是客观主义的,结构主义的(始作俑者即涂尔干的《自杀论》,后在法国出现了许多效法者,而在布尔迪厄开始构建其理论的核心命题时,结构主义的效法者中有了索绪尔的语言学、列维-斯特劳斯式的结构主义,稍次之还有阿尔都塞式的马克思主义),它有力地破除了"社会世界透明性的幻觉"(illusions of the transparency of the social world)[14],并与常识理解划清了界限。这样,这种立场便有能力发现男女众生在"生产他们的社会存在"时不得不涉入的"决定关系"(马克思语)。借助统计学、民族志描述或形态学等方法,外在的观测者可以对"未成文的音乐总谱"进行破译和解释,"但正是根据这一未成文的音乐总谱,行动者们(他们每个人都确信自己在演奏自己的旋律)的行动被组织起来"(Bourdieu 1980b: 89):从而,观测者还可以确定这些行动者所遵从的那些客观规律。

这种客观主义立场的主要危险在于：由于它未能考虑这些规律生成方面的原则，所以就容易从模式滑向现实。这就是说，它将自己构建的各种结构看作自主实体，赋予它像真实的行动者那样"行为"的能力，从而使抽象的结构概念物化（reify）了。客观主义只能消极地把握实践，最多只能用"学究"式的对实践的思考来替代行动者的立场，而这只不过是对分析者建构的模式的执行操作而已。客观主义这样做的确有些矛盾，因为他们在方法上已先将行动者对实践所具有的经验搁置一旁，因此只能去揭示那种"学究"的实践观。[15]从而，就在它赖以捕捉到它宣称要把握的现实的那个运动的过程中，它也正在破坏着这一现实的某部分。客观主义充其量也只能产生一个代用的主体，将个人或群体看成被动消极的承受者，支撑着机械地展开它们的自在逻辑的那些力量。

一种关于社会的唯物主义科学，要想避免陷入这一化约论的陷阱，就必须认识到行动者的意识和阐释是社会世界完整现实的一个基本要素。社会确实具有一个客观的结构，但同样千真万确的是，社会在根本上也是由——用叔本华那句名言来说——"表象和意志"构成的。这里的关键在于，每个人对世界都有一种实践知识（practical knowledge），并且都将它运用于他们的日常活动之中。"与自然科学不同的是，完整的人类学不能仅限于建构客观关系，因为有关意义的体验是体验的总体意义的重要组成部分"（Bourdieu et al 1965: 20）。[16]

另一种立场是关注"次级客观性"的主观主义或建构主义，萨特的《存在与虚无》一书体现了这一立场的极端形式，而当下则在常人方法学（ethnomethodology）[1]的文化主义流派中和在一些理性主义色彩较浓的理性选择理论分支中，最为充分地表现了这一立场。与结构主义的客观主义正相反，它认为具有资格能力的社会行动者通过"日常生活里有组织的、富于技巧的实践"持续不断地建构他们的社会世界，而社会现实就是这些"持续不断的权宜行为所成就的"（Garfinkel 1967: 11）。在这种社会现象学的透镜里，个人机警自觉，社会就像是从这些个人的决策、行动和认知中涌现出来的产物；而世界对于这些个人来讲，又是那么亲切熟悉，饱含意义。这种立场的长处在于，它认识到了在社会持续不断的生产过程中，那些世俗的知识、主观的意义和实践的能力扮演了多么重要的角色。它强调了能动作用，还强调了"社会认可的类型化与相关性的体系"的重要作用。正是透过这一体系，人们才赋予他们的"生活世界"以意义（Schutz 1970）。

但在布尔迪厄看来，一种未经重构的社会生活现象学，至少存有两大问题。首先，它将社会结构理解为只是个人策略和分类行为的聚合[17]，从而无法说明社会结构的韧性，亦无法说明这些策略所维系的或是加以挑战的那些自然而客观的构型（configuration）。其次，这种社会边际主义也无法解释现实的社会生产过程本身得以被

---

[1] 此词国内一般译作"民族学方法论""民俗学方法论"或"本土方法论"，这些译法的根据主要在于ethno是民族学的词根。但根据发明此词的加芬克尔本人的解释，ethno是指everyone，即普通人，平常人，与吉登斯常用的layman同义；而method是普通人的方法，即常人方法，而不是与-ology连读指方法论（methodology）。因此，ethnomethodology是指"the study of everyone's method"，即对常人方法的研究，所以译作"常人方法学"较为恰当，既区别于研究"民族文化"的各种民族学科，也区别于一般所说的方法论。——译者

生产的缘由及其所遵循的原则。"如果是为了反对某些机械论的行动观,有必要重新提请人们注意,社会行动者是同时作为个人和集体,建构着社会现实,那么我们同时也必须注意,我们不能忘记行动者并没有建构那些他们在其建构活动中所运用的范畴,而这一点正是互动论者和常人方法学家所经常忽视的"(Bourdieu 1989a: 47)。

一种关于社会的总体性科学,既必须摈弃那种将行动者"打发去度假"的机械结构主义,又必须杜绝目的论个人主义。那种目的论个人主义要么用掐头去尾的"过度社会化了的'文化傀儡'(cultural dope)"[18]的形式来认识人们,要么用多少有些改头换面、精心装扮却仍表现为经济人(homo economicus)的方式来认识人们。客观主义和主观主义,机械论和目的论,结构必然性和个人能动性,这些对立都是虚幻的,每一组对立中的双方都彼此强化。这些对立混杂在一起,掩盖了人类实践的人类学真相。[19] 为了超越这些二元对立,布尔迪厄将那些构成表面截然对立的范式所依凭的"世界假设"(world hypothesis)(Pepper 1942),转变成了一种旨在重新把握社会世界双重现实本质的分析方式中的一系列环节(moments)。由此产生的社会实践理论(social praxeology)[20]综合了"结构主义"和"建构主义"两种途径。[21] 首先,我们将世俗表象搁置一旁,先建构各种客观结构(各种位置的空间),亦即社会有效资源的分配情况;正是这种社会有效资源的状况规定了加诸互动和表象之上的外在约束。其次,我们再引入行动者的直接体验,以揭示从内部构建其行动的各种知觉和评价(即各种性情倾向的范畴)。这里有必要强调指出的是,尽管上述两个分析环节缺一不可,但二者并非完全对等:客观主义的旁观在认识论上先于主观主义的理解。运用涂尔干的"社会学方法"的首要原则，亦即系统地摈弃各种先入之见（preconception）[22]，必须是在从主观立场上对世界作实践领悟的分析之前。原因就在于，行动者的观点会随其在客观的社会空间中所占据的位置的不同而发生根本的变化（Bourdieu 1984a, 1989e）。[23]

第二节 分类体系的斗争以及社会结构与心智结构的辩证关系

一门名副其实的探讨人类实践的科学，不能够只是满足于仅仅在一种社会结构学上再叠加一种社会现象学。同时，这门科学还必须阐明行动者在其日常生活中运用的知觉图式和评估图式。这些图式（各种情境定义、类型、阐释程序）是从哪儿产生出来的，又是如何与社会的表层结构联系在一起的呢？正是在这里，我们接触到了确定布尔迪厄社会学基本思路的第二个基本假设（Bourdieu 1989a: 7）：

> 在社会结构与心智①结构之间，在对社会世界的各种客观划分——尤其是在各种场域里划分成支配的和被支配的——与行动者适用于社会世界的看法及划分的原则之间，都存在着某种对应关系。

---

① mental, 在近来的历史学和一些社会理论中往往译为"心态"。但与侧重分析日常生活中的各种文化形式及普通人观念行为的所谓心态史学不同的是，布尔迪厄继承涂尔干的传统，强调分类体系的重要性，而非文化史学意义上的情感和态度，所以我们译为"心智"。——译者

这当然是对涂尔干和莫斯提出的独创性思想重新进行的系统阐述和概括，而这个观念则是涂尔干和莫斯（Durkheim and Mauss 1963）于1903年在他们俩的经典研究《分类的某些原始形式》中阐述的。在那篇文章中，《社会学年鉴》的创始人涂尔干和他的侄子莫斯提出，原始社会中发挥作用的认知体系就是这些原始社会的社会体系的派生物：理解范畴就是集体表象，而根本性的心智图式则是按照群体的社会结构调整定型的。布尔迪厄则从四个方面入手，扩展了涂尔干这一关于思维体系的"社会中心论"（sociocentrism）的命题。

首先，他认为在传统社会共同体中观察到的认知结构与社会结构间的对应关系，也存在于发达先进的社会中，而发达社会中的这种对应关系大部分是通过学校体系的职能生产出来的（Bourdieu 1967a）。[24]

其次，涂尔干和莫斯理论中的有些地方未能就分类图式的社会决定机制作出合理的因果分析（Needham 1963: xxiv），然而布尔迪厄却提出，由于社会划分和心智图式在生成方面就联系在一起，所以它们具有结构上的对应关系。心智图式不是别的，正是社会划分的体现。随着个人不断接触某些社会状况（这种接触的结果也因此日积月累），个人也就逐渐被灌输进一整套性情倾向。这种性情倾向较为持久，也可转换，将现存社会环境的必然性予以内化，并在有机体内部打上经过调整定型的惯性及外在现实的约束的烙印。如果说，具有次级客观性的结构（即惯习）就是具有初级客观性的结构在身体层面的体现，那么，"从逻辑上来说，对客观结构的分析将扩展到对主观性情倾向的分析，从而消解了一般在社会学和社会心理学之间设置的虚假对立"（Bourdieu and de Saint Martin 1982: 47）。[25]

一门关于社会的充分完整的科学,必须既包括客观常规,又包括这种客观性的内化过程。正是经由这种内化过程,行动者在其实践中注入的各种超个人的、无意识的关注原则或划分原则[①]得以构建。

最后,也是最关键的一个方面,布尔迪厄认为,社会结构和心智结构间的对应关系发挥了至关重要的政治作用。符号系统不仅仅是知识的工具,还是支配的工具(在马克思那里是意识形态的概念,在韦伯那里是神正论)。作为认知整合的运作者,它们根据其自身的逻辑推动了那种对任意武断的秩序的社会整合:"社会秩序的维持在极大程度上是由……有关社会世界的各种知觉范畴的协调结合所保障的。由于这些知觉范畴是根据既定秩序的各种划分(从而也就是根据那些支配者的利益)作出调整的,并为所有按照这些结构而构成的心智所共有,所以它们把各种客观必要条件的表象加诸自身。"(Bourdieu 1984a: 471,英译文有所改动;又见 1971b)这些社会构建的分类图式正是我们借以主动地建构社会的依据,它们往往会体现出相应的结构;透过这些结构,这些分类图式才得以呈现为自然的和必要的,而不是历史偶然的产物,即各阶级、"种族"群体或性别间特定权力平衡的结果。[26]但是,倘若我们承认符号系统是能对构造世界发挥作用的社会产物,即它们不只是照样反映社会关系,还有助于构建这些关系,那么,人们就可以在一定限度内,通过改变世界的表象来改变这个世界(Bourdieu 1980g, 1981a)。

据此我们可以认识到,各种分类系统构成了争夺的焦点,各个个人和群体为此而在日常生活的常规互动中、在发生于政治和文化

---

① 即 principles of (di) vision。作者在这里注意到了 vision(眼光、关注)和 division(划分)的词根联系。——译者

生产的场域中的单打独斗或集体竞争中相互对立。这正是布尔迪厄与涂尔干的问题域分道扬镳的第四个方面。在阶级区分的社会中，将各个群体的表象组织在一起的社会分类体系（例如职业量表或工资量表），"每时每刻都由阶级间的权力关系生产出来，并处于争夺的焦点"（Bourdieu and Boltanski 1981: 149，英译文有所改动）。

就此，布尔迪厄用一种有关分类体系的形成、筛选和强加于人的发生社会学和政治社会学，补充完善了涂尔干的结构分析。社会结构和认知结构具有结构性的关联，并彼此强化。两者间达成的对应关系为社会支配提供了最坚实的支撑之一。各个阶级和其他各种敌对的社会集合体，持续不断地参与这场有关分类体系的争夺，以便强加那种能最大限度地符合其特殊利益的对世界的界定。知识社会学或文化形式的社会学本身就是一种政治社会学，亦即一种符号权力的社会学。的确，布尔迪厄的全部学说可以被理解成一门唯物主义人类学，这种唯物主义人类学探讨符号暴力的各种形式如何发挥特有的作用，影响支配结构的再生产及其转换。

第三节 方法论上的关系主义

所有方法论上的一元论，都声称要确立要么结构要么能动者（agent）、[①]要么系统要么行动者、要么集合体要么个人在本体论意

[①] 有关 agent 与 actor（一般译作行动者）的细微差别，参见下文第二部分第三节[3.7]及相应段落的译注。这里将 agent 译作"能动者"，是考虑到华康德在行文中暗指其他理论家用这个词强调人的能动作用（agency），与结构的外在约束力量相对。——译者

上的先在性。与这些方法论的一元论不同,布尔迪厄主张关系的首要地位。在他看来,上述这类二元论式的抉择体现了对社会现实的常识性观念,这正是社会学必须从自身中祛除的。这种常识性观念植根于我们使用的语言本身,而它则"更适于表达事物而不是关系,呈现状态而不是过程"(Bourdieu 1982a: 35)。埃利亚斯(Norbert Elias 1978a: 113)是另一位有关社会现实的关系性概念的坚定倡导者。他坚持认为,日常语言致使我们"在行动者与他的行动、结构与过程或者对象与关系之间,作出不自觉的概念区分",其结果是妨碍我们把握社会中相互交织的复杂联系的逻辑。[27]社会学家总是在有关社会世界的表象方面,与其他专家——尤其是那些政治家和传媒专家——一争高下,而那些专家又总能从这类常识思考中获得既得利益。这一事实更增强了语言所具有的那种突出实体、牺牲关系的倾向。个人与社会之间的对立(以及转换成方法论上的个人主义与方法论上的结构主义的对立)是那些危害社会学的"毒瘤般的主张"之一。这些预设之所以对社会学有害,是因为它们是不断地由各种政治对立和社会对立所激发的(Bourdieu 1989f)。社会科学并无必要在这些极端间进行选择,因为社会现实既包括行动也包括结构,以及由二者相互作用所产生的历史,而这些社会现实的材料存在于关系之中。

布尔迪厄据此既抛弃了方法论上的个体主义,又拒斥了方法论上的整体主义,以及以"方法论上的情境主义"(methodological situationalism)形式出现的对二者的虚假超越。[28]构成他的社会学立场核心的关系视角并不新颖,而是一种广泛的、"源出多门且形态各异"的结构主义传统的重要组成部分。这一传统可以一直追溯到涂尔干和马克思（Merton 1975: 32），并于战后在皮亚杰、雅各布森（Jacobson）、列维-斯特劳斯和布罗代尔（Braudel）等人的著述中结出了丰硕的成果。[29] 也许正是卡尔·马克思最简明清晰地表达了这一思想，他在《1857—1858 年经济学手稿》（1971: 77）中写道："社会并不只由个人所组成；它还体现着个人在其中发现自己的各种联结和关系的总和。"[30] 布尔迪厄的独特之处在于，他持之以恒地热心推广这一观念。这可以拿他的两个关键观念惯习和场域（它们都指一些关系束）作为例证。一个场域由附着于某种权力（或资本）形式的各种位置间的一系列客观历史关系所构成，而惯习则由"积淀"于个人身体内的一系列历史的关系所构成，其形式是知觉、评判和行动的各种身心图式。

同艾布拉姆斯（Philip Abrams）、曼（Michael Mann）、蒂利（Charles Tilly）一样，布尔迪厄也戳穿了"社会"这一观念的空泛本质，并代之以场域和社会空间的观念。在布尔迪厄看来，一个分化了的社会并不是一个由各种系统功能、一套共享的文化、纵横交错的冲突或者一个君临四方的权威整合在一起的浑然一体的总体，而是各个相对自主的"游戏"领域的聚合，这种聚合不可能被压制在一种普遍的社会总体逻辑下，不管这种逻辑是资本主义的、现代性的还是后现代的。与韦伯所论述的"生活秩序"（Lebensordnungen）很相像，社会生活在现代资本主义里将自身分割为经济、政治、审美、知识等不同的生活秩序（Gerth and Mills 1946: 331-359）。每个场域都规定了各自特有的价值观，拥有各自特有的调控原则。这些原则界定了一个社会构建的空间。在这样的空间里，行动者根据他们在空间里所占据的位置进行着争夺，以求改变或力图维持其空间的范围或形式。这一简要定义有两个关键特征。第一个特征是，场域是诸种客观力量被调整定型的一个体系（其方式很像磁场），是某种被赋予了特定引力的关系构型，这种引力被强加在所有进入该场域的客体和行动者身上。场域就好比一个棱镜，根据内在的结构反映外在的各种力量：

> 场域内产生的各种效应，既不是杂乱无章的行动的纯粹叠加，也不是某种协调计划的整合后果。……正是游戏①的结构，而不是机械性聚集的简单效应，构成了那种累积行动所产生的客观的集合性效应所具有的超越性的基础，这一点已为许多与意图相逆反的例子所揭示。[31]

场域同时也是一个冲突和竞争的空间，这里可以将其类比为一个战场。在这里，参与者彼此竞争，以确立对在场域内能发挥有效作用的种种资本的垄断——在艺术场域里是文化权威，在科学场域是科学权威，在宗教场域是司铎权威，如此等等——和对规定权力场域中各种权威形式间的等级序列及"换算比率"（conversion rates）的权力的垄断。[32] 在这些争夺的过程中，该场域本身的形塑和划分成为核心焦点。这是因为，改变各种资本形式的分布和相对分量，也就相当于改变此一场域的结构。这样考虑场域，就使所有场域都具备了某种历史性的动态变化和调适能力，避免了传统结构主义毫

---

① 关于布尔迪厄使用"游戏"（game）一词的用意，请读者参见第二部分第三节 [3.2] 及以下。——译者

无变通弹性的决定论。例如，布尔迪厄在有关70年代法国政府住房供应政策在地方上的贯彻实施情况的研究（Bourdieu 1990b: 89）中认为，即使是"科层活动"这一看起来不可变通的公共科层部门中的组织逻辑，也包含有相当大的不确定性，包含了各种策略的相互作用。他认为，任何场域"都将自身体现为各种可能性——报酬、获益、利润乃至制裁的可能性——的结构，但也始终隐含了某种程度的不确定性。……即使是在那些充满各种普遍规则和法规的领域，玩弄规则、寻求变通也是游戏规则的重要组成部分"。

那么，社会生活为什么又如此具有规律性，如此具有可预见性呢？如果说外在结构并不机械地约束着行动，那么又是什么赋予了行动以行动的模式呢？惯习这一概念给出了部分答案。惯习是一种结构形塑机制（structuring mechanism），其运作来自行动者自身内部，尽管惯习既不完全是个人性的，其本身也不是行为的全部决定因素。用布尔迪厄的话来说（1977a: 72, 95），惯习就是"生成策略的原则，这种原则能使行动者应付各种未被预见、变动不居的情境……（就是）各种既持久存在而又可变更的性情倾向的一套系统，它通过将过去的各种经验结合在一起的方式，每时每刻都作为各种知觉、评判和行动的母体发挥其作用，从而有可能完成无限复杂多样的任务"。[33] 作为外在结构内化的结果，惯习以某种大体上连贯一致的系统方式对场域的要求作出回应。惯习是通过体现于身体而实现的集体的个人化，或者是经由社会化而获致的生物性个人的"集体化"，因此这一概念接近塞尔（Searle）所说的"行动中的意向"（intention in action）（1983：尤见第三章）[34] 或乔姆斯基的"深层结构",只不过这一深层结构并不是某种人类学意义上的不变因素,而是在历史中建构的、植根于制度的并因而是一种作为社会性变量而存在的生成性母体(参见 Bourdieu 1987d)。它是理性的运作者,但只是一种实践理性的运作者。这种实践理性是某种社会关系的历史系统内在固有的,并因此超越了个人。它所"经营"的策略是系统性的,然而又是特定的,其原因是这些策略的"促发"正源自它们与某一特定场域的遭遇。惯习是创造性的,能体现想象力,但又受限于其结构,这些结构则是产生惯习的社会结构在身体层面的积淀。

因此,惯习和场域这两个概念都是关系性的,这一点尤其意味着只有在彼此的关系之中,它们方能充分发挥作用。一个场域并不像在阿尔都塞式的马克思主义那里那样,只是个僵死的结构,或"空洞的场所"的聚合,而是一种游戏的空间。这种游戏的空间只是在下述意义上才存在,即那些相信它所提供的酬赏并积极寻求这种酬赏的"游戏者"投身于这一空间。故此,场域理论若要完备,就需要一种社会行动者的理论:

> 只是因为存在着行动者,才有了行动,有了历史,有了各种结构的维续或转换。但行动者之所以是行动着的,有效力的,也只是因为他们并没有被化约为通常那种根据个体观念而理解的个人;同时,这些行动者作为社会化了的有机体,被赋予了一整套性情倾向。这些性情倾向既包含了介入游戏、进行游戏的习性,也包含了介入和进行游戏的能力(Bourdieu 1989a: 59)。

反之，惯习理论若无结构观念来为行动者组织化了的"即兴表演"留出空间，那也是不完善的。要想理解这种"即兴表演"的"社会艺术"（莫斯语）是由什么构成的，我们需要转而讨论布尔迪厄的社会本体论。

第四节 实践感的模糊逻辑

布尔迪厄关于社会的哲学拒绝在外在与内在之间、意识与无意识之间、身体和话语之间作出明确的截然区分，从这个意义上说，他的社会哲学是一元论的。他的社会哲学努力寻求捕捉没有意图的意向性（intentionality without intention），没有认知目的的知识（knowledge without cognitive intent），捕捉行动者通过长期沉浸于社会世界之中而对其所处社会世界获得的前反思（prereflective）的下意识的把握能力（这正是布尔迪厄的理论如此关注体育运动的缘由；例见Bourdieu 1988f），捕捉那些能够界定真正的人类社会实践的东西。布尔迪厄有所选择地借鉴了胡塞尔、海德格尔、梅洛-庞蒂等人的现象学，以及后期维特根斯坦哲学，但却摈弃了笛卡尔式社会本体论中的一些二元对立——身心之间、知性与感性之间、主体与客体之间、自在（En-soi）与自为（Pour-soi）之间，以求"回归那个我们凭借生存这一简单事实而与之发生接触的社会，那个在任何客观化[①]活动之前就不可分割地被我们负载于身的社会"（Merleau-Ponty 1962:

[①] 客观化（objectivation）即对象化，使之成为（研究）对象。受法国巴什拉以降的科学哲学的影响，布尔迪厄十分强调社会学研究中研究对象构建的问题。——译者

362)。布尔迪厄特别借鉴了梅洛-庞蒂的一些思想——有关主体与世界之间的前对象性接触(preobjective)的固有的肉体性，以图重新引回身体，作为实践意向性的源泉，作为根植于经验的前对象性层面上的交互主体意义(intersubjective meaning)的源泉。他的社会学是一种结构的社会学，并综合了有关"世界和我们的生活具有先于判断表述的统一性"(Merleau-Ponty 1962: 61)的某种现象学思想。[35]这种综合的实现乃是依凭这样的方法，即将社会化了的身体视为一种理解的生成能力和创造能力的宝库，视为被赋予了某种结构形塑潜力的一种"能动的知识"形式(Jackson 1983)的载体，而不是某种客体对象。

社会行动者与世界之间的关系，并不是一个主体(或意识)与一个客体之间的关系，而是社会建构的知觉与评判原则(即惯习)与决定惯习的世界之间的"本体论契合"(ontological complicity)——如布尔迪厄(1989a: 10)晚近指出的所谓相互"占有"(mutual possession)。"实践感"在前对象性的、非设定性①的(nonthetic)层面上运作。在我们设想那些客体对象之前，实践感所体现的那种社会感受性就已经在引导我们的行动。[36]通过自发地预见所在世界的内在倾向，实践感将世界视为有意义的世界而加以构建。这种自发预见的方式与球类比赛中具有良好的"场地大局观"(field vision)的运动员颇为类似。这些运动员沉浸在行动的狂热之中，凭着直觉对他

---

① 设定性(thetic)是一个重要的现象学概念，指社会成员对某种给予物的"存在信念"，可以说，第一个客观对象化的行为都是"设定性的"，都认定了客观对象的"存在"。设定性可以说是自然态度的一个重要特征。而前对象性的层面则有非设定性的特征。——译者

的队友和对手的活动迅速作出判断,他们的行动和反应的方式都是"灵感式"的,无须事后认识和计算理性的助益。梅洛-庞蒂所举的橄榄球运动员的例子(1963: 168-169)值得在此详细引证,因为它十分清楚地表现了这种"无须概念的内聚力"。无论何时,一旦我们的惯习适应了我们所涉入的场域,这种内聚力就将引导我们驾轻就熟地应付这个世界。

> 对于运动中的运动员来说,橄榄球场地不是"客观对象"这样一种理想术语。"客观对象"可以引发无穷多样的视角观点,并在其种种表面的变形中保持其同一。运动员眼中的场地遍布着各种约束线(lines of force)("码线","罚球区"界线),被分割联结成各种区域(双方之间的"开球区"),这些都要求运动员采取某种确定的行动类型,并推动和引导着他们的行动,尽管看起来好像运动员对此浑然不觉。场地本身对运动员来说并不是给定的,但是表现得就如同是他的实践意向中内在的部分一样。而运动员也融入这片场地,体会"攻门得分"的方向,这种体会如此直接,打个比方,就好像成了他自己身体的水平或垂直的方向。光是说意识融入这一环境氛围或许并不充分,此时此刻,意识不是别的,正是环境氛围与行动的辩证关系。运动员所做的每一个动作都调整了场地的特征,并建立了新的进攻线路。行动反过来在新的范围内展开、完成,并再次改变了作为现象被感觉到的场地。[37]

所谓"实践感"是先于认知的。它从现有状态中解读出场域所包孕的各种未来可能的状态。由于过去、现在和未来在惯习里彼此交织、互相渗透，所以可以把惯习理解成一种虚拟的"积淀状况"（sedimented situations），它寄居在身体内部，听候人们将它重新激发出来（Mallin 1979: 12）。[38] 不过，以上引文之所以耐人寻味，还在于它挑明了布尔迪厄的实践理论与梅洛-庞蒂的行为理论之间，存在着两个重大差别。在梅氏那里，不存在客观的要素，橄榄球的"场地"仍旧只是一种纯粹的现象感受形式，完全是从行动中的行动者的立场加以把握的。[39] 其结果是妨碍考察运动员的主观理解与所进行比赛的潜在的客观构型和规则之间的相互作用关系。就像涂尔干的客观主义一样，梅洛-庞蒂的哲学在建立内在结构与外在结构——这里是指运动员对比赛的认识与场地里的实际分布——之间分析上的牢固关联方面也无能为力，重蹈覆辙。此外，在橄榄球比赛中，由裁判员执行的约束性规则并不是争夺的对象，同样，比赛场地的界限也不是队与队之间（或比赛者与也许想要参与比赛的旁观者之间）争夺的对象。总之，梅洛-庞蒂未能论及橄榄球比赛的主观结构与客观结构的双向社会生成过程。

最后，有必要在此强调，惯习所产生的行动方式并不像根据某种规范原则或司法准则推演出来的行为那样，具有严格的规律性，事实上也不可能如此。这是因为"惯习是含混与模糊的同义词，作为一种生成性的自发性，它在与变动不居的各种情境的即时遭遇中得以确定自身，并遵循一种实践逻辑，尽管这种逻辑多少有些含混不清，但它却勾勒出了与世界的日常关联"。所以，我们应当避免从惯习的生产过程中试图挖掘出比它们实际上所包含的更多的逻辑："实践逻辑的逻辑性只可以提炼到特定的程度，一旦超出这种程度，其逻辑便将失去实践意义"(Bourdieu 1987a: 96)。[40]如此说来，社会学独特的困难所在，正是要产生一种关于这种不甚明确、含混不清、夹缠一处的现实的精确科学。要做到这一点，它的概念就最好是多型的、弹性的、可调整的，而不是限定的、精确的、严格使用的。[41]

惯习和场域的概念使布尔迪厄得以摈弃个人的自发性和社会约束、自由和必然、选择和责任之类的虚假问题，从而避免了在个人与结构、微观分析 [布鲁默、科尔曼（Coleman）]与宏观分析 [布劳（Blau）、斯考克波尔（Skocpol）]之间进行人们所熟知的那种抉择。[42]这些抉择会促成某种极端对立的二元性社会本体论："人们并不是非得在结构与行动者之间，或场域与行动者之间作出选择（这种场域赋予在事物中客观化的或在个人身上身体化的那些特征以意义和价值；而那些行动者则在如此界定的游戏空间中操作调整自己的特性）"(Bourdieu 1989a: 448)，亦无须在资源空间中的位置与这些位置的占据者的社会化了的冲动、动机和"意向"之间作出选择。

正如布尔迪厄避免了微观理性同宏观功能主义之间的争论，他也摈弃了屈服和抵抗的抉择。这一对抉择在传统上划定了被支配文化（dominated cultures）的框架问题，而且在布尔迪厄看来，它还有碍于我们充分理解一些实践和情境，这些实践和情境通常受限于屈服与抵抗这对提法所具有的内在的模棱两可且带有偏见的本质。如果抵抗的手段只是竭力声张那些使我成为被支配者的特性本身，把它作为"我的"特性加以强调（根据"黑即为美"[①]这一典范口号），

[①] "黑即为美"，是60年代美国黑人民权运动中一些较为激进的分支的"口号"。——译者

那么这就是抵抗吗？这就像英国无产阶级的后代就曾声称他们的阶级文化催生男性气概并以这一理想为名骄傲地放弃就学（Willis 1977）。另一方面，倘若我努力抹去任何有可能暴露我的出身根底的痕迹，掩饰任何有可能使我永远停留在现有的社会位置上的特征（口音，生理素质，家庭关系），那么我们应把这称为"屈服"吗？在布尔迪厄看来，这是一种"无法解救的矛盾"，铭刻在符号支配的固有逻辑之中。"抵抗可能是走向异化，而屈服也许是通往解放。这就是被支配者的两难困境，他们也无从摆脱这一困境"（Bourdieu 1987a: 184）。

但布尔迪厄并不限于指出这样一个事实：被支配者的被排斥和被压制，正是他们自身合作的结果。他解释这一合谋现象（collusion）的途径避免了庸俗心理主义或本质主义，而拉博埃西（La Boétie）的"自愿奴役"说却流于此弊。解决这一难题的出路，在于对性情倾向的历史起源进行分析。产生这些性情倾向的那个世界的客观结构与这些性情倾向，在结构上是对应的。正是这种结构的对应关系，给不平等提供了基础，从而为被支配者"设下陷阱"，而在貌似公允的文字表面上，根本看不到这种不平等的任意和武断。

> 如果可以恰如其分地提请人们注意，被支配者总是为他们自身的被支配出了一份力，那么也有必要随即指出，将他们导向这种契合关系的那些性情倾向也正是体现在身体层面上的支配他们的效果。（Bourdieu 1989a: 12, 引者自译，着重号为引者加。）

因此，工人、妇女、少数民族和研究生们的屈服，在绝大多数情况下，并不是经过深思熟虑的或自觉地向经营管理者、男性、白人和教授们的无情力量作出退让；正相反，这种屈服源于他们的惯习与他们身在其中、进行实践的场域之间无意识的契合关系，它深深地寄居于社会化了的身体的内部。事实上，它体现了"社会支配关系的身体化"（Bourdieu 1990i）。

至此我们可以清楚地认识到，那些将布尔迪厄的实践体系（economy）理解成一种一般化的经济决定论的人（例如 Jenkins1982, Honneth 1986, Caillé-1987a, Miller 1989, Gartman 1991），或者更为糟糕地将其理解成理性选择理论的某种变体的人[43]，正是对布尔迪厄社会学的双重误读的受害者。首先，他们把意向性和有自觉意识的目标筹划的理念塞进策略概念之中，从而把行动改造为以明确认识到的目标为旨、合乎理性地组织起来并深思熟虑地加以引导的行为；而真正的行动只是与某些"利益"相吻合，并具有被这些利益激发的潜在可能。[44] 其次，他们对具有历史可变性的利益观念加以限制，不是将其理解为人们对既定社会游戏的社会建构起来的关注与参与欲求，而只是看作追求经济利益或物资实利的不变习性。[45] 这种意向论者和功利主义者的双重化约，掩盖了布尔迪厄推动的这场充满矛盾悖论的分析运动。布尔迪厄正是通过惯习、资本和场域这三重概念——它们在减少功利和意识的成分的同时扩大了利益的范围——推动着这场思想运动。

布尔迪厄总是不遗余力地强调，他的实践体系既不是意向论的，也不是功利主义的。正如以上所论述的那样，他坚决反对那种将个人的自愿选择的意识作为行动动力的意识哲学的目的论。所谓策略,他指的是客观趋向的"行动方式"的积极展开,而不是对业已经过计算的目标的有意图的、预先计划好的追求(比如Coleman 1986);这些客观趋向的"行动方式"乃是对规律性的遵从,对连贯一致且能在社会中被理解的模式的形塑,哪怕它们并未遵循有意识的规则,也未致力于完成由某位策略家安排的事先考虑的目标。[46]

布尔迪厄又力图用利益概念[他后来逐渐用幻象(illusio)概念来代替利益的概念,近来又代之以里比多(libido)的概念]来达到两个目的。第一个目的是要与社会行动的"入魔"(enchanted)观照划清界限。这种"入魔"式的观照角度执迷于所谓工具性行为与表现性行为或规范性行为之间的人为对立,而对引导那些似乎"无所用心"的行动者的各种各样隐藏的非物质的利益形式却视而不见。第二个目的是布尔迪厄还想要表明,激发人们、驱使人们、纠缠人们去行动的,正是这种无所用心的状态;左右人们的刺激,也正源于某些特定的场域,除此无他;因为每个场域都赋予利益这个空洞的范畴以全新的内容。一位从未涉足平民健身房或是卷入小酒馆的拳脚之争的中产阶级学者,很难一眼看到促使亚无产阶级的那些毛头小伙高度评价并渴求进入拳击这种带有自毁性质的行当的拳击利益或兴趣(libido pugilistica)。反过来,来自城市贫困区的一位高中辍学生,也不能体会那些知识分子为什么要专注于社会理论的深奥争论,或者为什么如此关心概念把戏的最新进展,原因就在于这位辍学学生的社会化过程从未对上述这些活动给予什么较高的评价。人们之所以对他们遭遇的现时所限定的某些未来的后果"萦绕于心",只是其惯习激发他们、推动他们去体会这些后果、追求这些后果所致。就这一用语的通常理解来说,这些后果可以是完全"超功利性的"（disinterested）。正如我们在文化生产场域中，亦即在这个"倒置的经济世界"（economic world reversed，见 Bourdieu 1983d, 1985d）里可以明显看到的那样，以物质利益为目的的行动被全盘贬低，并施以否定性的约束。换言之，

> 所谓为了描述由各种可能的经济形式（economies）组成的世界而拒斥经济主义，就是要避免在"超功利性"与纯粹物质的和狭隘的物质经济利益之间作出选择。这就为我们提供了满足充足理由律的手段。所谓充足理由律，就是说若无存在的理由（raison d'être），即若无利益，或者——若你更喜欢这样说——若无对某项游戏、赌赛、幻象、承诺的投入，也就没有行动。（Bourdieu 1990a: 290，英译文略有改动）

第五节 反对唯理论主义和唯方法论主义：总体性社会科学

从对社会学主题的这种关系性观念和反笛卡尔式的观念出发，自然而然地要求社会学必然是一门总体性科学（total science）。社会学必须构建维持人类实践基本统一性的"总体性社会事实"（Mauss: total social facts），[47]这种"总体性社会事实"所涉及的人类实践兼跨各种支离破碎的学科断片、经验领域和观察分析技术。正是出于这一理由，布尔迪厄反对早熟的科学专业化和它所带来的琐碎的劳动分工；惯习赋予实践以一种系统性和一种能穿越上述各种区别分化的内在关联性；与此相应，各种社会结构也同时在它们的各个向

度上,不分彼此地维系或改变社会结构自身。在研究各种集团在不断演变的阶级结构中如何通过发展各种再生产策略或(资本)转换策略维持或改善他们的地位时,上面所说的实践的"总体性"表现得最清楚(Bourdieu and Boltanski 1977; Bourdieu 1974a, 1978b 和 1984a: 99-168)。阶级的再生产策略和转换策略形成了一个自成一类的体系,除非人们依据一定的方法,将(平常用彼此分离的科学和相互脱节的方法论来分析的)社会生活的各个领域联系起来,否则不可能把这些策略理解为这样的一个体系。就《国家精英》(La noblesse d'Etat, Bourdieu 1989a: 373-420)所考察的统治阶级来说,上述那些生活领域包括生育、教育、(医疗)预防、经济投资和世袭财产的传承、各种社会投资的策略(其中,联姻策略占有举足轻重的地位),最后还有各种社会正义论(sociodicy)[①]的策略,它们力图为统治阶级的支配及其据以立足的资本形式提供合法性。尽管这些策略并非深思熟虑的策略性意图的产物,更不是什么集体性阴谋的产物,但它们与时间上的承继、代际间的互赖和功能上的连带之间具有客观的关系,正是这种客观关系,使得只有总体化了的知识才能阐明它们的内在结合与外在关联。一旦我们认识到社会策略潜在的统一性,并将它们看作一个动态的总体,我们就能够理解:

在理论分析与经验研究之间,在定量手段与定性方法之间,在统计记录与民族志观察之间,在把握社会结构与构建个

[①] 布尔迪厄用 sociodicy 与宗教中的 theodicy(神正论)相类比,指出发达社会中的教育体系像中世纪的宗教一样为阶级统治提供一种"正义论"的合法性。——译者

体之间所存在的这些为人们熟知的对立,原来是这么具有人为性。这些非此即彼的选择毫无用处,只不过是为唯理论主义那些空洞无物却又言之凿凿的抽象概括和实证主义虚有其表的严格观察提供一个正当性理由,或者作为经济学家、人类学家、历史学家和社会学家之间的分工,将他们在能力上的局限合法化:这就是说,这些对立以一种社会监察制(social censorship)的方式运作着,它们会妨碍我们去领会某种真相(a truth),而这一真相恰恰存在于因上述分工而被武断地予以割裂的实践的各个实践领域之间的关系之中(Bourdieu and de Saint Martin 1978: 7)。

根据"总体性社会事实"这一概念,我们就不难看出为什么布尔迪厄要大声疾呼,反对目前正困扰着社会科学的两种彼此对立、但又相互补充的错综复杂的研究方式,即"唯方法论主义"(methodologism)和"唯理论主义"。唯方法论主义可以定义为这样一种倾向,即把对方法的反思与方法在科学工作中的实际运用脱离开,并完全出于方法自身(而非具体实际的研究)的缘故而锤炼方法,即为方法而方法。布尔迪厄在"方法论"——被理解为与日常进行的经验研究相割裂的一门独特的专业——这一概念中看到某种形式的学院习气(academicism),它通过将方法从对象中错误地分离出来(abstracting,源于拉丁语 ab-trahere,意即"分离")的方法,把对象的理论建构问题化约为经验指标和经验观察的技术操作问题。这种方法论拜物教把"方法论并非科学家的导师或教诲者"而"总是科学家的学生"的告诫(Schutz 1970: 315)抛在脑后,因而被谴责为它只是在为社会预先构建的对象披上科学的外衣，并不惜招致科学"盲见和短视"的危险："观察技术和证明技术的复杂性，如果不伴随加倍的理论警醒，就很可能使我们看到的东西越来越少"（Bourdieu et al. 1973: 88）。[48]事实上，它很可能转变成"为艺术而艺术"，或更糟糕的是，转变成一种方法论帝国主义（methodological imperialism），也就是说，用现成的分析技术和手头现有的资料来强行对对象进行界定（例见 Rossi 1989）。这样，方法论逐渐变成了一种潜在的社会理论（theory of the social），它使研究者的行事方式就像卡普兰（Kaplan 1964）所说的深夜醉鬼，这个醉鬼丢失了他房间的钥匙，却坚持要在最近的一盏路灯杆边寻找它，因为他觉得只有在那里光才最亮。布尔迪厄所批评的并不是方法论工具技术上的复杂性，而是方法论力图用不加思量的技术锤炼来填补理论见解匮乏所产生的真空的做法。[49]

布尔迪厄针对方法论的立场源起于最初他作为"人类学家兼社会学家"所受的实践训练。早在他初出茅庐开创职业生涯的时候，他就逐渐兼容并蓄又细致入微地通晓了民族志方法与统计分析两种方法。在1958年至1962年期间，他在阿尔及利亚作为一个（很大程度上是）自学成才的人类学家的第一次实地研究经验，以及他与法国国家统计与经济研究所（INSEE）的统计专家的合作（后来他又曾与来自"法国数据分析"学派的数理统计专家合作），这两者结合起来，使他具有了一种对方法论一元论和绝对论根深蒂固的厌恶。因此布尔迪厄便宣称他"坚决反对站在宗派的立场上否定这样或那样的研究方法"（Bourdieu 1989a: 10）。[50]布尔迪厄的这一经历也使他相信，搜集资料的活动——或更准确地说，是生产数据资料的活动——的实践组织和开展工作,是与对象的理论构建密切联系在一起的,它们不能被降低为由受雇的打下手的人、政府的调研官员或研究助手从事的"技术性"工作。[51]构成社会科学家活动的那些工作的习俗等级制只不过是一种社会等级制,它最终根植于一系列彼此对应、相互强化的对立范畴,包括高等与低级,心智与身体,脑力劳动与体力劳动,"从事创造"的科学家与"应用"例行程序的技术人员之间的对立。这一等级制不具有认识论上的根据,因此必须予以抛弃。

有必要说明的是,布尔迪厄所提倡和实践的方法论上的多元论并不意味着费耶阿本德(Feyerabend)等人的认识论无政府主义或达达主义①中所说的"怎么都行",而更接近于奥古斯特·孔德(Auguste Comte)很久以前教导我们的那样[52],所使用的各种方法必须与所要处理的问题相适配,并且必须在实际应用中,在采用它们来解决具体问题的运用过程中,不断地对它们进行反思。这样,布尔迪厄攻击"方法论"的要害就清楚了:不能使对象的构建活动脱离对象构建的工具以及对这些工具的批判。

像方法一样,被恰当理解的理论不应该与哺育理论的经验研究工作以及为理论持续指导和塑造的经验研究工作相互割裂。正如布尔迪厄将实践的实践向度恢复为知识的对象,他也希望重新将理论

---

① 达达主义(Dadaism),20世纪初期在西方流行的一种先锋派艺术,特征为完全抛弃传统,主张采用任何方法(如幻觉、抽象等方法)进行创作。费耶阿本德自称是一个"达达主义分子,而不是一个严肃的无政府主义者"。参见《反对方法——无政府主义知识论纲要》,费耶阿本德著,周昌忠译,上海译文出版社1992年版第V页注③。——译者

的实践方面看作一种知识生产活动。布尔迪厄的作品充分证明他对理论工作并无敌意。他时刻准备反对的是为理论本身的缘故而进行的理论工作，即"为理论而理论"的工作，或把理论的体制（institution）看作一个孤立的、自我封闭和自我指涉的话语领域——也就是伯克（Kenneth Burke 1989: 282）所谓的"言语的学说"（logology），即"有关言词的言词"（words about words）。布尔迪厄没有时间从事这种脱离了经验工作的实践约束和各种现实的炫耀性的理论工作，而且，也不怎么热衷于"概念持续不断的分裂繁殖和组织这些概念的无休止的文字游戏"（Mills 1959: 23），而这种倾向却是当代大多数理论工作的标志，尤其是"元理论"工作的标志。[53] 布尔迪厄自己与概念的关系是一种实用主义的关系：他把这些概念看作被设计用来帮助他解决问题的"工具箱"（维特根斯坦语）。但这种实用主义并没有为到处泛滥的概念折中主义［像特纳（Jonathan Turner 1987）所捍卫的"分析理论工作"中进行的那样］打开大门，因为这种实用主义定位于上文扼要论述的一系列有限的理论假设和实质考虑之中，并受这些理论假设和实质考虑的控制。

也许对于许多人来说，布尔迪厄在批判那些被他称为"唯理论主义的理论"（参见下文第二部分的第五节）时看起来不免过于严厉。布尔迪厄这么做的部分原因在于，他的批判是针对一种特定学术环境作出的反应，在这种学术环境中，传统上一直对那些精通哲学和理论的学者奖掖有加，而同时却助长了对经验主义的强烈抵触情绪（虽然今天在"理论主义的欧洲"和"经验主义的美国"之间的对立更多来源于学术陈规与文化迟滞相结合的产物，而较少来源于有理有据的详尽比较）。在美国，自从40年代以来，"工具实证主义"的统治地位就几乎没有受到什么挑战,而社会学与哲学两个独立的学科之间的接壤又一直是极端脆弱的,如果"理论家们"迫使整个学术场域承认理论是受压制的一极,那么他们可能会履行一种更积极的功能。不过近些年来,理论的复兴和自主性发展(Giddens and Turner 1987; Alexander 1988:特别是89—93; Ritzer 1990b)已经进一步扩大了纯粹的思想家和那些经常被蔑称为"玩弄数据游戏的自得其乐者"(number crunchers)之间的鸿沟。[54]正如西卡(Sica 1989: 227)所评论的:"这两种文化在社会学中都根深蒂固,看起来任何一方都不可能放弃寸土尺地,除非我们画饼充饥式地希望:渗透着理论的经验研究开始在研究院占据确定无疑的地位,并且将一直延续始终。"[55]

在布尔迪厄看来,当今社会理论的缺陷并非源于亚历山大所诊断的所谓未能实现"预设的一般性"和"多向度性",而源于一种科学劳动的社会分工,这一分工将社会学对象的构建过程的各个环节割裂、物化并分化成彼此分离的专业领域,并据此助长"狂妄大胆却缺少严格精确性"的社会哲学和"严格精确却想象力贫乏"的极端经验主义式的实证主义。虽然在原则上,布尔迪厄可能会支持他们所宣称的意图,但他相信,根本不能指望社会理论孤注一掷地从不以具体经验研究的实践作为基础的"理论逻辑"出发。引起人们对"科学争论中的压制异议的危险"的关注,强调"在有关行动和秩序问题的最一般性的预设层面上多向度思想的重要性",并鼓吹形而上的信念、方法论的信念与经验的信念的"相对自主性"(Alexander 1980—1982, Vol.3: xvi)这些固然不错,但如果这些观点不是对"实际存在的"科学实践进行反思的一部分(这些反思旨在变革科学实践的社会组织形式），那么它们仍不过是卖弄辞藻而已。[56]

与他那受过严格训练的方法论多元论一样，布尔迪厄对理论与经验研究的分裂所持的反对意见也是由以下几方面因素的交织作用形成的：他的社会轨迹、他的基本科学惯习，以及塑造了这一惯习并最初予以检验的特殊事态（这一事态也加强了布尔迪厄对最基本的科学操作的敏感）。当他对早年（50年代末）在阿尔及利亚从事的实地研究进行反省时（载于 Honneth, Kocyba, and Schwibs 1986: 39, 英译文有改动），布尔迪厄解释说：

> 在这场骇人听闻的战争中，只做一个参与性观察者是有愧疚的，我想有所作为，以消除我在良心上的愧疚……这种多少有些令人不悦的感受在学术领域也有所表现，可能这正是我在阿尔及利亚进行活动的理由。我无法满足于仅仅阅读几份左翼报纸或签署几份请愿书；我必须以科学家的身份来做些事……我不能满足于只是读读书、去图书馆。在一个关键性的历史处境里，每时每刻，每项政治声明、每回讨论、每次请愿，都与整个现实利害攸关，这时处在事件的核心以便能形成个人的见解是绝对必要的。不论它可能有多危险——事实上确实很危险。我去观看、去记录、去摄影：我从未接受将研究对象的理论构建与一组实践程序——没有这些实践程序，理论就算不上真正的知识——相分离的观念。

祭用技术魔法，玩弄概念辞藻，这些做法掩盖了严格的对象构建工作的匮乏，也遮蔽了对常识性概念的采用，因此它们都无助于推进韦伯所说的"具体现实的经验科学"（Weber 1949: 72）。事实上，方法论禁令和概念拜物教不光是对立，它们还可以相互"勾结"，有组织地阻止人们去努力解释现存社会和历史。[57]

有必要强调指出的是，布尔迪厄并不是在呼吁要比默顿更多强调理论与经验研究的"相互作用"。在默顿这位《社会理论与社会结构》的作者看来，"在社会理论和经验研究之间存在双向的交流。通过为理论设定任务，并为理论提供遵循经常不可预见的思路来进行阐释的机会，系统的经验材料有助于促进理论的发展；反过来，通过指出经验发现得以成立的有效条件，社会理论界定经验发现的范围并扩展经验发现所具有的预测价值"（Merton 1968: 279）。这种说法将战后美国社会学特有的理论家和调查研究学者之间所存在的那种科学"分野"视为当然，并认可这是一种不容争辩的既定的社会学实践秩序。在默顿撰写这篇文章时，这种"分野"体现在帕森斯和拉扎斯菲尔德（Lazarsfeld）两个影响巨大的人物身上[58]，并进一步因现行的学术界科层组织和对专业化技能的奖赏活动而得到了强化。[59]在美国的社会学界，理论与调查研究这两极一直处于截然分离的状态，只是通过二者之间广泛的相互作用才有所缓和。但布尔迪厄的观点与此不同，他倡导理论构建与实践中的研究操作之间的融合。布尔迪厄并没有试图用一种更加紧密的方式将理论工作与经验研究联系起来，而是要使理论工作与经验研究彼此以最彻底的方式相互渗透。而且这一主张也并非一个炫耀性的借口，用以抬高布尔迪厄本人技能的地位，似乎他的技能是一种具有普适意义的标尺，能够衡量杰出优异的才能。相反，这一主张认识到了"实际存在"的社会科学实践的固有结构，而正是这种结构，不论你是否愿意承认，不断地将概念和知觉、反思与观察融汇在一起。[60]

布尔迪厄坚持认为，每一项研究工作都同时既是经验性的（它面对的是由可观察的现象组成的世界），又是理论性的（它必须构思有关现象所具有的根本关系结构的假设，而这些关系结构正是各种观察所欲加以把握的对象）。甚至最微不足道的经验操作——一种测量尺度的选择，一次编码方面的判断决定，构建一个指标，或在问卷中纳入一项问题——也会涉及有意无意的理论抉择。与此同时，最抽象的概念困惑如果不通过系统地联系经验现实，也不可能得以充分地澄清。最超凡脱俗的理论家也不能不花费精力去"胼手胝足地与经验琐事打交道"（Bourdieu 1984a: 511）。当然，理论将一直保留一定程度的认识优先性，因为，就像巴什拉在《新科学精神》一书中所说的（Bachelard 1984: 4），"认识论矢量"（epistemological vector）是"从理性到现实"。[61] 但在这里，承认理论的优先性并不会导致矛盾，因为布尔迪厄并非以一种逻各斯中心（logocentric）的方式，而是以一种实践的方式来理解理论本身的：对于他来说，理论并不存在于话语性的命题中，而是存在于科学惯习的生成性性情倾向中。[62]

第六节　认识上的反思性

如果说存在着一个使布尔迪厄能够在当代社会理论的图景中出类拔萃的单一特征的话，那就是他引人注目的对反思性的迷恋。从他早期在他土生土长的比利牛斯山脉中的封闭村庄内对当地婚姻习惯所进行的调查研究（Bourdieu 1962b, 1962c），到他对学术圈子

(Homo academicus gallicus)——作为他社会地位攀升的结果,他加入了这个圈子——的探求(Bourdieu 1988a),布尔迪厄一直不断地将他的科学工具转而针对自身——即使他所运用的方式并不总是能为他的许多读者所直接察觉。特别是他对知识分子和社会学的对象化"观注"(gaze)方式的分析,就像他对作为社会权力斗争工具和斗争舞台的语言的剖析一样,非常直接地体现了一种对作为文化生产者的社会学家的自我分析,以及对一种有关社会的科学之所以可能的社会历史条件的反思(Wacquant 1990a)。反过来,他对知识分子和社会学的对象化"观注"方式的分析也是以他的这种自我分析和反思为基础的。

不过,布尔迪厄并非第一个,也不是唯一一个倡导反思性观念的社会理论家。事实上,有不少学者到处主张"反思社会学"[63],而且,如果不经进一步的说明,"反思社会学"这一标签含糊得几乎毫无意义。科学返回(re-flectere 意味着"折返")科学本身到底会带来什么?反思的焦点是什么?怎样实现反思?出于什么目的进行反思?我将在下文指出,布尔迪厄式的"反思性"风格,在三个决定性的方面与其他学者不同。也许可以首先粗略地把这种反思性定义为将有关学术实践的理论纳入整个社会批判理论,成为其不可分割的组成部分和必要条件。布尔迪厄与其他倡导反思性的学者的不同,首先表现在他的反思社会学的基本对象不是个别分析学者,而是根植于分析工具和分析操作中的社会无意识和学术的无意识;其次,他的反思社会学必须成为一项集体事业,而非压在孤身一人的学究肩上的重负;而在第三个方面,他的反思社会学不是力图破坏社会学的认识论保障,而是去巩固它。布尔迪厄的反思性远不是要削弱客观性，而是旨在扩大社会科学知识的范围，增强它的可靠性，正是这一目标，使布尔迪厄主张的反思性与现象学的、文本的和其他"后现代"形式的反思性（Platt 1989, Woolgar 1988）分道扬镳。

反思性概念的范围包括自我指涉、自我意识、叙述或文本的构成要素之间的循环关系，等等。例如，布卢尔将反思性等同于学科性的自我指涉，他写道："原则上，[知识社会学的]解释模式应该可以运用于社会学本身"（Bloor 1976: 5）。而伯杰的观点（Bennett Berger 1981, 1991）则是，反思性促进了自我意识，并有助于确定作为社会成员的民族志记录者和作为分析学者的民族志记录者之间的角色距离（role distance）（就戈夫曼的意义而言的），从而削弱对对象的任何非认识性投入。伯杰从里斯曼的《孤独的人群》一书中获得了启示，将反思性定义为"借以超越于他人取向（other-direction）和角色承担的一两个心理步骤，因为反思性与众不同的关注点就是质疑他人取向和角色承担这些过程；一个人对在自己身上进行他人取向和角色承担的过程所产生的后果有所意识，而反思性就是要全力对这样的意识作出思考，[从而]逐渐接近社会科学的梦想：成为完全超然的观察者"。对于常人方法学家（Garfinkel 1967, Cicourel 1974）来说，反思性，与"索引性"（Indexicality）一样，是社会行动至关重要的构成性特征，亦即一种被纳入有组织的日常生活活动整个构造之中的"可以被诘问的现象"。常人方法学家用"反思性"这一概念所指的是：因为人们普遍采用，而且必须采用各种"常人方法"来赋予日常事务中的实践以意义，因此，社会行动必定是可说明的（accountable），并且，对现实的说明和现实本身互为对方的构成要素。[64]。吉登斯（Giddens 1984, 1987, 1990b）依次在三个意涵上使用"反思性"这个概念，并含有三个指涉范围，即行动、科学和社会。如果主体是一种"观念性的动物"，拥有"反过来针对"自身并监控其自己行动的能力，那么就可以说他们是反思性的。社会科学产生的知识被"注入"到它所描述的现实中，在这个意义上，我们可以说社会科学是反思性的。[65]最后，如果社会的演进使社会具有控制和规划其自身发展的能力［这正是图海纳（Touraine）用"历史性"（historicity）概念所涵盖的观念］，那么就可以说社会是反思性的。[66]上述所有观念所缺乏的是作为社会学工作的必需条件和特定形式的反思性观念，按照这一观念，反思性即是社会科学实际运用的认识论方案，而且作为一种必然的结果，反思性即是一种视知识分子为占被支配地位的支配形式（dominated form of domination）①的操纵者的理论。

这一认识论方案的独特之处，通过将布尔迪厄的反思性概念和古尔德纳［也可参看弗里德里克斯（Friedrichs 1970）和奥尼尔（O'Neill 1972）的类似概念］的反思性概念加以对照，可以看得十分清楚。对于《西方社会学面临的危机》（Gouldner 1970: 483）的作者来说，反思社会学肇始于这样一个"非常基本的假设，即理论是由人们的实践以总体方式所创造的，并为他们经验的生活所塑造"。反思社会学要求一种自觉的自我指涉，所以它以"社会学家对自身及其在社会世界中的位置的知识"为基础（同上书，489）；反思社

---

① 布尔迪厄认为在发达资本主义社会中存在两种支配方式，一种以经济资本为基础，是支配的主导形式，即占支配地位的支配方式；另一种以文化资本为基础，是支配的从属方式，即占被支配地位的支配方式。——译者

会学以一种类似预言实践的方式（参见古尔德纳对这一术语的运用），旨在创造一种新的文化生产者，他们能够生产出一种具有政治自由倾向的社会学。[67]与伯杰相同，古尔德纳将私人，亦即社会学家的"主我"("I")作为反思性的关键——既是反思性的对象（或者说"靶子"），也是反思性的承担者。[68]布尔迪厄也承认这种关注的重要性：揭示分析者投入他或她的研究的社会倾向和个人倾向是值得嘉赏和不可或缺的。但布尔迪厄发现，这一观念的出现没有捕捉到改变社会学知觉方式的关键机制。因为它忽视了另外一些知识的局限，这些局限主要与分析者在学术场域中的成员资格和位置联系在一起。[69]

更准确地说，布尔迪厄指出，有三种类型的偏见会导致社会学的观注点（gaze）模糊不清。第一种偏见是其他倡导反思性的学者业已指出的偏见：个体研究者的社会出身和社会标志（阶级、性别、种族等）。这是最明显的偏见，因此较容易通过相互批评和自我批评的方式加以控制。第二种偏见就很少为人们所识别和考虑：它与分析者所占据的位置密切相关，这种位置不是指在较广泛的社会结构中的位置，而是在学术场域这一"小世界"中的位置，以及此外在权力场域中的位置。这里的所谓学术场域，也就是在一个既定时刻向分析者提供的可能的学术位置的客观空间。社会学家的视角像其他所有文化生产者一样，总是在某些方面归因于他们在一个场域中的处境，在这个场域里，学者通过他和与其竞争的其他某些对手之间的差异与距离，在某种程度上是以关系的方式来确定自身的。进一步说，社会科学家的处境接近权力场域的被支配一极，并因此受到那些影响所有符号生产者的吸引力和排斥力的摆布（Bourdieu

1971d, 1988a, 1989a）。

但第三种偏见才是布尔迪厄对反思性的理解中最有原创性的部分。唯智主义偏见（intellectualist bias）诱使我们把世界看作一个旁观的场景（spectacle），一系列有待解释的意指符号（significations），而不是有待实践解决的具体问题。这种唯智主义偏见比那些根源于分析家的社会出身或在学术场域中的位置的偏见更根深蒂固、更具歪曲性，因为它可能导致我们完全忽视实践逻辑的"种差"（differentia specifica）（Bourdieu 1990a, 1990e）。无论何时，只要我们未能对"那些深深嵌入我们对世界的思考的事实中的预设（这些预设认为要思考某一行动我们就要从世界和世界中的行动中隐退出来）"（Bourdieu 1990e: 382）进行系统的批判，我们就有可能错误地瓦解实践逻辑，使之消解于理论逻辑之中。[70]既然这些预设已经内化于概念、分析工具（谱系学、问卷、统计技术等）和经验研究的实践操作（诸如常规编码方式、"清理数据"的程序，或实地工作的纯经验方法），那么反思性所要求的就更多是坚持不懈的社会学分析和对社会学实践的控制，而不是思想上的内省（Champagne et al.1989）。

因此，对布尔迪厄来说，反思性并非主体以黑格尔式的自我意识方式[71]或以常人方法学、现象学社会学和古尔德纳所捍卫的"我本学视角"（egological perspective）（Sharrock and Anderson 1986: 35）对主体自身的反思。相反，布尔迪厄的反思性概念要求对"那些思想的未被思考的范畴"进行系统的探索，因为正是这些范畴"界定出可以思考的范围，并预先确定思想的内容"（Bourdieu 1982a: 10），而且还要引导社会调查研究的实践执行过程。布尔迪厄的反思性概念所要求的"返回"超出了经验主体的范围，而要延伸到学科的组织结构和认知结构。恰恰在对象构建的工作中,所必须不断地予以详查深究和中立化(neutralized)的,正是深嵌在理论、问题和(特别是不同国家的)学术判断范畴之中的集体性科学无意识(Bourdieu 1990j)。我们据此可以认为:反思性的主体最终必然是作为一个整体的社会科学场域。由于公开争辩和相互批评的对话的展开,日益客观化的主体从事的对象构建工作不再是由这一工作的发起人孤立地进行,而是由构成科学场域的所有彼此敌对和相互补充的位置的占据者共同进行的。如果后者是要生产和奖励反思性的科学惯习,它必须真正地在培训、对话和批判性评价的机制中将反思性予以制度化。与此相应,正是社会科学的社会组织,作为一种同时深刻地体现在客观机制和心智机制之中的制度,成了改造性实践(transformative practice)的目标。

显而易见,布尔迪厄并不具有那种"阐释主义怀疑论的心态"(Woolgar 1988: 14),这种心态对某些人类学家所倡导的"文本反思"(textual reflexiveness)起到了推波助澜的作用。这些人类学家近来日益迷恋该领域中发生的文化诠释的解释学过程,并着了魔似地通过民族志的工作来(重新)构建现实。[72] 布尔迪厄不留情面地批评了格尔茨(Geertz 1987: 90)所热烈赞美的"日记病"(diary disease),因为真正的反思性并不通过像拉比诺(Rabinow 1977)所说的那种事后对"实地研究的反思"而产生;它也不要求使用第一人称来强调移情、"差异"[或分延(différance)①],或对各种文本(这些文本

---

① "分延"是著名的"后现代"理论家德里达所独创的一个概念,兼有"差异(分别)"(difference)和"拖延"(deference)之意。——译者

确定了个体观察者在观察工作中的处境）进行精心的琢磨。"相反，要想实现反思性，就要让观察者的位置同样面对批判性分析，尽管这些批判性分析原本是针对手头被构建的对象的"（Barnard 1990: 75）。[73] 导致这一点的，并非像拉比诺（Rabinow 1977: 162）所宣称的，是韦伯式的"意义之网"（webs of significance）使民族志研究者与本土居民彼此分离，而是民族志研究者的社会条件，即他们与他们所考察的世界之内在特性间所具有的差异距离（Bourdieu 1990a: 14）。必须连根拔除的，并非研究者的个人无意识，而是他所在学科的认识无意识："必须要做的，不要施加魔法，也不是通过自欺欺人的原始主义的参与，来取消研究者和本土居民之间的距离；而是应将这种客观化距离和使其成为可能的社会条件——诸如观察者的外在客观性，他所使用的对象化技术等——转化为客观研究的对象（即对象化）"（Bourdieu 1990a: 14，英译文有改动）。[74]

对"反思性回归自身"这一点，布尔迪厄以一种几近偏执的方式力主其必要性。因此布尔迪厄的这种坚定的主张，并不是一种认识论的"荣誉感"的表达，而是引导人们以不同的方式构建科学对象的原则。它有助于使学者在产生对象时，不至于不假思索地将他与对象的关系投射到对象之中，同时也能避免"学究谬误"（scholastic fallacy）导致的偏离。这种所谓"学究谬误"是布尔迪厄继奥斯汀（John Austin）之后提出的（Bourdieu 1990e）。布尔迪厄在一次讨论他从"规则"的观念转向"策略"（正是这一转向使布尔迪厄的观点与列维-斯特劳斯式的结构主义观点分道扬镳）[75] 的观念时，简明了当地阐释了这一观点：

通过对理论视角、实践视角和它们之间深刻的差异进行的理论反思，导致了实践理论的变化，这一变化并非纯属臆想：伴随着这一变化发生的，乃是经验研究中实践操作的重大变化，并带来了相当实质性的科学收益。例如，在这种反思的引导下，人们会去注意仪式实践的性质，而对这种仪式实践，结构主义逻辑论者（structuralist logicism）会完全置之不理，或将它看作对于神话代数学（mythical algebra）的结构置换的毫无意义的离题之事。此外，人们会特别留意那些多重意涵的现实，它们不是预先决定好了的，而是不确定的。更不用说它还会引导人们关注局部性的矛盾和模糊性，这些矛盾和模糊性渗透于整个实践体系和对这一体系的灵活性及开放性的描述说明之中。简言之，在这种反思的引导下，人们会注意任何'实践性'的事物，它们被日常行动者调动，用来以最小的成本（尤其在逻辑性的追求方面）对日常存在和实践的紧迫性（emergencies）作出反应（Bourdieu 1990e: 384）。

我们有必要对这一点详加探讨，因为正是这一视角的转变——即把有关理论实践的理论纳入实践理论的核心——使布尔迪厄有可能发现实践的逻辑，这一发现几乎与他深入考察理论的逻辑同时发生。当布尔迪厄发觉在他的实地研究资料中一再出现经验异常现象（Bourdieu 1990a: 11-14），他就开始了对理论逻辑的特殊性的考察。这里我们兜了一大圈，又回到了老问题上，我们可以看到，布尔迪厄对反思性的理解乃是他有关理论与经验研究相互渗透思想的一部分。正是通过尽心竭力地在经验上深入最琐碎的细枝末节，去透彻

第一部分　迈向社会实践理论：布尔迪厄社会学的结构和逻辑

分析构成卡比尔（Kabyle）世界秩序（cosmogony）结构的全部对应关系和对立关系，才迫使布尔迪厄对抽象逻辑与实践逻辑之间的差异进行理论探讨。[76]反之，正是因为布尔迪厄对自身作为一个人类学家的实践进行了不懈的反思，他才有可能认识和把握这二者之间的不相调和。

如果反思性确实能在社会研究的工作中对认知——而非修辞或生存方式方面——产生如此显著的影响，那么为什么它没有在较为广泛的层面被实行呢？布尔迪厄指出，对反思性产生抵触的真正根源，更多是社会性的，而非出于认识论的缘由。[77]人们一想起社会学反思性，就会浑身不自在，因为它代表了对个（体）性的神圣观的正面抨击（而这种个性对于我们所有西方人来说是弥足珍贵的）。而且这种反思性特别构成了针对知识分子的克里斯马式的自我观念的正面攻击，这些知识分子往往喜欢把自己看作不受（社会因素）限定的、"自由漂移的"（free-floating）①并且被赋予某种符号尊严的人物。[78]对于布尔迪厄来说，恰恰是反思性揭示了社会处于个人的核心，人际关系隐藏在亲昵行为之一，普遍性深埋在最特殊的现象之中，从而使我们能够摆脱这种带有欺骗性的错觉。[79]因此，当他拒绝进入倾心忏悔的游戏，而是将矛头指向他的社会经验中那些最具形塑性的部分的一般特征时（Bourdieu 1988a: xxvi；和下文第二部分第七节），他不过是将他的社会学原则运用在自己身上（Bourdieu

---

① "自由漂移"概念，最早是由阿尔弗雷德·韦伯（Alfred Weber）提出，后由著名知识社会学家曼海姆所广泛使用，用来描述西方现代社会中知识分子的独特处境，即他们具有在一定程度上超越个人的"社会处境"（如阶级出身）的自主性。——译者

1989a: 449），根据这一原则：

> 个人，在他们最具个人性的方面，本质上恰恰是那些紧迫性的化身（personification），这些紧迫性（实际或潜在地）深刻地体现在场域的结构中，或者更准确地说，深刻地体现在个人于场域内占据的位置中。

布尔迪厄认为，无须通过信誓旦旦的私人披露来对自身进行社会学分析，因为在他身上所发生的事情并无独特之处：它同样与一条社会轨迹（social trajectory）紧密关联。这里的一切都再次使人相信，正如布尔迪厄自己的理论所预见的那样，他对反思性的关注可以在他的社会轨迹和学术轨迹中找到根源，并表现了他早年科学惯习的构成条件。在布尔迪厄的基本（阶级）惯习同那种在50年代得以顺利被纳入法国学术场域所要求的惯习之间存在着结构性的差距，而布尔迪厄的科学惯习首先是这一差距的产物。就他进入的知识分子世界而言，布尔迪厄不仅是一个陌生人，而且也与这一世界格格不入，这些情况都使布尔迪厄与那些教授的幻觉保持一定的距离。对于这些教授来说，社会世界的"钦定眼光"（regal vision）通行无阻，亦无须再加考虑，因为这些眼光正是他们出身的那个阶级的眼光。[80] 影响布尔迪厄科学惯习形成的第二个主要因素是阿尔及利亚的解放战争：在因法国军队"有条不紊地"竭力镇压阿尔及利亚民族主义而产生的可怕环境中，几乎不可能不对学者的下述特权进行反复的质问——亦即为了观察世界而脱离它并且宣称自己超然于所研究的对象的特权。在这种情况下，甚至那些在平常会无关痛痒的教学活动，也不能不带有强烈的政治色彩，这就迫使学者反过来对分析者及其实践进行分析。[81]第三，这种认识反思性的倾向，也许在某种程度上可以看作布尔迪厄从哲学转向社会科学的结果（这一转向并非没有代价，无论是职业地位还是自我形象），[82]而且很可能因此鼓励布尔迪厄质疑自身的实践，并对社会科学家和哲学家在立场上的差异进行反思。

但是仅仅通过论及布尔迪厄的惯习来说明布尔迪厄对反思性的"口味"（taste），当然是片面的。把社会学的观注方式作为一个问题来研究是一种具有社会构成的性情倾向。与他对理论和经验研究的观念一样，这种性情倾向在法国 50 年代和 60 年代的学术场域如鱼得水，得以实现自身。这里有着许多至关重要的因素：当时在学术事业方面存在着一些活生生的崇高典范——最出类拔萃的是体现在列维-斯特劳斯和萨特身上的那些品格；知识分子因考入当时正接近其威望巅峰的巴黎高等师范而表现出来的在知识方面的远大抱负和骄傲自信；（在大战结束以后）全面的学术重建期间在巴黎超乎寻常地集中了大量的科学资本，在此期间社会科学也经历了史无前例的扩展；而且布尔迪厄很早就被纳入了一种制度之中，这个制度的特征就是其跨学科的取向和它对外国学术思潮的开放性；在战后法国社会科学中或许最具威望的三巨头，即列维-斯特劳斯、布罗代尔和阿隆（布尔迪厄匆匆从阿尔及利亚回国后，就为阿隆做了一段时间的助手）的"大力襄助"之下，布尔迪厄在这一制度中的立足也受到了相当的保护。[83]

总之，布尔迪厄对反思性的关注，正像他的社会理论一样，既非自我中心的，亦非逻各斯中心的，而是在本质上根植于科学实践并面向科学实践。这一关注不是紧紧抓住社会学家的私人面目不放,也不是盯住他特立独行的隐秘行为不放,而是关注那些作为他工作的一部分的他所进行的各种行为和操作之间的联系,以及深刻地体现在这些研究工作中的集体无意识。认识反思性根本不鼓励自恋症和唯我主义,相反,它邀请或导引知识分子去认识某些支配了他们那些深入骨髓的思想的特定的决定机制(determinisms),而且它也敦促知识分子有所作为,以使这些决定机制丧失效力;同时,他对认识反思性的关注也力图推广一种研究技艺的观念,这种观念旨在强化那些支撑新的研究技艺的认识论基础。

第七节 理性、伦理和政治

47　认识反思性还有另一个意想不到的结果:它使我们有可能克服由德里达倡导的后现代"解构"所体现的虚无相对主义(nihilistic relativism)与由哈贝马斯捍卫的"现代主义"理性主义中所蕴含的唯科学主义绝对论(scientistic absolutism)之间的对立。其原因就在于,认识反思性使我们得以在不消解理性的前提下将理性历史化,亦即得以建立一种可以调和解构与普遍性、理性与相对性的历史主义的理性主义,其方法就是严格限定在科学场域的客观的——哪怕是历史给定的——结构中考察它们的运作过程。布尔迪厄一方面像哈贝马斯一样坚信科学真理的可能性和可欲性,就此而论他是个热情的现代主义者。[84]但他又与法兰克福学派理论家不同,认为[后者]那种将理性根植于意识或语言的超历史结构中的设想,带有某种先验主义幻觉的性质,而这种幻觉性质正是历史科学所必须消除的；另一方面，他赞同德里达和福柯的观点，即知识必须被解构，并且各种范畴都是具有偶然性的社会衍生物，是拥有某种建构效力的（符号）权力的工具——关于社会世界的话语的各种结构通常在政治上被宣称是社会的预制建构（social preconstructions）。葛兰西一针见血地指出，[85]科学实质上是一种显著的政治活动。当然，就总体而言，科学并不仅仅是一种政治，否则就无法产生出普遍有效的真理了。将科学的政治性（知识）与社会的政治性（权力）混为一谈，就是对科学场域历史制度发展形成的自主性轻描淡写，敷衍了事，就是将社会学的洞察力与实证主义的危害良莠不分，连锅端去。[86]正是在这里，布尔迪厄与后结构主义分道扬镳：他认为，如果解构哲学自我解构，就会发现它的实施可能性是有历史前提的，从而认识到它自身所预设的前提，即各种真理标准和理性对话标准乃是根植于知识世界的社会结构之中的。

所以，在布尔迪厄看来，理性是一种历史的产物，但又是一种极度矛盾的历史产物，因为它在某些特定条件下能够"摆脱"历史（即特殊性），不过要（再）生产这些特定条件的话，就必须做出十分具体细致的努力以保障理性思想的制度基础。布尔迪厄对文化生产场域的生成和作用机制的分析，其目的绝不是要反对科学，而是旨在将科学理性根植于历史之中，就是说，根植在各种知识生产关系。这些知识生产关系在各种位置的网络中得到客观化体现，在各种性情倾向中得到"主观化体现"，两相结合，使科学场域成为一种在历史上独一无二的社会创造：

> 我们必须通过将历史主义的化约方法推向其逻辑终点来

探寻理性的渊源。但寻求的方向不是在什么人类的"能力"即"本性"中，而恰恰就是在这些特殊的社会"小世界"的历史中；在这些特殊的社会"小世界"里，行动者以普世大同的名义，为了对具有普遍性的事物取得合法的垄断控制，彼此争斗不已。此外，寻求的方向还在对话语言逐渐的制度化进程之中，而这种对话语言表面上具有的本质属性，实际上都归因于这种语言源起和被应用的各种社会条件（Bourdieu 1990e: 389）。

布尔迪厄的反思性观念所针锋相对的，并不是拉什（Lash 1990）所主张的那种"现代主义的科学性"，而是社会科学的实证主义观念。后者的本质核心在于对事实与价值作严格的界分（Giddens 1977）。但不管怎么说，在这位《区隔》的作者看来，经验知识并不像这样或那样的实证主义流派的追随者们企图使我们相信的那样，与对道德目的的发现和探求格格不入。布尔迪厄始终遵循着涂尔干式的设想（Filloux 1970, Bellah 1973, Lacroix 1981），深切地关注着社会学的道德意义和政治蕴含。他的论著在下述两个层面上传达了某种道德寓意，尽管我们不可把他的学说化约为这种道德寓意。

首先，从个人的立场来看，布尔迪厄的学说给我们提供了工具，使我们能够界分必然和自由的各个区域，并据此确认究竟哪些空间是道德行动可以大显身手的地方。布尔迪厄（1989a: 47）主张，只要行动者以某种主观性——即客观性的无中介的内化——为基础展开行动，他们就总是只能充当"以结构为真正主体的那些行动的表面主体"。这就是一种悖论：他们通过反思性地把握他们思考和行动的各自的范围，越是清醒地意识到自身的社会性存在，就越是不可能被限制着他们的外在客观性所驱使。我们可以把社会分析看成心理（或精神）分析在集体层面的一种对应方法：就像在精神分析的言谈疗法中我们有可能摆脱那驱使或约束我们实践的个体无意识，社会分析也可以帮助我们揭示那根植于制度之中、深埋于我们内心的社会无意识。虽然布尔迪厄的学说和所有（后）结构主义学说一样，拒弃了笛卡尔式的"我思"（Schmidt 1985），但与所有这些学说不同的是，布尔迪厄的学说试图通过对社会科学知识的某种反思性应用，而使诸如某种理性主体的东西得以在历史中浮现出来。[87]

反思社会学的道德向度还内在于我们可以称之为斯宾诺莎式职能（Spinozist function）的作用之中。在布尔迪厄看来，社会学家的任务是祛除社会世界的自然性和宿命性，这就是说，粉碎遮掩着权力运作和支配维续的各种神话。[88]但是，这种揭露决非旨在归咎罪责，斥责他人，[89]正相反，社会学的使命在于"揭示行为的必然性，亦即通过重新构建决定这些行为的各种约束力量的整体而使这些行为摆脱任意武断性的假象，但同时并不赋予这些行为以正当性"（Bour-dieu 1989a: 143）。

布尔迪厄认为在一种科学的社会学和"小范围"的日常道德建构之间，存在着某些联系。在阐明这些联系的过程中，他和沃尔夫（Alan Wolfe 1989a, 1989b）、布朗（Richard Maxwell Brown 1990）所做的工作一样，将社会科学挥之不去的伦理向度凸显了出来。不过，他并不像沃尔夫那样，主张社会学可以为发达社会提供切实可行的道德哲学。他认为那样等于是迫使社会学家重新担当圣西门所谓现代性中"市民宗教的神学家"的角色，让他们充任先知。[90]对于布尔迪厄来说，社会学可以告诉我们的，是在什么条件下道德的能动作用得以发挥，以及这种道德能动作用如何在制度层面上加以推行，而不是告诉我们道德行为所应遵循的具体步骤。[91]

布尔迪厄把社会学看作一种具有显著政治性的科学，原因在于它极为关注符号支配的各种策略和机制，并融汇于中，环环相扣。[92f]从事社会科学研究的学者们在权力场域中所处的被支配地位，以及社会科学研究对象的特有性质，都决定了社会科学不可能保持中立的、超脱的和无政治意义的立场。它永远不可能达致自然科学所具有的那种"无可争议"的地位。这一点的证据就在于：社会科学总是不断地面临各种形式的抵制和监督（来自内部的绝不少于来自外部的），威胁着要一点一点蚕食它的自主性。这种抵制和监督对于生物学或物理学这些发展最为成熟的领域来说，几乎闻所未闻。在布尔迪厄看来（1975d: 101），

> 这几乎是不可避免的情况，因为在社会科学的场域中，对于科学的权威的内部争夺，即对生产、强加和灌输社会世界合法表象的权力的争夺，本身就是政治场域中各阶级间争夺的几个焦点之一。其结果是，处于内部争夺中的各种位置永远不可能在独立于外部争夺中的位置方面，实现像自然科学场域中所能观察到的那样的程度。所谓中立的科学的想法只是一种虚构，而且是一种蓄意的虚构，它使我们得以将社会世界的占支配地位的表象，将其在符号象征上特别有效的中立化和美化后的形式，看成是科学的。而这种表象形式之所以在符号象征方面特别有效，就是因为在"中立的科学"看来，它在某种程度

第一部分 迈向社会实践理论：布尔迪厄社会学的结构和逻辑

上有可能被误识。通过揭示那些确保既有秩序的延续的社会机制（这些社会机制所特有的符号效力正依赖于那种对它们的逻辑和效应的误识），社会科学必然要在政治斗争中有所偏倚（引者对译文有所改动，并添加着重号）。

社会科学面临的特殊困境在于，自主性愈益增大并不同时意味着政治中立性也随之增大。社会学越是科学，它就越是与政治相关，即使它只是一种抵御性的工具，亦即充当一种屏障，抵御着那些时刻阻止我们成为真正意义上的政治行动者的各种形式的神秘化和符号支配。[93]

正如在芝加哥研讨班的最后一节的讨论中（见第二部分第七节）所表明的，布尔迪厄并不具有那些从他的著作里读出某种无甚政治意义的极端功能主义（hyperfunctionalism）的人所强加给他的那种宿命论的世界观。他的世界观绝非那种尼采式的"绝对功能性的世界"观点（Rancière 1984: 34），根据那种观点，"社会行动的每一点细枝末节都（参与）一个庞大的压迫计划"（Elster 1990: 89–90, 113）。意大利学派的"精英理论"的代表莫斯卡（Mosca）和帕累托（Pareto）认为，社会世界从本质上说总是被分割成统治者和被统治者、精英和非精英的诸个浑然一体的集团。布尔迪厄不这么看。这首先是因为发达社会并不是一个浑然一体的世界，而是一些各自分化、只在一定程度上总体化了的实体，它由一系列彼此交织但日益走向自我调控的场域组成，每一个场域都有它的支配者和被支配者。此外，在每个场域里，等级制总是不断遭到抵抗，而且维系并增强场域结构的那些原则本身也可能遭到挑战和反抗。而支配的无所不在也并不排除相对民主化存在的可能。权力场域日益分化；支配工作的分工渐趋复杂（Bourdieu 1989a: 533-559），牵涉到愈来愈多的具有各自特定利益的行动者；愈来愈多的子场域——这些子场域构成了支配阶级的活动空间——提出自己具有普遍性。（这种趋势出现在政治、宗教、科学乃至经济场域中。在经济场域中，越来越强调公司企业的日常管理和战略驾驭方面依照法律合理筹划的重要性。）随着这一切，推动理性进步机会的增加了。

其次，布尔迪厄并不认为社会世界遵循着一成不变的法则。在保守思想（有时是激进思想）的言辞描绘下，没有什么集体行动值得我们去进行，因为它最终将被证明在改变现有不公、重建正义的方面无所作为。布尔迪厄绝不想接受一丝半点这种"无所作为的主张"（futility thesis）。尽管他将社会世界描绘成高度结构化的世界，但他并不同意这样的观点，即社会世界的演变将"遵照永恒的法则，而对于这些法则，人类的能力实在小得可怜，他们的行动根本无力修正它们"（Hirschman 1991: 72）。在他看来，社会法则是受特定时空限制的规律性，一旦支撑它们的制度性条件不复存在，它们也就维持不下去。社会法则所蕴含的，并不是涂尔干（Durkheim 1956: 64）所谓的"不可逃避的必然性"，而是一系列历史关联，只要人们掌握了有关它们的社会根源的必要知识，就可以从政治上瓦解它们。

作为一名社会学家，布尔迪厄自己对政治天职的理解（Bourdieu 1980b: 18）显然是比较谦逊的：

> 我的目标是通过自己的努力，使人们不再对社会世界说各

式各样毫无意义的胡话。勋伯格[①]有一次说,他之所以作曲,就是要让人们不再能够谱写音乐。而我之所以著书立说,就是要让人们,首先是那些被授予发言权的发言人,不再能针对社会世界制造那些表面上听起来酷似音乐的噪音。

毫无疑问,布尔迪厄对政治的介入实际上最明显地体现在他的著述里,尤其是那些讨论教育、文化和知识分子的著述。[94]尽管如此,他在正式的政治领域中也并不是无所作为、完全消极的。虽然他一直坚持站在法国各种政治思潮中的左翼一边[罗斯(George Ross 1991: 248,注82)在他的题为"法国知识分子:从萨特到温和的意识形态"的调查报告中写道:"如今,如果你听到巴黎的左倾社会学家痛惜道'布尔迪厄代表着我们所放弃的一切',你并没有什么可以感到奇怪的。"][95],但因为他介入政治领域的方式与典型的法国知识分子不同,所以他的立场在法国之外鲜为人知。那是一种比较低调的立场,出言谨慎却又潜伏着倔强的反抗,比如说,和其他著名以及不出名的知识分子相比较,他很少在各种请愿书上签名。[96]对政治的高度关怀与根据理性作出的对组织依附的不信任(他不属于任何正式的政治集团、党派或联盟)结合在一起,而这种结合的根据在于这样一种观念,即科学家们若要在政治上发挥效力,就必须首先组成一种自主的、自我调控的整体。这两者的结合颇为不易,但却是布尔迪厄立场最好的概括。

---

① 勋伯格(A.F.W. Schonberg, 1874—1951),著名的奥地利现代派音乐家。——译者

实际上，布尔迪厄政治立场中的不变因素，所依据的乃是他对知识分子作为占被支配地位的资本形式占有者的历史生成过程的社会学理解（Bourdieu 1989d：又见 Pint 1984b, Charle 1990）。另一个不随时势而变的因素，是对一定要"处处插手"的履行义务般的做法的拒弃[97]，因为它将导致一种自相矛盾，即反遵从主义的遵从主义，从而破坏知识分子的独立自主。第二个不变因素是力图调动科学本身的权能来从事政治事业。所以，早在 50 年代就读于巴黎高等师范的时候，他便加入了一场抵制运动，反对共产党对知识生活实施的审查制度。在那场运动中，他同许多自此以后成了狂热的反共分子的人也曾热诚地合作过。[98] 60 年代初期在阿尔及利亚，他不满于各种空洞的道义谴责和道德说教，深入战争腹地开展实地调查研究，生动细致地描述了某些最残忍不过的殖民压迫暴行，比如在《背井离乡》一书（*Le déracinement*，即 *The Uprooting*, Bourdieu and Sayad 1964）中分析的"移民安置中心"。他这一时期的作品既合乎学术规范，又充满了强烈的政治色彩，[99] 还包括了更为明白直露的干预，比如那篇题为"革命中的革命"的文章（Bourdieu 1961），就预先告诫人们注意解放战争所可能产生的各种事与愿违的社会效应以及未来的误区。

在 1968 年的反抗事件之前及其期间，布尔迪厄又一次活跃起来，他接受各个学生团体的邀请，在各种各样的院校发表讲演。不过在《继承人》（*The Inheritors*, Bourdieu and Passeron 1979，初版于 1964 年）一书中，布尔迪厄却对法国学生全国联合会（UNEF）的主张给予迎头痛击。这个组织是当时主要的学生同盟，它通过掩盖因阶级出身不同和性别不同而存在的内在差异，把它的全体成员说成是一个统一的"社会阶级"。[100]在整个70年代,绝大多数50年代的前共产主义知识分子和70年代的毛主义者都不同程度地公开表现出了保守主义的"漠不关心"的立场,而针对这股浪潮,布尔迪厄则岿然不动,远离媒体宣传,远离占领了新闻报道阵地的时尚潮流〔比如说由格鲁克斯曼(Glucksman)、列维(Bernad-Henri Lévy)和丰克劳(Finkelkraut)所领导的所谓"新哲学家"运动〕,继续倡导渐进的进步立场。同时,他还决定不参与一系列几近仪式性的示威声明活动(这些示威活动使一批著名知识分子汇聚在已近垂暮之年的萨特旗下),而选择不那么大肆声张的行动方式。在保守派政党统治法国直到1981年的期间,布尔迪厄一直是一名保守派政党的坚定反对者,然而在随密特朗选举获胜而上台的社会党政府的执政期间,布尔迪厄对社会党政府而言,依旧是一名颇具建设性的左翼批判者。1986年至1988年的"共同执政"间奏之后,左派重掌大权,此后布尔迪厄便更直接地关注他权能所及的一系列问题,如教育、电视和宣传。[101]这么些年来,布尔迪厄还一直陆陆续续地和种族歧视救援组织一起投入反种族主义的斗争,但是同样,他也不正式加入这一组织。近来,他领导了一项大规模的社会疾苦调查,旨在清除制度上的障碍,使各种社会的呼声能够通过正常渠道得到表达,接受审查(参见第二部分第六节)。他在批判性的超脱和涉入〔detachment and involvement,借用埃利亚斯(Elias 1987a)那对著名的对偶概念〕两者之间的立场,也体现在援助波兰的行动中。那次行动是布尔迪厄和福柯一起组织的。1981年12月,雅鲁泽尔斯基在波兰发动了军事政变,法国的社会党政府对此的反应却不痛不痒。该行动就是抗议法国政府的态度,也是他仅有的几次与有关组织建立有组织的联系的努力之一；在这些行动中，他力图在知识分子与法国劳工民主联盟（CFDT）这一法国工会中最富革新精神的组织之间建立有组织的联系，此后他一直与该组织保持着合作关系。[102]

不过，布尔迪厄最不屈不挠的政治行动，或许也是他最不为人所察觉的政治行动，是他对那些他眼里的知识界隐匿颇深的劣迹所进行的无情揭露，特别是针对许多新闻记者和学者日益增长的影响力，因为他们运用其他方法无法在知识界里获得权威，他们就把新闻渠道当成一条谋求权威的捷径（Bourdieu 1988a：特别是256-270，以及1980b）。或者可以说，这就是布尔迪厄和萨特或福柯之间最明显的区别所在：后两位大师基本上将他们的知识资本运用于较广泛的社会政治领域，而布尔迪厄则将他的批判矛头首先指向各种威胁知识的场域自身的暴君专制——帕斯卡尔（Pascal）意义上的"暴君专制"。布尔迪厄采用卡尔·克劳斯的方法（本书第二部分注175），严厉抨击了这些招摇撞骗的所谓知识分子，说他们就像特洛伊的木马，是他们自己的世界中的异己力量。

在布尔迪厄看来，真正的知识分子，要根据他是否能够独立于各种世俗权力、独立于经济和政治权威的干预来加以判定。而要确保这种独立自主，就必须以各种制度化的有序性对话阵地的存在为前提。《图书评鉴：欧洲书评杂志》就是这样的一个阵地，是由布尔迪厄协助创办的。[103]《图书评鉴：欧洲书评杂志》被看成一种对抗知识界里的地方主义和宗派主义的集体性手段。它的目的首先在于开辟一个空间，艺术家和科学家们可以在其中遵照各自的规范进行争论。其次在于"粉碎那些相互吹捧的小集团，正是这些小团体间的彼此吹捧，产生了如此众多的民族荣耀，产生了——看起来有些矛盾——以小品文形式出现的虚假争论在整个世界辗转相传"。最后还在于解放思想,摆脱就地方性职业地位和支配范围而展开的本位主义的无谓争斗。[104] 在布尔迪厄的心目中,《图书评鉴:欧洲书评杂志》意在推动形成一种全欧洲的"集体性知识者"(collective intellectual),他们能够作为一种在整个欧洲反击符号权力的力量。与此相类似,自1975年来由布尔迪厄创办且编辑的《社会科学研究探索》杂志也遵循着一条政治与科学并举的路线。你可以把这种路线说成是一种提倡跨学科研究的科学行动主义,它既时刻注意自身在社会政治方面的意涵和职责,又完全独立于任何官方的政治议程。为该杂志撰文的知识分子,其风格正如布尔迪厄所言:独立自主,又富有关怀;投入,却不屈于任何政治"正统"的教条。[105]

今天,符号的生产者们面临着前所未有的威胁。有鉴于此,积极主动地为合乎理性的对话开辟这样的制度性阵地,就显得愈发重要了(Bourdieu 1989d)。这里所说的威胁,包括在艺术和科学的领域里,国家的干预和经济利益的渗透都日益变本加厉;经营电视、出版社、电台的各大机构彼此联合,巩固自身,逐渐变成独立的文化体制或机构,兜售自己的生产标准和消费准则;知识分子逐渐被剥夺了评价自身的能力,学术评价标准则为用来衡量新闻的可读性、新颖性和问题热点性的标准所替代。所有上述威胁所产生的压力,都使得文化生产者们被迫面临一个选择:是成为"一名专家,就是说,一名为支配者服务的知识分子",还是继续"当一名独立自主的旧式小生产者,其象征便是固守象牙塔只知演讲授课的教授"(见Bourdieu 和 Wacquant 1991: 31)。为了摆脱这种致命的抉择,布尔迪厄呼吁开创一种新型的参与方式:集体性知识者,从而,知识的生产者们能够首先通过确立自身作为一个群体的独立存在,而成为自主的主体,去影响政治。

布尔迪厄一向对他自己的价值观讳莫如深。不过,从他为他人著作所作的序言和他对人物的赞誉中,人们仍可发现,是哪些关键问题对他有所触动。在他对哈布瓦赫(Maurice Halbwachs,他在法兰西学院社会学席位的前任)悲惨地罹难于纳粹集中营一事的评论里,字里行间不可抗拒地透出一种设身处地、替人担当的自我剖示情怀。他如此写道:

> 我深深地知道,在当今这些时日,学术操守并不怎么受人欣赏,我也深深地了解,所有旨在反对各种宗派主义、建立一种科学人道主义的努力,是多么容易被斥之为不切实际的幻想,只属于平庸度日的小资产阶级,属于没有主见的社会民主主义者。而科学人道主义,那是一种什么样的精神?她拒绝将我们的生存一分为二,一半属于科学的严密与精确,另一半则交给政治的狂想和激情;她致力于将各种理性的武器服务于宽宏大量的慈悲信念(Bourdieu 1987m: 166-167)。

布尔迪厄赞扬哈布瓦赫忠诚不渝地坚持一个知识分子的立场,"把一名研究者的工作看作是一项积极行动的战斗使命(tâche militante)〔反之亦然〕",他谈到哈氏基于"对体制的批判眼光","广泛地致力于倡导一种科学理性的政治,而首先是在大学范围之内,在这个科学理性成就了自身的特定秩序之内倡导这种科学理性的政治"。每一个和布尔迪厄交往过的人,无论多么短暂,凡听到这些话，都会立即感受到他正在表露出自己最深切珍爱的那些价值观念。[106] 概言之，这表明了布尔迪厄的社会学也可以被作为一种政治（politique，就布尔迪厄赋予该词的意义而言）来读解：它力图改变那些我们据之建构社会学、世界和自我的观照原则，并因此使我们有可能合乎理性地以人道主义的精神去塑造社会学，塑造社会，并最终塑造我们的自我。

注　释

〔1〕对布尔迪厄著作进行阐释或批判性研究的著作，已经有法语（其中有Snyders 1976, Accardo 1983, Collectif 'Révoltes Logiques' 1984, Caillé 1987 和 Ansart 1990)、德语（Eder 1989, Bohn 1990, Gebauer and Wulff 待出)、西班牙语（Sanchez de Horcajo 1979)、日语（Yamamoto 1988)、瑞典语（Broady 1990）和英语（Harker, Mahar, and Wilkes 1990; Robbins 1991; Calhoun, LiPurna, and Moishe 1992；此外还有其他几本英文著作正在准备出版）。在过去两年中，在美国、日本、墨西哥和德国都举行了有关布尔迪厄作品的跨学科讨论会。布罗迪和珀松（Broady and Persson 1989）通过对文献进行统计，证明布尔迪厄在美国的读者从80年代起有了显著的增长。有关布尔迪厄对不同学科的影响的说明，可以参见：林格（Ringer 1991）、雷贝里尤（Rébérioux 1988）和夏蒂埃（Chartier 1988b)，他们分别讨论了布尔迪厄对思想史、社会史、文化史的影响；汉克斯（Hanks 1990)、伍拉德（Woolard 1985）和科森（Corson 1991）讨论了布尔迪厄对人类学语言学的影响；奥特纳（Ortner 1984）和罗萨尔多（Rosaldo 1989）讨论了布尔迪厄对人类学的影响；博恩和施迈尔（Bon and Schemeil 1980）以及多布里（Dobry 1986）讨论了布尔迪厄对政治科学的影响；沙茨基（Schatzki 1987)、德里达（Derrida 1990）和德雷弗斯（Dreyfus 1991）讨论了布尔迪厄对哲学的影响；冈博尼（Gamboni 1983a 和 1989)、舒斯特曼（Shusterman 1989）和毕尔格（Burger 1990）讨论了布尔迪厄对美学的影响；特迪曼（Terdiman 1985）和维阿拉（Viala 1988）讨论了布

尔迪厄对文学理论的影响。

〔2〕布尔迪厄撰写了大约25本书，近260篇文章（这还不包括十几种语言的译本和文集，从匈牙利语、阿拉伯语和日语到芬兰语、荷兰语和塞尔维亚-克罗地亚语）。本书最后的附录选取了他发表的主要作品，重点是以英文形式出现的文本。

〔3〕参见吉登斯（Giddens 1984）、亚历山大（Alexander 1988）、塞通卡（Sztompka 1991: 5-27）、休厄尔（Sewell 1992）、布鲁贝克和华康德（Brubaker 和 Wacquant 即出）对结构/能动作用问题的讨论；并参见柯林斯（Collins 1981b 和 1987）和亚历山大等人（Alexander 等 1987）对微观/宏观难题的讨论。通过下文的进一步阐述，我们将发现，像明希（Munch 1989: 101）和威利（Wiley 1990: 393）那样将布尔迪厄归入"结构化理论"的倡导者是错误的。正如"结构化理论"的先驱吉登斯（Giddens 1990a: 310）所指出的，"结构化理论"主要关注的是社会本体论和概念化的问题；而布尔迪厄理论发展背后的动力始终是想要把握新的经验对象，他对于提炼一套概念图式则很少表现出什么兴趣。再者，布尔迪厄的实践理论在时间上比吉登斯的结构化理论（Giddens 1979, 1984）至少要早10年，并根植于一套不同的哲学问题〔不过近年来吉登斯（1986a）也开始关注作为布尔迪厄理论纲领核心的主观主义和客观主义的对立问题〕。在布尔迪厄的两本书中（Bourdieu 1980d 和 1981c），他言简意赅地论述了用来消除微观/宏观、能动/结构的两难命题的惯习与场域、或位置与倾向的辩证关系。卡普（Karp 1986: 132-134）、米勒和布兰森（Miller and Branson 1987）、科尔楠（Coenen 1989）、哈克等人（Harker et al. 1990）以及休厄尔（Sewell 1992）比较了吉登斯和布尔迪厄之间的异同。

〔4〕在英美运用"文化资本"概念最出色的学者包括：Alvin Gouldner 1979、Randall Collins 1979 和 1987、Cookson and Persell 1985a、Ivan Szelenyi 1988（并参见 Martin and Szelenyi 1987）、Paul DiMaggio 1982、Mike Featherstone 1987a 和 b，以及 John Urry 1990。最近的例子包括 Eyerman, Svensson and Soderqvist 1987、Lareau 1987、Lamb 1989、Farkas et al. 1990、Katsilis and Rubinson 1990、Beisel 1990、DiMaggio 1991a；并可以在拉蒙和拉罗的文章（Lamont and Lareau 1988）中找到不太完整的总结。

〔5〕对此更详尽的总结可以参见,"Bourdieu in America: Notes on the Trans-atlantic Importation of Social Theory"(Wacquant 1992)。

〔6〕"社会学是一门将现象上不同的事物看作在其结构和发挥功能上具有相似之处的思考艺术,也是一门将在一个建构完成的对象上——例如说宗教场域——确定的〔知识〕,转用到一系列新的对象——如艺术和政治场域等等——上的艺术"(Bourdieu 1982a: 40-41)。

〔7〕道格拉斯发现"布尔迪厄最大的兴趣在于方法"(Mary Douglas 1981: 163)。布罗迪在一本分析布尔迪厄作品的大部头著作中总结说,布尔迪厄的作品并未提出一套有关社会的一般理论,我们应该把这些作品看作一种有关社会学知识形成的理论;就社会科学的场城而言,它与自然科学的及数学的哲学和历史中的历史认识论传统(与Bachelard、Canguilhem 和 Cavailles 的名字联系在一起)是同质的(Broady 1990)。

〔8〕正如布鲁贝克所指出的那样:"如果人们不把布尔迪厄著作中提出的概念、命题和理论首先看作逻辑特性的载体和逻辑演算的对象,而是看作指出特定的思想习惯、或一组思想习惯的标志物,那么他将获益良多。概念或命题越一般、越抽象,以这种倾向来解读它就越重要"(Rogers Brubaker 1989a: 23)。

〔9〕哈克等人(Harker et al.1990)和伏瓦克(Vervaeck 1989)指出了布尔迪厄的思想如何以一种螺旋式的方式发展。

〔10〕例如,布尔迪厄在 1966 年的文章("阶级处境和阶级位置")中对阶级处境(Class Condition)和阶级位置(Class Position)做了关键性的区别(Bour-dieu 1966)。在这篇文章所奠定的同一广泛的关系框架之中,人们可以发现布尔迪厄的阶级概念从早期到后期的明显演变,后期的概念把阶级看作是一种根植于社会空间的历史建构〔Bourdieu 1984a, 1985a, 1985b, 1987b, 1991d: 参见埃德尔对此的讨论(Eder 1989)〕。在布尔迪厄的著作中,所用的一些词汇经常发生细微或看起来只不过是修饰性的更动〔从利益到幻象(illusio),从统治阶级到权力场域,从文化资本到信息资本,或最近从惯习到自然倾向(conatus)的变动〕,但这种小小的更动却往往表明了分析上重要的改进和变化。

〔11〕Bourdieu 1990a（第九章"主观的客观性"）、1984（结语）和 1978d 最为详尽地阐述了社会"双重客观性"的概念。

〔12〕"在社会存在本身的客观性中，社会事实是知识或认知（哪怕是误识）的对象。社会科学不能像涂尔干告诫我们的那样，'将社会事实看作事物'，否则我们将忽略社会科学赋予社会事实的上述所有特性"（Bourdieu 1990a: 135，引者自译，也可参见 Bourdieu 1989e 和 1987b）。

〔13〕布尔迪厄和帕斯龙 1970 年在《再生产》一书中（Bourdieu and Passeron 1977: 5，引者自译）中给出了"社会形态"（social formation）的这一界定。

〔14〕布尔迪厄、尚博尔东和帕斯龙的《社会学的技艺》一书表明（Bourdieu, Chamboredon, and Passeron 1973: 329-334），马克思、涂尔干和韦伯尽管在社会系统理论方面各自有所不同，但在社会学知识的理论上却颇有共识。特别是他们一致赞同"非意识性原则"，即认为社会生活须由不可化约为个人观念和意向的原因来解释；这三位理论家还都反对"透明性的幻觉"，这种幻觉往往是全体社会成员的自发倾向。布尔迪厄解释道："如果说社会学作为一门客观的科学，具有其合理性的话"，那是因为"主体不能把握其行为的总体意义，把这个总体作为意识的直接材料。他们的行动所包含的意义，总是超出他们的所知或所愿"（Bourdieu et al.1965: 18，引者自译）。

〔15〕这一"学究谬误"（scholastic fallacy）存在于结构主义认识论的核心，布尔迪厄在 1990a: 30-41, 1990e 及本书以下第二部分第一节中对此作了探讨。

〔16〕又如："关于社会世界的知识必须考虑到在它之前就存在的、对于这个世界的实践知识。尽管在初始阶段，必须以由这种实践知识产生的有所偏颇的局部性表象为对立面，建构关于社会世界的知识，但在这种知识的考察对象中，决不能忽略实践知识"（Bourdieu 1984a: 467，引者自译）。

〔17〕伯格和勒克曼是典型代表（Berger and Luckmann 1966: 48）。他们将社会结构定义为"（社会认可的）类型化以及经由这些类型化发展起来的互动反复发生的模式的聚合体"。而布鲁默（Blumer 1969）也坚持类似的立场，将社会定义为"符号互动"。加芬克尔也是如此，他认为"一个场景中的各种组织方式，作为一个协调进行的活动，是可以说明的。完成这种可说明性（accountability）有许多不同的方法，正是这些方法构成了有组织的社会安

排"(Garfinkel 1967: 33, 着重号系引者所加)。

[18] 这里综合了两个广为人知的提法，它们分别由朗（Dennis Wrong 1961）和加芬克尔（Harold Garfinkel 1967）最先使用。

[19] 在人类学方面，这些对立具体体现于60、70年代时的学派极端对立中。一方面是符号人类学［格尔茨（Geertz）、施奈德（Schneider）、特纳（Victor Tumer）、萨林斯（Sahlins）］和列维-斯特劳斯式的结构主义［利奇（Leach）、尼海姆（Needham）、M.道格拉斯］之间的对立；另一方面则是文化生态学［瓦伊达（Vayda）、拉帕波特（Rappoport）、哈里斯（Marvin Haris）］同政治经济学及结构马克思主义的方法［沃尔夫（Eric Wolf）、布洛克（Miaurice Bloch）、梅亚苏（Meillassoux）、戈德利耶（Godelier）、弗里德曼（Joriathan Friedman）、纳什（June Nash）］之间的对立。奥特纳（Sherry Ortner 1984）回顾了60年代人类学家之间的"激烈的论战"，她揭示的情况与社会学的情况惊人地相似。主观主义和客观主义各自的支持者也是经常地争论不休（比如网络理论学者与符号互动论者，或者城市理论中的人类生态学者与后现代结构主义的倡导者之间的争论）。奥特纳写道："文化生态学者认为那些符号人类学者就像喝醉了酒似的，一个个都是脑子不太清楚的心灵主义者，所取的主观阐释途径既不科学，又无法验证；而符号人类学者则认为那些文化生态学者都是愚蠢无知、枯燥乏味的唯科学主义者，只知道计算卡路里，测量降雨量，就是不肯正视人类学迄今所能确立的唯一真理，那就是：文化是人类所有行为的中介。在'唯物主义'和'唯心主义'，'严格的'方法和'宽松的'方法，阐释性的'音位学'和说明性的'音素学'之间，到处都爆发着摩尼教式的二元争战，这种争战遍及了整个学科。"［参见布尔迪厄（1987e）对奥特纳文章的回应，布尔迪厄在回应中粗略地勾画了"实践理论"，以克服这种二元对立。］

[20] 参见《人类学知识探索》（Anthropologische Verkennungen）杂志关于布尔迪厄实践理论著作的专号（Coenen 1989, Mortier 1989, Verboven 1989, Vervaeck 1989）。

[21]（1986年在加州大学圣迭戈分校的一次讲演中，）人们要求布尔迪厄给他的著作归个类，布尔迪厄（1989e: 14）选择了"结构主义的建构论"这一术语，并随即增加了一个相反的陈述"建构主义的结构论"，以强调在他

的理论中,这两个环节(即客观主义和主观主义)的关联是辩证的。昂萨尔(Ansart 1990)将布尔迪厄理论的这一特性归为"生成结构主义"(genetic structuralism),而哈克、马哈和威尔科斯(Harket, Mahar, and Wilkes 1990: 3)则将它归为"创生结构主义"(generative structuralism)。

〔22〕可以回想一下,涂尔干在《社会学方法的准则》中认为:"社会学家……不管是在确定他的研究对象时,还是在他的论证过程中,都应该完全拒绝运用那些源起于科学之外、为全然非科学的需要服务的概念。他必须从各种谬误的观念中解脱出来,这些观念盛行于俗人的思维之中。他还必须彻底地抛开那些经验性的范畴的枷锁,那些源于相袭已久的习惯的经验性范畴已经变成了思想的暴君"(Durkheim 1966: 32)。

〔23〕因此,如果说布尔迪厄的社会观有时候看起来接近斯特蒂文特(Sturtevant)和古迪纳夫(Goodenough)采用的常人方法学或认知人类学(参见《国家精英》一书中详细阐述的"学术分类的诸种形式"),那么布尔迪厄的社会观所根植的基础,即在物质结构的对象性中社会分类的内容和具体的运用,则使他与这两位学者有明显不同。不管怎样,布尔迪厄和常人方法学之间的这种鸿沟已被西考雷尔(Aaron Cicourel 1990)部分弥补了。他在最近关于沟通过程的一本书中,考虑了文化资本潜在的不平等分配。库朗(Alain Coulon 1991)对大学学生的"结社实践"进行了研究,尝试综合加芬克尔和布尔迪厄,综合常人方法学和惯习理论,饶有意味。

〔24〕说句公道话,涂尔干和莫斯在其分析中国思想[后来葛兰言(Marcel Granet)继续对这一问题进行了研究]以及在他们那篇文章的结论部分中,确实表露出这样的观点,即在比澳大利亚和北美大陆的那些部落社会更为发达的社会形态中,观念的社会生成机制也同样发挥着作用。然而他们并未将这一大胆的命题用以分析他们自己的社会,尤其是用来分析他们自己的思想。诚如布尔迪厄(1982a: 10-11)所指出的:"《分类的某些原始形式》的作者,从没有把他在《教育思想的演进》一书中提出讨论的学校体系的社会史理解成各种教学理解范畴的生成性社会学,不过他仍然为这种社会学提供了所有必要的方法。"

布尔迪厄还在别的地方(1967a)写道:"在分化了的社会中,各种思维体系显然是'分类的原始形式'更为精致化的对应物,而学校体系就是生产这些思维体系的场所之一。"这正是布尔迪厄关注教育的理由。他对学校体系的研究见诸符号权力社会学的有关章节。在那里,符号权力被定义为这样一种权力:它强加并灌输各种分类系统,使人把支配结构看作自然而然的,从而接受它们(尤其参见 Bourdieu 1989a, Bourdieu and Passeron 1979:第一卷)。

[25] 在康奈尔看来(Connell 1983: 153),布尔迪厄就此开辟了一条通往一种"实在论的社会心理学"的道路。

[26] 布尔迪厄(1987g: 234-235)在分析法律时论及这一点:"构成我们建构社会世界的根基的各种知觉图式与评判图式,是某种集体性的历史努力的产物,但这些努力的基础正是那个世界自身的各种结构:作为历史建构的、已被塑造的结构。我们的思维范畴在创造这个世界的活动中的确发挥了作用,但只是在它们与既存结构相对应的限度内发挥作用"(英译文有所改动)。在别处的文字中,布尔迪厄又指出:各种分类体系"与其说是知识的工具,不如说是权力的工具,为某些社会功能服务,并或多或少公开被用来满足某一群体的利益"(Bourdieu 1984a;477,英译文有改动)。

[27] [根据沃尔夫(Benjamin Lee Whorf)的看法,]欧洲的各种语言具有"过程化约"(process reduction)的特性,而且这一点由于实证主义科学哲学的影响而进一步得到强化。这些正是为什么"我们总感到不得不弄些颇无意义的概念界分的原因,比如'个人与社会',弄得好像'个人'和'社会'是两个彼此分离的事物,就像桌子和椅子,或者锅子和盘子一样"(Elias 1978a: 113,又见 1987,第一部分)。布尔迪厄和埃利亚斯都强调指出日常语言有碍于社会学思考,这方面他们共同的思想渊源似乎是卡西尔(Cassirer 1936),特别是卡氏在"语言对科学思想发展的影响"一文中的分析。

[28] 方法论上的个人主义[这一术语出自经济学家熊彼特(Joseph Schumpeter)]认为,所有社会现象在原则上都能够完全根据个人的目标、信念和行动而得以阐明。反之,方法论上的整体主义则主张社会系统具有不能从其各个组成部分的特性中推演出来的自然属性,因此社会解释就必须从系统层面开始。而方法论上的情境主义则将情境定位的互动的自然属性作为它分析的核心单元[克诺尔-塞蒂纳(Knorr-Cetina)1981: 7-15]。

[29] 布尔迪厄(1990a: 4;又见 1968b)称赞结构主义"把结构方法,或者更明确

地说，把关系性思维方式，引入了社会科学；这种思维方式通过与实体主义的思维方式决裂的思维方式，引导我们根据那种将各个要素与其他要素组合起来纳入某个系统——要素正是通过系统获得其意义和功能——的关系来概括每一要素的特征"（英译文有所改动）。

〔30〕奥尔曼（Bertell Ollman 1976: 14）指出："在马克思关于现实的概念中，关系是所有单位中都不可化约的最小单位，而这恰恰是我们理解马克思主义的困难的症结所在。在马克思那里，研究主题不是只作为单一实体的社会，而是从'关系性'的角度理解的社会。"日本哲学家广松涉（W.Hiromatsu）径直用卡西尔的方式系统地读解了马克思，从而凸显了这一点〔见Bourdieu, Hiromatsu 和 Imamura 之间的对话（1991）〕。而德乔治夫妇的著作（DeGeorge and DeGeorge 1972）则为很好地理解从马克思一直到列维-斯特劳斯的结构主义传统提供了范本。

〔31〕布尔迪厄（1987g: 248，英译文有所改动）。这就是萨缪尔森所谓的"合成效应"（composition effects）和布东（Boudon）所谓的"反直觉效应"（counterintuitive effects）（这两个术语都用来指行动的意外后果），其实质是场域的结构效应，这些场域的特有逻辑能够、也必须在每一特殊情况中用经验的方式加以揭示。布尔迪厄论述了这些场域的构型如何决定了外来力量和变迁的最终效应，参见 Bourdieu 1987i, 1988a, 1987f, Bourdieu and de Saint Martin 1982。以上作品分别讨论了艺术场域、大学场域、精英学校场域和宗教场域中的情况。更进一步的历史探讨请见 Viala 1985, Fabiani 1989 和 Charle 1990。

〔32〕请注意，权力场域（见 Bourdieu 1989a, Bourdieu and Wacquant 1991）所处的层次不同于其他场域（如文学、经济、科学、国家科层体制等场域），因为前者在某种程度上涵盖了其他场域。它理应更多地被理解成某种"元场域"，具有许多自生的特有属性（请参考第二部分第一节注16——译者）。

〔33〕惯习"首先体现了一种组织化行动的结果，其含义与结构之类的用语相近；它还意指某种存在方式，某种习惯性状态（尤其是身体的状况），还包括了其他许多方面，特别是某种性情倾向、某种趋向、某种习性、或是某种爱好"（Bourdieu 1977a: 214）。

〔34〕莫尔捷（Mortier 1989）把布尔迪厄的学说解释成用一种侧重考虑行动的

方式对结构主义问题框架的重新界定，它导向形成一门形式的人类实践理论，将言说行为（speech acts）的理论予以一般化，以涵括各种仪式性的行为。

〔35〕"身体处于社会世界之中，而社会世界又处于身体之中"（Bourdieu 1982a: 38）。比较梅洛-庞蒂（1962: 401）："所谓内在的与所谓外在的全然不可分割。世界完全是内在的，而我又完全外在于我自身。"从这种角度来看，布尔迪厄的整个理论构想无论如何都与利科（Ricœur, 1977: 158）所界定的解释社会学构想完全对立。利科认为："将'客观性'建立在交互主体性经验的前客观化层面之上，并且努力揭示社会学所探讨的那些客体对象如何从这种前对象性的领域获得自主性，正是解释社会学的任务所在。"而对于布尔迪厄来说，社会学要想涵括现象学，不应该采取置之不理的做法，而是必须通过对惯习的构成进行生成性的分析，将交互主体性植根于历史客观结构中。我通过大量引证梅洛-庞蒂来说明实践感的逻辑，试图表明布尔迪厄是梅氏在社会学领域的继承者，虽然无论就这位现象学家著作中的精神还是词句而言，布尔迪厄的创新在许多地方都与之不相一致。尤其是布尔迪厄超越了主观主义者对实践感的理解，探讨了实践感之客观结构和运作条件的社会生成过程。

〔36〕"习惯（habit）是某人对世界的不加反思的基本熟识，是以意向性的方式确定知识所面对的各种彼此不同的对象的先决条件……习惯既不是规划设计好了的'回应'，也不是常规化了的行为，因为习惯是体现在身体层面上的对感性世界的感受性。正是在这个角度上，它规定了经验中的种种行为可能性的领域"（Ostrow 1990: 10）。

〔37〕还可以以海德格尔在《存在与时间》中所举的那个著名的铁锤之喻为例，说明身体和世界之间的这种直接共存和相互理解的关系：对一把铁锤的熟练使用，或多或少预设了对它的纯工具性作用的自觉掌握；这种对铁锤的使用能力，意指使用者对铁锤特殊作用的把握，而无须知晓有关铁锤结构的专门性知识。有关这类实践把握的经验性说明，可见萨德诺（Sudnow 1978）运用常人方法学对爵士乐手即兴演奏逻辑的考察，洛德（Lord 1960）对培养古斯拉琴手（guslar 南斯拉夫的吟游诗人）的即兴弹唱诗歌艺术的分析，拉夫（Lave 1989）对日常生活中如何使用数字的人类学考察，以及

华康德（Wacquant 1989a: 47-62）对拳击技巧之习得的人类学考察。

〔38〕"习惯是我们在时间领域中所固有的内在性质；通过习惯的作用，过去、现在和未来都得到了具体体现"（Kestenbaum 1977: 91）。

〔39〕这里必须注意，不要将梅洛-庞蒂的场地（field）提法与布尔迪厄的场域概念（field，法语为champ）混为一谈。在梅氏那里，场地只是指称橄榄球的比赛场地（法语为terrain），而且没有什么理论意涵。

〔40〕关于对盲目追求过度严格的逻辑和本不存在的人类学意义上的一致性的强烈反对，见《类比的恶魔》（Bourdieu 1990b: 200-270）。正如唐·莱温（Don Levine, 1985: 17）所提出的："容忍模糊也可能会有许多收获，只要不是把它作为懒于思考的借口，而是作为负责地探讨极其复杂的论题的引导。"

〔41〕对于那些抱怨他的概念"模糊不清"的人们〔比如乔普克（Joppke 1986: 61），他认为惯习是一个"概念怪物，经常以一种含混的、隐喻的方式被使用"〕，布尔迪厄可以用维特根斯坦的话（Wittgenstein 1980: 653）来反驳，即"如果说一个概念依赖于某种生活模式，那么它就必然存在许多不确定性"。

〔42〕惯习和场域这一对概念也揭示了一条可能的途径，以摆脱所谓"角色理论"不断产生的茫然感和内在固有的苍白无力（Wacquant 1990b）。

〔43〕布尔迪厄和理性选择理论的差异，并不像那些将他的观点庸俗地表达为某种机械形式的结构主义的人有时所认为的那样，仿佛在于行动者是否自己作出选择。"分析马克思主义"的倡导者范帕里斯（Van Parijs）就犯了这个错误。布尔迪厄并不否认行动者面临各种选择可能，发挥主动性，作出选择。他反对的是像理性选择理论家所阐述的，行动者以一种有意识的、系统的、意向性的（简言之，唯智主义的）方式来完成上述活动。他的主张与此正好相反，所谓深思熟虑的决策活动及对规则的遵循"只有当惯习未能达到预期目的时，才作为权宜之计，用以弥补失败"（Bourdieu 1972: 205）。

〔44〕所以，在拉什和厄里（Lash and Urry 1987: 293）看来，"布尔迪厄的核心主张是，我们所消费的并不是产品，而是符号象征，是承载着既定的社会区隔的意向性的符号象征"（又见 Elster 1984a）。与此类似，朱克曼（Zuckerman 1988: 519）也将布尔迪厄的科学社会学理解为分析"如何在资源和酬赏的竞争中获得最大生存机会的自我利益与计算"（着重号为引者加）。

〔45〕试举一例说明这种功利主义的化约。根据奥里和西里内利（Ory and Sirinelli 1986: 229）对《学术人》一书的阐释，布尔迪厄在该书中"总结道，充满冲突的世界通过多种多样的恩惠交换和逐级支配的网络得到平整，在这样一个世界里，攀高求胜的策略及更广泛意义上的超出伦理之外的利益，压倒了科学的、道德的理由和根据"。另一个例子是威普勒（Wippler 1990），他将体现于身体层面的文化资本化约为加里·贝克尔（Becker）式的"一种特殊的人力资本"，从而实际上破坏了布尔迪厄整个理论体系的逻辑。

〔46〕参见布尔迪厄（1979d）对名誉策略的经验研究。这种"没有战略家的策略"与福柯的思想（见 Dreyfus and Rabinow 1983: 187）没什么不同，只是后者缺少惯习的性情倾向的概念，不能将由历史赋予的客观结构和行动者的历史实践联系起来，从而缺乏某种足以说明策略的社会模式形塑和客观意义的机制。

〔47〕"总体性社会事实"是"在某些情况下，调动了整个社会及其制度的……而在另一些情况下，则调动了大量"属于司法、宗教、经济、审美和语法秩序的"制度"的那些事实（Mauss 1950c: 274-275）。这一概念有助于人们认识到摆脱狭隘的、刻板划分的观察途径的必要性。但如果这一概念助长某种用来掩盖缺乏严格的对象构建工作的、不够严格的"整体论"（holism），那么它本身也是危险的。

〔48〕布尔迪厄在这里应和了米尔斯大约 30 年前（Mills 1959: 71-72）发出的警告："那些囿于方法论条条框框的人，总是拒绝讨论任何有关现代社会的事情，除非它们已经被'统计仪式'一点点地做了精致的研磨打理。"

〔49〕尽管存在用语和语调上的明显差异，布尔迪厄的立场和利伯森在《别忘了它》一书（Stanley Lieberson 1984）中"从营垒内部"提出的对唯方法论主义的批判之间仍有众多契合之处。

〔50〕布尔迪厄接着指出："某些方法学家对社会学家提出谴责，说他们从来只认同于一种理解社会科学的方式——无疑这是一种在美国体制中占据支配地位的方式；仅凭科学社会学最基本的技巧就足以确认：这些谴责的策动潜力来自这样一个事实，即它们使许多社会学家可以把他们所受教育中的某些缺陷转变成对这些教育的有意拒斥。这些最基本的技巧也同样能够揭示许多方法论学者何以对任何与狭隘教条有最微小的偏离的事物都不屑

一顾，他们把这些教条树立为绝对的严格尺度，用以掩盖一个事实，即他们自己的实践是一种缺乏想象力的老一套，几乎总是缺乏那种无疑构成了真正严格性的真正前提：对研究技术和研究程序的反思性批判"（Bourdieu 1989a: 10）。

[51] 在美国的大规模研究项目往往就是这种情况，在这些研究项目中，事实表明，对于教授的研究项目的对象，实际上只有为他们工作的研究生才能直接接触到。而与此相反，到目前为止，布尔迪厄写入他的著作的许多实地观察、访谈和技术分析，都是他本人亲自从事的。他和他的合作者在60年代和80年代对精英学校进行了大规模的研究（通过统计调查、深度访谈、民族志和文献追忆的方法），对这些研究的组织和实施所做的说明（Bourdieu 1989a: 331-351），可以使读者很好地理解布尔迪厄在方法论上的警醒（Methodological vigilance）①的原则在实践中的体现。在法国的主要的调查机构中，（定量）方法论学者和访谈员之间存在着社会距离，而且前者认为在调查中所应该做的与后者实际在实地调查中的所作所为之间也存在巨大差距。有关这一方面的饶有兴味的经验研究，参见 Peneff 1988；也可参见 Merllié（1983）所做的另一项刻画。在法国，Jean-Michel Chapoulie, Dominique Merllié, Laurent Thévenot 和 Alain Desrasières 从一个受布尔迪厄影响的立足点，对科层统计资料的生产过程进行了批判性分析。

[52] 孔德在《实证哲学教程》的第一卷中写道："对方法的考察不应脱离运用此一方法的经验研究；否则，这样的考察就只能是一个僵死的研究，无助于在致力这一研究的心智中滋长科学的种子。当我们从抽象的角度考虑一个研究对象时，针对它所发表的任何言论，都被化约为一种含糊得对思想体系不能产生一点影响的一般性概括。"（布尔迪厄在《社会学的技艺》一书的卷首引用了孔德的这段论述。）这也是康归翰的医疗科学史中的一个观点，而康归翰的学说对布尔迪厄的认识论的形成发挥了重要的作用。在美国，卡普兰通过强调"重构的逻辑"（Reconstructed logic）与"运用逻

---

① 所谓"方法论上的警醒"，是指在具体的经验研究中，始终保持对所使用的方法的适用范围及其背后的理论假设的反思性关注，并在研究中尽量避免各种彼此对立又相互补充的危险倾向。布尔迪厄的这一思想与巴什拉的"认识论上的警醒"观念有密切的关联（参见 Bourdieu et al.1991）。——译者

第一部分　迈向社会实践理论：布尔迪厄社会学的结构和逻辑　**85**

辑"（Logic-in-action）之间的区别，倡导一种与布尔迪厄的观点近似的立场："(重构) 的逻辑的规范性力量未必就能改善运用逻辑"，这首先是因为，重构的逻辑把注意力集中在那些科学家不肯去做的事情——如果那样做会败坏他实际的所作所为；其次，与描述科学实践相对，重构的逻辑倾向于将科学实践理想化（Abraham Kaplan 1964: 12）。

〔53〕里茨尔（Ritzer 1990a）"编纂和充实元理论"（即试图实现更深刻地理解理论、创生新理论或提出有所贯通的理论视角）的努力，其基本特征就是以一种彻底和有意的方式脱离现实世界和经验研究的关注点。因此，布尔迪厄对理论与经验研究的关系所持有的观念也与吉登斯（Giddens 1990a: 310-311；也见 1989）的观念不同，因为吉登斯坚持理论具有相对于经验研究的"相对自主性"，并且捍卫概念工作和本体论工作本身的价值。亚历山大（Alexander 1987a, 1990）则是从另一个角度提出了对"一般性的理论话语"的中心地位的强有力辩解。

〔54〕在今天的美国，社会学职业的组织形式似乎是这样的，即一个学者若要被承认为一个"理论家"，几乎就必须不去从事经验研究，而集中全部精力撰写那些讨论概念和其他理论的晦涩难解、术语连篇的论文。斯廷奇柯姆（Stinchcombe 1986: 44-45）尖锐地指出，在理论家的话语的抽象层次（或者说与鄙俗的现实世界之间的遥不可及的层次）同理论家的职业（教授）身份之间存在着密切的联系："正是那些最远离有血有肉的、充满酸甜苦辣的现实世界的理论，享有着最高的声望。"

〔55〕西卡（Sica 1989: 230）还补充说："察看一下那些最受行会（指社会学的协会——译者）成员敬重的刊物，同时留神那些观念体系——被不严格地称为'理论'——如何与一系列资料和得出颇受尊敬的结果所要求的方法之间的（哪怕只是说说而已）关联方式……这些文章中的大多数要么是不加掩饰地毫无理论，或者更糟的是，装点门面地添加一些理论"（重点号为引者加）。对美国社会学状况的另一个敏锐的观察者柯林斯（Randall Collins 1988: 494）同样指出："在这一领域中，被视为方法论-定量研究的一方和理论-定性研究的一方之间存在着相当大的敌意。更为严重的是，具有这样或那样特长的实践者往往身处不同的学术网络，这样往往在对对方所知甚少的情况下，以缺席方式'判决'对方的立场'有罪'"。科尔曼（Coleman 1990b：第

一章）也注意到，在理论和经验研究之间存在着持续不断并日益加深的裂痕（尽管科尔曼对这一裂痕的根源所做的"诊断"与布尔迪厄不同）。

〔56〕"马克斯·韦伯提醒我们注意，在战争艺术方面，最伟大的进步不是起源于技术发明，而是肇始于军士的社会组织的改变，就像马其顿方阵的发明这个例子所表明的那样。人们可以遵循同一思路，探究是否科学生产和科学流通的社会组织的改变，特别是借以进行逻辑控制和经验控制的沟通方式和交流方式的改变，也能促进社会学中科学理性的进步，并且，比起对新的测量技术的推敲，或认识论学者以及方法论学者那些喋喋不休的告诫和'预设'讨论，上述组织和沟通方式的改变是否更为强有力"（Bourdieu 1989f）。

〔57〕与布尔迪厄相同，米尔斯（Mills 1959: 75）也认为，宏大理论和对现实心不在焉的经验主义"都可以看作是要'确使'我们不对人与社会了解得太多——前者是用形式性的、含糊不清的愚民主义，后者是用同样形式性的、空洞无物的新花样来达到这一目的"。

〔58〕默顿将他的论述划分为两个对称性的章节（Merton 1968：第四章和第五章），即"社会学理论对经验研究的影响"和"经验研究对社会学理论的影响"。这一事实也表明了这一点。

〔59〕西卡（Alan Sica 1989: 228, 230, 231）针对经验研究学者中完全缺乏对理论的关注这一现象评论说："那些谋求常规研究的财富的学者不会为求一名之立，旬月踟蹰。他们必须精心安排他们的时间和精力，所以如果沉闷乏味的理论工作不能帮助他们得心应手地改进经验研究的效率和生产率——不论这种效率和生产率是如何测量的——理论工作就要么淡化成一种更易处理的方式，要么被全盘抛弃……对于那些从研究生院毕业年数不多并决意谋求研究资助的普通的社会学家来说，理论（或思想）与一次成功的研究资助申请中所涉及的其他因素之间的关系并不值得令人劳神费心……每个人都清楚，其首要的问题——至关重要的问题（primus inter pares）——乃是如何搞到研究所需要的钱……毕竟，技术是可以待价而沽的……而且在大多数情况中，我们为了寻求资助而耗尽了自己的精力。"

这一点在像贫困研究这样的局部社会学场域中特别明显，一方面这类研究在科学上处于被支配地位（贫困研究在学术上处于一种死气沉沉的状态，在这一领域较有进展的部分——例如,"贫困文化"、行动的规范概念,或对"社会病理学"的道德关怀——中,早已名誉扫地的那些理论和研究角度依旧指导着经验研究和政策建议,并残留在那些大批量生产的本科生教材中),另一方面却以学术权力的方式居于支配地位(贫困研究支配着大量经费,并在科学的科层体制中占上风:近来到处泛滥的由各种著名的基金会资助的对"城市底层阶级"的研究方案,就证明了这一点)。

〔60〕"任何科学工作,不论它的出发点是什么,除非它跨越了理论和实验之间的界限,否则就不会令人完全信服"(Bachelard 1984: 3-4)。有关这一看法,也可参见 Quine 1969。

〔61〕"如果各种实践运作的价值足以与这些实践提供基础的理论的价值相提并论,那么这是因为理论在操作等级制中所占据的位置:它实现了理性相对于经验的在认识论上的优先性"(Bourdieu, Chamboredon, and Passeron 1973: 88)。

〔62〕参见下文第二部分的第五节,和布鲁贝克的论述(Brubaker 1989a)。布尔迪厄的理论是一种积极的、活生生的和科学的惯习的产物,因此对他的著作进行唯理论主义的解读或纯概念式的注疏就显得特别不适当(这是在他的"方法"与否登斯的结构化理论之间的又一个差异)。举一个例子,可以看出这种对布尔迪厄作品的唯理论主义解读是如何损害了这些作品,例如华莱士(Wallace 1988),他竭力往布尔迪厄的著作里"读入"一种规范和精神感应的理论,还"读入"一种对社会结构和文化结构辩证关系的关注,而这种社会结构和文化结构则在一种极端实证主义的面纱下被理解为彼此可分离的因果-解释变量。布尔迪厄著作的非逻各斯中心的特点也可解释为什么他没有"沉迷于"使他的概念获得毫无含糊的意义,他也不关心默顿中层理论所特有的详尽的阐明、定量化的潜力和反复的诠释(Sztompka 1986: 98-101)。

〔63〕其中包括加芬克尔和常人方法学的主张,人类学中流行的"作为文本的人类学"〔克利福德(Clifford)、马尔库斯(Marcus)、泰勒(Tyler)等〕,布卢尔(David Bloor)和伍尔加(Steve Woolgar)所领导的"科学的社会研究"思潮,普拉特(Platt)和阿什莫尔(Ashmore)等倡导的"后现代"社会学;此外还有古尔德纳、伯杰(Bennett Berger)、吉登斯和批判现象学学者奥尼尔(John O'Neill)也都倡导"反思性"。阿什莫尔(Ashmore 1989:第二章)在

他的"反思性与知识的讨论综录"中"清算"了科学、艺术和人文学科中反思性的不同含义和用法[尽管他在他的"清单"中赋予反思性以自觉的"创新性"和"肆无忌惮的创造力"（outrageously inventive，原文如此——原注者注）意涵，经常混淆而不是澄清了这一概念]。

[64] 有关常人方法学中内生反思性（endogenous reflexivity）和指涉反思性（referential reflexivity）之间区别的论述，参看波尔纳撰写的一篇颇有启发的文章（Pollner 1991）；并参见 Collins 1988: 278-282。

[65] "社会科学趋向于'消融'在它所涉及的环境之中……（而且）社会科学恰恰对这一环境的构成过程本身具有非常强有力的影响"（Giddens 1987: 197）。"双重解释学"（double hermeneutic）这一概念与布尔迪厄的"理论效应"（theory-effect）观念的一般提法是比较类似的。

[66] 最近，吉登斯（Giddens 1990b: 36-45，引文见页38）将反思性定义为"这样一个事实，即根据新获得的有关社会实践本身的信息，不断考察和改造这些实践，并因此以构成的方式变更它们的性质"。吉登斯认为这种反思性是现代性的一个规定性特征。

[67] "'反思社会学'的历史使命……就是改造社会学家，深深地渗入他们的日常生活和日常工作，用新鲜的感受性来丰富他们，并将社会学家的自我意识提升到一个新的历史水平"（Gouldner 1970: 489）。

[68] 伯杰（Berger 1981: 220-221，也见 236-239）说："毋庸置疑，反思性要求一个'主我'。社会学的根基贯穿于作为整体的人的社会学家"，而且"因此，他必须面对的问题不仅是如何工作，还有如何生活"。伯杰的这些说法响应了古尔德纳的论述（Gouldner 1970: 489）。古尔德纳宣称我们必须"日益认识到我们与那些我们所研究的（对象）之间的'亲缘'关系的深度，……所有的人本质上都与那些被我们通常看作职业上的'同事'的人很类似"（同上书，494），这样，准救世主义、旨在改造学者的存在方式的反思性概念让位于一种认识论公有主义（epistemic communalism）。

[69] 古尔德纳（Gouldner 1970: 512）确实告诫说："导致学术界背叛它自身信念的力量，不仅包括外在于学术生活的力量，也包括那些学术组织自身内在的、并根植于学术界与众不同的亚文化的那些力量。"但古尔德纳并没有

第一部分　迈向社会实践理论：布尔迪厄社会学的结构和逻辑

倡导对这些"内在"因素进行分析（哪怕是用"亚文化"这样的术语粗略、狭隘地加以界定），而是径直去鞭挞"学院人士和大学"，因为"在使我们这个更大更广泛的世界丧失人性方面，它们本身是积极活跃、心甘情愿的代理人"。

〔70〕"不论哲学还是社会科学都未能把握实践……这一点在于这样一个事实：正像在康德那里，理性认为，理性判断原则并不存在于理性自身，而是存在于判断对象的性质之中；同样，对实践进行的学术思考将它与实践的学术关系纳入了实践之中"（Bourdieu 1983a: 5）。在晚近的一次演讲中，布尔迪厄（Bourdieu 1990e: 382）走得更远，他甚至提出"在我们的学术思维和实践这种不可思议的事物之间存在着一种不相容性。在学术思维中存在一种思维方式，它预先假定应该悬搁实践中不可或缺的紧要事务以及应当运用那些针对实践构建的思想工具。如果我们将这种思维方式适用于实践，将会妨碍我们理解实践本身"。理性行动理论（例如，Coleman 1986, Elster 1984a）是这种唯智主义谬误的缩影，它将其极端理性主义的行动模型物化，并将它"注入"行动者的头脑，从而不利于研究他们行为中固有的那种实际存在的实践理性（Wacquant and Calhoun 1989: 47, 53-54）。

〔71〕因此我不同意拉什（Scott Lash 1990: 259）的观点，他认为"看起来，布尔迪厄的反思性更接近这种类型的观念"。

〔72〕在过去的十年里，这些"后现代"人类学家坚决主张，对殖民主义的批判和有关表象局限性的理论工作（特别是解构）已经削弱了民族志论述的权威性，并揭示出各种民族志研究不过是花言巧语的把戏：这些"不可避免的具有权宜性、历史性和可争辩性的"表象之所以能够令人心悦诚服，归根结底依靠大量文本上的常规约定（Clifford and Marcus）。本文反思性指的是这样的观念："文本并非仅仅是以显而易见的方式来描述一种独立的现实秩序"，相反，其本身"已经卷入构建现实的过程中"（Atkinson 1990: 7）。参见斯潘塞对此所做的批判性总结（Spencer 1989），并参见马尔库斯和库什曼（Marcus and Cushman 1982），克利福德和马尔库斯（Clifford and Marcus 1986），格尔茨（Geertz 1987），泰勒（Tyler 1987）和范马楠（Van Maanen 1988）的著作，这些人都是这一派的代表。

〔73〕巴纳德（Barnard 1990: 58, 71）表明，布尔迪厄"已经指明民族志怎样才能在

具有反思性的同时,不导致自我迷恋和丧失鉴别能力",而且布尔迪厄也提供了"一种方式,使那些作茧自缚的民族志学者和民族志理论家得以重觅出路"。

〔74〕认识反思性和文本反思性之间的鸿沟是显而易见的,要想认识到这一点,可以将拉比诺的《摩洛哥田野作业反思》和罗萨尔多的《文化与真理》两本书的重要结论与布尔迪厄的《实践的逻辑》一书的前言(1990a)相互对照。拉比诺"返归"他的实地经验,集中在他与"他人"交往时的"自我",并集中在洞察一种异域文化世界的工作中所隐含的道德方面的问题。他们紧紧盯住观察与参与的相互作用关系,发现在喋喋不休地寻求"本真性"之后,自然导向了这样一个结论,即"所有文化事实都不过是解释,而且是众说纷纭的解释,这一点,无论对于人类学家还是他们访谈的本地对象来说都是千真万确的"(Rabinow 1977: 151)。与此类似,罗萨尔多(Rosaldo 1989: 169, 194, 206-207)认为:"进行社会分析的学者应该从大量不同的位置来探索他们的主题",特别当个人"属于错综复杂的社会共同体时就更是如此。……社会分析因此成为一种理解的关系性形式,在这种形式中,关系双方积极地从事'文化的解释'活动"。布尔迪厄拒绝接受这种将民族志学者的解释与本土居民的解释混为一谈的观点,而且对"本真性"也没有什么兴趣。他无意迎合罗萨尔多(Rosaldo 1989: 69)的理论,去鼓吹"没有一个观察者是彻底无知的,也没有一个观察者是全知全觉的"这种陈词滥调,他想要做的,是对人类学知识的局限进行理论探讨。

在拉比诺的解释学意图同他进行访谈的本地对象所具有的实践考虑之间,存在着很大的差距。拉比诺根本没有注意到这种差距对人类学知识所具有的歪曲作用。他将实地研究展示为"具有一定限度交流方式的交互主体性的构建过程"(Rabinow 1977: 155)。这表明,他像罗萨尔多一样,陷入了学究思维方式的陷阱,这种学究思维方式认为人类学家和本土居民在共同进行着解释活动。〔虽然拉比诺论述中的某些段落表明,偶尔他也意识到本土居民在他们的实践策略中将"(他)概念化为一种资源",但大多数时候,拉比诺(Rabinow 1977: 29)还是将他所访谈的本地对象当成在那里帮助他完成解释学任务的朋友。〕

〔75〕有关布尔迪厄的人类学与列维-斯特劳斯的人类学,以及他们在人类学实

践方面相关联的概念,巴纳德进行了颇富洞见力的比较(Barnard 1990)。有关布尔迪厄与格尔茨的比较,参见李的文章(Lee 1988)。

[76] 有关布尔迪厄著作中对这一经验难题的逐步解决,参见布尔迪厄的下列作品:1972, 1973d, 1977a: 96-158,和1990a: 200-275,特别是第215页的简表。

[77] 囿于篇幅,我们不能讨论人们经常针对反思性的可能性或可欲性(desirability)所提出的三种经典性的反评:自我陶醉、徒劳无功和无限逆推(regressio ad infinitum),这三者又导向自相矛盾、唯我论或激进的认识相对主义(Blcor 1976, Berger 1981: 222, Ashmore 1989, Wcolgar 1988)。至今没有一个批评者针对布尔迪厄提出过这些批评意见,这一事实看起来表明这些意见没有一个能以直截了当的方式运用到布尔迪厄的身上。事实上,对《学术人》——他讨论认识反思性的主要文献和鲜明例证——的评论,恰恰在相反的方面产生了误解。评论者明显只考虑这本书的表面对象(法国大学、1968年的五月风暴),而忽视了这本书更深刻的方法论讨论和理论讨论。许多学者也抱怨这本书有关作者本人在学术界的个人经历方面的内容太少,也就是说,布尔迪厄自我陶醉得还不够。布尔迪厄和华康德的文章(Bourdieu and Wacquant 1989)以及本书第二部分的第六节探讨了反思性毫无功效的问题。

[78] 在每个人之中都积淀着朴素幼稚的人道主义,要作为自我以及自我的真理的主宰者和拥有者,除了自我的决定作用,不愿承认任何别的决定论(即使这种人道主义承认这些自我决定作用是无意识的)。无论何种主张,只要它尝试证明那些最具个人性、最'显而易见'的行动的意义不属于成就这些行动的主体,而是诉诸整个关系系统,认为是在这一关系系统中,并通过这一关系系统,这些行动才得以成就自身,那么,这种朴素幼稚就会把这样的主张在经验中体现为'社会学的'或'唯物主义'的化约论(Bourdieu, Chamboredon, and Passeron 1973: 32)。(中译文参考 Bourdieu, Chamboredon, and Passeron 1991: 17,对华康德英译文略有修改。——译者)

[79] 正如涂尔干在《宗教生活的基本形式》一书(Durkheim 1965)中所写的:"并非当我们更个体化时,我们就更具个性……个性的本质特征正是我们身上的社会部分。"

[80] 布尔迪厄(Bourdieu 1991a: 15)坦然承认:"在大学里,我从来不是一个心满

意足的成员，我的心中也从未满怀惊喜，要为一项神秘的事业而献身，即使在学生时代的'见习期'，我也没有这种感觉。"参见在卡萨诺瓦的广播节目中德里达对此的证明（Casanova 1990）。

〔81〕1960年布尔迪厄在阿尔及尔大学讲授"阿尔及利亚文化"的课程。对于当局和占领军来说，这是一个挑衅，因为在他们看来，哪怕只是承认阿尔及利亚文化这类东西的存在，也等于是对民族主义解放战线的公然支持。在里乌和西里内利所编辑的文集（Rioux and Sirinelli 1991）中，记录了阿尔及利亚战争对法国学术场域的运作所产生的影响。

〔82〕在"胸怀大志的哲学家"一文（Bourdieu 1991a: 17）中，布尔迪厄再现了哲学家"高山仰止"的形象在打算做一个知识分子的青年人那里所产生的几乎不可抗拒的强烈吸引力："一个人之所以成为'哲学家'，乃是因为这个人已经被社会加以神圣化①：而一个人之所以被神圣化，乃是因为这个人得益于'哲学家'的尊贵身份。对哲学的选择是那种强化法定狂妄（或傲慢）的法定保障的一个表现。"布尔迪厄对认识论问题的敏感也是他在科学史和科学哲学方面受教于康归翰和巴什拉的结果。

〔83〕继在巴黎大学（索邦）和里尔大学（这时，他定居在巴黎，定期来往于巴黎和里尔之间）进行了简短的教学逗留之后，1964年，也就是他34岁那年，他被任命为社会科学高等研究中心的成员，这个中心由布罗代尔、阿隆和列维-斯特劳斯指导（在布尔迪厄第一本英译著作《阿尔及利亚纪事》一书的封底，阿隆和列维-斯特劳斯二人的题词十分惹人注目）。另一个重要的有利因素是地理上的稳定性：始终留在首都，这使布尔迪厄可以建立一种集体性的研究手段，同时随着时间的推移，能够积累并集中学术上的关系，而这一点在美国的学术场域是很难实现的，因为在美国学术界，社会科学家具有相当高的空间流动率（而且存在这样一种倾向：学者在科学等级制中的地位越高，这种流动程度也越高）。有关对社会科学高等研究中心从创生直到60年代的情况的历史分析，参见马宗的专著（Mazon 1988）

---

① 神圣化（consecration）是布尔迪厄探讨国家（或科层场域）与符号权力之间关系的一个重要概念（参见Bourdieu 1989a，也可参见《国外社会学》1995年第4期所刊载的华康德的两篇文章）。——译者

和布尔迪厄的简短前言（Bourdieu 1988j）。

〔84〕布尔迪厄并不像拉什（Lash 1990: 255）所说的那样，"赞成福柯的权力／知识假设"（见 Bourdieu and Wacquant 1991 里，布尔迪厄对这一观点的批评）。尽管布尔迪厄对理性的先验化已心存戒心，但他仍全心全意地支持启蒙运动的理性设想："这种反科学主义已经成为今日的时尚，使新进的思想家们有利可图。与此相反，我捍卫科学乃至理论，尤其是当它能发挥作用，为我们提供更好的对社会世界的理解之时。人们并不是非得在蒙昧主义和唯科学主义两者之间择一而就，克劳斯（Karl Kraus）说得好：'我拒绝两害相权取其轻的做法'"（Bourdieu 1980b: 18）。卡尔霍恩（Calhoun 1992）在讨论布尔迪厄的学说时，视之为"普遍主义和特殊主义、理性主义和相对主义、现代主义和后现代主义间合理的第三条道路"，这种看法颇具启发。

〔85〕"何谓'科学'本身，这一问题必须提出来。科学改变了人们，使他们和以往不同，在这种意义上科学本身不正是'政治活动'和政治思想吗？"（Gramsci 1971: 244）

〔86〕尽管布尔迪厄和福柯相仿，都对理性抱持一种断裂主义（caesuralist）和建构主义的观念，并用历史主义的态度理解知识（见他对福柯题为"求知的愉悦"的一篇称道文章，刊于《世界报》，1984 年 6 月 27 日），但布尔迪厄反对福柯悬置科学性问题。福柯在许多地方怀着某种认识论上的不可知态度，通过对因果性和总体性问题"分别进行且彼此独立地双重置括"（orthogonal double bracketing，见 Dreyfus and Rabinow 1983），心安理得地悬置了意义问题和真理问题，然而布尔迪厄则通过指出科学场域的运作过程而重新思考了这两个问题。这里，就像有关"非意图"策略和有关权力的一些论点那样，场域概念又一次标示出布尔迪厄和福柯之间显著的分歧。

〔87〕"矛盾的是，社会学正是通过将我们从对自由的幻觉中，或者更确切地说，从被错误地寄托的对虚幻的自由的信念中解救出来，而最终使我们获得了自由。自由不是什么既有之物，而是一种战利品，是一种集体性战斗的成果。我遗憾地发现，人们凭着一种可怜的自恋性里比多的名义，在草率作出的对各种现实的拒弃态度唆使下，自我剥夺了那种使他们能够去构建自我——至少能更多一点——即以某种重新占有自我的努力为代价，真正地将自我构建成某种自由主体的手段"（Bourdieu 1987a: 26）。因此，就像拉比

诺认为的那样，很难相信"布尔迪厄会满心欢喜地与他人一道，将'解构的腐蚀性酸液泼洒到'传统的主体（概念）上"（Rabinow 1982: 175）。

〔88〕在这一点上，布尔迪厄又一次与埃利亚斯彼此达成了默契（1978a: 52），在后者看来，"科学家就是神话的终结者"。有些人会持有异议，认为社会学不应执着于揭露社会的既定认可的形象。对这些人，布尔迪厄的回答是："科学的话语只是对那些对社会世界业已抱持一种中魔式的立场的人，才显出除魔的效力。而科学话语对下述两种现象则保持不偏不倚的中立的立场，即那种满怀希望看待现实的乌托邦主义和那些令人扫兴地唤起人们注意偶像化的法则的倾向"〔《社会科学研究探索》(Actes de la recherche en sciences sociales) 创刊号，1975，见编辑发刊词，无标题〕。

〔89〕社会学家不是"那种恐怖分子式的探子，出现在符号控制的各个角落为之服务"（Bourdieu 1982a: 8）。

〔90〕贝拉（Robert Bellah 1973: x）认为涂尔干也持有这种看法。沃尔夫认为（Alan Wolfe 1989a: 22—23）："社会学应该重振曾经是苏格兰启蒙思潮核心的道德传统……而社会科学家是改头换面后的道德哲学家。"

〔91〕例如，要想确保政治家们或群体领袖们的行动更多地以集体利益为目的，我们就必须"构建这样的社会世界，在其间就像马基雅维利所描绘的理想共和国那样，行动者们的利益和兴趣在于善行德操，在于公正无私，在于献身公益，在于维护人民作主的共和国"。政治领域同科学领域的情况是一样的，"如果我们致力创造一种道德政治（politics of morals）的制度手段，那么，就有一定程度的可能性产生（遍布社会的）道德性"（Bourdieu forthcoming b: 7）。

〔92〕布尔迪厄（1977a: 165）坚持认为，甚至连认识论本质上也是政治性的："知识理论是政治理论的一个向度，因为强加各种现实建构原则的特定符号权力——在特定的社会现实中——就是政治权力的一个主要向度。"换言之，"知识理论和政治理论相互交织，不可分割：每一种政治理论都包含了——至少暗含了——某种感知社会世界的理论。这种感知社会世界的理论是根据一系列对立组织起来的，而这些对立又极其类似于我们在有关自然界的理论中所能发现的那些对立"（Bourdieu 1980b: 86，引者自译）。

〔93〕"作为一门致力于揭示科学生产的各项法则的科学,(社会学)向我们展示的并不是支配手段,而也许是支配支配的手段(means to dominate domination)"(Bourdieu 1980b: 49,引者自译)。

〔94〕汤普森(John Thompson 1991: 31)有如下评论:"布尔迪厄首先是一位社会科学家,他很少从事规范的政治理论研究,也不试图替特定社会群体策划什么政治方案或政策。但是他不遗余力地对以最繁复、最细微的形式出现的各种权力和特权进行无情的揭露,在他的理论框架里,对那些构成这个社会世界、这个他对之进行了如此精细入微的解剖的社会世界的行动者们,给予了相当的重视,这些都使他的著述蕴含着潜在的批判力量。"

〔95〕特纳(Jenny Turner 1990)在向英国读者介绍布尔迪厄时,将他说成是"左翼强硬派社会批判家里健在的老前辈",是"欧陆哲学家明星制度'的尖锐的反对者"。

〔96〕奥里和西里内利对二战以来法国知识分子的政治参与情况以及请愿活动在这些参与活动中所发挥的关键作用进行了调查研究(参见 Ory and Sirinelli 1986: 第8-10章)。

〔97〕参见布尔迪厄对萨义德(Sayad)在阿尔及利亚战争(那是他们共同经历的)中的政治立场的响应,见他为后者的《移民或异他性的困境》(*L'immigration, ou les paradoxes de l'altérité*, 即 *Immigration or the Paradoxes of Otherness*, Sayad 1991)一书所作的序言。

〔98〕布尔迪厄(1987a: 13)回忆道:"斯大林主义的压制是如此令人激愤,于是我们在1951年左右同比安科(Bianco)、孔德(Comte)、马林(Marin)、德里达、帕里安特(Pariente)以及其他一些人一起,创建了一个委员会,叫作保卫自由委员会,拉杜里(Le Roy Ladurie)在学校的(共产党)基层会议上斥责的就是这个委员会。"

〔99〕他的第一本书《阿尔及利亚纪事》(*The Algerians*, Bourdieu 1962)由灯塔出版社(Beacon Press)在美国出版发行,封面上印着一面飘扬着的国旗,一面尚待诞生的阿尔及利亚共和国的国旗。

〔100〕尤其参见布尔迪厄和帕斯龙著作中(Bourdieu and Passeron 1979: 52)对比有关学生所处时代氛围的意识形态思潮和社会学思想的图表。目前唯一为人

知晓的教授声援五月风暴的宣言,就是由布尔迪厄起草的,不过他同时还呼吁制定某些措施,以抵制学生的呼吁中体现出的乌托邦主义(见《五月的思潮》,Les idees de mai 1978)。

〔101〕布尔迪厄为了给密特朗的1988年总统施政纲领中的教育部分提供咨询,起草了一份《法兰西学院就我国教育前景的报告》(Bourdieu 1990g),并就此与许多欧洲国家的一批商贸公会组织交换了意见,随后同意与生物学家格男(François Gros)合作领导一个"教育内容改革委员会"。该委员会是咨询性的,负责推进一项长期性的学校改革计划,那是当时罗卡尔的社会党政府的重点计划。他还支持一项有关拼写法的改革计划,这一计划充满了政治色彩,并在一个面向全欧的公营文化电视频道的创建过程中发挥了积极作用〔该频道的负责人是他的同事,中世纪史专家杜比(Georges Duby)〕。布尔迪厄还活跃在一个倡导取缔公共电视(频道)中的广告的压力集团中。

〔102〕见Bourdieu 1991c。有关此次反响颇大的请愿运动及此后一系列支持团结工会的声明的详细介绍,参阅Eribon 1989: 316-324,又见布尔迪厄在《解放报》上发表的短文(1981e,又1985e),题目恰如其分,名为"重扬左派的自由意志传统"。布尔迪厄在文中呼吁从制度上接受肇始于五月风暴的法国政治生活中的"反制度潮流"(比如说,生态学,女权主义,权威批判等等)。最后,布尔迪厄还就海湾战争("反对战争",与其他80名来自法国和阿拉伯国家的著名知识分子共同署名的一篇文章,载于《解放报》,1991年2月21日)和移民与内聚力〔1990年4月13日的一次访谈,载于《每日时报》(Die Tageszeitung)〕问题公开表明了立场。有关社会学在政治和时事方面应发挥的作用这方面,布尔迪厄所持立场和想法的更广泛的情况,参见Bourdieu 1986d, 1987i, 1988g, 1988h, 1989d,以及Bourdieu, Casanova and Simon 1975。

〔103〕自1989年以来,《图书评鉴:欧洲书评杂志》已然成为法国、意大利、英国、西班牙、葡萄牙和德国等国各大全国性报纸的副刊。它的编委会由来自这些国家的知识界领袖组成,而布尔迪厄则是其主编。

〔104〕见布尔迪厄为《图书评鉴:欧洲书评杂志》撰写的编辑卷首语(后未刊行),他在那里面向英国读者说明了《图书评鉴:欧洲书评杂志》的编辑

宗旨（Turner 1990引述）："知识分子自己从不发动政治运动，但他们能够为之也应该为之襄助一臂之力。他们能够提供权威，贡献出自己的文化资本。然而今天，大致说来，他们并非如此。传媒吓跑了优秀的思想者，他们退缩在学院中，不问世事。而公共的论坛却被半吊子的知识分子——比如那些后现代主义者——接管。他们制造着煽情的争论，抛售着虚幻的问题，浪费着每一个人的时间。《图书评鉴：欧洲书评杂志》的想法，就是要开辟一块安全的空间，让那些优秀的思想者走出隐修所，重返世界。知识分子们总是过高估计他们个人的能力，而对他们作为一个阶级可能拥有的力量却自视不足。《图书评鉴：欧洲书评杂志》就是要通过努力，将知识分子团结在一起，发挥战斗作用。"

[105]《社会科学研究探索》时常有几期直接参与知识界对政治问题的介入：比如说，1986年3月号就"科学与当前的问题"，重点推出了几篇文章，分别探讨了波兰团结工会运动的社会基础，新喀里多尼亚发生的土著美拉尼西亚人即卡纳克人（Kanak）暴动（对殖民社会产生了很大震荡），印度历史和政治中的锡克人问题，以及在法国的阿拉伯殖民问题。1990年11月号，"列宁主义的垮台"为主题，探讨了东欧正在发生的巨变。1988年的3月号和6月号，以"思考政治"为主题，上承该年初春的法国总统选举，下启暮春的议会选举，对希尔克和法比尤斯（两人当时分别是在任总理和前任总理，并分别是保守的保卫共和联盟和社会党的著名成员）（在媒介上的）自我表演予以驳斥，并揭露政治家们操纵选举民意调查、把持电视的劣迹。

[106] 这一点，在这篇颂词的结尾更为明显。布尔迪厄（Bourdieu 1987m: 170, 167）明确表示："我们必须毅然决然地承担起对科学理性中的解放品性的信念，就像哈布瓦赫曾宣称的那样"，然后号召我们继续后者那未竟的"科学事业"。

第二部分　反思社会学的论题
（芝加哥研讨班）

布尔迪厄 / 华康德

> 如果一定要我"总结"维特根斯坦的思想，那么我的总结就是：维特根斯坦使改变自我成为一切变化的前提。
>
> ——奥斯特（Daniel Oster）
> 《在此期间》（Dans l'intervalle）

第一节　作为社会分析的社会学

〔1.1〕**华康德问**（以下简称"问"[①]）：让我们从您所著的《学术人》（Bourdieu 1988a）一书开始我们的讨论，因为这本书在许多方面都处于您的社会学纲领的中心（Wacquant 1990a: 678-679）。在这本书中，您既提出了一种学术体制的经验社会学，又对研究自身所

[①] 尽管在这部分中，华康德的发言不仅限于"提问"，也直接参与了讨论，不过出于风格的统一，我们还是将这部分都译为"问"（并相应地将布尔迪厄的论述都译为"答"）。——译者

处世界时，学者在认识论方面所涉及的各种潜在危险和两难窘境进行了分析。人们也许会这样认为，既然这本书考察的是法国的知识分子，而您就是这个世界的一员，而且在近30年里，您一直是一个主角，那么这本书，您写起来一定得心应手。现在看来，恰恰相反，在您的所有研究中，《学术人》无论从所耗费的时间、思考酝酿和落笔写作的方面来看，还是就您在经验研究中所投入的精力来说，看起来都是您最呕心沥血的一部著作——而且（我想这一点是颇有启发意义的）它也是最让您焦虑的著作，因为您在前言中提到您对出版这样一本书忧心忡忡，并把整个第一章都用来避免对此书所可能产生的各种不同的误读，并且言辞谨慎以防止这些误解。为什么这本书会这么艰难呢？

布尔迪厄答（以下简称"答"）：确实，在很长的一段时间里，我一直把《学术人》这本书放在"箱底儿"，没有拿出来发表，因为我担心，一旦不小心让它出版，人们就会以一种与它的深层用意完全相反的方式来阅读它，例如，人们会把这本书看作一本通俗小册子，或是看作自我责难的手段。[1]这方面，总是会存在一种很大的危险，即对你自己的作品失去控制。尽管自从柏拉图的《第七封信》①以来，这种说法就已经是老生常谈了，不过当我的这本书即将付梓之时，在这方面确实引发了它特有的问题。我很担心，我的读者（由于此书内容的关系，这本书的读者绝大多数都是学术界人士）对此书论述的切身利害会是那么强烈，使我为了防止出现这种

---

① 在现存的柏拉图信件中，写给叙拉古的统治者狄翁（Dion）亲属的第七封信篇幅最长，也最重要，其中概括了他哲学思想的发展。——译者

自发性的读解而做的全部努力前功尽弃，并且人们会把此书中所包含的分析降低到一种发生在学术场域内的争斗的层次，将这本书看作学术竞争的一部分；而实际上这本书的分析主旨却是要把这种学术竞争作为分析的对象，并借此使读者对这种现象有所把握。

《学术人》这本书的特殊之处就在于：科学的客观对象化一般所要求的工作，在这里是通过对这种客观对象化的主体的研究——即精神分析意义上的劳动——来实现的。对这样一个对象进行研究，人们必须每时每刻都要提醒自己，客观对象化的主体本身正在变成研究的对象（被对象化），因为在撰写最尖锐严厉、不留情面的客观化分析的同时，必须敏锐地意识到这样一个事实，即这些分析也可以应用到那些正在撰写这些分析的人身上。再者，我们还要认识到这样一个事实，即这些分析所涉及的大多数人，在面对这些分析的时候一刻也不会想到，这些表面上"残酷无情"的论述的作者正在和他们一起承受这种批判。[2]结果，这些人将事实上进行的一种溯往工作（labor of anamnesis）——即一种社会分析——痛斥为一种毫无根据的残酷无情的行为。（这里我想到了本书中的一些段落，正是它们导致我和我的一些最好的朋友分手，我与我的一些同事之间也因此发生了一些非常尖锐的冲突——我想这些事情的意义不只是人们茶余饭后的谈资——我的这些同事非常准确地领会了这种科学对象化的无情力量，但他们却认为我在这样分析的时候存在着矛盾，即我在进行对象化活动时，根本没有把自己考虑进去。然而无可置疑的是，我在撰写此书的期间，每时每刻都在对自己进行着客观化的活动。）

在《学术人》这本书英译本的前言中，我指出了这样一个事实，即那些主张异端的学说的哲学家,绝大多数——即使不是全部——都一直处于一种非常奇怪的位置,这个位置由下述两点构成,一是他们认为,摆脱世俗生活中那些必不可少的事务是知识分子的德行,二是他们使一代人的集体命运变成了少数几个"选民"的个人抉择。同时,我将上述事实作为主要的因素,以说明和理解在全球知识界中当代法国哲学家(福柯、德里达等)的独特性。在正常情况下,哲学家会因他们自身的学术成功而使他们处于学术体制的支配位置,从而也会使他们局限于该学术体制的简单再生产。但法国当代的这些哲学家却经历了就发生在他们脚下的学校体制的瓦解,而且,紧接着1968年的"五月风暴"和法国大学随即产生的变革,他们又目睹和经历了传统支配位置如何变得站不住脚,并且不可容忍。这些引导他们走向一种反制度的倾向,[3]这种性情倾向至少在一定程度上,可以在他们与作为制度的大学之间的关系中找到根源。从我个人既定的发展轨迹和社会位置出发,我不能否认自己也具有这种反制度的心态。因此我所处的位置使我能够很好地理解:任何分析,如果迫使我们揭示一种立场的社会决定因素,而这种立场原本又很容易被人们体验为是一种自由达到的、自我斟酌的抉择,甚至被看作是一种或多或少"英雄般"的理论断裂的结果,那么它在某种程度上就势必会惹人生厌或令人恼火。

〔1.2〕问:这样看来,您对自己研究的世界具有一种了如指掌的熟悉,这既是您的一份财富,在另一种层面上也是一种您必须去克服的障碍。这是否就是为什么您这本书以如此大量的资料为基础(仅仅列举这些资料的来源,就用了好几个附录),但在发表时却只

展示了其中很小一部分的原因?

答: 实际上,在如何运用材料,如何撰写分析方面,这本书都让我煞费苦心。首先,在如何恰当地展现这些资料方面,就使我"苦"思冥想。这里存在着大量问题,而这些问题通过对我自己的学术轨迹[4]的分析,就可以得到非常充分的说明。例如,我可以通过我自己的学术经历来说明某种形式的"贵族"取向:我所遵循的乃是一条法国教育体制中通向最高位置的轨迹,并且最初是作为一名哲学家受到训练的〔这可以说明为什么在哲学圈子中可以在某种程度上发现我的"无形学院"(invisible college)①,以及为什么我会毫不犹疑地将某种形式的实证主义的炫耀癖作为一种沉闷无聊的把戏自然而然地加以摈弃〕,这些因素同一些其他方面的因素加在一起,就导致了我身上的一些"贵族"倾向。即便是这样,说实话,我也从未像为撰写这本书这样处理过这么多的材料。恰恰是这一点,在英国和美国,人们并不总是乐意承认[5],而且他们拒绝承认这种处理材料的方法时所依据的,毋庸置疑是那种有关资料及其使用方法的实证主义观,这种实证主义观错误地将科学等同于对材料和程序的炫耀展示。然而在这一点上,我们最好的做法就是展现这些材料被构建和被分析的种种条件。

其次,在写作方面,这本书也同样使我"苦"思冥想。一开始,我已经撰写了相当可观的篇幅,这些文字中轻描淡写的争论,无关痛痒的讥讽,本可以使我这本书"风行一时",但最终我还是把它

---

① "无形学院"是英国科学家波义耳在17世纪提出的概念,后来知识社会学家普赖斯(Price, D.)用来指科学界广泛存在的非正式的交流群体。有关这方面的研究可以参见克兰《无形学院》(华夏出版社1988年版)。——译者

们扔进了废纸篓。我之所以这样做，就是因为这样的文字会鼓励向一种司空见惯的场域观（即一种以这样或那样的争辩立场为立脚点的，置身争辩之中的场域观）倒退。[6]此外还需要指出的是，以科学的方式产生《学术人》这种深入的社会学分析，在如何撰写的方面也会导致非常棘手的问题。人们必须创造一种全新的语言，力图使读者既能像作者一样敏锐地感受到问题的症结所在，又能理解作者的分析，既能感知现象，又能把握概念［我们在欧洲社会学中心编辑的杂志《社会科学研究探索》，已经成为新的社会学表达方式的一块试验场地，这种表达方式易于传达一种眼光（eye），亦即构成一门科学的那种相关原则（pertinence）］。[7]我的希望就是创造一种语言，能够使有关社会世界的话语的生产者避免一种僵化的选择，因为这种选择要求学者必须在下面两种立场中做出非此即彼的选择，要么是干瘪的、采用科学方式予以说明的实证主义超脱（detachment），要么是更具经验感受性的、颇富文采的涉入（involvement）。我在《学术人》中设想要做的，正是我在《区隔》中力图要做的，即创造一种"话语蒙太奇"[8]，使学者能同时提供科学观照（vision）和直达事物的直觉，这种直觉正是科学观照所要解释，但却明显加以排斥。但这种做法也许已经产生了一种"对号入座"效应或标签效应，使人们粗暴地曲解了我的分析，以迫使我不得不放弃我的想法。

事实上，一门有关知识界境况的社会学，它的中心问题之一，就是知识分子和所有的社会行动者一样，都是"自发的社会学家"，在把他人转化为客观对象方面技艺都特别娴熟。不过与普通社会行动者不同，知识分子作为话语和阐述方面的职业人员，能够将他们的"自发社会学"——即他们从切身利害的角度出发对社会世界的观点——披上一门科学的社会学的外衣,而他们在这方面的能力则是常人所远远不及的。

[1.3] 问:在《学术人》中,您提出了一种社会学,以分析您置身其中的学术世界。不过,您的目标并非仅仅是撰写一本论述法国大学及其教员和研究人员的专论,而是要对社会学方法作出更为根本的探究和分析。

答:当我在60年代中期开始这项研究时,学术体制正陷入一片危机(随着1968年的学生运动风起云涌而陷入最为深刻的危机)之中,但这种危机尚未如此尖锐,以至于像今天这样公然对学术"权力"展开争夺。而我的意图就是对社会学实践本身进行一次社会学的检验。许多人暗中诋毁社会学知识或剥夺社会学作为一门科学的资格,因为他们认为社会学家在研究社会世界时,必然采取一种受各种社会因素决定的观点。我想要证明,与这些人所宣称的恰恰相反,社会学能够借助自身关于社会世界的知识,在某种程度上避免这种历史主义的循环;而社会科学本身正是在它所研究的社会世界中被生产出来,以控制在这个世界中发挥作用的并同时对社会学家自身产生影响的各种决定机制的效果。

在这项研究中,我追求双重的目标,构建双重的对象。首先,表面上的对象是由法国大学构成的,我将它看作一种体制;这要求我分析它的结构和功能作用,分析在这个体制中发挥效力的不同种类的权力,分析在其中逐渐占据各种位置的行动者和他们到达这些位置所历经的种种轨迹,以及分析那种"教授式的"世界观,等等。

而其次，我还打算建构更深层的对象：即一个人在将他自己所处的世界看作一个客观对象时所必需的反思性复归（reflexive return）。社会往往认定：一种学术体制的设立，由于其自身的客观化工作，因而是具有客观性和普遍性的；而要把这种体制作为研究的对象，你就必须进行上面所说的反思性复归。

〔1.4〕问：在60年代早期您对法国西南部您"老家"村庄中的婚姻习惯（Bourdieu 1962b, 1962c, 1977b）〔在此之前，您曾经对阿尔及利亚的农民进行过类似的研究（Bourdieu 1972, 1990a: 147-161）〕所做的研究中，您就已经采用过类似的手段，即假托大学——这个您自身的职业生活所在的场景——来研究社会学的"观注"方式。

答：对。至少从我个人的学术发展轨迹的意义上看，《学术人》代表了我从60年代早期开始的一种非常自觉的"认识论实验"的巅峰。在60年代早期，我开始采用我以往用来研究陌生的异族社会（即阿尔及利亚的农民和工人）亲属关系内在逻辑的研究方法，来研究我最熟悉的世界。

这一研究背后的理念，就是要颠覆观察研究者与他所研究的世界之间的自然关系，就是要使那些通俗常见的变得不同寻常，使那些不同寻常的变得通俗常见，以便明确清晰地展示上面两种情况中都被视为理所当然的事物，并用实践的方式来证明，有可能充分彻底地将客体以及主体和客体的关系都作为社会学研究的对象。后者我称之为"参与性对象化"（participant objectivation）。[9]但最后，我将自己置于一种不可能的境地。事实上，我发现如果不把我将他人构造成研究对象时可能具有的旨趣本身加以对象化，不让自己鼓起勇气，振作精神，以抵制那种无疑是社会学家立场中内在的固有诱惑——即对所研究的对象采取一种绝对、专制的观点（这里假定了存在着一种支配学术世界的知识权力）——要想在社会研究中彻底地进行客观对象化，即使不是不可能，也是特别困难的。所以要想使这项研究有个圆满的结果，并能付诸印行，我必须发掘出这个世界深藏不露的真相，即每个身处这个世界的人都相互争斗，以争取获得一个机会，从事社会学家被诱使进行的那种将他人对象化的工作。我必须将人们面对的这种诱惑作为我研究的对象，而且，更准确地说，将某些时候也使社会学家布尔迪厄不由自主地陷入其中的那种形式的诱惑作为研究的对象。

〔1.5〕问：在您的著作中，自始至终都强调需要对社会学家和塑造社会学家的世界回过头来予以反思。您坚持指出，这并非一种学术的自恋症，而能够产生真正的具有科学意义的后果。

答：事实上，我坚信社会学的社会学是社会学认识论的一个根本性的向度。它远非社会学众多专业性分支之一，而是任何严格的社会学研究必不可少的先决条件。在我看来，社会科学中出现错误的一个主要根源就在于，它与它的研究对象之间有着不加控制的关系，而社会科学还往往将这种关系投射到对象身上。当我阅读一些社会学家所撰写的著作时，万分苦恼的是这些人的职业就是对社会世界进行客观化，但事实证明他们很少能够将他们自身作为客观的研究对象，而且他们也经常不能意识到，他们表面上用科学话语所谈及的，并非对象，而是他们与对象的关系。

目前看来，将推行客观对象化的社会学家自身的观点作为研的对象，已经俯拾皆是了，但大多以一种即使在外表看起来激进彻底、实际上却流于肤浅的方式进行着。当我们说"社会学家是囿于一定历史环境中的"时，我们通常是说他们就是"资产阶级社会学家"，并且只是这么说说而不再深究了。但不管把哪个文化生产者作为研究对象，所要求的都不仅仅是指出——并且惋惜——他所具有的阶级背景和阶级地位，他的"种族"，或他的性别。我们必须牢记，还要将他在文化生产的世界——具体而言，在《学术人》一书中是指科学或学术场域——中的位置作为研究对象。《学术人》的一个贡献就是表明：当我们像卢卡奇那样进行客观对象化，即在文化对象和社会阶级或集团（文化对象被认定是由这些阶级和集团，并且是为这些阶级或集团的利益而生产的）之间建立一种直接的对应关系时［在卢卡奇之后，戈尔德曼（Lucien Goldmann 1975）仿效卢卡奇，采用这种非常普通的社会学化约论的一种最复杂的形式，进行了类似的研究］——就像当我们常常听到人们谈论某部英国戏剧表现了"处于上升阶段的中产阶级的两难困境"之类的东西，我们就会犯一种我称之为"短路谬误"（short-circuit fallacy）的错误（Bourdieu 1988d）。当我们力图在两个相距甚远的术语之间建立一种直接的联系时，我们往往忽略了文化生产场域这个相对自主的空间在二者之间所提供的具有决定意义的中介关联。文化生产场域的这个子空间还是一个具有自身独特逻辑的社会空间。在这个空间中，为着某种利害攸关的特殊事物，行动者你争我夺，可是他们所追求的利益，从更大范围的社会世界中普遍通行的利害关系来看，可能算是颇为超越功利的了。

但要是只停留在上述这个阶段，那么我们仍然对许多最基本的偏见未加思量，没有深究。这些基本偏见的原则，既不在于文化生产者的社会（阶级）定位，也不在于社会学家在文化生产场域的特定位置（而且，出于同样原因，也与社会学家在各种可能存在的理论、实质内容和方法论方面的不同姿态所构成的空间中的位置无关），而是在于思想立场本身内在的一些不被察觉的决定因素，在于社会学家观察社会世界的学究式的眼光。只要我们去观察（theore-in）社会世界，就会在我们对社会世界的感知中引进一种偏见，而这种偏见根源于这样一个事实，即要去研究社会世界，描述它，谈论它，我们就必须或多或少地从中完全抽身而出。我们所构建的关于社会世界的理论，是一种以理论为出发点的观注方式的产物，亦即一种"凝神冥想"（contemplative eye）的产物；而上面所说的那种唯理论主义或唯智主义的偏见，正在于我们忘记了将上述事实纳入我们所构建的关于社会世界的理论之中予以考虑。一门真正的反思社会学必须不断地警醒自身，来反对这种"认识中心论"（epistemocentrism）或"科学家群体的自我中心主义"（ethnocentrism of the scientist）。分析者的实际处境是置身于对象之外，从而是远距离地、高高在上地观察他的对象，正是因此他在对这一对象的感知中注入了各种偏执之见，而恰恰是对这些偏见的忽略，构成了上述所谓的"科学家群体的自我中心主义"。[10]例如，一个人类学家试图通过构建一个家谱体系来理解一种"亲属关系"，他所构建的这个世界中的亲属关系却与一个卡比尔氏族头领的亲属关系相去甚远，这个头领必须解决的是像为他的儿子找个合适配偶这样的带有紧迫性的实践问题。又例如，那些研究美国学校体制的社会学家对学校的"用法"与那些要为自己女儿找个好学校的父亲的"用法"迥然不同。

此处论述的要点并不是说理论知识毫无价值，而是要指出我们必须了解理论知识的局限，并在进行任何科学说明时，也要说明这些科学说明的局限范围和产生这些局限的因素：理论知识中大量最根本的性质归因于这样一个事实，即生产理论知识的条件并非产生实践的条件。

〔1.6〕**问**：换句话说，一门恰如其分的社会科学，在它所构建的理论中，必须包含说明理论和实践之间的鸿沟的理论。

答：正是如此。一个充分的现实模型必须考虑这一模型与行动者（这些行动者一般不会考虑这种模型）的实践经验之间的距离，这种模型能使它所描述的社会机制在行动者不知不觉的"默契合作"下发挥作用。大学的情况正是这一要求的检验标准，因为在研究大学时所涉及的所有事情都很容易诱使我们陷入唯理论主义的谬误。学术世界与所有的社会世界没什么两样，也是争斗的场所；学者们彼此争夺对学术世界和一般社会世界的真理的掌握权。我们可以非常简捷地说，社会世界是在界定何为社会世界方面发生连绵不绝的斗争的场所；但今天，学术世界有其特殊性，即它的表态和定论属于社会中最有权力之列。在学术界中，人们争斗不休，以确定究竟是谁在这个领域中受到社会的委托和授权来讲述社会世界的真理（例如，界定什么人和何种行为是越轨的，或谁是一个"从事专门化职业的人士"和什么是相应的"职业活动"，工人阶级的界线在哪里，是否存在某个特定的集团、宗教或民族，以及它们是否应享有某些权利，等等）。以社会学家的身份涉入此一争斗，就容易受到这样一种诱惑，即声称自己能起到公允的仲裁人的作用或法官的作用，明辨和裁断是非曲直。

换言之，唯智主义和唯理论主义的谬误对于某些人来说是特别突出的诱惑，这些人由于是社会学家，进而也是有关真理的无休无止的争斗中的一方，所以他们企图讲述他身在其中的这个世界的真相，以及其他人对这个世界所持的异己观点的真相。在《学术人》这一研究的客观对象化阶段，时时感到一种诱惑的存在，即通过将自己的对手转化为研究对象来压倒他们，而这种诱惑又往往是许多严重的技术错误的根源。我在这里强调"技术"，是要着重指出科学工作和纯粹反思之间的差异。对于上述的任何理念，我都要将它们转化为非常具体的研究操作过程：在对应因素分析中添加或排除一些变量，重新解释或者干脆拒绝接受某些资料的来源，在分析中纳入新的标准，等等。我所使用的每一个简单的学术知名度指标，都要求我做大量的构建工作。这是因为：在这个世界中，认同在很大程度上是通过符号策略来实现的，而且归根结底，这种认同是基于集体信念的，因此最微不足道的一条信息也不得不利用不同来源的材料来分别独立地加以验证。

〔1.7〕**问**：正是这种对分析者及其对象之间的一般性关系，以及分析者在科学生产空间中所占据的特殊位置所进行的反省，使您倡导的这种反思性与古尔德纳（Gouldner 1970）、加芬克尔（Garfinkel 1967，也参见 Mehan and Wood 1975, Pollner 1991）或布卢尔（Bloor 1976）倡导的反思性相比，有着巨大的区别。

答：是的，加芬克尔满足于阐明与作为一个认知主体的地位相联系的那些颇为一般、颇为普遍的性情倾向；就这种意义而言，他的反思性是依循严格的现象学方式进行的。在古尔德纳那里,反思性仍更多是一种纲领性的口号,而不是名副其实的工作方案。[11] 必须作为研究对象的,不(仅仅)是依据其个人生平特性而从事研究的个体,而是她在学术空间中所占据的位置和她所采纳的视野中暗含的偏见,她是通过"溜边儿"(off-sides)或"置身局外"(hors jeu)来获得这种视野的。毋庸置疑,恰恰是由于某些十分确定的社会学理性的作用——在其中可以举出以下两点:与法国相比,在对研究者的训练中哲学所发挥的作用更为次要,而具有显著影响的批判性政治传统也更为薄弱——使这种美国传统最缺乏对学术体制(或更准确地说,是对社会学体制)进行真正的反思性和批判性的研究。在我们看来这种研究本身不是目的,而是取得科学进展的前提条件。

我坚信:我所倡导的反思性从根本上来说是反自恋症的,这是它的与众不同之处,也是它的自相背反之处。相对来说,精神分析式的反思性比较容易为社会所容忍和接受,因为即使它使我们发现了具有普遍性的机制,这些机制也仍然是与独特的历史相联系的:具体来说,与父亲的关系总是一种与处于独一无二的历史中的具体个别的父亲之间的关系。在名副其实的社会学反思性中,补偿慈爱的缺乏、使创伤得以平复的,正是它使我们发现了那些普遍存在的、人所共有的、被视为平庸陈腐和稀松平常的事物。当前,在知识分子的价值等级序列上,再没什么比普通事物和一般状况更等而下之的了。这可以在很大程度上解释为什么社会学,特别是一种非自恋性的反思社会学,会遭到知识分子的抵制。

这就是说,我所主张的社会学的社会学,与那种自鸣得意地并以诉诸内心的方式转而分析社会学家私下隐秘的个人事务（the private person）[12]的方式，或与那种寻找使社会学家的著作充满生命力的知识分子的时代精神的努力［就像古尔德纳在《西方社会学正在到来的危机》（Gouldner 1970）中对帕森斯所作的分析那样］，都没有什么共通之处。近来在美国人类学家中开始时兴一种新形式的"反思性"，它的典型方式是对从事观察的学者的著作和情感进行一种自我陶醉式的考察；看起来，这些人类学家已经不再觉得实地研究有多少魅力可供挖掘，开始转而谈论起自身，而非他们的研究对象了（例如 Marcus and Fisher 1986, Geertz 1987, Rosaldo 1989, Sanjek 1990）。我也必须完全与这种"反思性"划清界限。一旦这种"反思性"成为一种目的本身，那种将民族志的著作不分青红皂白地斥责为"诗学兼政治学"（Clifford and Marcus 1986）的做法，就为一种不带多少掩饰的虚无主义相对主义（我认为这种相对主义恐怕也是科学社会学中各种不同形式的"强纲领"的基础）打开了大门，而实际上，这种虚无主义相对主义与一门真正的反思性社会科学正好南辕北辙，针锋相对。

〔1.8〕问：因此，一个社会科学家，当他面对一个他并不直接置身其中的世界，并从一种外在的角度观察这个世界时，在他的立场中就存在一种固有的唯智主义偏见。对您来说，正是这种与世界之间存在的唯智主义关系（它用一种观察者同其对象之间的学究关系代替了在行动者和实践之间存在的实践关系），必须被作为客观对象而加以研究，以满足反思性的要求。

答：这正是使我与加芬克尔和常人方法学分道扬镳的诸多主要

问题中的一个方面。我承认，正如胡塞尔和舒茨所指出的，在社会中，存在一种基本的经验，它基于一种直接的信念关系，这种信念认定了世界具有一种事实性[①]，使我们将世界视为理所当然的。就描述而言，这种分析是出类拔萃的，但我们必须超越描述，把这种信念经验（doxic experience）[②]的可能性条件作为一个问题来加以研究。我们必须承认，在客观结构和体现在身体上的结构（embodied structures）之间存在的吻合，只不过是与世界的关系（即自然关系）的一个特例，而正是这种吻合创造了一种自发性理解的错觉。在这里，文化人类学经验的巨大价值就体现了出来，它可以使我们直截了当地意识到这种条件并不是普遍实现的；而现象学正让我们相信这种条件是放之四海而皆准的，因为现象学是基于一种特例——即与现象学家自身社会的与生俱来的关系——来进行反思的，并（在不知不觉中）将这种反思予以普遍化。

我还应该顺便指出，在常人方法学家中存在一些持有实证主义观念的人，他们在与统计实证主义斗争时，已经接受了他们对手的一些预设；当他们用资料来对抗数据，用录像记录来对抗统计指标

[①] 事实性（facticity）是一个胡塞尔广泛使用的概念，德语为 Faktizität，原指与"逻辑性"（Logizität）相对的"事实性"，或"实际情况"，现象学使用此词一般有"确信某某为事实"之义。——译者

[②] 这里的关键概念是 doxa，它是一个来自现象学的术语，源出希腊语，一般译为"信念"（我们将 belief 也译作信念，布尔迪厄使用这两个概念的含义基本相同，如果说略有差异的话，doxa 往往指更为基本的、与分类范畴有关的"信念"，在下文再出现与 doxa 有关的概念时，我们将尽可能附注原文），但布尔迪厄对这一概念的使用超出了现象学的用法，将它与社会中权力的运作联系在一起，参见 Bourdieu 1977a 并参见下文布尔迪厄本人的说明。——译者

时，情况正是如此。这些都令我们想起巴什拉所说的，"一般而言，科学文化方面的障碍总是以对偶的形式出现"（Bachelard 1938: 20）。这些常人方法学家满足于"记录"手段的改进，而忽视了对现实的构建或勾画（découpage）的问题（可以想想常人方法学家采用摄像的方式来进行研究的情况）。这就导致这些学者接受了一种预先构建的具象（preconstructed concrete），而这种具象之中未必包含对它加以诠释的原则。例如，在一位大夫、一位实习医生和一位护士之间的互动是以一套权力的等级关系为根基的，而这种关系在可以直接观察的互动中，并不总是显而易见的。[13]

　　但事情还不仅如此。对于现象学的信念分析，我们需要用社会学彻底地予以改造，将它看作对日常生活世界的一种不加检验的全盘接受。仅仅确定现象学式的分析对于所有的知行主体并不普遍有效，这一点并不够，还要指出，当这种观点在具有某种社会地位的人——特别是在那些被统治者——那里得以实现时，它代表了一种对该世界最彻头彻尾的接受，亦即一种最绝对的保守主义。这种对世界的前反思性的接受关系，是以一种对生活世界结构的直接性所持的根本性信念为基础的，它体现出了一种最极端的墨守成规。再没有什么别的方法，比这种与信念明证性（doxic evidence）[①]之间建立的基础性政治关系（infrapolitical relation），以一种更不会引起社

---

　　① 明证性是一个极为重要的现象学术语，胡塞尔用它来指"事物通过各种直接的直观方式而呈现自身"。胡塞尔认为明证性可以保证对所与物的信念，舒茨在用现象学分析社会世界时也吸取了胡塞尔的这一思想。部分是由于舒茨理论的影响，这种对明证性的强调也可以在一些常人方法学家那里找到，例如萨克斯（Harvey Sacks）。——译者

会敌对的方式,更为彻底地依从既定秩序。同样,也没有一种比它更为充分的方式可以使我们发现这些自然存在条件,对于在其他条件下被社会化的人来说,是多么具有震撼意义,因为他们并不是通过这个世界里盛行的那些感知范畴来把握这些所谓的"自然存在条件"的。[14]

仅这一点本身就可以解释知识分子和工人之间存在的大量误解。后者往往把压迫和剥削的状况视为理所当然的,并发现这些条件颇可接受,甚至是"自然而然的"。而对于那些"身处局外"的知识分子来说,这些压迫和剥削的状况是令人作呕的(当然我这么说,绝不是要否认在实践中对这些压迫剥削条件可能存在着各种切实可行的抵抗形式,乃至起而革命的可能性,参见 Bourdieu et al.1963; Bourdieu 1980d 和 1981c)。不过,对信念(doxa)的政治意涵的最佳说明,还要数施加在妇女身上的符号暴力。[15] 我想,这里特别重要的是某种社会因素造成的公共恐惧症(agoraphobia,也译作广场恐惧症,或公共空间恐惧症——译者),这种恐惧症使妇女将其自身排除在所有公共活动和公共仪式之外,而这些活动和仪式在结构上也将妇女排除在外(这与公/男与私/女的二元对立正相吻合),这一点在正式的政治活动领域中特别明显。信念的政治意涵或许也可以解释,在某些条件下,她们也会付出身心极度紧张的代价,竭尽全力去克服深入她们身体的对自己被摈弃在外的认同,只有在花费了这种必不可少的努力之后,她们才可能以与她们的努力相应的程度来正视这些处境(Bourdieu 1990i)。因此,与一种狭隘的现象学分析或常人方法学分析相伴而生的,是忽视了这种主客观结构的直接吻合关系的历史根基,并且抹杀了这一关系的政治意涵,也就是说，对这一关系予以"去政治化"（depoliticization）。

第二节 独特性和恒定性

[2.1] 问：《学术人》一书探讨的只是60年代的法国学术界，这绝对是一段特定时间内的特定案例。那么，对于您在此书中所提供的分析，人们又该如何在更广泛的范围内加以推广和运用呢？比如，换上另一个时间，另一个国家，就说是90年代的美国吧，我们还能发掘到像当时法国学术界那样的根本结构吗？

答：这本书的宗旨之一，就在于表明所谓普遍性与独特性间的对立，亦即普遍法则性分析与个别表意性描述（nomothetic analysis and idiographic description）间的对立，乃是一种虚假的对立。场域这一概念提供了某种关系性和类推性的推理方式，从而使我们通过成功地将法国这一案例看成是巴什拉（Bachelard 1949）所说的"所有可能情况的一个特例"（particular case of the possible），而从普遍性中把握特殊性，又在特殊性里体察普遍性。更有利的条件在于，法国学术场域具有某些独一无二的历史特性，它的集中化程度和制度一体化程度都很高，又具有森严的进入壁垒，是一个十分合适的研究区域，可以揭示出某些以一定倾向调控着各个场域运作的普遍法则。

《学术人》这本书可以被当作针对任一学术场域的研究方案来解读，而且也应该如此。事实上，美国（日本、巴西等国家）的读者们只需借助某种思想实验，通过类比推理，就可以实现移植的工作，发掘出一大批有关他们自己置身其中的那些专业领域的东西。当然,这并不能取代对他们各自的国家的科学场域所进行的全面科学研究。早在几年之前,我就曾灵机一动,要在美国作一次这样的研究。我在上一次来美国的逗留期间,就已经开始搜集各种数据和文件资料。那时我甚至还打算和一些美国同行合作,彼此取长补短,努力发挥集体优势,比如有些人在理论上精通比较模型研究法,有些人则对所要分析的领域有一种如数家珍的熟悉。我认为,就美国的情况而言,这样的计划从某些方面看起来会容易些,因为关于教授和各种学生组织,关于大专院校,特别是各种院校等级评定和院系排名,在美国都有十分详尽系统的年度统计资料,也很容易得到。(在研究法国时,我不得不经常从零开始,自己建立一整套在此之前尚不存在的指标数据。)我甚至还考虑过,在对已经组织好的数据资料进行二手分析的基础上,可以先作一次初步检验,那会是十分有价值的。

我的假设是,在美国会找到一些与法国一样的主要对立,特别是在学术资本(academic capital)和智识资本(intellectual capital)之间的那种对立,虽说它们也许会以不同的方式体现出来。所谓学术资本,就是指与那些控制着各种再生产手段的权力相联系的资本,而智识资本,则是科学名望的问题了。这样的推断,是不是多少有些武断呢?缺乏科学根据的学术权力,它的自我维续能力在哪里更高,法国,还是美国?只有充分完整的考察,才能使我们对这个问题作出回答。在美国社会学研究法国的高校系统时,在法国人用某种美国人的模型作为工具来批判法国高校体系时,都会不断地提出这样的问题,即这种将自身体现为更具竞争性和更强调"业绩挂帅"(meritocratic)的美国体系,比起法国的体系来说,是不是更有利于摆脱各种社会力量的影响,获得科学自主性呢?我们上面所说的这种研究,也可以为此提供经验的答案。

〔2.2〕问:但是,这不又同时产生了另一个问题,就是学术界与权力现状的关系问题吗?

答:这里,我们还是需要十分精确地对美国学者同各种制度、机构之间的关系进行测定,作出比较。所谓各种制度和机构,就是我所说的"权力场域"的一部分。[16] 在法国,你需要使用在各种官方行政机构、政府委员会、咨询委员会、联盟组织此类机构的参与情况这方面的各种指标。而在美国,我想人们将不得不关注那些"第一流的"科学专家小组、专家报告,特别是那些在限定宽泛的研究方向一事上发挥着关键作用的大型慈善基金会和政策调研机构,尽管它们所起的作用在很大程度上被掩盖了起来。据此,我会假设,在美国高校场域和权力场域间的结构性关联要比法国还强些。当然,你还需要考虑到另一个方面的不同:美国政治场域那种结构的特殊性。我们可以十分粗略地概括一下它的特点,有联邦制,多重决策体系所带来的各层次间的复杂关联乃至冲突,缺乏左翼政党,缺乏一个强有力的作为反对派的工联主义传统,"公共知识分子"(public intellectuals)的作用很小,而且日趋衰微(Gans 1989),如此等等,不一而足。

每次我造访美国,总有人会对我说:"对美国的大众文化来说,各种阶级位置之间并无品味上的分化。"[17] 那些将我的研究归为"法国式"的、并就此对之不屑一顾的人们自然无法理解,在我的那些研究中,真正具有重要意义的也许并不是具体结果本身,而在于产生这些结果的过程。我们所说的"理论",是一些研究纲领。它所要求的不是"理论性论战",而是某种实践的应用,通过这种实践应用对研究纲领进行批驳或是推广,或者更恰当地说,是确定并分辨它们各自所声称的普遍性是否确实。胡塞尔说得好,你必须亲身投入特殊性中,以从中发现恒定性。而曾经听过胡塞尔讲授的柯瓦雷(Koyré 1966)也宣称,伽利略要理解落体现象,也不是非得一再重复斜面实验不可。一个特殊的案例,只要构建得完善,就不再是特殊的了。

[2.3] 问:还有一种批评意见,您的某些英美评论者们已经针对《区隔》一书提出过,即资料本身是有时间局限性的。[18]

答:分析的目的之一,就在于揭示跨历史的恒定因素,或者说,去揭示那些在一个明确限定而又有相当长度的历史时期内保持不变的诸结构间的一系列关系。在这种情况中,资料是五年前的,还是十五年前的,都没什么关系。康德在他的《系科之争》(The Conflict of the Faculties)一文中,已经向我们描述了在直接依傍当权者的学科和自我立足的学科之间的对立,前者的权威来自某种社会的委托权,而后者的权威则以科学性为前提(那些科学系科就是此类中的典型)。而在当代的学院系科空间里,在人文院校、科学院校与法律院校、医学院校之间,又浮现出这种对立。前后相比并没什么两样,这就是我们说资料时限在这里无关紧要的证据。[19]

对于我就教育领域以及文化消费分析所阐发的那些假设,还有另一个事实证明,也许还是最坚实有据的证明:法国文化部每四年一度定期耗费大量人力物力所进行的调查,一再重复证实着25年前我们对博物馆参观人次、摄影及高雅艺术的欣赏与实践等方面的调查所得出的结论（正是这个文化部对我们的结论曾十分光火）。而过去的几乎每一个星期里，都有某本或某篇文章问世，揭示出我在60年代就描述过的那些阶级再生产机制，在从美国到瑞典到日本这样情况各异的国家里，仍在发挥着作用（Bourdieu 1989c）。[20] 这与我们这个时代流行的观念大相径庭（尤其是美国，那个流传已久的神话告诉我们，那里是社会流动的天堂）。所有这一切似乎都在表明，如果你认为我所研究的法国是个例外，就像反驳我的著作的人经常说的那样，那么也许这只不过是我用了一种例外的方式（那就是一种不遵从社会常规的研究方式）去研究法国罢了。

〔2.4〕**问**：的确如此。各家各派的那么多评论者都对您的模式提出过批评，说它们过于静态，"封闭"，没有留下更多余地来讨论抵抗，讨论变迁，讨论历史的影响（比如 Bidet 1979, DiMaggio 1979, Collins 1981a, Jenkins 1982, Sulkunen 1982, Connell 1983, Aronowitz and Giroux 1985, Wacquant 1987, Gartman 1991）。[21]《学术人》一书对1968年"五月风暴"这一政治和社会意义上的断裂事件进行了分析，至少部分地回应了上述的关注，并借此力图消解在再生产和转型之间、在结构史和事件史之间的对立。[22]

答：我很愿意承认，在我的论著里，表面看起来，会有些论述表达好像确实容易引起它们事实上所遭到的那些彻底的误读。（同时我也必须坦率地指出，许多时候我发现这些批评意见极其肤浅。我总是不由自主地想，那些提出这些批评意见的人，是不是更注意我的书的题目，而不是在这些论著里面发展完善起来的实际分析呢?) 我第二本关于教育制度的书, 就是《再生产》, 十分简明, 有助于扼要地理解我的历史观。但这本书题目虽然是《再生产》, 意思却不只限于再生产, 有些公式命题是我有意要和"解放学校"(liberating school) 的意识形态划清界限的结果, 我想它们看上去也许像是由我称之为"最糟糕的功能主义"所激发的。[23] 但实际上, 我已经屡次驳斥过这种悲观的功能主义, 也驳斥过从刻板的结构主义立场出发的非历史化做法(如 Bourdieu 1968b, 1980b, 及 1987a: 56 以下)。与此相类似, 我也看不出那些支配关系, 不管是物质的还是符号的, 如果不包含抵抗, 不激发抵抗, 怎么可能运作下去。不管在哪个社会世界里, 被支配者总能行使某种确定的力量, 因为属于一个场域, 从理论上讲, 就意味着人们可以在此范围内发挥作用(哪怕人们所作出的反抗只是导致那些在该场域中占据支配位置的人对他们进行排斥)。[24]

　　面对具体位置, 各种性情倾向会分别作出调适, 而这种调适逻辑有助于我们理解被支配者如何能够比那些用支配者或被支配的支配者的眼光——即惯习——来审视他们的人表现出更多的顺从(以及更少的抵抗和颠覆), 这种更多的顺从是相对于知识分子预想的程度而言的。我这么说, 并不是要否认存在着想要抵抗的性情倾向。社会学的任务之一, 恰恰就是要考察在什么样的情况下, 这些性情倾向在社会之中被建构, 被有效地调动, 被赋予政治效力。[25]
不过, 各种抵抗理论一旦走向某种自发论的平民主义学说(如 Giroux 1983, Scott 1990), 就经常会忘记被支配者很少能摆脱支配的二律背反或对立关系。比如说, 像威利斯(Willis 1977) 分析的英国工人阶级"哥们儿"那样, 通过嬉戏胡闹、逃学旷课直至违法犯罪来反对学校制度，就是将自己排斥在学校大门之外，就是不断地把自己固定在被支配的状况上。反过来，通过承认学校文化去接受同化，也会被这个制度所笼络。被支配者常常是注定陷入这种困境的，也就是注定要在这两条出路中作出选择，而从某种特定的立场来看，这两种出路同样糟糕（在某种意义上，女性或被打上不良烙印的少数群体也同样面临这样的困境）。[26]

让我们从历史的角度更为宽泛地来看这个问题。在文化领域里，这样的两难困境转化为某种非此即彼的抉择，一面是对"大众文化"的尊崇或圣化（canonization），其极致就是"无产者崇拜"（Proletkult），哄骗工人阶级满足于眼前的历史处境；另一面，我称之为"平民文化"（populi-culture），就是指各种文化改良措施，它们旨在向被支配者提供能够使他们享有占支配地位的文化商品的机会，或者至少是这一文化的廉价翻版（把工人转变成购买波尔舍牌汽车的小资产阶级）。这一问题十分复杂，令人苦恼，因此很容易理解为什么有关这方面的争论更多地揭示了那些涉身争辩的人——包括他们和学校、文化以及所谓的"人民"之间的关系——的特性，而不是他们表面上所研究的对象的特性。[27]

对那些"大众文化"，一些平民主义者大加称颂，甚至说这是我们这个时代里的"田园牧歌"。在恩普森（Empson 1935）看来，这些田园牧歌提供了支配性价值观的某种颠倒过来的幻影，塑造了一个和谐统一的社会世界的神话，从而使被支配者甘居顺从，支配者继续主宰。这些田园牧歌从反面讴歌了那些支撑我们社会等级秩序的原则，赋予被支配者某种贵族身份。而这种贵族身份是以他们面对所处状况作出调适为前提换来的，并且要他们向现有秩序低头，放弃抵抗〔想想以下各种狂热的崇拜吧，对黑话（argot）或俚语，要么更广泛地说，对所谓"大众语言"，对那些称道旧时农民的所谓"老话"（passéiste），或者，换种风格，对有关犯罪团伙地下社会的美化描绘，或者，今天在某些圈子里对说唱乐的迷恋，等等〕。

〔2.5〕问：有些人批评您拒弃"大众文化"观的做法[28]，认为您是个精英主义者，或者干脆说您是个政治上的保守分子。对于这个问题，您的态度是什么？

答：我已经有好多次被人指责把所谓的大众文化和"高雅"文化间的差异神圣化，也就是说，把资产阶级文化的优越性正当化（ratifying）了（有的评论者对我的态度正好相反，这得看评论者是想成为一名"革命者"还是保守分子了）。对我所作的这样的指责，是忽视了韦伯对价值判断（judgment of value）和价值关联（reference to values）所作的区分（Weber 1949），等于把价值关联与科学家研究客观现实时所具有的价值判断混为一谈①。在这里，我们碰上的正是社会学话语里最大的困境之一。绝大多数有关社会世界的论述所要阐述的，并不是它们考察的现实（国家、宗教、学校等等）是什么，

---

① 韦伯对价值判断和价值关联所作的区别是社会学史上最重要，也是最众说纷纭、莫衷一是的区别之一。韦伯出于解释社会学的立场，认为社会学的研究不能忽视意义问题，不能忽视社会行动者在现实中面对的价值问题，而且这种价值因素影响了研究者对研究对象的选择等，并从根本上决定了社会学研究者从事研究的内在动力，这就是价值关联；然而这种价值关联与价值判断是不同的，后者是研究者不对"具体现实"进行经验研究（即不是以经验的方式来处理价值问题），但却打着学术的旗号宣传抽象的社会哲学和空洞的政治口号，从而把学术变成了某种个人政治立场和价值取舍的讲坛。韦伯强调社会学家应该摆脱这种价值判断（Wertteilsfreiheit）。——译者

而是这些现实的价值优劣。任何一种科学的论述,哪怕只是简简单单的观点阐明,也极容易被理解成是在证明某一事情的正当性,要么就是在驳斥什么。所以,我曾经常被批评为抬高支配性文化和它的价值观念(与此同时付出的代价是大大误解了合法性观念),也同样经常被批评为美化大众的生活方式(根据就是——比如说——我对工人阶级进餐活动的研究)。[29] 现实中确实存在着高雅文化和大众文化间的分离,而有些人好像认为只要在论述中抹去这一差别,就可以使它消失;但是,持这种观念的人实际上是在信奉某种魔力。这是一种天真的乌托邦思想或者说是一种幼稚的道德主义(杜威就堕入了这种道德主义,不管他对艺术和教育所持的看法多么值得让人称赞,他所处的时代,他所在的美国的哲学传统和政治传统,都助长了他这种天真的道德主义)。我对这种二元分立的看法是什么,这并不重要,重要的是在现实中它以各种等级制的形式的的确确存在着。这些等级制形式,既深深地体现在各种社会机制(比如学术市场的各种约束)的客观性中,也深深地体现在各种分类图式、偏好与品味体系的主观性中,(在实践中)每一个人都知晓这些主观性因素,并因此通过自身完成了这种等级化。[30]

张张嘴,动动笔,就试图否认带有评价倾向的二元对立划分的存在,实际上就是要把某种道德态度错认为某种政治行为。在艺术场域和学术场域里的被支配者,一直在身体力行着那种激进的时尚(chic),旨在重振那些被社会认为是不入流的文化形式或是合法文化中的边缘样式(举个例子,我们可以回想一下本世纪初科克托[①]

[①] 科克托(Jean Cocteau 1889—1963),法国艺术家,多才多艺,能诗善画,还创作小说、戏剧、舞剧和电影。——译者

对爵士乐充满激情的倡导)。驳斥等级制并不能指给我们一条出路。必须得到改造的,是那些使得这一等级制得以存在的条件,不管它们是现实中的条件,还是思维中的条件。我一直不断地主张,我们必须努力在现实中,把现状向我们显现为最普遍共有的东西的获取条件真正地予以普遍化,而不只是这么说说而已。[31]

〔2.6〕问：您也知道,对于《区隔》或是《艺术之恋》(Bourdieu 1984a; Bourdieu, Darbel and Schnapper 1966)有许多看法,最极端的意见是认为这两本书体现出反对文化的战争已经打响,社会学就是一架战争机器,而社会学家,就是一帮厌惧艺术或哲学的愚钝粗鲁的人群的领军人物。

答：这样的评价只是虚有其表、夸夸其谈。如果我也能用这种腔调自我表白,我会说这种评价是把偶像研究者(iconologist)错当成反对偶像崇拜者(iconoclast),把对真相的揭示当成了一种对艺术偶像的破坏。真心实意地说,我不能否认,对于一个已解除了魔咒的虔信者来说,某种确定的反崇拜精神或许真的可以有助于他抛弃那种原初信念,而这对客观地研究文化实践来说是必不可少的(尤其是在分析哲学和艺术方面的实践时就更是如此)。但是,无论是引人注目地打破常规,还是咄咄逼人地挑战定见——某些艺术家就是这样炮制他们的艺术"宣言"的——都可能只不过是那失意了的信念走向自己反面后的表现而已。我们清楚地知道,熟练地掌握艺术中创造偶像和破坏偶像的循环脉动,对于发展有关艺术实践和体验的知识来说,是个首要的前提。艺术上的虚无主义和否定神学①差不多,也不过是改头换面,用另一种方式神化了对艺术之神的顶礼膜拜。(这一点可以通过揭示尼采的局限很清楚地看出来。尼采对文化和教育进行了雷鸣电闪般的猛烈痛斥,无论这些抨击看起来多么能引人走向启蒙和解放,它们还是局限于产生它们的社会条件,即尼采在社会空间中,特别是具体来说在学术空间中的位置。)

我相信,如果真有可能将艺术和文化构建为一种研究对象,必不可少的前提就是明确地与那些较为天真的艺术信念一刀两断。这也说明了为什么关于艺术的社会学总会给那些文化的虔信者或伪善者以当头一棒。正如我们近来在美国和法国都能看到的那样,这些真真假假的卫道士们正起来充当高雅文化的捍卫者(或是捍卫经典巨著之类),他们既不是那些思想解放、无拘无束的高贵的艺术爱好者中的一员,也无缘跻身于那些四处出击、自由散漫的先锋艺术家之列。不用说,如果我什么时候碰巧对那些先锋艺术家产生亲切感,我也不是在对原本意义上的艺术场域表明什么立场,也许只是出于彼此位置上的相近吧。[就在几年前,我回绝了一次与概念艺术画家盖里利(Alain de Kérily)合作的机会。他想展现一个从我的《艺术之恋》一书中摘出来的统计表,在旁边播放艺术家和社会学

---

① 在中世纪的"伪"狄奥尼修的著作中,将神学区分为肯定神学、否定神学和神秘神学。与强调上帝超越被造物的肯定神学不同,否定神学强调被造物类似上帝。否定神学的方法是否定方法,它从离上帝最遥远的事物开始,将其中带有人类思想局限性的因素意义排除,以留下不可言说的神秘因素。"伪"狄奥尼修的著作对神学思想中的神秘主义产生了颇为深远的影响。(参看赵敦华:《基督教哲学1500年》,特别是第195页以下,人民出版社1994年版。)——译者

家之间谈话的录音。自那以来,他已经在纽约闯出了点名堂。]所以说,尽管作为一名艺术的"爱好者",我对从事该场域工作的艺术家们有个人的偏好(就是说,我并不像有些人想的那样,对艺术无动于衷,或者还要糟糕,彻底地讨厌艺术),但我并不是参与到该场域中去,而是相反,将它当成一个客观的研究对象。我把构成艺术场域的各种位置的空间描绘成一种生产现代崇拜物(即艺术品)的场域,也就是说,艺术场域是一个客观上以生产体现在艺术作品中的信仰为取向的世界(Bourdieu 1980a)。(这就是那种经常让分析家们惊讶不已的类比,艺术场域与宗教场域之间的类比。当莫扎特逝世二百周年来临之际,旅行社的经营者们将会组织成千上万的人前往萨尔茨堡①,再没有比这更像是一次神圣的圣地朝觐了。)[32]只有这样——就像我分析福楼拜时代的文学场域或马奈②所处的艺术场域时所作的那样(Bourdieu 1983d, 1987j, 1988d, 1987i)——我才能提出这样的问题:在由各种创作者所占据的不同位置所组成的空间,和与之一一对应的艺术作品(以及它们的主题、形式、风格等)的空间之间,又存在着什么样的关系呢?

总而言之,我认为采取某一立场(包括偏好和品味)和客观位置之间有很密切的对应关系。对于生产者来说,位置就是他们在生产场域里所占据的,而对消费者来说呢,则是他们在社会空间里所占据的。这也就是说,各种艺术信念,不管是盲目的虔信还是伪

---

① 奥地利一城市,莫扎特的出生地,举办一年一度的萨尔茨堡音乐节。——译者
② 马奈(Manet, 1832—1883),法国画家,对印象派画风产生了深刻影响。——译者

善的诚心，或者哪怕是摆脱了文化仪式主义、不再墨守成规的信仰（那种目光如炬、四下出击的社会学会让我们看清楚这些区别），它们存在的可能性都是受社会条件影响的。对于那种神秘化了的艺术"鉴赏"图景，以及那些艺术圣地、那些走过场的仪式、那些已经成为例行公事的艺术捐赠，以及对艺术和艺术家的原初崇拜，这都是毁灭性的一击。尤其对于所有那些（文化意义上）"可怜的白人佬儿们"，那些捞救命稻草似的死抱着最后一点使自己与众不同的残余——比如人本主义文化、拉丁语、拼字法、经典著作、"西方文化"①等——不放的人来说，这更是灭顶之灾。但是对此我又能做什么呢？我只能希望那种反偶像崇拜的批判，那种可以利用社会学分析作为武器的批判，会有能力推动一种消除了仪式主义和表现狂的艺术体验。

〔2.7〕问：这样说起来，您的学说并不是"要把审美的东西笼统地诉之为只不过是阶级的标志和炫耀性消费"（Jameson 1990: 132; 也见 Bürger 1990, Garnham 1986），也不是要我们接受一种一碗水端平的相对主义。

答：当然不是。艺术场域是个具有客观取向的积累性过程的场所，在这里，通过精益求精产生出来的作品所达到的水准，和那些没有经过这种历史锤炼的艺术表现形式比起来，就是泾渭分明，大不一样。（我曾为《区隔》写过一篇跋，后未印行。在那篇文章里，

---

① 西方文化（the West），指强调西方独有的文化价值，对之推崇备至，有关布尔迪厄对这方面的论述，参见下文第六节。——译者

我探讨了文化相对主义的问题。我之所以没有将它放在书中，是因为我认为，既然已经挑起了对审美信仰、对流行的艺术拜物教的批判性置疑，那么在所有讨论都结束后，我是不是要给它们一条生路呢？艺术之神已经死去，我是不是要使他复活？）

在《宗教生活的基本形式》里，涂尔干（Durkheim 1965）就提出过这个问题，当时他提出：关于文化，就没有什么普遍性的东西吗？有，那就是苦行（ascesis）。不管什么地方的文化，都是以自然为对立面建构起来的，也就是说，通过艰辛的努力、反复的摸索和深重的磨难，换回了文化。所有的人类社会都把文化置于自然之上。所以，如果我们可以宣称先锋绘画比城郊购物超市里的廉价石印翻制品有价值得多，那是因为后者是没有历史的产品（或者说，是一种否定性历史的产品，它使往昔时代高雅艺术的精神泛滥于世，变成廉价的"收藏品"），而前者则只有在把握了在此之前的艺术生产相对具有积累性的历史之后，才能为人们所欣赏。这里所谓在此之前的艺术生产史，是一系列没有终点的［对过去的］拒弃和超越，没有这些就不可能到达"现在"——比如说，和诗一起存在的，就必然有反传统诗歌的诗歌和反传统诗学的诗学。

正是在这个意义上，我们可以认为"高雅"艺术更加具有普遍性。但是，正像我曾经指出的那样，得以接触和欣赏这种普遍性艺术的条件，本身并不是在普遍的范围里分配的。在《艺术之恋》里，我提出：有机会和条件接触、欣赏"高雅"艺术并不在于个人天分，不在于美德良行，而是个（阶级）习得和文化传承的问题。[33] 审美活动的普遍性是特殊地位的结果，因为这种特殊地位垄断了普遍性的东西。我们可以承认康德的美学千真万确，但那也只是对那些没有经济负担和日常生活不窘迫的人、那些被学院教育和闲暇时日塑造出来的人来说的，是对他们审美体验的现象描述罢了。明白了这一点，就会导向一种文化政治，它既反对以维护那些所谓天之骄子［布鲁姆（Bloom）语］的特权地位为原则的（大写的）"文化"（Culture）骑士们的"专制主义"，也反对那些相对主义的拥护者们，在他们的理论和实践应用里，根本没有那些在现实中牢固存在的差异，只知道认可并接受大多数人被剥夺了文化享受权的事实。我所主张的这种文化政治是一种伦理纲领，或者说，是一种政治纲领，它的目标是让那些现状提供给我们的最具普遍性的东西，真正成为大家普遍有条件得到的东西（见 Bourdieu 1990e）。

〔2.8〕**问**：但是，您的这种文化方针的社会基础又能是什么呢？我们又是否能有理由期望，那些对具有普遍意义的事物拥有垄断地位的人会努力去摧毁他们自身的特权地位呢？

答：对于任何文化方针来说，这确实都是一个主要矛盾。我们当然可以不厌其烦地将各种欺骗策略一一罗列出来。文化的特权者就通过它们来维持自己的垄断，还总是用神圣化的方式将它们乔装打扮起来——要么是口头上对文化剥夺进行道义谴责（现在把这归咎于据说是学校制度的全面失败），要么是倡导满足大众迫切的文化需求的复兴计划，表面大张声势，其实虚有其表，并没有普遍提供满足这些需求的必要条件。

当我们探讨文化、艺术或是科学的时候，更不用说研究哲学和社会学了，我们必须时刻特别注意保持一种反思性的警省态度：因为有许多的研究对象与思想家和科学家有着直接的利益关联，他们深深地卷入其中,不能自拔。在这样的情况下,尤其需要认清知识界中的盛行潮流,与那些自发性的表象划清界限。对于研究文化和艺术的社会学,对于研究科学和哲学的社会学,总之,对于研究所有声称拥有普遍性的文化事业的社会学来说,要与学究式的信念和那些专职思想的人的"职业"思想方式划清界限,一刀两断,不管这对实行的人和其他人来说会有多么痛苦,但这正是这些社会学的职责所在。这也就是我为什么在我的著作里给了这些研究对象以充分的重视,使它们享有特殊的地位。

〔2.9〕问:《学术人》这本书不仅仅是探索了方法论上的反思性问题。您在书里还探讨了历史危机问题,即社会科学是不是能够对那些乍一眼看去像是机缘凑巧的时局、单个事件或一系列事件作出解释,哪怕只是部分解释。您还同时探究了一个更加普遍性的问题,就是社会结构和历史变迁的关系问题。

答: 在《学术人》这本书里,我试图尽可能详尽地解释1968年"五月风暴"的危机事件,同时提出有关各种危机或是革命的恒定模型的某些要素。在对这一特定事件进行分析的过程中,我发现了一系列在我看来十分普遍的特性。首先,我揭示出高校内部的危机肇始于两个彼此分离、独立自主的演变过程,正是由这两个过程分别激发的危机的汇合,产生了高校内部的危机。一方面,由于各级教职以巨大的规模迅猛膨胀,以及由此造成的教职人员中居于支配地位和从属地位的各种类别——正教授、助理教授、助教——间的紧张关系,使得教职人员中间产生了危机。另一方面,我们还发现由于包括毕业生供过于求、文凭贬值、男女生比例关系变化等方面的一整套因素，在学生总体内部也出现了危机。这些部分的、局部的危机汇合在一起，奠定了各种在关键时刻发挥作用的联盟的基础。危机就沿着已经确定好的发展路线到处蔓延，并特别引发了在符号生产方面的（电台、电视台、教会之类）危机。也就是说，危机反映在所有那些已经开始萌发出冲突的领域里，在这些领域中，冲突的一方面是话语合法性的既有者，另一方则是新涌现的竞争者。

所以说，我从来也没有忽视以学术场域为舞台的各种矛盾对立和冲突，它们是学术场域借以自我维持的各种持续变迁的真正根基——其实变动的程度并不像一眼看去那么大。场域观念本身就表明我们超越了结构同历史、保守同变革之间的传统对立，因为正像我们通过"五月风暴"可以清楚地看到的那样，构成结构的各种权力关系既支撑着对支配的抵抗，又保障了对颠覆的遏制。这里的循环论证只是表面上的，人们需要做的，就是深入具体的历史事件的细节，去看看斗争是怎样进行的。只有对这一结构中的各种位置进行分析，才能清晰地解释这种结构的转型。

〔2.10〕**问**：您能否从更为一般的意义出发，对历史在您的思想中的地位作一番说明？

答：显然，这是个极其复杂的问题，我只能十分笼统地进行回答。[34] 我们只须说，将社会学和历史学分离开来，是一种灾难性的分工，在认识论上完全缺乏根据。所有的社会学都应当是历史的，而任何历史学也都应当是社会学的。从事实来看，我所提出的场域理论，其作用之一，就是想消除再生产和转型、静力学和动力学或者结构和历史之间的对立。正像我曾试图通过研究福楼拜时代的法国文学场域和马奈时代的艺术场域从经验上论证的那样（Bourdieu 1983d, 1987i, 1987j, 1988d），如果我们不对场域的结构进行共时性的分析，就不能把握该场域的动力机制；同时，如果我们不对结构的构成、不对结构中各种位置间的张力以及这个场域和其他场域，尤其是权力场域间的张力进行一种历史分析，也就是生成性分析，我们也不能把握这种结构。

历史学和社会学间这种区分的人为性，越是到了学科的最高水平就越是明显。在我看来，出色的历史学家同时也是出色的社会学家（反过来也经常如此）。但是，出于这样那样的原因，历史学家不像社会学家那样束手束脚，按部就班地塑造概念，建构模型，或者炮制多少有些卖弄技巧的理论或元理论话语，他们可以在精致的叙事之下，不露声色地将那些常常是根据历史学或社会学自身的考虑而对这两个学科所做出的微妙协调与谨慎适度分别处理好。另一方面，在我眼里，现阶段的社会科学中，许多社会学家在探讨诸如理性化、科层化、现代化之类的进程时所运用的那种"宏观历史"，太容易继续充当一种半遮半掩的社会哲学最后的避难所了。当然也有许多例外，值得庆幸的是近年来这样的例外越来越多了。这里我想到了一些著作，比如蒂利论欧洲国家形成过程的那本书（Tilly 1990）。它成功地避免了某种单向度框架所蕴含的那种或多或少为人所共知的功能主义进化论的陷阱，并通过在理论指导下对比较法的运用，为一种真正意义上的生成性社会学铺平了道路。实际上，我们所需要的，是一种几乎前无古人的结构性历史学，它能在所考察的结构的相继而起的各个阶段之中，确定以往维持或转变这种结构的斗争的结果，并且找到此后出现的转型原则，这些原则通过构成这一结构的力量之间的各种矛盾、张力和关联体现出来。

只有当我们重新构建起各种"相互独立的因果系列"之间的关系时，我们才能理解像1968年"五月风暴"或任何其他巨大的历史突变那样纯粹的历史事件的侵入。所谓"各种相互独立的因果系列"的复合关系，是库尔诺（Cournot 1912）当年用来概括偶然性（le hasard）的，也就是指那些在每个领域里被掺和到一块儿的各自不同且相对自主的历史关联，它们彼此之间的对立冲突就决定了历史事件的独特性。但在这里，我要推荐你们去看看我在《学术人》的最后一章里对"五月风暴"所做的分析，在那里隐含着我现在正在建立发展的符号革命理论的最初萌芽。

〔2.11〕问：在您的著作，特别是您对法国19世纪晚期艺术场域的历史研究，同几个著名的文化史和社会史学家的著作之间，有着许许多多相近的地方。这里我马上想到了许多人，比如埃利亚斯、汤普森（E.P.Thompson）、霍布斯鲍姆（Eric Hobsbawm）、休厄尔（William H.Sewell），莱温（Moshe Lewin），科尔宾（Alain Corbin），甚至还可以包括蒂利，而且除此之外，我还能举出其他许多人来。[35]这些历史学家在心智结构、文化结构、社会政治结构长期持续的建构进程方面，和您有着共同的关注点，包括行为、评价和情感的各种范畴，文化表达，集体行动形式，以及社会集团的形式。这些关注点对于您自己的研究来说，也是关键性的，即使程度有所不同。为什么您不更明确地表述这些知识上的亲缘关系呢？人们想到，《社会科学研究探索》上大部分刊载的文章哪怕从最严格的意义上来说都是历史学的，而且大部分您的亲密同事和朋友——如果不是绝大部

分的话——就是历史学家（这些人中，比如有夏蒂埃、达恩顿、马林、斯各特以及休斯克），于是，您没有公开和历史学的紧密关联就越发显得奇怪了。[36]

答：这也许是因为近些年来一些社会学家自以为"发现"了历史，那种煞有其事的语言打消了我强调历史学与社会学实际存在的融会贯通的念头，而且历史学与社会学的这种关系已不是一天两天了。[37]我确实一直很怀疑那些指明历史发展趋势的宏大法则，在马克思主义和它的那些宏观理论对手（结构-功能主义，发展主义，历史主义等等）那里，我们都能找到大量这样的法则。我努力提倡的专业性的习惯思维方式中，就包括反对在某一特定社会系统中的两种状态间作出草率肤浅的比较（比如有关高等教育的"民主化"问题），因为这样的比较太容易导致规范判断和目的论推理。除了目的论的谬误以外，这还容易趋向用描述代替解释。总之，有许许多多的因素令我不安。

举个例子来说吧。现在看来，我与埃利亚斯所讨论的问题确实有许多共鸣之处，因为它的的确确是以一种关于真实的宏大历史进程的历史性心理社会学（historical psychosociology）为基础的，针对首先逐渐垄断有形暴力、然后慢慢垄断符号暴力的国家，分析了它的构建过程。而有关符号暴力，则正是我想用手头上这本关于国家起源的书来进一步补充完善的。[38]我和埃利亚斯在少数根本原则上有相通的地方，大多来自涂尔干或韦伯，在我看来，这些正是社会学思想的基本构架。但在这些原则以外，我们有更多的分歧，这里无法一一加以讨论。不过我至少必须提到一点，就是我在研究国家起源时发现，埃利亚斯就像在他之前的韦伯一样，总是不愿去诘问在国家对合法性暴力的垄断中,是谁受了益,又是谁吃了亏,也不去想想通过国家来行使的支配是怎么一回事[我在《国家精英》(Bourdieu 1989a)里讨论了这个问题]。

而且埃利亚斯也比我对历史的连续性更敏感。对长期趋势的历史分析往往容易掩盖关键性的断裂。我们可以拿埃利亚斯在他那篇著名的《论体育运动和暴力》一文中所勾勒的对体育运动的历史研究纲领作为例子。[39]他通过描述一套连续的系谱,上溯古典时代的竞技,下达今日的奥林匹克运动,这就隐含了掩盖某些根本断裂的危险。这些断裂的产生有许多因素,其中主要有教育制度的兴起,英国的学院和寄宿学校的发展等等,以及随之而来形成的"运动空间"的相对自主化。[40]在中世纪的 Soule① 球戏这样的仪式性竞技和美式橄榄球之间,并没有半点相同的地方。当我们考察艺术家或知识分子时,也碰到类似的问题:我们用同一个词"艺术家",同样的美学表达术语,创作、创作者等等,来谈论弗兰切斯卡②、毕沙罗③、蒙克④,可实际上这里有着巨大的断裂,而且还在持续不断地生成着新的断裂。当我们回顾19世纪80年代以前艺术家这一概念的流变时,就会完完全全地陷入了一种令人难以置信的时代混乱之中,因为我们忽视了起源,但不是艺术家或作者性格的生成,而是这种性格得以如此存在的所处空间的形成。

---

① Soule,一种中世纪体育运动,是现代足球和橄榄球的前身。——译者
② 弗兰切斯卡(Piero della Francesca, 1420—1492),意大利文艺复兴时期画家。——译者
③ 毕沙罗(Camille Pissaro, 1830—1903),法国印象派画家。——译者
④ 蒙克(Edward Munch, 1863—1944),挪威画家,表现主义先驱。——译者

对于政治的研究来说，也存在着同样的问题。每当我们像今天的某些历史学家那样，热衷于"政治哲学"，而不去探讨政治场域的社会生成过程（Bourdieu 1981a），不去询问把政治哲学当成超历史的本质来使之永恒化的那种观念的社会生成过程，我们就很有可能走向巨大的历史谬误。刚才我说的对"艺术"和"艺术家"概念的那种误用，也同样体现在像"民主"和"舆论"这样的观念里（见 Bourdieu 1979e, Bourdieu and Champagne 1989, Champagne 1990）。极具反讽意义的是，历史学家在采用一些概念来考察往昔社会时，他们的用法常常是非历史的，或是去历史化的（dehistoricized），因此他们会经常犯时代误置的错误。他们忘了，这些概念和他们所捕捉的那些现实，本身就是历史建构的产物：正是他们运用这些概念所分析的那个历史，实质上发明创造了这些概念，许多时候还为此付出了艰巨的历史努力，不过这样的历史过程已在很大程度上被人淡忘了。[41]

第三节　场域的逻辑

[3.1] 问：场域概念与惯习和资本的概念一样，都是贯穿您的作品的中心概念。您的这些著作研究了形形色色的场域，包括艺术家和知识分子、阶级生活方式、名牌高校、科学、宗教，也论及了权力场域、法律场域、居民住宅建设的场域，等等。[42] 您所使用的场域概念具有高度的技术性和极其精确的内涵，这一点也许在一定程度上隐含在它貌似常识性意义的背后。您能否阐述一下您的这一概念的渊源［对于美国人来说，它总是容易令人想起勒温（Kurt

Lewin）的"场理论"］、含义以及使用这一概念的理论宗旨？

答：我并不太喜欢专业定义，所以让我先说几句题外话，简要地讨论一下这些概念的用法。在这里，我要提及《社会学的技艺》一书（Bourdieu, Chamboredon and Passeron 1973），这是一本有些说教甚至略带学究气的著作[43]，不过仍然包含了大量理论原则和方法论原则，它们有助于人们理解这样一个事实：即我时不时被人所指斥的不足或缺陷，其实是我有意拒之不理，或是我深思熟虑的选择的结果。例如，使用开放式的概念（open concepts）[44]，就是一种拒斥实证主义的方式，不过这已经是老生常谈了。更准确地说，开放式概念的提法可以始终不停地提醒我们，只有通过将概念纳入一个系统之中，才可能界定这些概念，而且设计任何概念都应旨在以系统的方式让它们在经验研究中发挥作用。诸如惯习、场域和资本这些概念，我们都可以给它们下这样或那样的定义，但要想这样做，只能在这些概念所构成的理论系统中，而绝不能孤立地界定它们。[45]

这也回答了另一个在美国经常针对我提出的问题：为什么我不提出任何"中层法则"（laws of the middle range）①？我想，这种中层法则首先是一种满足实证主义要求的做法；早些时候，贝雷尔森和斯坦纳所写的一本书（Berelson and Steiner 1964）就代表了这种做法，这本书汇编了大量社会科学研究中建立的琐屑而且片面的法则。而这种实证主义式的满足正是科学必须予以拒弃的东西。科学只承认

---

① 这种说法来源于默顿的"中层理论"（theories of the middle range）。有关默顿的观点，参见 Merton 1968，也可参见默顿的《论理论社会学》（华夏出版社 1990年版）。——译者

法则构成的系统［杜昂（Duhem）很早就针对物理学指出了这一点，在那以后，蒯因又进一步发展了这一基本观念］。[46] 而且，概念的真正意涵来自于各种关系。只有在关系系统中，这些概念才获得了它们的意涵。与此类似，如果说比起多变量回归分析，我更广泛地使用了对应因素分析，那是因为对应因素分析是一种关系性的材料分析技术；在我看来，对应因素分析的基本原理正好与社会世界的现实相吻合。它是一种从关系的角度"进行思考"的技术，而我用场域概念也正是要实现这一点。[47]

根据场域概念进行思考就是从关系的角度进行思考。[48] 正如卡西尔在《实体概念与功能概念》[*Substanzbegriff und Funktionsbegriff* (Cassier 1923)]一书中所表明的，近代科学的标志就是关系的思维方式，而不是狭隘得多的结构主义的思维方式。人们可以发现，在许多科学事业背后都是这种关系思维方式，虽然这些科学事业看上去极不相同。这包括俄国的形式主义者梯尼亚诺夫[49]、[法国]社会心理学家勒温，[出身德国的]社会学家埃利亚斯，以及人类学、语言学与历史研究中的结构主义先驱——从萨丕尔（Sapir）、雅各布森到杜梅泽尔（Dumézil）和列维-斯特劳斯（如果你仔细察看一下他们的著作，就会发现，无论是勒温还是埃利亚斯都和我一样，明显受惠于卡西尔，借助他的思想来超越那种自发地充斥着社会思维方式的亚里士多德式实体主义）。我可以对黑格尔的那个著名的公式稍加改动，指出"现实的就是关系的"：在社会世界中存在的都是各种各样的关系——不是行动者之间的互动或个人之间交互主体性的纽带，而是各种马克思所谓的"独立于个人意识和个人意志"而存在的客观关系。

从分析的角度来看，一个场域可以被定义为在各种位置之间存在的客观关系的一个网络（network），或一个构型（configuration）。正是在这些位置的存在和它们强加于占据特定位置的行动者或机构之上的决定性因素之中，这些位置得到了客观的界定，其根据是这些位置在不同类型的权力（或资本）——占有这些权力就意味着把持了在这一场域中利害攸关的专门利润（specific profit）[①]的得益权——的分配结构中实际的和潜在的处境（situs），以及它们与其他位置之间的客观关系（支配关系、屈从关系、结构上的对应关系，等等）。

在高度分化的社会里，社会世界是由大量具有相对自主性的社会小世界构成的，这些社会小世界就是具有自身逻辑和必然性的客观关系的空间，而这些小世界自身特有的逻辑和必然性也不可化约成支配其他场域运作的那些逻辑和必然性。例如，艺术场域、宗教场域或经济场域都遵循着它们各自特有的逻辑：艺术场域正是通过拒绝或否定物质利益的法则而构成自身场域的（Bourdieu 1983d）；而在历史上，经济场域的形成则是通过创造一个我们平常所说的"生意就是生意"的世界才得以实现的，在这一场域中，友谊与爱情这种令人心醉神迷的关系在原则上是被摈弃在外的。

[①] 布尔迪厄有意使用大量来自马克思主义政治经济学的用语，如资本、生产和再生产等（虽然往往在术语的意义上有所发展变化），profit也是一例，它往往指由资本的占有所获得的收益（与资本概念一样，不只限于物质收益，还包括符号收益和社会收益等）。为了保留布尔迪厄用语上的特定风格，我们尽可能将之译为"利润"，有时考虑上下语境和行文的流畅，我们也酌情将它译为"利益"或"收益"等。——译者

〔3.2〕问：您在用场域概念来理解社会世界时，经常用"游戏"来作类比，以使人们能对您的发现有第一感的直观把握。

答：事实上，我们可以将一个场域小心地比作一种游戏（jeu），尽管场域与游戏有许多不同：场域不像游戏，是深思熟虑的创造行为的产物，而且它所遵循的规则，或更恰当地说，它所遵循的常规[50]，并不是明白无疑、编纂成文的。因此哪些结果多半可以看作社会游戏者之间的竞争产物，这是个与我们有着切身利害的问题（stakes，法语为 enjeux）。我们有一笔游戏投资，即在参加游戏之前就具有的一种"幻象"（illusio，这个词来自拉丁语的 ludus，即"游戏"之意）：卷入游戏的游戏者彼此敌对，有时甚至残酷无情，但只有在他们都对游戏及其胜负关键深信不疑、达成共识时，这一切才有可能发生；他们公认这些问题是毋庸置疑的。游戏者都同意游戏是值得参加的，是划得来的；这种同意的基础并非一份"契约"，而就是他们参加游戏的事实本身。游戏者之间的这种"勾结关系"正是他们竞争的基础。在社会游戏中，我们也有将牌，即根据游戏的变化，其效力也随之有所变化的"主牌"：正像不同牌的大小是随着游戏的变化而变化的，不同种类资本（经济的、社会的、文化的、符号的资本）之间的等级次序也随着场域的变化而有所不同。换句话说，有些牌在所有的场域中都是有效的，都能发挥作用——这些就是各种基本类型的资本——但它们作为将牌的相对价值是由每个具体的场域，甚至是由同一场域前后不同的阶段所决定的。

之所以如此，是因为归根结底，一种资本（例如希腊语或积分学的知识）的价值，取决于某种游戏的存在，某种使这项技能得以发挥作用的场域的存在：一种资本总是在既定的具体场域中灵验有效,既是斗争的武器,又是争夺的关键,使它的所有者能够在所考察的场域中对他人施加权力,运用影响,从而被视为实实在在的力量,而不是无关轻重的东西。在经验研究中,确定何为场域,场域的界限在哪儿,诸如此类的问题都与确定何种资本在其中发挥作用,这种资本的效力界限又是什么之类的问题如出一辙(在这里,我们可以看到资本概念和场域概念是如何紧密相连的)。

无论什么时候,都是游戏者之间力量关系的状况在决定某个场域的结构。在我们的眼里,游戏者的形象就好像是面对一大堆不同颜色的符号标志,每一种颜色都对应一种她所拥有的特定资本,与此相应的是她在游戏中的相对力量,她在游戏空间中的位置,以及她对游戏所采取的策略性取向,这些都是我们在法语中称她"参加游戏"的意思;她所采取的每一步行动,不论是不惜冒点风险还是多少有些小心谨慎,是颠覆还是守成,都既取决于她手里符号标志的总数,也取决于这堆符号标志的组成状况,这也就是说,取决于她拥有的资本的数量和结构。拥有相同总量资本的两个人,可能在她们的位置和她们的立场上〔即在客观位置上的主观看法(position-takings)〕都相去甚远,因为一个人可能拥有大量经济资本而缺乏文化资本,而另一个人可能无甚经济资本,文化资产方面却十分丰足。更准确地说,一位"游戏者"的各种策略,以及确定他的"游戏"的各种因素,既是在所考察的时刻他的资本的数量和结构的函数,和这些因素向他所保证的游戏机会的函数〔惠更斯(Huygens)用 lusiones 一词来描述客观可能性,这个词也是来自拉丁语的 ludus 一词〕,也是这一资本的数量和结构随时间而演进的函数,即他的社会轨迹的函数,在与客观机会的确定分配之间久已形成的关系中构成的性情倾向（惯习）的函数。

但问题还远不止于此：在遵守游戏的默契规则和再生产游戏及其利害关键的先决条件的情况下，游戏者可以通过参与游戏来增加或维持他们的资本，即他们拥有的符号标志的数量；但他们也同样可以投身游戏之中，去部分或彻底地改变游戏的固有规则。例如，他们可以努力改变不同颜色的符号标志的相对价值，改变不同类型的资本之间的兑换比率；办法可以是运用各种策略，以极力贬低作为他们对手力量所在的那种资本形式（如经济资本）的价值，而努力维持他们自己优先拥有的资本种类（例如司法资本）。[51] 在权力场域中发生的大量斗争都是这种类型的，其中最受瞩目的是那些旨在攫取国家权力的斗争，即相互争夺各种可以使国家对所有"游戏"和支配这些游戏的规则施展权力的经济资源和政治资源。

〔3.3〕问：上述类比揭示了您理论中核心概念之间的联系，但它还是没有告诉我们如何确定一个场域的存在及其疆界。

答：场域界限的问题是一个非常难以回答的问题，哪怕只是因为这个问题总是一个场域自身内部的关键问题，也不容许任何先验的回答。某个场域中的参与者，比如说经纪公司、高级时装师或小说家，都不断竭尽所能来使自身与他们最势均力敌的对手区分开来，以减少竞争，并建立自己对场域的某个特定局部的垄断。（在这里，我应该立即加上几句，来纠正这句话中的目的论倾向。有些人就指摘我具有这种目的论的倾向，他们将我对文化实践的分析认定为基于这样一种前提，即文化实践者是有意寻求区隔的。实际上，的确存在一种导致差异的生产，但这种生产根本不是什么有意寻求差异的产物。有许多行动者——这里我想起福楼拜的例子——对于他们来说,在这个特定场域中存在、行事,归根结底就是要创造差异、与众不同,并维护一个人的卓尔不群。这在许多时候是因为这些人被赋予了某些禀赋,以至于他们在场域中如果不独树一帜,他们在进入场域的伊始就应当早已被剔除在外。)他们努力强行树立某种才能和成员资格的标准,而在不同的历史局势中,他们的这种努力都会取得或多或少的成功。因此,场域的界限只能通过经验研究才能确定。尽管各种场域总是明显地具有各种或多或少已经制度化了的"进入壁垒"(barriers to entry)的标志,但它们很少会以一种司法限定的形式(如学术机构录取人员的最高限额——numerus clausus)出现。

我们可以把场域设想为一个空间,在这个空间里,场域的效果得以发挥,并且,由于这种效果的存在,对任何与这个空间有所关联的对象,都不能仅凭所研究对象的内在性质予以解释。场域的界限位于场域效果停止作用的地方。因此,在每一个具体的研究事例中,你都必须努力运用各种手段来估量这种在统计上可以探明的效果开始下降的关键点。在经验研究的工作中,场域的构建并不是通过一种强加行为来实现的。例如,对于美国某个特定的州或法国某个大区里的各种文化团体的集合体(业余合唱团、戏迷之友会、读书俱乐部等)是否构成一个场域,我就感到十分怀疑。而与这种情况正好相反,卡拉贝尔的著作(Jerry Karabel 1984)指出,美国的一些主要大学是通过客观关系联系在一起的,在这种联系方式下,这些(物质或符号)关系的结构在每所大学中都发挥作用。报纸的情况与此颇为类似,舒德森(Michael Schudson 1978)告诉我们,除非你注意到在报纸中:"客观性"的观念兴起与(报纸)声望的标准密切相关,你才有可能理解新闻业中这种"客观性"的观念在近代的产生过程,因为正是这种声望标准将"新闻"与庸俗小报上只不过作为"奇闻轶事"刊登的东西区别开来。只有通过对每一个这样的世界进行研究,你才会估量出它们具体是如何构成的,效用限度在哪里,哪些人卷入了这些世界,哪些人则没有,以及它们到底是否形成了一个场域。

〔3.4〕问:那么,什么是一个场域运作和转变的原动力呢?

答:一个场域的动力学原则,就在于它的结构形式,同时还特别根源于场域中相互面对的各种特殊力量之间的距离、鸿沟和不对称关系。正是在场域中积极活动的各种力量——分析者之所以将这些力量筛选出来,把它们看作对场域的运作关系重大的因素,正是因为这些力量造成了场域中至关重要的差异——确定了特定的资本。只有在与一个场域的关系中,一种资本才得以存在并且发挥作用。这种资本赋予了某种支配场域的权力,赋予了某种支配那些体现在物质或身体上的生产或再生产工具(这些工具的分配就构成了场域结构本身)的权力,并赋予了某种支配那些确定场域日常运作的常规和规则,以及从中产生的利润的权力。

作为包含各种隐而未发的力量和正在活动的力量的空间,场域同时也是一个争夺的空间,这些争夺旨在维续或变更场域中这些力量的构型。进一步说,作为各种力量位置之间客观关系的结构,场域是这些位置的占据者(用集体或个人的方式)所寻求的各种策略的根本基础和引导力量。场域中位置的占据者用这些策略来保证或改善他们在场域中的位置,并强加一种对他们自身的产物最为有利的等级化原则。而行动者的策略又取决于他们在场域中的位置,即特定资本的分配。他们的策略还取决于他们所具有的对场域的认知,而后者又依赖于他们对场域所采取的观点,即从场域中某个位置点出发所采纳的视角。[52]

〔3.5〕问:在"场域"和"机器"(apparatus),或比如说卢曼将其作为理论中心概念的"系统"之间,又有什么差别呢?

答:一个基本的差别就是:争斗,以及因此产生的历史性!我对"机器"的提法深恶痛绝,对于我来说,这个概念就是"悲观功能主义"的特洛伊木马①:"机器"就是一种残酷无情的机器,它不管具体的时间地点场合,只按照预定的程序,努力完成某个确定的目标。[53](有种观念认为,存在某种邪恶的意愿,应该为社会世界中发生的所有事情负责,这种对存在某种巨大阴谋的幻觉,始终困扰着批判性社会思潮。)学校体系、国家、教会、政治党派或协会,都不是什么"机器",而是场域。在一个场域中,各种行动者和机构根据构成游戏空间的常规和规则(与此同时,在一定形势下,他们也对这些规则本身争斗不休)以不同的强度,因此也就具有不同的成功概率,不断地争来斗去,旨在把持作为游戏关键的那些特定产物。那些在某个既定场域中占支配地位的人有能力让场域以一种对他们有利的方式运作,不过,他们必须始终不懈地应付被支配者

---

① "特洛伊木马"是荷马史诗中《伊利亚特》的典故,往往指用某种加以掩饰的手段,隐蔽地引入一些东西。本文是指引入一种观念。——译者

(以"政治"方式或其他方式出现）的行为反抗、权利诉求和言语争辩。

目前，在一定的历史条件（这种历史条件必须以经验的方式来考察）下，一个场域可能会以一种"机器"的方式开始运作。[54]当支配者成功地压制、平定了被支配者的反抗和敌对时，当所有的社会运动都完全以一种自上而下的方式进行时，支配的效果就会加强，以至于构成场域的各种争夺关系和辩证关系都会停止发挥作用。只有当人们反抗、革命、采取行动时，才存在历史。总体性制度——避难所、监狱、集中营——或专制国家就是从制度上力图让历史终结的范例。因此，"机器"代表一种极端情况，我们可以视为场域的病态状况。但这种极限，在现实中从未达到过，即使在压迫最深重的所谓"极权"政体下，也从未达到这样的极限。[55]

至于系统理论，确实，它在表面上与场域理论有许多类似之处。人们可以轻而易举地将"自我指涉性"（self-referentiality）或"自组织"（self-organization）①概念转译成为我用自主性概念所涵盖的内容。的确，无论是在系统理论还是在场域理论中，分化和自主化的过程都发挥了至关重要的作用。不过这两种理论之间仍然存在天壤之别。至少有一点，场域理论排除了一切功能主义和有机论：一个

---

① 这两个概念都是德国理论家卢曼在社会理论中所大力倡导和广泛使用的，二者均借自第三代的系统理论，尤其是自组织理论［如 Humberto Maturana 的"自我再生"（autopoiesis）理论］。"自我指涉性"是与"异己指涉性"相对的，它"不仅意味着自我组织和自我调控，还意味着具有自我指涉性的系统能够"用那些相互关联的要素生产出相互关联的要素"，即具有"自我再生"性，参见 Luhmann: *Essays on the Self-Reference*, Columbia University Press, NewYork, 1990（此处的引文见第 145 页）。——译者

既定场域的产物可能是系统性的，但并非一个系统的产物，更不是一个以共有功能、内在统合（cohesion）和自我调控为特征的系统的产物；这就是说，对于系统理论中如此之多的基本假定（即共有功能、内在统合，自我调控等），场域理论都拒绝接受。举个例子，如果说在文学场域或艺术场域中，人们可以把构成某个可能空间的各种立场视为一个系统的话，那么它们也就形成了一个差异的系统，一个各自不同和彼此相轻的禀赋系统，而且这些禀赋的发展也并非出自它们自身的内在运动，而是通过生产场域的内在冲突（这与自我指涉性的原则所暗含的观念正好相反）。场域是力量关系——不仅仅是意义关系——和旨在改变场域的斗争关系的地方，因此也是无休止的变革的地方。在场域的某个既定状态下可以被察觉的协调统合，场域表面上对共同功能的取向（在法国名牌高校的情况中，这种所谓"共同功能"就是权力场域结构的再生产，参看 Bourdieu 1989a）实际上肇始于冲突和竞争，而并非结构内在固有的自我发展的结果。[56]

第二个主要的差别是一个场域并不具有组成部分（parts）和要素（components）。每一个子场域都具有自身的逻辑、规则和常规，而在场域分割的每一个阶段（比如说文学创作的场域），都需要一种真正质的飞跃（比如你从文学场域的层次降至小说或戏剧的子场域的层次）。[57] 每一个场域都构成一个潜在开放的游戏空间，其疆界是一些动态的界限，它们本身就是场域内斗争的关键。场域是一个没有创造者的游戏，比任何人可能设计出来的游戏都更变动不居、复杂难测。但是，如果要想充分地洞察决定场域概念和系统概念差异的所有方面，那么我们就必须在具体研究中使用它们，并通过它们所产生的经验对象来比较它们。[58]

〔3.6〕问：简要地说，如何对一个场域进行研究？在这种类型的分析研究中有哪些必不可少的步骤？

答：从场域角度进行分析涉及三个必不可少并内在关联的环节（Bourdieu 1971d）。首先，必须分析与权力场域相对的场域位置。我们发现，就艺术家和作家而言（Bourdieu 1983d），文学场域被包含在权力场域之中，而且在这一权力场域中，它占据着一个被支配的地位（用个普通但极不恰切的说法：艺术家和作家，或者更一般而言，知识分子，都是"支配阶级中的被支配集团"）。其次，必须勾画出行动者或机构所占据的位置之间的客观关系结构，因为在这个场域中，占据这些位置的行动者或机构为了控制这一场域特有的合法形式的权威，相互竞争，从而形成了种种关系。除了上述两点以外，还有第三个不可缺少的环节，即必须分析行动者的惯习，亦即千差万别的性情倾向系统，行动者是通过将一定类型的社会条件和经济条件予以内在化的方式获得这些性情倾向的；而且在所研究场域里某条确定的轨迹中，我们可以找到促使这些惯习或性情倾向系统成为事实的一定程度上的有利机会。

在方法论上，各种位置的场域与各种立场的场域，或者说基于客观位置的主观态度（prises de position）的场域密不可分，也就是说，与行动者的实践和表达所构成的、受结构形塑的系统密不可分。不论是客观位置的空间，还是主观立场的空间，都应该放在一起分析，应视为斯宾诺莎所说的"同一句子的两种译法"。不过，在平常情况下，位置的空间仍然倾向于对立场的空间起到支配的作用。例如，艺术革命是构成艺术位置空间的各种权力关系发生变革的结果，而这种变革之所以可能发生，正是因为一部分生产者的颠覆意图正好迎合了一部分受众的期望，并因此改变了知识分子场域与权力场域的关系（Bourdieu 1987i）。对于艺术场域确定无疑的事实也同样适用于其他场域：正像我在《学术人》中所指出的，人们可以发现在1968年"五月风暴"前夕，学术场域中的各种位置与那些事件的各种不同的拥护者所采取的政治立场之间也存在同样的"吻合"；或者，在经济场域中，我们可以发现银行的客观位置与它们所采取的广告宣传和人事管理策略之间也存在同样的"适配"关系，诸如此类，还有许多例子。

〔3.7〕问：换句话说，场域是那些参与场域活动的社会行动者的实践同周围的社会经济条件之间的一个关键性的中介环节。

答：首先，对置身于一定场域中的行动者（知识分子、艺术家、政治家，或建筑公司）产生影响的外在决定因素，从来也不直接作用在他们身上，而是只有先通过场域的特有形式和力量的特定中介环节，预先经历了一次重新形塑的过程，才能对他们产生影响。一个场域越具有自主性，也就是说，场域越能强加它自身特有的逻辑，强加它特定历史的积累产物，上述的这一点就越重要。其次，在哲学场域、政治场域、文学场域等与社会空间的结构（或阶级结构）之间，我们可以察觉出，它们在组成结构和运作过程方面都存在全面的对应关系（homologies）：二者都存在支配者和被支配者，都存在旨在篡夺控制权与排斥他人的争斗，都存在自身的再生产机制，等等。但这里所提及的每一个特性，在每一个场域中的体现形式,都是各具特色,不可彼此归约的。(因此,一种对应关系可以界定为在差异中反映的相似。)因此,举例而言,在哲学场域中进行的争斗,尽管包含在权力场域中,但这些争斗始终是多元决定的(overdetermined)[①],并且倾向于以双重逻辑来运作。哲学场域中这样那样的哲学竞争者与社会场域总体中这样那样的政治集团或社会集团之间,存在位置上的对应关系,通过这样的对应关系,这些哲学斗争产生了政治效果,发挥了政治作用。[59]

场域的第三个普遍性质在于各种场域都是关系的系统,而这些关系系统又独立于这些关系所确定的人群。当我谈及知识分子场域时,我非常清楚,在这个场域中,我会发现许多"粒子"(让我们暂时假想我们是在探讨一个物理场),它们受到各种吸引力、排斥力之类的摆布,就像在磁场中一样。既然对此有所认识,一旦我说到一个场(域),我的注意力就会紧紧盯住这种客观关系系统的基本作用,而不是强调这些粒子本身。而且我们可以遵循一位德国著名物理学家的公式,指出个人就像电子一样,是场(域)的产物:在某种意义上来说,他是场域作用的产物。某个知识分子,某位艺术家,他们之所以以如此这般的方式存在,仅仅是因为有一个知识分子场域或艺术场域存在。(这一点非常重要,特别有助于解决艺

[①] "多元决定"是法国学者阿尔都塞所使用的概念,这一概念受毛泽东《矛盾论》的深刻影响。阿尔都塞认为马克思理论的统一性是一种"复杂整体的统一性",这种"复杂整体"具有一种多环节主导结构的统一性"。他用这一概念反对任何(经济或技术的)一元决定论,认为这是与马克思主义相悖的。阿尔都塞的这一思想,可以参见他的《保卫马克思》(顾良译,商务印书馆1984年版),特别是其中的"矛盾与多元决定"和"关于唯物辩证法(论起源的不平衡)"二文。——译者

史专家一再提出、却久拖未决的问题,即在怎样的时间场合下,我们从手艺人变成了艺术家?以这种方式提出这样的问题,几乎毫无意义,因为这种转变很显然是逐步完成的,并伴随着艺术场域的构建过程,诸如艺术家之类的事物,正是在这一过程中得以慢慢地形成。)[60]

场域的观念提醒我们,即使人们在构建一个场域时不能不借助个体(因为统计分析所必需的信息一般都与个人或机构相联系),社会科学的真正对象也并非个体。场域才是基本性的,必须作为研究操作的焦点。这并不意味着个人只不过是"梦幻泡影"或他们并不存在:他们确实存在,不过是以行动者(agent)①——而不是生物性的个体、行为人(actor)或主体——的方式存在着;在所考察的场域中,他们是被各种社会因素构成为积极而有所作为的,而场域的这种构成影响则体现在以下事实上:这些行动者都拥有在此场域中发挥作用(亦即产生效用)所必需的禀赋。并且,正是我们对这些行动者置身并形成于其中的场域本身的知识,使我们能够更好地把

---

① 在当代社会理论中,agent 是一个颇为常见的术语,除布尔迪厄外,吉登斯以及许多新马克思主义者也广泛使用这一概念。理论家日益用它来取代与"主体"观念和相应的意识哲学有着千丝万缕联系的 actor 一词(后者在英语中有"行为人"之义),不过在汉语里原来用来移译 actor 一词的"行动者"并无西方语言中的"主体"意涵,而且如果排除了 actor 的"主体"内涵和相应的唯意志论色彩,它与 agent 的差异并不大。(不过,仍有一些小的差异,如使用 agent 往往比 actor 更强调结构与关系,但近来在一般社会理论中,往往认为在注意避免"主体"和"主观意识"的观念之后,二者可以通用,如吉登斯就经常交替使用这两个概念。)所以在本书中,我们一般将 agent 译为"行动者",在作者不作区别时,将 actor 也译为"行动者",在作者明确区别二者时(如此处),一般将后者译为"行为人",只在极少数的情况下,我们将 agent 译为"能动者"。——译者

握他们特立独行的根源,把握他们的观点或(在一个场域中的)位置的根源。要知道,他们对世界(以及场域本身)的特有观念正是从这种观点或位置中构建出来的。

〔3.8〕问:这是因为不论什么时候,每个场域都要强征一笔类似"入场费"之类的东西,而且这种东西又确定了谁更适于参与这一场域,从而对行动者进行优胜劣汰的遴选。

答:在进入场域的过程中,只要人们拥有了某种确定的禀赋构型,他们在被遴选出来的同时,就被赋予了合法性。我们研究的目标之一,就是去识别这些能够发挥作用的禀赋,这些有效的特性,也就是这些特有的资本形式。所以说,这里存在一种解释学循环[①]:要想构建场域,就必须辨别出在场域中运作的各种特有的资本形式;而要构建特有资本的形式,就必须知晓场域的特定逻辑。在研究进程中,存在一种循环往复的运动,因此,这类的研究既颇费时日,又艰苦异常。[61]

至于场域的结构——注意,这里我正在逐渐建立起场域这一概念的操作定义——则是由在这一场域中灵验有效的特定资本形式的分配结构所决定的,这意味着若我对特定资本形式的知识确凿肯

---

① "解释学循环"是解释学中的重要概念。传统解释学就已经认识到,对任何一个本文的理解都依赖对这个本文的部分的理解,而反过来,对本文的部分段落的理解又离不开对本文整体的理解。在海德格尔那里,这种"解释学循环"的观念进一步从对文本的解释发展成为此在(Dasein)生存的本体论特征(参见海德格尔《存在与时间》第181页以及下,陈嘉映、王庆节译,三联书店1987年版)。——译者

定，我就能分辨出在这个场域中所有有必要分辨的东西。举例来说（这也是我研究知识分子的著作的指导原则之一），我认为人们不能满足于一种无力分辨行动者（或更恰当的说是行动者的位置）之间差异的解释模式，因为在一个特定的世界中，日常直觉告诉我们，他们是千差万别的。在这样的情况下，就应该探询一下，究竟是哪些导致我们彼此之间形成差别的变量被忽视了。（顺便提一下，日常直觉的确很值得尊重；不过，必须要确保以一种自觉且合理的方式将直觉引入分析之中，并在经验研究中控制它的有效性[62]，然而许多社会学家却往往无意识地使用日常直觉，就像我在《学术人》开头批评的他们所建立的那种二元论的类型学——诸如"普世全能的"知识分子与"困守一隅的"知识分子间的区别[①]。）这里，我们的直觉就提出了问题："这种差别又是从哪里来的呢？"

最后也是极为关键的一点：社会行动者并非被外力机械地推来扯去的"粒子"。正相反，他们是资本的承载者，而且，基于他们的轨迹和他们利用自身所有的资本数量和结构在场域中所占据的位置，他们具有一种使他们积极踊跃地行事的倾向，其目的要么是竭

[①] 在《学术人》的第一章"焚书"（Bourdieu 1988a，特别是第12页）中，布尔迪厄的讨论涉及了古尔德纳对知识分子所作的区别。古尔德纳根据知识分子对制度的态度，他们在职业才能方面的投入，以及他们的内在或外在的取向，将知识分子分为"地方性"（local）或"困守一隅的"（parochial）知识分子和"世界主义的"（cosmopolitan）知识分子（布尔迪厄在该书还提到美国学者所作的其他几种类似区别），但似乎未直接论及"普世全能的"或"总体性"（universal）知识分子这一概念。而后面这个概念是福柯用来与"具体特定的"（specific）知识分子的概念相对的。无疑，在这里，布尔迪厄兼采了两种说法，用来指明这种二元类型学的问题。有关福柯的用法，参看 Foucault 1980，特别见第126页及以下。——译者

力维持现有的资本分配格局,要么是起而颠覆它。事情当然比我们这里的论述要复杂得多,但我想这是一个可以适用于整个社会空间的一般性命题,虽然这并不等于说所有的小资本所有者都必然是造反革命的,而所有大资本所有者都自然而然的是保守力量。

[3.9]问:我们姑且承认,至少在发达社会中,社会世界是由大量业已分化的场域组成的,这些场域既具有某些恒定不变的特性(这就是一般性场域理论的设想的现实根据),又存在根源于各个场域特有的逻辑和历史所形成的千变万化的特性(这就要求对每个场域都进行生成性分析和比较性研究)。那么,这些形形色色的场域又是如何相互关联的?它们之间这种勾联的性质是什么?它们分别具有的权重的性质又是什么?

答:不同场域之间的相互关联是一个极其复杂的问题。一般来说,我对这样的问题都不大回答,因为它太难以处理了。若以一种相对简单的方式来讨论这个问题,又得冒点危险,这不免令人想起用"层面"(instance)①或"联系"之类的概念进行分析的方式,某些马克思主义者就利用这种概念,对这一复杂的问题给出无关实质的回答,而实际上这种问题只有通过经验分析才能解决。我相信事实上不存在超越历史因素影响的场域之间关系的法则,对于每一种具体的历史情况,我们都要分别进行考察。在发达资本主义社会里,

---

① 阿尔都塞用"层面"概念来修订了恩格斯的"经济的前提和条件归根结底是决定性的"这一论断,指出经济基础和上层建筑(又分为国家机器和意识形态)是不同的层面,这一概念与他的"多元决定"的观念存在密切的联系。——译者

显然，很难坚持主张经济场域并不发挥特别强有力的决定作用。但难道我们因此就应当承认（经济）"归根结底具有（普适的）决定性"这一论断吗？我相信可以从我对艺术场域的研究中找到一个例子，足以表明这一问题的复杂性。

当我们对这一问题进行历史研究时，我们会发觉，一个肇始于15世纪的进程，引导着艺术场域在19世纪获得了它真正的自主性。从那时起，艺术家不再听命于资助人和庇护者的要求和命令，他们摆脱了国家与学院，等等。他们之中的大多数人开始为自身的有限市场创作。在这样的市场里，运行着一种预付性的经济（deferred economy, Bourdieu 1983d, 1987i）。上述的每件事都促使我们相信，我们正在研究的这一迈向自主性的进程，是不可逆转、不可阻挡的，而且艺术和艺术家已经一劳永逸地摆脱了外力，实现了自由。那么，我们在今天看到的又是什么呢？是一种庇护制的复归，一种直接依附关系的复归，是国家的复归，是某些最粗暴不过的检查制度的复归，以及突然之间重新展开的一种线性和不确定的自主化进程。看看诸如汉斯·哈克（Hans Haacke）这样的画家的所作所为吧，他用艺术的工具来质疑那些对艺术创造自主性的干预。[63]他在古根海姆博物馆展出的一幅绘画，揭露了古根海姆家族财政资源的来源。这样一来，古根海姆博物馆的馆长就别无选择：如果他展出这幅画，那他就不得不辞职，或被这家博物馆的资助人解聘；如果他拒绝展出这幅画，那他在艺术家的眼里会受尽讥笑。这位艺术家让艺术重新履行了自身的职责，却立即就陷入了麻烦之中。因此我们发现，艺术家获得的自主性从根源上说，既取决于他们作品的内容，也取决于他们作品的形式。这种自主性暗含了一种对俗世必需之物的屈服，艺术家认定的德操就是超脱于这些必需之物的，他们的方式就是自诩完全有权决定艺术的形式，然而他们付出的代价却是同样一点不少地放弃了艺术的其他职责。艺术场域委派给他们的职责，就是不发挥任何社会职责的职责，即"为艺术而艺术"。除此之外，一旦他们要履行其他职责，他们就会重新发现这种自主性的局限。

这只不过是一个例子，但它有助于提醒我们注意场域之间的关系——这个例子揭示的是艺术场域与经济场域之间的关系——并不是一劳永逸地确定的，即使是它们演进的最一般的趋势也并非如此。那些"具有唯理论主义倾向的理论"运用各种宏大概念，声称能够解释所有问题；而场域的观念则与此不同，它并未提供所有可能的疑难问题的现成答案，也并非说一切就绪，无须再费力进行进一步的具体研究。相反，至少在我看来，场域观念的主要价值在于促进和发扬了一种构建（对象）的方式，使学者不得不在每次研究时重新设想一番。它迫使我们提出一系列问题：所考察的世界界限在哪儿：它是如何与其他场域发生"联系的"？与哪些场域发生联系？在何种程度上发生联系？等等。它提供了一套系统连贯且一再出现的问题，使我们既避免陷入实证主义经验主义的理论真空，又避免堕入唯理论主义话语的经验真空。

〔3.10〕问：最近一期的《社会科学研究探索》（1990年3月号）专门探讨了"住宅经济"的问题，也就是说，分析一系列必须加以考虑的社会空间，以理解单门独户家庭的住房这种特殊的经济商品的生产和流通过程。在这一期的文章里，您顺理成章地开始分析

111　国家政策的产生，在"住宅经济"的问题中，国家政策直接参与了决定经济市场运作的过程。您这么做，实际上已经开始着手概要地提出一种国家理论，在这种理论中，您把国家视为一种元场域（meta-field）。[64]

答：事实上，在我看来，当你细心观察我们所谓"国家"的内部种种运作时，你立即会对困守学院的学者，亦即那些脱离实际的马克思主义者（armchair Marxist）和其他一些只知玄想的社会学家，所提出的许多关于国家的学究式的问题嗤之以鼻，弃如敝屣。这些人翻来覆去，只会用一些准形而上学的观念探讨国家的问题。正像胡塞尔在讨论其他问题时所说的，要想"回到事实本身"，就必须破除这类观念。举例而言，我想到了在"保持一致"（或依赖附和）与"独立自主"之间的理论抉择，这种抉择已经变得神圣崇高，不容亵渎。但在这种抉择的背后，已经预设了这样一个命题，即国家是清晰明确、界限分明的统一实体，它与那些也同样可以清晰确定和明确辨认的外在力量毫无交织，互不相溶，二者间只存在一种纯粹的外部关系。（例如，就德国的情况而言，人们费尽了笔墨，探讨德国的特殊道路，传统的容克土地贵族，或腰缠万贯的工业资本家；就英国的情况而言，则是城市里担任企业主的资本家和乡绅。）事实上，我们在具体分析中所遇到的是各种行政管理或科层体制场域的聚合体（在经验现实中，它们往往表现为各种委员会、局、署及公会），在这一聚合体中，来自政府方面的和非政府方面的行动者和各类行动者群体，你争我夺，谋求特定的权威形式，这种权威形式的构成因素是通过立法、规章、行政管理措施（补贴、许可、限制）而体现的统治权力。总之，这些措施包括我们一般置于国家政策名目之下的形形色色的东西，作为一种与生产和消费（在这里，就是与住宅的生产和消费）相关的诸种实践的特定领域，都被各种力量争来争去。

倘若你坚持用这种定义来界定国家，那么国家就可以被看作是诸场域的聚合体，是种种斗争的场所。在这些场域的聚合体中，各方争斗的关键目标就是——以韦伯的著名阐述为基础——垄断具有合法性的符号暴力[65]，这种合法的符号暴力，就是这样一种权力，即在一特定"民族"内（也就是在一定的领土疆界中）确立和强加一套无人能够幸免的强制性规范，并将其视之为普遍一致的和普遍适用的。正如我在对1970年到1980年法国国家住宅政策的研究中所表明的那样，这些场域是各种力量持续不断的相互碰撞的地方，这些力量分属私有部门（银行和银行家，建筑施工公司和建筑设计公司）和公有部门［部委，这些部委内的主管部门，以及在这些部门中任职的国家栋梁（grands corps d'Etat）[66]］，而这些部门本身又都是以场域方式组织起来的层次较低的世界，各种内部分裂和外在对立既把它们融为一体，又使它们彼此分隔。只有将"国家"作为一个通俗易懂、简单明了的权宜性标签，用以涵盖上述这些权力（具有不同的表现形式）位置之间的客观关系形成的各种空间——这些空间可能采取各种具有一定稳定性的网络形式（诸如联盟、协作、固定主顾、相互服务等等），并且在现象各异的互动形式（从公开冲突到多多少少有点隐蔽的勾结串通，范围极为广泛）中展现自身（不过如此使用，也自有它的危险）——"国家"的概念才有意义。

你可以详细考察各种相互竞争的"民间"（private）代理人或组

织（比如说，有些银行可能愿意政府进行某种管制，以促进一定种类的住宅建设贷款面的扩大）是如何采取行动、对他们的各种经济活动领域或文化活动领域内国家政策方向的确定施加影响的（在教育改革中，可以观察到同样的过程），他们是如何相互结盟并与其他一些科层官员相互串通的（这些官员对他们喜欢的某种类型的措施也有所偏好），以及他们又是如何与其他组织机构打交道的，这些组织机构往往具有自身的利益和资源（例如，进行管制管理的专有科层资本）。在做了这些研究以后，你就会禁不住将那些关于一致还是自主的思辨臆测抛在一旁。可以肯定地说，就这一点来说，我感到我与劳曼的分析（Laumann and Knoke 1988）更为接近（虽然在其他方面，我与他也还存在一些分歧），而与普兰查斯（Nicos Poulantzas 1973）或斯考克波尔（Theda Skocpol 1979）的思路相去甚远，这两个人都代表一致或自主的传统立场。我在上面所做的论述，也意在指出在这个问题上和其他问题一样，那些"脱离实际的马克思主义者"，那些不顾经验材料的唯物主义者（materialists without materials），只不过一直在这个学究式的问题上纠缠不休，而早在60年代他们盛极之时，我就始终不懈地反对这种观点。

更一般地说，这说明了是什么造成了我在社会学场域中位置上的困境。一方面，因为我坚持认为结构性的构型（structural configurations）不可化约为它们用以表现自身的互动和实践，从这一点上讲，我似乎是非常接近那些"（宏）大理论家"（特别是结构主义者），但同时，我又与那些"埋头实地研究"的学者不谋而合、颇为接近（特别是符号互动论的学者，以及所有那些通过参与性观察或统计分析，竭力揭示和洞察那些往往被宏大理论家所忽视的经验现实的学者,因为这些宏大理论家往往高高在上,懒得屈尊俯视),即使我不能赞同他们对社会世界的某些观念,那些作为他们研究兴趣的基础的哲学观念往往鼓励"特写镜头",助长理论近视(theoretical myopia),无视客观结构和那些不能直接感知的力量关系,事实上正是这些问题加诸于这些学者身上,使他们沉迷于日常实践的细枝末节而不能自拔。

〔3.11〕问:您对国家的分析,是把国家看作一系列部分相互重叠的科层场域。那么,是哪些方面使您的这一分析与劳曼和克诺克的"组织国家"(organizational state)概念(Laumann and Knoke 1988)以及更为广义的网络理论区别开来的呢?

答:这里,我想起我自己在结构和互动,或结构关系和实际有效关系(structural relation & effective relation)之间所作出的一个区别,这一区别特别依据了韦伯的思想,前者被视为是一种以永远不变而且不可见察的方式运作的关系,后者则体现在某一特定的交换关系之中并通过这种关系而实现的(参见 Bourdieu 1971b, 1971e, 1987h)。事实上,一个场域的结构可以被看作一个不同位置之间的客观关系的空间,这些位置是根据他们在竞夺各种权力或资本的分配中所处的地位决定的。这种场域的结构与那些多少有些持久不变的网络(场域借助这些网络来展现自身)是不同的。正是这种结构,决定了是否有可能(或更准确地说,是有多大可能)在场域中发现那些体现并维系网络存在的各种联系的创建过程。科学的任务就是揭示各种资本的分配结构,而这些结构通过它们所限定的利益和性情倾向决定了个人或集体所采取的立场。在网络分析中,对这些基本结构的研究始终让位于对（各种行动者之间或机构之间）特定联系和各种（信息、资源、服务等）"流"（flow）的分析，网络正是通过后者成为可见的——这无疑是因为揭示结构要求人们在研究中运用一种关系的思维方式，而这种思维方式除非借助对应因素分析的技术，否则很难转化为一种适于定量和形式化的数据分析的研究方法。

我可以借助过去几年我对国家的历史形成过程所进行的研究，来进一步探讨一下上述的主张。我可以用一种大大简化了的方式指出，自从王朝国家（dynastic state）的建立，或晚些时候科层国家（bureaucratic state）的建立以来，就发生了一个长期的不同种类的权力或者说资本的集中化过程。在第一个阶段，这一过程首先导致的是公共权威的私人垄断（即由国王垄断），同时国王垄断的这一公共权威外在于并优越于所有其他私人权威（地主、市民阶层等的权威）。与这些不同资本——经济资本（主要来自征税）、军事资本、文化资本、司法资本，以及更具一般性的符号资本——的集中化过程相伴而生的就是相应的不同场域的兴起和巩固。这一过程的结果是产生了一种特定资本，准确地说就是中央集权资本（statist capital）。这种资本通过它的积累，可以使国家对不同场域和在其中流通的不同形式的资本施展权力。这种元资本（meta-capital）能够对其他不同种类的资本，特别是它们之间的兑换比率（因此对分别持有这些资本的所有者之间的权力平衡）实施支配的权力，而正是这种元资本确定了国家的特有权力。从而，国家的构建与权力场域的构建相伴而行，这种权力场域可以被看作游戏空间，在这一空间中不同形式资本的所有者彼此争斗，争斗的关键就是谁能够拥有对国家的权力，即对中央集权资本的权力，这种资本能赋予支配不同种类的资本及其再生产（特别是通过学校系统）的权力。

第四节 利益、惯习与理性

〔4.1〕**问**：人们经常指责您对利益观念的运用是"唯经济主义"的[67]，那么，在您的分析方法中，利益概念有着怎样的理论作用呢？

答：在我开始致力社会科学研究时，学术界正盛行一种用简单幼稚的方式来理解人的行为的哲学人类学。利益这个观念，就成了我摆脱这种哲学人类学的工具。我经常引用韦伯对法律的一段评论，他说，只有当遵从规则的利益大于无视规则的利益时，社会行动者才会遵守这项规则。这一地地道道的唯物主义原则提醒我们，当我们声称要对人们据以行事的规则进行分析描述时，先得问问，究竟是什么东西使那些规则发挥作用呢？

韦伯曾经用一种经济模型，揭示了牧师、先知、巫师，这些宗教游戏中的风云人物们各自的特定利益（Bourdieu 1971b, 1987h）。我也不过是在他理论的基础上，进一步发展了他的思路，在分析文化生产者时引入了利益观，用以对抗关于知识界的流行看法，对"自由漂移的知识分子"（freischwebende Intelligenz）这一意识形态提出质疑。我总在谈论特定利益，探讨那些当受历史因素决定的场域运作时，被预设和生产出来的利益，所以我更喜欢用"幻象"（illusio）这个词。令我感到尴尬的是，那些墨守成规的人，一看到"利益"（interest）这个词，就指责我是唯经济主义。[68] 而实际上，我是经过慎重考虑才这么用的，是把这个观念作为一种临时性的化约手段，可以把唯物主义的探究问题的方式引入文化领域。从历史上看，自从现代艺术观产生，文化生产场域获得其自主性以来（Bourdieu 1987d），这种思维方式在该场域里就特别不受欢迎，并被视为异己，排斥在外。

要想理解利益观念，就必须认识到，与它相对的不仅是所谓超功利性（disinterestedness），而且还有"漠然"（indifference）的观念。我们所说的漠然，就是不为游戏所动：对我来说，这种世间游戏根本不起什么作用，就像布里丹的那头驴[①]。漠然是一种价值论上的状态；是一种伦理上的不偏不倚状态；它还是一种知识上的状态，众人注目之事，我却无力辨别。这就像斯多噶学派所追求的心定神闲（ataraxy，源于 ataraxia，就是不为外物所扰的状态），而心定神闲的极端对立面，就是幻象。所谓幻象，是一种心神的投入，投入游戏，又被游戏牵着鼻子走。而所谓［我对某种社会游戏］产生兴趣，有切身利害之感，就是说认为这一特定的社会游戏对我来说，它的内在过程关系重大，在这一游戏中人们争夺的目标是重要的（important 和 interest 具有相同的语源），是值得去追求的，所以我要努力去应付这一游戏。[69]

这就是说，我对利益这一概念所作的解释完全不同于功利主义理论对它的解释。在功利主义理论那里，利益是超历史的，普遍适用的。我们很容易看出，亚当·斯密所津津乐道的自我利益，只不过是资本主义经济制度需要并由这种制度产生的那种利益被无意识

[①] 这一比喻来自法国哲学家布里丹（Jean Buridan 1300—1358）。他在讨论亚里士多德时，曾举例指出，当一条狗（后被讹传为驴）面对摆在它面前的两堆同样数量的食物，它会无所适从。后来人们用这一比喻来形象地描述当人们面对两个同样具有吸引力的目标时，反而会丧失选择的能力。——译者

地加以普遍化后的形式罢了。利益就是一种历史的任意武断性[70]，它根本不是什么人类学意义上的恒定因素，而是一种历史的建构，只能通过历史分析，通过经验观察后的事后总结，来加以体会，而不是以某些虚幻的关于"人"（Man）①的概念进行先验推断得出的，况且这些概念又是那么强烈地陷入了人类中心主义的误区。

〔4.2〕问：这是不是说有多少场域，就有多少种"利益"，就是说每一个场域都同时预设和产生着某种特定的利益形式，与具有其他交换媒介形式的场域不可完全通约。

答：说得很对。每一个场域都拥有各自特定的利益形式和特定的幻象，场域创造并维持着它们。而这些利益形式和幻象，也就是人们对游戏中彼此争夺的目标的价值心照不宣的认可，以及对游戏规则的实际把握。再进一步说，对于参与游戏的每一个人来说，这一特定利益是不言而喻的。但实际上，因为每个人在游戏中占据的位置不同（支配与被支配，正统与异端）以及获得这一位置的轨迹也各不相同，所以对他们来说，利益也同样是千差万别的。人类学和比较历史学告诉我们，制度的社会巫术（social magic）只要得当，就能把各种各样的事情都建构成一种利益，而且是一种现实可行的利益，也就是说，将它建构成一种投入，在客观上可以由某种特定的"经济"给予回报〔（投入 investment）这个词，在这里有经济学和精神分析上的双重含义〕。

---

① 大写的人，往往指西方自苏格拉底以降赋予人"万物灵长"的独特地位，有强烈的人类中心主义的思想。这里，我们通过加上引号来强调这一点。——译者

〔4.3〕问：除了利益和投入，您还借用了其他几个经济学用语，比如市场、利润和资本（例如 Bourdieu 1985d, 1986b），这似乎是在诉诸经济思路来考虑问题。而且，您最初的研究和最近的研究都可以被直接归入经济社会学一类。您最早那本对阿尔及利亚农民和工人的研究，目的之一就是试图解释在阿尔及利亚无产者的不同集团里，如何以不同方式形成了一种对经济进行理性算计的性情倾向，也就是产生了一种经济人的惯习。法国殖民统治强加给城市准无产者一种资本主义的经济制度，客观上需要他们掌握上面那种性情倾向，可他们并不能很顺利地做到这一点。您对这种失败的经济和社会后果也作了分析。您最近还用一本书的篇幅，探讨了法国单户家庭住宅生产与消费的经济机制，把它作为一个场域来分析，一方面分析了购买方各种偏好和策略的社会起源，另一方面考察了供给方（即住宅建设公司）及其产品这个空间的组织机制和动力过程。您还得出结论，认为在以上这两方面，特别在组织安排供求双方的"见面"方面，国家——或者用您的话说，科层场域——发挥着关键作用：市场就是一种社会政治建构。在各种不同的地域性"科层场域"层面上，市场都折射出各方的索求和需要的影响。各方的社会行动者和经济行动者有着各自的权利诉求和利益需要，但他们的利益要想能得到统筹安排，机会和能力却互不相同。[71]是什么使您的理论思路不同于贝克尔的"人类行为的经济分析"（Gary Becker 1976）呢？

答：我和经济学的正统观念之间的共同之处也就仅限于一些用词上。（我说的经济学正统观念，就是今天盛行于经济科学里的主流思潮，我们一定要记住，经济学本身就是个高度分化的场域，主流思潮中也包含着许多不同的流派。）就拿投入来说吧，我所说的投入，首先是指一种行为倾向，它来源于一个场域和一套性情倾向之间的关系，这种性情倾向，根据场域所引发的游戏，不断作出相应的调整。其次是指一种游戏感和一种利害感，这种感觉，同时暗含了参与游戏的趋向和能力。行为倾向也好，实践感也好，都不是普遍适用的给定之物，而是受社会和历史两方面因素构建而成的。通过不断地抽象、概括，我们渐渐得出了一种关于各种场域的经济机制的一般性理论（我目前正在写一本书，想用更加形式化的语言，抽象概括出场域的一般性特征）。这样，我们就可以对诸如资本、投入、利益这样一些最一般不过的机制和概念，在各个场域里采取的特定形式，作出描述和分辨，从而避免各种化约论，首先就避免了唯经济主义，这种只看到物质利益、只看到处心积虑地追求货币利润最大化的狭隘思路。

有关实践经济的总体科学，并不人为地局限于讨论那些在社会上被认为是经济的实践形式。但即使这样，它也必须努力把握以各种不同形式存在的资本，把握这种"社会物理学的能量"（Bourdieu 1990a: 122），并揭示调控不同形式资本之间相互兑换过程的法则。[72]我已经指出，资本表现为三种根本的类型（每一类下还可以进一步划分出层次更低的类型），这就是经济资本、文化资本和社会资本（Bourdieu 1986b）；除了这些，我们还必须加上符号资本。当我们通过各种感知范畴，认可上述三种形式的资本的各自特定逻辑，或者，如果你愿意说是误识了这些资本占有和积累的任意性，从而把握了这几种资本的话，我们就说这些资本采用的形式是符号资本。[73]这里我不打算详述经济资本。而文化资本的独特之处，我也已经分析过了，这个观念有很大的普遍性，要把这种普遍性充分体现出来，实际上应该把它叫作信息资本（informational capital）。它本身的存在形式又有三种：身体化的、客观化的和制度化的。[74]至于社会资本，则是指某个个人或是群体，凭借拥有一个比较稳定、又在一定程度上制度化的相互交往、彼此熟识的关系网，从而积累起来的资源的总和，不管这种资源是实际存在的还是虚有其表的。要对社会中各种纷繁多样的结构和动力作出解释，不承认资本可以采取不同形式是不行的。比如，面对像瑞典这样传统的社会民主主义国家或是苏联模式的社会，要解释其中社会空间的形塑过程，你就必须考虑社会资本在这里的独特形式：它由政治资本构建而成，通过对集体资源实行某种"家长式统治"（在前一例里是通过各种工会和工党，在后一例里则是共产党），从而有能力产生可观的利润和特权。这种方式同经济资本在其他社会场域里的作用比较起来，颇为类似。

人类的实践活动不是受机械呆板的因素的驱使，就是出于自觉的意图，来努力使自己的效用最大化，从而也就服从了一种千古不变的经济逻辑，这就是正统经济学的观点。它就是看不到，除了这些，实践活动还可以有其他的准则。这就是说，是实践形塑着一种经济，它遵循着某种固着的理性，但这种理性却不能局限于经济理性，因为实践经济（the economy of practices）[①]的全貌涉及广泛多样

---

① 当代社会理论家，特别是研究文化的欧洲学者，往往使用 Economy 一词的双重含义（"经济"、"体系"）来描述文化、实践等概念，例如 Scott Lash 和 John Urry 1994 年的新著，就名为《各种符号与空间的（经济）体系》（*Economies of Sign & Space*, 1994. Sage）。该书有 2006 年商务印书馆中译本《符号经济与空间经济》。——译者

的职能和目的。要是把丰富多彩的行为形式归结为机械的反应或是仅出于目的明确的行动，又怎么能够说清楚所有那些虽不是出于有根有据的意图，甚至也没有特意盘算过，但却也是合情合理的实践呢？

所以说，我的理论绝不是想对经济学思路做什么移植工作，尽管看起来像是这样。我期望着有朝一日能够充分彻底地证明，经济学理论（以及它在社会学里的派生物——理性行动理论）绝不是什么不可动摇的样板模型，它充其量只是场域理论的一种特例，受着历史和情境的双重限制。

〔4.4〕问：您已经阐明了场域和资本的概念。此外，还有第三个核心范畴，从理论上将这两个概念联系起来。你的方法是指出存在一种机制，"推动"拥有一定数量资本的确定行动者们采取这样那样的策略，要么起而颠覆，要么退而维持——或者，你还可以加上一种，就是漠然视之，远离游戏。如果我对您的理解是正确的话，您的惯习观念就是这样的关键概念。通过它，您把资本、市场、利益等一些看起来属于经济学的观念，重新加以组织和阐释，形成了一套与经济学极为不同的行动模型。[75]

答：关于惯习这个概念的意涵和作用，我都解释过这么多遍了，再说一次怕是没什么意思，只是自我重复和简单化罢了，不一定能再澄清什么东西。……我在这里想指出的只是，这概念的宗旨主要在于摆脱唯智主义的［及理智中心论的（intellectual ocentric）］行动哲学。这种哲学尤其体现在把人看作理性行动者的经济人理论里。近来，正当一大批经济学家已经抛弃了这种思路（虽然他们一般并不这么明说，或并没有完全认识到这一点）的时候，理性选择理论却又把它重新树为时髦。我之所以要提出一套实践理论，把实践活动看作是一种实践感的产物，是在社会中建构的"游戏感"的产物，就是要说明实践的实实在在的逻辑（the actual logic of practice）——这是一种自我矛盾的逆喻（oxymoronic）[①]表达法，因为所谓实践的标志就是"合乎逻辑的"，它具有某种自身的逻辑，却不把一般意义上的逻辑当成自己的准则（Bourdieu 1977a, 1990a）。客观主义把行动理解成"没有行动者"的机械反应；而主观主义则把行动描绘成某种自觉的意图的刻意盘算、苦心追求，描绘成某种良知自觉之心，通过理性的盘算，自由地筹划着如何确定自己的目标，使自己的效用最大化。我从一开始就想摆脱这两种思路，以便说明在最细微、最平凡的形式中体现出来的那些实践活动——比如各种仪式、婚姻选择、日常生活中的世俗经济行为等。

　　我还必须指出，惯习这个概念，最主要的是确定了一种立场（或者，如果你愿意，也可以说是确定了一种科学惯习），即一种明确地建构和理解具有其特定"逻辑"（包括暂时性的）的实践活动的方法。除了克服上述主观主义与客观主义的对立，惯习观的第二个主要作用还在于克服另一个对立，即实证主义唯物论和唯智主义唯心论。这一对立同样具有很大的危害，无疑也更难以克服，与实证主义唯物论不同，我们在理论上把实践作为实践来看待，认为知识的对象是被建构出来的，而不是被消极被动地复制下来的；与唯智

[①] 逆喻是一种矛盾性的陈述，由人们通常采用、但意思完全相反的两个词组构成，如"令人愉快的痛苦"（参见艾布拉姆斯《欧美文学术语词典》第231—232页，朱金鹏、朱荔译，北京大学出版社1990年版）。——译者

主义唯心论不同，惯习观提请我们注意，这种建构的原则存在于社会建构的性情倾向系统里。这些性情倾向在实践中获得，又持续不断地旨在发挥各种实践作用；不断地被结构形塑而成，又不断地处在结构生成过程之中。遵循马克思在《关于费尔巴哈的提纲》中提出的方案，惯习观旨在使一种唯物主义的知识理论成为可能；它承认：所有知识，不管是凡俗的还是学究的，都预含了某种建构工作的观念，但同时又力争不陷入唯心主义之中。[76]但还必须强调指出，上述的建构工作根本不是什么知识分子的那种唯理智工作，它存在于实践建构活动中，甚至存在于实践的反思（practical reflection）中。而那些关于思维、意识和知识的陈腐观念，使我们不能彻底充分地对此进行思考。我相信，从黑格尔的精神（ethos），到胡塞尔的习惯性（Habitualität），到莫斯的素性（hexis）①，所有那些在我之前使用habitus这一古老用语或类似概念的人，都受到与我相似的理论意旨的启发（尽管他们并不总能明确意识到这一点）。这种理论意旨就是既要摆脱主体哲学的阴影，又不抛弃行动者（Bourdieu 1985c）；既要克服结构哲学的束缚，又不忽略结构作用于行动者且通过行动者体现出来的各种效应。但是，困境在于，绝大多数评论者都完全忽视了，在我对这一观念的使用与前人的各种用法之间，有着显著的差别（Heran 1987）。我说的是惯习（habitus），而不是习惯（habit），就是说，是深刻地存在于性情倾向系统中的、作为一种技艺（art）存在的生成性（即使不说是创造性的）能力，是完完全全从实践操持（practical mastery）的意义上来讲的，尤其是把它看作某种创造性

---

① hexis，源出希腊语，意即习惯，素养，经验等。——译者

艺术（ars inveniendi）。一句话，这些批评者仍坚持用一种机械式的观念去认识一种为反对机械论而建构起来的观念。

* * * * *

〔4.5〕问：有些作者，如凯斯滕鲍姆（Victor Kestenbaum 1977）和奥斯特罗（James Ostrow 1990），认为您的惯习理论和美国实用主义哲学传统，尤其是与杜威之间有类似的地方。您认为这种比拟符合您自己的想法吗？

答：我直到最近才偶然接触到这些研究，这些研究促使我更详细地看了看杜威的哲学思想，以前我对这方面的知识十分零散而且粗浅。的确，我们之间有许许多多的亲和与汇同之处，我想我能理解它们的由来：在所有的欧洲哲学思想里（维特根斯坦、海德格尔和梅洛-庞蒂是少见的例外），一向有着根深蒂固的唯智主义特点，这正是我致力反对的，也正是这一点使我不知不觉地与那些被欧洲哲学思潮所不屑的思想走得很近。在"艰深"含混的欧洲思潮看来，那些哲学思想未免浅薄，只能充作反面的陪衬。

我不能在这儿一一罗列所有有关的异同之处，实际上，就是一句话，实践感理论和杜威这样的理论确有许多相似之处，都十分重视习惯观念，把它看作是与世界之间积极而有创造性的关联，对于各种二元概念对立——在笛卡尔之后，几乎所有的哲学都以之为前提——都一概加以抛弃：包括主体和客体，内在（本质）与外在（表象），物质与精神，个人与社会，如此等等。[77]

〔4.6〕问：这样的社会行动概念，使您的观点与一个影响广泛的思潮直接对立（虽说这一思潮内部也有分歧），因为近年来，在

理性行动理论或理性选择理论的旗号下，这一思潮在整个社会科学领域都有相当强的号召力（Elster 1986, Coleman 1990b；参见 Wacquant and Calhoun 1989 的批判性综述）。

答：理性行动理论是学究谬误的一个典型的例子。所谓学究谬误，是持有某种逻辑的专业人士常犯的错误。说起来，这种谬误就体现在马克思对黑格尔的批评之中："将逻辑的事物错当成事物的逻辑"。理性行动理论用科学家们用以概括实践的思维概念，取代行动者们在社会中建构的实践感。用这种视角解释出来的行动者，不是别的，只是学究本人的一种虚构投射罢了，即在行动主体（acting subject，法语为 sujet agissant）里面投射了一个认知主体（knowing subject，法语为 sujet connaissant）。这是一头怪物，它有着行动者的身子，上面安着个思想者的脑袋，这个脑袋以反思的、逻辑的方式思考着置身行动中的他的实践活动。在理性行动理论的视野里，除了行动者对各种实际的或潜在的机会进行"理性的反应"外，就什么也看不到了。而行动者在这里的面目模糊不清，是张三，是李四，都没什么两样。它的这种"虚构人类学"（imaginary anthropology），就是要把行动——是不是"经济"行动都一样——建立在行动者有意图的选择上，而行动者本人在经济方面和社会方面都不受什么条件限制。这样狭隘地用唯经济主义的眼光理解实践活动中的"理性"，自然看不见行动者的个体历史与集体历史。而正是通过这些历史进程，寄居在行动者身上的偏好结构，与那些产生偏好、也往往被偏好再生产出来的各种客观结构一起，在一种复杂多变的辩证关系之中，被建构出来。

〔4.7〕问：一些批评者（如 Jenkins 1982），把惯习观念看成是某种以否定历史为宗旨的历史哲学的核心概念。那么，惯习观的目的之一，是不是就想提请我们注意经济行动者的历史性，注意他的欲求和偏好的历史生成过程呢？

答：人类的行动不是对直接刺激的即时反应。某个个人对他人哪怕是最细微的"反应"，也是这些人及其关系的全部历史孕育出来的产物。为了更清楚地解释这一点，我可以提一提《摹仿论：西方文学中对现实的表象》这本书（Erich Auerbach 1953），里面有一章题目叫作"棕袜"，奥尔巴赫在那里通过引述弗吉尼娅·伍尔夫（Virginia Woolf）的小说《到灯塔去》中的一段，展现了一个琐屑的外在事件如何触动了拉姆赛太太的意识活动，产生出一系列表象，或更确切地说，一系列回应（repercussions）。穿袜子这一事件只不过是个出发点，只是通过它所引发的一系列间接反应，才呈现出意义来。当然，它不是完全偶然的一个事件。你可以通过这个例子很好地看出，仅仅了解了刺激，并不能使我们更多地理解它们所引发的即时反应和持续作用，除非你对惯习有所了解。惯习自身脱胎于一整套历史，它就和这整套历史一起，筛选着可能有的各种反应，并强化了其中的某些反应。

〔4.8〕问：这就是说，既然这些惯习为实践活动提供了动力原则，那么要想真正地理解实践（包括经济实践），只有先去弄清楚，是哪些经济条件和社会条件，影响着惯习的产生和实际表现。

答：理性行动理论错误地把经济的内在法则，曲解成某种适当实践的普适规范，随时随地都能够实现。它忘记了——并掩盖了——一个事实，所谓"理性的"（rational）惯习，或者更恰当地说，合情合理的（reasonable）惯习，确实是某种适当的经济实践活动的先决条件，但它本身却是特定的经济条件的产物。要想真正察觉到并把握住那些形式上向所有人开放的"潜在机会"，你必须占有最低限度的经济资本和文化资本，正是这一条件限制着所谓"理性的"惯习。而理性行动理论随随便便就把所有的能力和性情倾向都赋予了它眼中抽象存在的"行动者"：估价机遇、把握机遇的技巧；根据实践归纳进行预测的本事；面对各种可能，在可测量的风险下进行选择的能力；投入的倾向；获取经济信息的办法；等等，可这些能力和性情倾向都只能在确定的社会和经济条件下才能获得。实际上，这些能力和性情倾向总是取决于一个人在特定的经济里所享有的权力，以及他能够左右这一经济的权力。[78]正因为理性行动理论不得不无中生有地设定一种普遍既定的利益的存在，所以它完全不考虑各种在历史上千变万化的利益形式本身的社会起源问题。

而且，惯习理论还说明了为什么理性选择理论的目的论虽然从人类学意义上来说是虚假的，可在实际经验中却显得煞有其事。个体主义的目的论，把行动看作是心目中具有明确提出的目标的行动者的意识所决定的，可实质上这不过是一种冠冕堂皇的幻觉罢了：实际上所谓游戏感，就是意味着根据与场域俱在的各种必然性和可能性，对惯习做出可以预见的调整，但表面上却好像是在成功地"针对"未来状况下谋划而成的。与此类似，属于同一个阶级的许多人的惯习具有结构上的亲和（structural affinity），无须借助任何集体性的"意图"或是自觉意识，更不用说（相互勾结的）"图谋"了，便能够产生出客观上步调一致、方向统一的实践活动来。就用这种方式，社会世界里可以观察到的许多准目的论现象得到了解释，比如那些给理性行动理论造成无法克服的两难困境的集体行动或集体反应形式。[79]

这样那样的理性行动理论观点，都有人努力为之鼓与呼，这不禁使我想起了第谷①，他在哥白尼之后，还企图拯救托勒密的天体运行范式。这些鼓吹者里，有的提倡机械论，用某些影响因素的直接效力来解释行动（比如市场约束）；有的主张目的论，纯粹的目的论眼中只有一个纯粹的头脑秉承一个完美的意愿进行着选择，还有一种较温和的目的论，承认选择有所约束，比如"有限理性"（bounded rationality），"非理性的理性"（irrational rationality），"意志薄弱"（weakness of the will）等等，变化多端，不一而足。看着这些人反反复复，在上述各种立场间举棋不定，有时几页之间也会不相一致，不免有些滑稽。在这个根本站不住脚的范式旗号下，大概埃尔斯特（Jon Elster 1984b）就算是个英雄了，可他是个背运的英雄。埃尔斯特在他那本《尤利西斯和塞壬》中，步萨特的后尘，坚持同样的原因产生同样的效果，对欺诈和宣誓进行了分析。[80]

〔4.9〕问：惯习的观念是不是也有这样的作用，就是避免在个人和社会间作选择，从而也就回避了方法论上的个体主义和整体主义呢？

答：我们提惯习，就是认为所谓个人，乃至私人，主观性，也是社会的、集体的。惯习就是一种社会化了的主观性。正是在这一

---

① 第谷（Tycho Brahé, 1546—1601），丹麦天文学家。——译者

点上，我和像赫伯特·西蒙及他的"有限理性说"这样的观念分道扬镳了（Simon 1955; March 1978）。理性的确是有限的，但不仅仅是因为可以得到的信息残缺不全；也不仅仅因为人类的思维从总体上来说是有局限性的——确实没办法对各种情境做出充分认识，行动紧迫时就更是如此；而且还因为，人类的思维是受社会限制的，是由社会加以组织、加以构建的。就像马克思所说的那样，不管他愿不愿意，个人总是陷入"他头脑的局限"之中，也就是说陷入他从他所受的教化里获得的范畴体系的局限中，除非他意识到这一点。（我注意到自己近来比以往更多地引用马克思，所谓近来，也正是马克思被拿来作为社会世界里的一切邪恶病患的替罪羊的时候。毫无疑问，这是同一种桀骜不驯的性情在推动着我，正像当年马克思主义的教条主义者们力图排斥韦伯的学说时，我则引述韦伯一样……）

所以说，社会科学的对象，正确说来，既不是个体［不是被所有的"方法论个体主义者"幼稚地推崇为既是至高无上、又是根本基础的现实的所谓"现实的个体存在"（ens realissimum）］，也不是群体（作为在社会空间里分享相似位置的个体之间的具体聚合），而是历史性行动分别在身体中和在事物中这两种实现方式之间的关系。这种关系，就是惯习与场域之间的关系，它是一种双向的模糊关系。所谓惯习，就是知觉、评价和行动的分类图式构成的系统，它具有一定的稳定性，又可以置换，它来自于社会制度，又寄居在身体之中（或者说生物性的个体里）；而场域，是客观关系的系统，它也是社会制度的产物，但体现在事物中，或体现在具有类似于物理对象那样的现实性的机制中。当然，社会科学的对象就是惯习和场域之间的这种关系所产生的一切，即社会实践和社会表象，或者在被感知、被评价的那些现实形式中展现自身的场域。

〔4.10〕问：惯习和场域之间这种"双向的模糊关系"〔您在别的地方说是某种"本体论的对应关系"（ontological correspondence）〕，它的实质是什么？它又是怎样明确地展现自身的呢？

答：惯习和场域之间的关联有两种作用方式。一方面，这是种制约（conditioning）关系：场域形塑着惯习，惯习成了某个场域（或一系列彼此交织的场域，它们彼此交隔或歧异的程度，正是惯习的内在分离甚至是土崩瓦解的根源）固有的必然属性体现在身体上的产物。另一方面，这又是种知识的关系，或者说是认知建构的关系。惯习有助于把场域建构成一个充满意义的世界，一个被赋予了感觉和价值，值得你去投入、去尽力的世界。这里还有必要补充两点。首先，知识的关系取决于制约的关系，后者先于前者，并塑造着惯习的结构。其次，社会科学必然是一种"知识的知识"，必须包括一种具有社会学基础的现象学，用以考察场域里的那些原初经验，或者，更确切地说，是在不同类型的场域和不同类型的惯习之间的关系方面，存在着一些不变的因素和可变的东西，所以要用这种以社会学为基础的现象学来考察这些方面的原初经验。

人的生存，或者，以社会形塑的身体的方式存在的惯习，是包含了无数的生存或惯习的世界中的一部分。这有点像帕斯卡尔说的，le monde me comprend mais je le comprends（一句话，就是"世界包容了我，但我能理解它"）。这么说吧，社会现实是双重存在的，既在事物中，也在心智中；既在场域中，也在惯习中；既在行动者之外，又在行动者之内。而当惯习遭遇了产生它的那个社会世界时，正像是"如鱼得水"，得心应手：它感觉不到世间的阻力与重负，理所当然地把世界看成是属于自己的世界。[81] 为了使大家更清楚地理解我的思路，我想再澄清一下帕斯卡尔的那句格言：世界包容了我，但我能理解它，这恰恰只是因为它包容了我。正是因为这个世界创造了我，创造了我用于这个世界的思维范畴，所以它对我来说，才是不言而喻的，不证自明的。在惯习和场域的关系中，历史遭遇了它自己：这正像海德格尔和梅洛-庞蒂所说的，在行动者和社会世界之间，形成了一种真正本体论意义上的契合。这里的行动者，既不是某个主体或某种自觉意识，也不是某种角色的机械扮演者，不是某种结构的盲目支持者，也不是某种功能的简单实现者。这里的社会世界，从来也不是什么"物"，哪怕在研究的客观主义阶段，必须把它暂时作为"物"来建构。[82] 这种实践知识的关系，不是我们在一个主体和一个客体之间建构出来，拿它当个问题来体会的那种关系。惯习是社会性地体现在身体中的，在它所居留的那个场域里，它感到轻松自在，"就像在自己家一样"，直接能体会到场域里充满了意义和利益。它所追求的实践知识，可以比作亚里士多德的"实践智慧"(phronesis)[①]，或者更恰当些，比作柏拉图在《美诺篇》中所说的正统信念(orth ē doxa)，从某种意义上来说，就像"恰当的意见""适得其所"，不知道原因，也不知道过程，就这样，性情倾向和位置彼此适应，"游戏感"和游戏互相契合，从而告诉了

---

① 《政治学》中译为"明哲端谨"，为希腊四德之一"智"，此处据陆谷孙主编《英汉大词典》译。——译者

我们，为什么行动者们做了他们"不得不做"的事，却并没有把它作为一个目标明确地提出来，未经盘算，甚至也没有意识到，在话语和表象里也反映不出来。

〔4.11〕问：可是，在我看来，这样的分析会使您完全忽略了策略这个概念，而这个概念在您的学说里又是个关键（Bourdieu 1986a）。

答：事实上，惯习观念里所展现的策略，绝不是什么通过某种明确公开的、自觉意识到的筹划体现出来的东西，它是以胡塞尔在《观念》（Husserl 1982）里充分描述的"预存"（protension）的方式，努力去追寻、把握游戏，追求在当下现实里直接给定的"客观潜在性"。也许你会纳闷，那为什么我们不干脆就用"策略"来分析问题呢？诚然，这个词同一直支配着近现代西方哲学（从笛卡尔到萨特）的唯智主义与主观主义传统的联系一直就很紧密，现在又随着理性行动理论一起甚嚣尘上，而理性行动理论又颇合那拨儿唯灵论知识分子的胃口，解决对他们来说是名誉攸关的问题。但是，话又说回来，我们不能因为这些就不用这个概念，我们可以用全然不同的理论宗旨来运用它，用它来描述客观取向的行动路线，这些行动路线都是社会行动者们在实践中并通过实践建构的。[83]

〔4.12〕问：可是这样的话，就有点自相矛盾了。惯习和场域之间的直接相符关系是在某些情况下实现的，可正是这些情况，又最有可能使人们对惯习的真实性提出质疑，怀疑它在科学上是否具有价值。

答：要彻底地展现这种自相矛盾的困境，你甚至还可以说，惯习理论有可能让你借助循环论证（vis dormitiva，为什么有人做出小资产阶级的选择呢？因为他有着小资产阶级式的惯习！）和见机行事的解释来完成说明。我不否认使用这个概念的人中，有些也许会陷入这样或那样的陷阱，或者两种错误都犯了。但我坚信，我的批评者们在我的著述里，绝对找不到一处诸如此类的破绽——这不仅是因为我自始至终一直敏锐地意识到这种陷阱。在现实生活中，每当惯习遭遇的客观条件就是产生它的那些客观条件，或者类似于那些客观条件时，惯习总能很好地"适应"那个场域而无须什么自觉地追求目标明确的调适。你可以认为，这样看来，惯习的效应和场域的效应是彼此重合的。在这种情况下，惯习这种观念就显得不是那么必不可少了，但它仍可以帮助我们避免用"理性选择"来解释行动，这是因为情境呈现出"合情合理"的特点，看起来似乎"理性选择"的解释也不无道理。

存在这样一个现实：社会行动者不一定是遵循理性的，但总是"合情合理"的，这正是社会学得以成立之处。对此，你不得不提出惯习这个概念来说明它。人不是傻子，他们远不是我们所设想的那么行为乖戾、那么易受哄骗。因为经过漫长的多方制约过程，他们所面对的各种客观机遇已经都被他们内在化了。他们知道怎样去"识别出"适合他们的未来，这一未来为他们而设，他们也为这一未来而生（"这不属于我们这类人"这句话所指定的意涵正与此相对）。这一切都是通过一种实践性的预期完成的，这种预期仅仅通过现状的表面现象，就能把握那些毋庸置疑地强加在行动者身上的，让他们认为是"不得不"去做、"不得不"去说的东西，而那些东西事后若回想起来，也好像是"唯一"能做，"唯一"能说的了。

不过也存在一些情况,惯习和场域之间并不吻合。在这些情况里,除非你考虑到惯习和它特有的惯性,特有的滞后现象(hysteresis),否则其中的行为就不可理解。我在阿尔及利亚观察到,那些本来浑身都是前资本主义惯习的农民,突然被迫改变了生活方式,置身于资本主义世界之中(Bourdieu 1979),这种情况就可以说明上面的问题。还有一个例子,在具有革命性意义的历史局面里,客观结构中的变迁过于迅猛,那些还保留着被以往结构形塑成的心智结构的行动者就成了守旧落伍的家伙,所作所为也就有些不合时宜,目标宗旨也未免与潮流相悖;这么说吧,他们在虚无中徒劳地思想着,用着那些遗老的方式进行思考;对于这些人,我们可以有充分理由说他们"不合拍"。总之,在整个社会世界里都发挥着作用的那种主观希望和客观机遇间变动不居的辩证关系,会导致各种各样的结果,从完美无缺的相互契合(此时人们所欲所求的,正是他们在客观上被指定的),一直到强烈的脱节(就像马克思熟知的那种堂吉诃德效应)。[84]

我们之所以不能没有惯习这个观念,还有另一个原因。只有它能让我们考虑到性情倾向、品味和偏好的持续存在,并对此加以说明,这正是新边际主义经济学感到十分困惑的问题。(许多研究消费者行为的经济学家已经注意到,人们的支出结构和水平并不受短期收入变动的影响,消费开支明显依赖于以往的消费模式,所以表现出很强的惯性。)不管怎么说,要说清楚这个概念同时具有的自觉启发和解释说明两方面的特性,最好是在实践活动中分别加以考察,可以通过同一门学科,比如婚姻行为和生育率,也可以通过不同的学科,比如研究上向流动的小资产阶级,他们在语言行为上的东施效颦、低生育率和高储蓄倾向等（参见 Bourdieu 1984a：第6章）。

总而言之，惯习理论不仅比理性行动理论更好地说明了实际的实践活动（特别是经济实践）的实在逻辑（请读者原谅，我觉得我责无旁贷应为此辩白）——而理性行动理论只是将它简单化、纯粹化，搞得面目全非——而且，它还阐发出一系列的假设，并已经得到了大量的经验验证，这绝不只是在我的书里才能找到的。

〔4.13〕问：在惯习理论看来，是不是不可能把策略性选择和自觉的思量作为行动样式了呢？

答：根本不是这样。惯习和场域之间的直接吻合只不过是行动的一种样式，即使是最普遍的一种。（莱布尼茨说："我们的大部分行动是经验的行动"，他这里所说的经验的行动，实际上指的就是实践的行动。）惯习所指示的行动路线极可能伴有对成本和效益的策略性计算，这种策略性计算就将惯习以自己方式运作的过程提到了自觉的层面上。当主客观结构间的常规性的相互适应受到严重干扰时，危机就发生了。每当危机到来的情况下，至少对于那些处在依理性行事的位置上的行动者来说，真正的"理性选择"就可能接过这份担子。

〔4.14〕问：引进惯习这一中介性的概念，真能使我们挣脱结构主义的"铁笼"吗？在您的大多数读者看来，惯习观似乎还是保留了明显的决定论色彩：如果说惯习是一种"生成策略的准则，使行动者得以应付难以预见的各种情境"，如果说惯习脱胎于这世间各

种稳定的客观结构的具体化,又如果说惯习调控下的"即兴演奏"本身就是受那些结构"调控"的(Bourdieu 1977a),那么,创新和能动作用的因素又从何而来呢?[85]

答:在我回答这个问题之前,我想请你先问问自己,为什么这个从某种意义上说来极其平庸的观念(每个人都会毫不犹豫地承认,至少在一定程度上,社会存在是各种社会条件制约的产物),在某些知识分子,甚至在某些社会学家那里,会激起这样的不满,且不说愤恨吧。它究竟触及了什么问题,如此具有震撼力?我想,答案就在于它和知识分子那种能够(用思想)主宰自我的幻觉发生了直接冲突,而他们又是那么深深地浸淫在这一幻觉里。在哥白尼、达尔文和弗洛伊德给人性所带来的三种"自恋创伤"(narcissistic wounds,这个概念正是弗洛伊德本人所提出的)之外,我们还应该加上,社会学使我们所遭受的那种"创伤",尤其是在社会学对那些所谓"创造者们"进行分析时。比如萨特,我经常说,是他给知识分子提供了他们的"职业意识形态",或者,借用韦伯的话更确切地说,带来了"维护他们自身特权的神正论"。萨特用他的"原初设计"(original project)的观念把一个流传已久的神话——创造者不是由任何其他力量所创造的——发挥到了登峰造极的程度(Bourdieu 1971a)。萨特的这个概念,在惯习观看来,就像进化论看待创世起源说的神话一样。[你可以回想一下,所谓"原初设计",是一种自由、自觉的自我创造行为,借助它,一个创造者可以自己承担起设计自己生命的使命。在他对福楼拜的研究里,萨特认为这个过程发生在少年期将尽之时(Sartre 1981—1991)。]我相信,惯习观激起了愤怒,甚至招来了绝望,因为它威胁到"创造者"(特别是那些雄心勃勃、志向远大的人们)对他们自己、对自我认同、对他们的"非凡之处"的看法。事实上，只有亲身经历到这个关键问题的严重性，你才能解释，为什么那么多睿智之士会反对我，不是反对我所写的，而是反对他们认为从我的书中所读到的。

与某些人的理解正好相反，惯习不是宿命。由于惯习是历史的产物，所以它是一个开放的性情倾向系统，不断地随经验而变，从而在这些经验的影响下不断地强化，或是调整自己的结构。[86]它是稳定持久的，但不是永久不变的！不过，在指出这一点的同时，我还必须指出另外一个问题，即这里存在某种可能性（它深刻地体现在与确定的社会条件维系在一起的社会命运之中），那就是经验也会巩固惯习。这是因为，从统计角度看，大多数人必然要遭遇的情境，很可能与起初形塑他们惯习的那些情境一致。

说实话，社会化的生物个体的生成，也就是生成性偏好结构（正是这种偏好结构将惯习建构成体现在身体上的社会性）的形成和获得的各种社会条件，是一个极其复杂的问题。我认为，基于逻辑考虑，这个过程具有某种相对的不可逆性：每时每刻，我们都通过已由以往经验建构而成的范畴来领会感知各种外在刺激和制约性经验。也就是说，初始经验必然是优先的，更为重要；因此构建惯习的性情倾向系统也就具有相对的封闭性。[87]（比如说，可以把年岁的增长看作是这些结构封闭性的增强：一个人的身心图式，随着年岁的增长而变得越来越死板，对外来要求和诱惑的反应也越来越迟钝。）而且，各种各样的事情都使我日益坚信，像男女两性对立这样的一些基本结构，是在极幼小的年龄时就形成了。麦科比（Eleanor Maccoby 1988）近来的发展心理学的研究中发现，3岁以前的男孩、女孩在托儿所里，就开始学着怎样与男女同伴交往时分别对待，以及对男女同伴的行为有不同的期望：在男孩那里会碰上攻击，从女孩那里则会得到温柔。如果我们认为，性别对立的原则发挥着十分重大的作用（比如在政治场域中，各种重大的政治对立都交织着性别对立的意涵），而且，体现在身体上的对性劳动的分工和劳动的性分工的感知图式，是构成社会世界观的基础部分（Bourdieu 1977d），像我已经主张的那样[88]，那么，我们就必须承认，在某种程度上来说，早期的社会经验具有特别重要的意义。

不过，我还想解决另一个疑难之处。我们说，惯习只是就某一确定的情境来说，才展现自身，要记住，它是由一整套性情倾向所组成的，也可以说，是由一系列现实情况、潜在可能性和最终结果所组成的。只是在和确定的结构的关联中，惯习才产生出一定的话语或一定的实践活动。（这里你会发现，把我对文化继承的分析简化为这种观点——认为父亲的职业和儿子的职业之间存在直接的机械关系，该是多么荒唐。）我们应该把惯习看成是一种发条，需要去发动它。完全相同的惯习，在不同的场域刺激和结构中，会产生出不同的甚至是相互对立的结果。这里，我可以以我那本研究主教的书为例（Bourdieu and de Saint Martin 1982）。主教们一般都很长寿。我在同一个时期内一一访问他们时，发现自己和一批从35岁一直到80岁不等的男人交谈，也就是说，他们有的1936年就当上了主教，有的是1945年，而有的直到1980年才任主教，因此建构他们的宗教场域状态是极为不同的。在本世纪的30年代，贵族的儿子会成为莫兹（Meaux）地方的主教，并会要求其教区的信徒们依照半封建式的贵族统治传统亲吻他的指环；而今天，他则可能成为圣丹尼区（Saint Denis）的"赤色主教"[89]，即一名激进的神职人员，积极地捍卫被压迫的穷苦人民的利益。贵族式的高傲、疏远、孤立，脱离了"中等"、"小"、平常之类的人群，也就是脱离中产阶级、小资产阶级，并因此脱离了一切的陈腐贫乏、庸俗琐屑和稀松平常。同样的这种高傲、疏远，在它们发挥作用的情境已经面目全非的情况下，会产生截然相反的行为。

〔4.15〕问：有些人用"结构产生惯习，惯习决定实践，实践再生产结构"这样的公式化语言来归纳您学说的特征（Bidet 1979: 203；又见 Jenkins 1982, Gorder 1980, Giroux 1982: 7），也就是说，在结构中所处的位置，直接决定了社会策略。您上面的论述已经驳斥了这种决定论色彩浓厚的图式。确实，与某个既定位置相联系的种种决定因素，总是要通过早年获得的、积极发挥作用的性情倾向的多层过滤，通过社会空间里这一位置的结构史，才对行动者的社会轨迹和个人阅历轨迹产生影响。

答：我们设想用惯习观克服的，正是这种循环论证的机械模式（Bourdieu 1980d, 1988c, 1990a）。同时，我也能理解这样的错误解释：既然性情倾向本身是由社会决定的，那么好像可以说我在某种意义上是个极端决定论者。的确，那种既考虑了位置的效应，又考虑了性情倾向的效应的分析，确实可能被理解为具有难以克服的决定论论调。惯习这个概念，揭示的是社会行动者既不是受外在因素决定的一个个物质粒子，也不是只受内在理性引导的一些微小的单子（monad），实施某种遵照完美理性设想的内在行动纲领。社会行动者是历史的产物，这个历史是整个社会场域的历史，是特定子场域中某个生活道路中积累经验的历史。举个例子来说吧，要想弄清楚在一定的局势中（比如说，1968年的"五月风暴"），或是在任何日常的学术情境里，甲教授或是乙教授会怎么做，我们就不仅必须知道，他在学术空间里占据着什么样的位置，还要知道他是从社会空间的哪个原点出发的，又是怎么获得目前的位置的，因为他获得这个位置的方式，就深深地铭刻在他的惯习之中。换句话说，在这些通过社会和历史建构而成的感知和评价范畴的基础上，社会行动者将积极主动地去决定那个决定他们的情境。你甚至可以这么说，只有当我们说社会行动者是决定自身的时候，我们才可以同时说社会行动者是被决定的。话说回来，这种（自我）决定的原则是由感知和评价的各种范畴提供的，可是在很大程度上，这些范畴本身又是由制约它们的建构过程的社会条件和经济条件所决定的。

说了这些，你就可以用这样的分析路数，很好地从性情倾向里解脱出来，与它保持距离，冷静地进行观察。斯多噶派的先贤们曾经这么说：我们能够决定的，并不是第一反应，而只是第二反应。控制惯习的第一倾向是很困难的，可是反思性的分析告诉我们，情境强加给我们的力量有一部分正是我们赋予它的，我们可以去改变对情境的感知理解，从而改变我们对它的反应。这使我们有能力在一定程度上，对某些通过位置和性情倾向之间的直接契合关系而发生作用的决定机制，进行监督和控制。

说到底，只有借助无意识，在与无意识的契合中，决定机制才能充分发挥作用。[90] 为了让决定机制不受限制地自由驰骋，就不能让性情倾向任意发挥。这就意味着，只有当行动者有意识地自觉把握了他们与自身性情倾向的关系，行动者才能获得某种"主体"之类的位置。借助自觉意识,行动者可以经过反复思量,让他们的性情倾向"发作",或是相反压制住这些性情倾向。或者,按照17世纪哲人们提出的方法,可以让两种性情倾向彼此对立、争斗。莱布尼茨就曾提出,你不能像笛卡尔宣称的那样,以理智作武器,来和激情作战,只能是用"有偏向的意愿"(volontés obliques),即在其他激情力量的协助下,抗击激情。但是,只有明确地澄清了上面的过程,才可能管理一个人的性情倾向,管理不是由个人选择的作为各种"选择"原则存在的惯习。要是不很好地分析这种通过性情倾向体现出来的微妙的决定过程,你就成了无意识的性情倾向行动的附属品,而这样的无意识性本身就是所谓决定机制的同谋。

〔4.16〕问:用惯习和场域之间被建构的关系,来取代"行动者"和"结构"间似是而非的表面关系,也是将时间引入社会分析的核心的一种方法。[91]而且,它还从反面揭示了体现在结构主义行动观和理性选择行动观中的非时间化(detemporalized)行动概念中所存在的缺陷。

答:惯习和场域是历史的两种存在状态,它们之间的关系使我们得以建立一种新的时间理论,而这种理论可以同时摆脱两种相互对立的时间哲学:一方面,有一种形而上的观点将时间看作是某种自在实体,独立于行动者存在(正如在"时间长河"的隐喻里所说的);另一种则是意识哲学。我们说,时间绝不是什么先验的条件,超越了历史性,而是实践活动的产物。实践活动正是在创造自身的同时,创造了时间。因为实践是惯习的产物,而惯习又来源于世界固有的规律和趋向在身体层面上的体现,所以,实践自身就包含了对这些规律和趋向的预期，也就是，包含了对未来的一种非设定性的指涉（nonthetic reference），它深刻地存在于现在的直接性之中。时间产生于行为或思想的实现过程中，而所谓实现过程，则是指现时化（presentification）和去现时化（de-presentification）的结合，在常识语言中，这就是所谓的时光"流逝"。[92]

我们已经指出，除非有例外情况，否则实践活动并不需要像经过思虑的自觉意愿行为所安排的筹划或方案那样，明确地构建未来。实践活动是言之成理、富有意义的（make sense），是合乎情理的（reasonable，法语为sensée），也就是说，是来自与场域固有趋向相适应的惯习的。在这个意义上，我们说，实践活动是一种时间化的行为，在这个行为中，行动者通过组织调动过去经历的实践，对以客观潜在性状态深藏在现存事物中的未来进行实践预期，实现了对直接现实的超越。由于作为过去产物的惯习以实践的方式指涉蕴含在过去中的未来；所以，在惯习借以实现自身的行为中，它同时使自身时间化了。显然，这样的分析还需要在细节上大大地加以丰富，对过程予以甄别。这里，我只是想表明，当实践理论被浓缩在场域观和惯习观里以后，我们可以通过这样的实践理论，拒弃以往的形而上学观念，它把时间和历史看作自在实体、外在于实践而且先于实践，同时，也不至于陷入意识哲学的时间观，后者在胡塞尔或理性行动理论那里都有所体现。[93]

〔4.17〕问：您已经接受了一种彻底的历史主义，它的基础是将（社会）存在视同于历史（或是时间），当然，这直接来源于您对时间的思考。

答：惯习，作为一种处于形塑过程中的结构，同时，作为一种已经被形塑了的结构，将实践的感知图式融合进了实践活动和思维活动之中。这些图式，来源于社会结构通过社会化，即通过个体生成（ontogenesis）过程，在身体上的体现，而社会结构本身，又来源于一代代人的历史努力，即系统生成（phylogenesis）。提出心智结构的这种双重历史性（double historicity），正是我设想的实践理论与阿佩尔（Apel）和哈贝马斯那样建构普遍语用学的努力的分歧所在。（还有一点，我与这两位学者不同：我的实践理论拒绝在工具行动和沟通行动间作这样的粗糙的化约论区分。这样的区分根本无法用来分析前资本主义社会，甚至在分化程度最高的社会里也从未充分实现过。我们在研究资本主义社会时，只需分析像买二送一式的商业惠赠或公共关系这样的典型制度，就可以认识到这一点。）实践理论是一种普遍人类学，它考虑到了认知结构的历史性，从而考虑到了认知结构的相对性，同时继续承认行动者普遍作用于这类历史结构的事实。

[4.18] **问**：惯习的这种双重历史性，使您对社会再生产的实际逻辑所进行的分析有了一个人类学的基础。

答：社会秩序的再生产远不是什么机械过程的自动产品，它只能通过行动者的各种策略和实践来实现自身。在这样的策略和实践中，行动者把自身时间化了，并塑造出这个世界的时间。（这一过程并不能阻止他们时常将这个世界作为一个超验现实来体验，对于它，他们好像没有任何控制能力，有的只是等待、焦虑和不确定感之类。）具体说来，我们知道，像科层组织这样的社会集合体，具有一些内在固有的本质倾向，要维持它们的存在。这是一种类似记忆或忠诚的东西，就是行动者的惯常行为的"总和"。这类约束深刻地存在于各种力量关系之中，这些关系构成了行动者参与其中的场域，构成了使他们彼此对立的各种争斗。在这些约束的限制下，惯习引导这些行动者体会到一种情境，而行动者则凭借着他们的实践窍门（know-how，法语为 métier），凭借他们的惯习，酝酿出与这种情境相适应的行动路线，因此像一个量体裁衣的裁缝一样，再生产了那个产生他们惯习的结构。

这些行动者通过有意无意地致力于再生产，以惯习的方式将特定的结构性必要条件内在化了，成为积极主动的生产者。在这些行动者的合作下，结构的这种自我再生产趋向才能得以实现。这些行动者已经以惯习的形式将结构固有的法则内在化了，也就在他们的生存这一自发的运动本身中实现着结构的必要条件。然而，要再生产结构，所必需的仍是一种历史的行动，由许多真正的行动者（agent）所实行的历史行动。总之，惯习理论的宗旨就在于清除各种意识哲学传统所偏爱的所谓"主体"（你总是可以把它作为一个有限的理想状况），但并不为了树立一个实体化的结构，而完全牺牲了行动者的能动作用。尽管这些行动者正是这一结构的产物，但他们一刻不停地塑造着、再创造着它，在特定的结构条件下，甚至可以彻底改变它。

可我并不十分满意就这么回答这个问题，因为我十分清楚地认识到，尽管从言词和内心来说，我都是经过了一定的证明（没有人能直接倾听到我内心的证明，但一个优秀的读解者，一个宽厚待人、"仁义为上"的细心的读解者，理应能体会这样的证明），但我怕还是不由自主地陷入了简单化，这是"理论交谈"不可避免的对应产物。事实上，对于你就这个方面，尤其是社会再生产的逻辑向我提的所有问题，在我看来，长达五百页的《国家精英》（Bourdieu 1989a）已作出了最充分的回答。也就是说，最充分的回答在于一整套经验研究和理论分析，能充分阐明心智结构与社会结构、惯习与场域之间复杂的关系体系，并揭示出它们的内在动力机制。

第五节 语言、性别与符号暴力

[5.1] 问：在《语言与符号权力》（Bourdieu 1982b, 1991e）[94] 一书中，您对结构主义语言学（或许人们也可以称之为对语言的"纯粹"研究）进行了一次彻底的批判。您提出了另外一个可资替代的模式。用极简化的方式说，您的模式将语言看作权力关系的一种工具或媒介，而并不仅仅是沟通的一种手段，因此必须在生产和流通语言的互动情境和结构环境中研究它。您能否总结一下这一批判的要点？

答："纯粹"语言学的特征就是它赋予共时性的、结构的或内在的视角以优先性，认为这些因素在分析上比语言的历史的、社会的、经济的或外在的决定因素重要。在我的许多文学中，特别是《实践的逻辑》和《言说意味着什么》（分别见 Bourdieu 1990a: 30–41，以及 1982b: 13–98，后者即《语言与符号权力》的法文本）中，我已经力图提请人们注意这一视角中暗含的与对象的关系，以及与实践理论的关系。索绪尔的观点是一种"不偏不倚的旁观者"的观点，它只是为理解而理解，并因此进而认为社会行动者也具有这种"解释学的意图",把它看作行动者实践的原则。"纯粹"语言学采取的是语法学家的态度,而语法学家的目的是研究并编纂整理语言,这与言说者的态度迥然不同,后者力图通过言辞用以行事的能力在世界中完成各种行为,并影响这个世界。有些学者把语言看作分析的对象,而不是用它来思考,用它来交流,这些人自然而然会把语言视为一种"逻各斯"(logos),与实践(praxis)相对,把语言看作"僵词死字",没有实践用途,或者说除了以一种艺术作品的方式被诠释外,没有任何其他用途。

这种语言与实践的对立是一种典型的学究式对立,它是学者的领悟感知与自我定位的产物,是我们在前面就已论及的学究谬误的又一例证。这种对语言"置括"的学究式做法,使语言的日常用法所暗含的作用被中性化(neutralize)①了。根据索绪尔的讲法,或者在解释学的传统看来,语言是智力活动的工具,是分析的对象,在这些人眼里是一种僵死的语言(正如巴赫金所指出的,这是一种书面语和外来语),是一个自足的系统,完全斩断了与它的实际运用之间的任何关联,并剥夺了它的所有实践功用和政治功用〔福多尔

---

① "中性化"是一个与现象学有关的概念,或称中性变样,是现象学还原方法的一个重要部分,尽管它的含义十分广泛,但一个基本意旨是通过各种手段(如想象)悬搁所考察对象的非本质因素,特别是一些与对象的设定性有关的方面,因此"中性化"与信念概念有密切的关系。胡塞尔在《大观念》第234页边上,曾加上如下批注:"……纯粹的中立行为,在其意向作用的构成物中不包含任何信念可把握的东西,或者说它不包含任何实显的意向对象,只包括意向对象的对应想象。"(参看 Kersten 的英译本: *Ideas Pertaining to a Pure Phenomenology and to a Phenomenological Philosophy*, 1982, 引文见相应页码的脚注。)但在布尔迪厄的理论中,他以一种与胡塞尔截然相反的方式处理了二者的关系,布尔迪厄强调指出了这种"中性化"的"意识形态"效果。——译者

（Fodor）和卡茨（Katz）的纯粹语用学正是如此］。"纯粹"语言学秩序的自主性是一个幻觉，这种语言学秩序的确定是通过赋予语言的内在逻辑以特权才得以实现的，但同时这一做法付出的代价是忽视了语言的社会使用方面的社会条件和相关因素，这种做法为后来的许多理论开了先例，这些理论的思路都好像是说：一个人一旦掌握了语言的规则，就足以赋予他一种能力，使他可以在实践中操持一种社会上视为得体的语言。

〔5.2〕问：您这么说，是不是要反对结构语言学的主张，明确提出语言中言说的意义是不能从对它们形式结构的分析中推导或演绎出来的？

答：是这样的，并且可以更坚决地说，合乎语法并非产生意义的充要条件。乔姆斯基（Chomsky 1967）力图让我们相信这一点，但他忽略了这样一个事实：创造语言并不是为了进行语言学分析，而是用来说话，用来得体地说话。（从前，智者们总是说，在习得一门语言时，重要的是要学会在适当的时候——智者们称之为 Kairos——说适当的话。）所有结构主义——不论是在语言学中的，还是在社会学和人类学中的——的全部预设，以及因此产生的所有困境，都来源于有关人类行动的唯智主义哲学，它们都把这种哲学作为理论基础；这些结构主义将言语行为简化为执行（规则模式）的单纯问题，并一直龟缩在最初的这一做法所限定的狭隘范围内。结构主义区别了语言（langue）和语言在言语（parole）中的实现，后者即实践和历史中的语言。正是这种基本区别使结构主义只能从模式及其执行、本质与存在的角度来设想语言和言语这两种存在属性之间的关系。

这就把科学家——这种结构主义模式的信守者——推到了一种莱布尼茨式的上帝[①]的位置,对于这个上帝,实践的客观意义是既定的。

　　在对这一态度提出挑战的同时,我也力图克服语言的经济学分析和纯粹语言学分析两方面的缺陷,力图抛弃在唯物主义与文化主义(culturalism)之间形成的常见对立。这两种分析角度都忽视了什么因素呢?从根本上看,可以用一句话来总结概括一个繁复艰难的论证,那就是,语言关系总是符号权力的关系,通过这种关系,言说者和他们分别所属的各种群体之间的力量关系转而以一种变相的形式(transfigured form)表现出来。因此,只在语言学分析的范围内兜圈子,是不可能阐明什么沟通行为的。[95]哪怕是最简单的语言交流,也涉及被授予特定社会权威的言说者与在不同程度上认可这一权威的听众(以及他们分别所属的群体)之间结构复杂、枝节蔓生的历史性权力关系网。我力图证明的是在言语沟通中,如果不考虑在交流中发挥了作用、但不被肉眼察觉的权力关系结构的总体,那么交流中一个非常重要的部分,甚至包括言谈的信息内容本身,就始终是不可理解的。

　　[5.3] 问:您能不能举例说明这一点?

　　答:让我们以殖民时代或后殖民时代的殖民者(或外来移居

[①] 德国哲学家莱布尼茨(1646—1716)曾撰写《神正论》一书,表达他的神学观点,当时这种观点曾盛极一时。在莱布尼茨的神正论中与本文有关的思想可以简述如下:他认为上帝是这个"所有可能世界中最美好的世界"的"存在根据"。从本质和实在的区别考虑,莱布尼茨认为上帝并不缔造可能本质,而是面对既定的可能本质决定实在之物(就像结构主义语言学理论中,面对语言模式的言说者一样),即"任何真实之物的存在都是上帝规定和授予的"。——译者

者）与土著民之间的沟通为例吧。首先要提出的问题就是，他们会使用哪种语言？是否支配者会采用被支配者的语言，以示他们对平等的关切？如果他们这么做了，那么很可能是通过一种我称之为"屈尊策略"（strategy of condescension, Bourdieu 1984a: 472-473）的方式做的，即通过一种暂时的、但却大肆渲染的方式放弃他的支配地位，"屈尊俯就"来同他的交流者打交道，这样，支配者通过拒绝这种支配关系而维持了它的存在，并从中渔利。符号性拒绝（symbolic denegation，就是弗洛伊德所说的"否弃"——verneinung），即对权力关系的虚假悬搁，正是利用了这种权力关系，以生产对这种权力关系的认可，这也正是上述的那种对支配关系的表面放弃所力图产生的结果。现在，让我们转而考虑实际上最常见的情况，即被支配者被迫采用支配者的语言——这方面，标准的白人英语和美国黑人所操的方言之间的关系，就是个很好的例子。在这种情况下，正如拉波夫（William Labov 1973）所指出的，被支配者说的是一种"蹩脚语言"，而且，不论是在学校里，在工作中，或是在社会上与支配者打交道中，他们的语言资本都差不多被彻底地贬斥，认为不值一提。这里，被谈话分析（conversation analysis）①过于轻描淡写地予以排除的，就是这样一个事实，即白人与黑人之间的所有言语互动都受他

---

① 谈话分析是以研究日常实际发生的谈话为主的流派，脱胎于常人方法学。早期的研究与常人方法学的分析方法颇为类似，中期的研究开始以一种标准化的改写（transcript）方式使用录音资料，分析各种谈话模式，被批判为"常人方法学中的实证主义"。近年来，谈话分析的主流转向对制度性谈话（institutional talk）的分析，已经开始摆脱前期为社会学家所诟病的倾向，将语言使用与社会的制度安排和权力关系联系在一起。谈话分析的代表人物包括 Harvey Sacks, Emmanuel Schegloff 等。——译者

们所分别操持的英语之间的结构关系的制约，而且还受二者之间的权力不平衡的制约，这种权力不平衡不仅维持了语言的结构关系，而且赋予那种以任意武断方式强行树立的中产阶级的"白人"英语以某种自然天成的外观。

要想进一步推进这种分析，就必须在分析之中引入各种位置方面的相关因素，诸如性别、教育水平、阶级出身、居住地点等。在决定所谓"沟通行动"（communicative action）的客观结构的过程中，上述这些变量每时每刻都在发挥作用，而语言互动所采取的形式在实际上又会取决于这种结构，这种结构是无意识的，而且几乎总是"隐藏在"言说者的"背后"发挥作用。简言之，如果一位法国人与一位阿尔及利亚人谈话，或一名美国黑人与一名白种盎格鲁-撒克逊血统的新教徒（WASP）谈话，那就不只是两个人在彼此交谈，而是借助这两个人的喉舌，整个殖民历史，或美国黑人（或妇女、工人和少数民族等）在经济、政治和文化方面的整个屈从史都参与了谈话。常人方法学家往往"把注意力集中在显而易见的有秩序性"上（Sharrock and Anderson 1986: 113），而使分析尽可能地接近"具体现实"，这样的考虑激励着谈话分析学派（例如，Sacks and Schegloff 1979），并对"微观社会学"的研究主旨起了推波助澜的作用。顺便提一下，这里的分析表明，这些研究思路致使我们完全忽视了某种直觉无法捕捉到的"现实"；而这样的"现实"之所以超出了直觉，就是因为它们处于各种结构之中，这些结构渗透在互动之中，但又超越了互动。[96]

〔5.4〕问：您认为每一次语言表达都是一次权力行为，即使不

是一种公开的权力行为。难道就不存在某些实践领域［诸如"聊天"、亲朋好友之间的谈话，或其他戈夫曼曾经分析过的世俗"谈话形式"（Goffman 1981）］，在其中，言语交流与不平等结构的等级秩序并无直接的相互促进关系，或者干脆与之无关吗？另外，有没有什么地方，言语行为并不是根植于各种支配关系的呢？

答：每一次语言交流都包含了成为权力行为的潜在可能性（potentiality），当交流所涉及的行动者在相关资本的分配中占据着不对称的位置时，情况就更是如此。这种潜在可能性可以被"置括"，暂时不予考虑，就像在家庭和亚里士多德所说的友爱关系（philia）①中所经常发生的那样，在这些情况下，暴力以一种符号互不侵犯协约的方式被悬搁了。不过，即使在这些情况下，拒绝施展支配权力也可能是屈尊策略的一部分，或者借此更好地来否定和掩盖暴力真相，强化误识的效果，从而强化符号暴力的效果。

〔5.5〕**问**：您也痛斥"语言共产主义的错觉"（Bourdieu and Bol-tanski 1975），这种观点认为言说的社会技能对于所有人来说都是平等分配的。

答：任何言语行为，或任何话语，都是某种联系的关节点，是两个方面因素共同作用的产物。一方面是语言惯习，即一套社会因素构成的性情倾向，它暗含了一种以某些方式言说、并且说某些确

---

① 亚里士多德在《尼各马可伦理学》的第八卷中探讨了"友爱"及其与平等、公正的关系，并特别提到德性的友谊涉及友谊双方的平等，参见《亚里士多德全集》第八卷第165页及以下（苗力田译，中国人民大学出版社1992年版）。——译者

定的事情的倾向[一种表达旨趣（an expressive interest）]，还包括言说技能、产生合乎语法的无穷无尽的话语系列的语言能力，以及在既定情境中以适当方式运用这种技能的社会能力，这三方面的能力都以不可分割的方式被确定；决定言语行为的另一方面的因素是语言市场（linguistic market），即作为一个特定的约束和监督系统强加自身的力量关系系统，这一系统通过决定语言产品的"价格"来推动语言生产方式的更新。由于我对我的话语将会具有的价格有一个实践预期，这样，这种价格就会对我的话语的形式和内容的确定过程产生影响[97]，使我的话语多少"谨严"一些，"审慎"一些，有时甚至取消话语——就像在缄默不语、畏而不言的时候。语言市场越官方，越正式，越谨严，即在实践上越遵守支配性的语言规范（想一想所有那些官方政治活动的仪式：就职典礼、演说、公开辩论），监督就越强，市场就越受支配者的支配，受那些合法语言技能的拥有者的支配。

语言技能并非一种简单的技术能力，而是一种规范能力（statutory ability）。这就意味着并非所有的语言说法都是同样可接受的，并非所有的言说者都是平等的。[98]索绪尔（Saussure 1974）借用了孔德以前曾使用过的一个比喻，称语言是一个"宝藏"，并将个人与语言的关系描述为以一种神秘莫测的方式介入这个共同拥有的宝藏，这种宝藏以普遍一律的方式对所有"属于同一共同体的主体"开放。"语言共产主义"的错觉困扰着所有的语言学理论。（乔姆斯基的技能理论至少有一个很大的好处，就是它使得索绪尔传统中隐而未显的那种"普天共有的宝藏"的观念清晰可见。）这种错觉认为，所有人参与语言交流的方式，就像享有阳光、空气或水一样——一句话，语言并不是一种稀缺商品。但事实上，进入合法语言的渠道是很不平等的。语言学家在理论上认定语言技能是普遍共享的，并且慷慨大度地将它授予每一个人，但这种技能在现实中却是由某些人垄断的。属于某些范畴的言说者被剥夺了在某些情境下说话的能力——而且，人们还经常接受这种剥夺，就像一个农夫解释为什么他从未想到竞选他所在小镇的镇长时，他会说："我不知道该怎么说呀！"

语言技能的不平等不断地在日常互动的市场中展示自身，即在两个人的闲聊中，在公共聚会中，在研讨班上，在求职面谈中，以及在广播电视上展示自身。技能以各种不同的方式有效地发挥作用。而且，就像在经济商品的市场上一样，在语言商品的市场上也存在着各种垄断。这一点也许在政治活动中最显而易见。在政治活动中，各种发言人被授予了垄断权，可以合法地在政治中表达某个集体的意愿，他们不仅替他们所代表的集体说话，还经常越俎代庖，取代他们来表达自己的意见。[99]

[5.6] 问：发言人可以通过将对现实的某种确定表象（分类图式、概念、定义等）投射到现实中，来塑造现实。发言人的这种能力就提出了一个言辞的权力问题：言辞的社会效力存在于何处？这里，您又一次和以奥斯汀尤其以哈贝马斯为代表的纯粹的"沟通"模式唱反调，这种模式认为用一个话语的语言内容就可以说明它的效果。

答：我们必须感谢语言哲学家，特别是奥斯汀（Austin 1962），因为正是他们提出了这样的问题——究竟是什么因素使我们可以

"以言行事"（do things with words），可以使言谈产生效果。如果在某种条件下，我告诉某人："开窗！"是什么使他会真的去打开窗户呢？（而且，如果我是一个老派的英国贵族，坐在安乐椅上，百无聊赖地读着一份周末版的报纸，对于我来说，也许只要对仆人说句"约翰，你不觉得天气有点冷了吗？"他就会去关上窗户。）当我们静下心来，想想这件事，想想这种用言语左右事情的能力，想想言语赋予秩序、带来秩序的力量，不能不说这实在是有些神奇。

要想努力用语言学的方式理解语言表达的力量，力图在语言本身中找到语言效力的原则和机制，就是忘记了本维尼斯特（Benveniste 1969: 30-37）在他对"权杖"（根据荷马的说法，它是亲手交给要发表演讲的演说家的）的分析中所提醒我们注意的一个事实，即语言的权威来自外部。言语的效力并不像奥斯汀所主张的那样，存在于"以言行事的表达式"（illocutionary expressions）或者话语本身，因为这些不过是制度的授权（delegated power）而已。[公正地说，奥斯汀本人在分析语言时确实赋予制度以核心地位，但他的许多评论者，特别是雷卡亚蒂（Récanati 1982），一般都曲解了奥斯汀的语言行为理论，转而研究语言的内在性质。][100] 符号权力通过陈述某个被给予之物[①]来构成它，通过影响世界的表象来影响世界。这种权力并不处于以"以言行事的力量"为表现形式的"符号系统"中，而是在一种确定的关系中被这种关系所确定。这种关系创

[①] 被给予（德文原文为Gegebenheit）是一个现象学中常见的术语，有"直接显示"的含义（Kerstern在《大观念》中，就经常将此词的形容词形式译为presentive），但要比一般哲学中所谓"对对象的感知"要宽泛得多，概念，甚至本质也可以是"被给予之物"。——译者

造了人们对言辞的合法性以及说出这些言辞的人的合法性的信念,而且,它正常运作的条件就是那些承受这种权力的人要认可那些施展权力的人。(随着构成宗教的社会关系世界的土崩瓦解,宗教语言的效力往往也急剧下降,在这一过程中,上述论述的要点清晰可见。)这意味着要说明这种长距作用(action at a distance),说明这种无须有形接触就可以产生变化的过程,我们必须像莫斯(Marcel Mauss 1950a)分析巫术魔力一样,来重构社会空间的总体,正是在这个总体中产生了那些使语言的魔力得以发挥的性情倾向和信念。[101]

[5.7] 问:这样看来,您对语言的分析并非偶然"侵入"语言学的领域,而是将以往分析其他文化产物时所用的方法,自然拓展到一个新的经验领域中,用以考察语言和言语或更一般的话语实践(包括语言学家的那些话语实践)。[102]

答: 正是这样。我这一辈子就是在与各种任意分割的学科疆界做斗争。不论是在社会学和人类学之间,在社会学和历史学之间,在社会学和语言学之间,在艺术社会学和教育社会学之间,在体育社会学和政治社会学之间,等等,诸如此类的疆界完全是学院再生产的产物,也毫无认识论方面的根据。这里再一次表明,哪里突破了学科的藩篱,哪里就会取得科学的进展。

我认为,如果不把语言实践放在各种实践共存的完整世界中,就不可能充分理解语言本身。这些共存的实践包括饮食习惯,文化消费,以及人们在艺术、体育、衣着、家具、政治事务等诸多方面的品味。之所以这么说,是因为整个阶级惯习——即在社会结构中占据的共时和历时的位置——都通过语言惯习表现自身,但语言惯习只是阶级惯习的一个方面。语言是一种**身体技术**[103]，而且，语言技能（特别是语音方面的技能）也是身体素性的一个重要方面，与社会世界的整个关系都在身体素性中展现自身。具体来说，所有的事例都表明，作为一个社会阶级的特性的身体图式，通过吉罗（Pierre Guiraud 1965）所谓的"发音风格"（articulatory style），决定着作为一个阶级的口音标志的语音特征体系。这种发音风格是已经体现在身体上的生活方式［即一种躯体的行为（fait corps）］的重要组成部分，并与严格确定这种生活方式的对身体和时间的运用密切相关。（如果说资产阶级费尽心力在它与语言的关系方面创造与其他阶级的区隔，它也同时在与身体的关系方面千方百计地保持自身与他人的距离，这些都不是巧合。）

一门充分恰当的语言社会学，必须同时既是结构性的，又是生成性的。这门语言社会学要预先假定，我们在理论中发现并在经验中予以复原的，是作为整个存在的人类实践，而语言实践只是其中的一个侧面。这种假定自然导致语言社会学把那种将结构形塑的语言差异系统（指那些对于社会学来说是至关重要的语言差异）与同样结构形塑的社会差异系统结合起来的关系作为自己的研究对象。[104]

［5.8］问：让我试着总结一下您刚刚论述的主张吧。一条信息的意义和社会效力只是在一个既定的场域（例如新闻业或哲学界）中被决定的，而这个既定场域又处于一个与其他场域相关联的等级关系网络中。如果不能理解确定这个场域中的各种位置的整个客观关系结构，不能理解每种关系所强加的特定形式的监督，而且对那些占据了这些位置的人的生平轨迹和语言性情倾向也没什么了解，

就不可能充分地澄清沟通的过程——为什么说这些话而不说那些话？这些话由谁来说？它们的意思是什么？被理解成什么？还有最为重要的是，这些话产生了什么样的社会效果？

答：这正是我在我的研究《马丁·海德格尔的政治本体论》（Bourdieu 1975c 和 1988b）中所力图表明的。[105]事实上，正是我对语言和场域观念进行研究的内在逻辑使我关注海德格尔。我假定在文化生产场域中，场域对生产者施加监督，这种监督有明显的效应。在我看来，海德格尔的著作（我在年轻的时候，曾准备写一本关于情感生活和时间体验的现象学的书，所以在很早的时候我就开始熟知这些著作）是一个特别合适的领域，可以用来检验我在这方面的假设。海德格尔是一位言谈模棱两可的大师，或者如果你愿意，你也可以称其为复调①话语的大师。我甚至倾向于称他为这方面独一无二的大师。他力图同时用两种方式来言说，一种是学者式的哲学语言方式，一种是日常语言的方式。这一点在"烦神"（Fürsorge）②这个表面看起来是"纯哲学"的概念中得到了充分的体现。

---

① 自从巴赫金在研究陀思妥耶夫斯基时提出了"复调小说"的概念后，"复调"就成为当代哲学和诗学的重要概念。复调是指"有着众多各自独立而不相融合的声音和意识，由具有不同价值的不同声音组成"的话语。有关复调概念的详细论述，参见巴赫金：《陀斯妥耶夫斯基诗学问题》（白春仁、顾亚铃译，三联书店1988年版，引文见第29页）。——译者

② Fürsorge 一词在海德格尔著作的中译本中被译为"烦神"（参见陈嘉映和王庆节合译的《存在与时间》，特别是中文版第149页，三联书店1987年版）或"忧心"（参见倪梁康：《现象学及其效应》第223页，三联书店1994年版）。而在德语中，Fürsorge 一词的一个主要含义是"帮助"，soziale Fursorge 即今日社会保障中的"社会救助"一项（英文为 social assistance），不过在英文和中文中都无法再现海德格尔用语的这种微妙之处。（在上引的《存在与时间》的段落中，海德格尔就表述了自己对"社会救助"的生存论理解，读者可以参见。）——译者

"烦神"这个概念在海德格尔的时间理论中发挥着关键的作用，然而在"社会救助"的表述中，则涉及了一种政治情境，并暗含了对福利国家、带薪休假和健康保险等社会福利的谴责。但我之所以对海德格尔感兴趣，还在于他以一种"纯哲学家"的典范化身的形式出现，而我则想要表明，对我所一向主张的研究全部文化产物的社会学来说，即使在一种表面看起来最不合宜的情况下，我所倡导的分析方法仍不仅能说明产生该文化作品的社会政治条件，而且可以使我们更好地理解这一作品本身。在我们现在考察的这个事例中，也就是意味着，有助于我们更好地理解海德格尔哲学的核心要害，即对历史主义的本体论改造。

海德格尔作为一位"纯粹的"、非历史性的思想家的楷模，明确拒绝将思想与思想家本人、与他的生平联系起来考察，更不用说将思想与他所处时代的社会条件和经济条件放在一起分析了。(而且长期以来，海德格尔一直被人以一种排除任何历史因素的方式来解读。)海德格尔这种"纯思想家"的价值就是迫使我们去重新思考哲学与政治的关联。我为我从事的这一研究所起的题目就是要指明这一点：本体论是政治性的，而政治活动则成为本体论。但海德格尔这个例子，比任何其他例子都更明显地表明：在"哲学导师"与德国政治和德国社会之间所存在的这种可以进行研究理解的关系，远非一种直接的联系，而只有通过哲学小世界自身的结构才能得以确立。对海德格尔话语所进行的恰如其分的分析，必须以双重拒绝为基础：一方面，它要拒绝接受哲学文本对绝对自主性的声称，及与此相关的对其外在关联的否认；另一方面，它也拒绝将哲学文本直接化约为生产和流通这一文本的最一般性的环境。[106]

〔5.9〕**问**：这种双重拒绝也是您用社会学来分析文学、绘画、宗教和法律的指导原则（分别参见 Bourdieu 1988d, 1983d, 1987i, 1971b, forthcoming a; 1987g）。在上述的各种情况中，您都倡导将各种文化产物与生产这些产物的特定场域联系起来，并且既拒绝纯粹的内在解读，也反对将它们直接化约为各种外在因素。

答：的确如此。如果考虑到了特定生产场域及其自主性——这种自主性是该场域特有历史的产物，而这种历史是不能化约为整个社会世界的"通"史的——你就能够避免两种互为表里、彼此开脱的错误：一种错误在于将这些产物视为自足的实体，而另一种错误则是把它们直接化约为各种最一般的社会和经济条件。[107]因此，举例而言，那些在海德格尔的纳粹主义问题上相互抵牾的人，赋予海德格尔哲学话语的自主性，不是太多，就是太少：海德格尔是一个纳粹党徒，这是一个不容争辩的事实，但无论是早期的海德格尔还是成熟的海德格尔，都不是克雷克（Krieck）①校长那样的纳粹理论家。强调外在因素、破除迷信崇拜的解释和强调理论内在逻辑、将之奉为圭臬的解释有一个共同点，即它们都忽略了哲学特有的风格（stylization，法语为 mise en forme）所带来的效应：它们都未能注意到这样一种可能性：海德格尔的哲学受到哲学生产场域的特定监督的约束，只有通过哲学升华的方式，才能体现那些决定了他追随纳粹的行为的政治原则和伦理原则。要洞察这一点，就必须避免将对海德格尔的作品所进行的政治解读和哲学解读对立起来，而要进

---

① 克雷克（1882—1947），德国教育家，1932 年起公开拥护国社党的教育政策和意识形态，著有《国家社会主义与教育》等书。——译者

行一种双重解读,将哲学解读和政治解读不可分离地结合在一起,因为海德格尔的这些作品从根本上说,就是由蕴含在其中的模棱两可性所确定的,也就是说,这些作品总是同时涉及两种社会空间,而与这两种社会空间相对应的,则是两种心智空间。

因此,要把握海德格尔的思想,你就不仅必须知晓他所处时代的所有"公认观念"(这些观念往往以各种不同的方式表现出来,诸如报纸社论、学术论文和演讲、哲学著作的前言、教授之间的交谈等),而且还不得不理解哲学场域的特定逻辑,在这一场域中,各派专家巨匠——即新康德主义者、现象学家和新托马斯主义者等——争辩不休。海德格尔为了推行他在哲学中所贯彻的"保守革命",不得不求助于他出类拔萃的技术创新能力,即一种罕有匹敌的哲学资本(只要看看他在《康德与形而上学问题》中的论述里所展现出来的娴熟精湛的分析技巧,你就会相信这一点),以及另一种同样罕有匹敌的能力,可以赋予他的立足点一种哲学上可接受的方式,而这种能力就预先要求在实践中能够从整体上把握场域中的所有立足点,一种哲学游戏中得心应手之感。与斯宾格勒[①]、容格尔(Junger)[②]或涅克施(Niekisch)[③]之类纯粹的政治小册子撰稿人不同,海德格尔确确实实将以往被视为不可协调的各种哲学立足点糅合成了一

[①] 斯宾格勒(1880—1936),德国历史哲学家,著有《西方的没落》、《普鲁士精神与社会主义》等著作。——译者

[②] 容格尔(1895—1998),德国自由撰稿人、作家、政治家,著有《对技术的完善掌握》等书。——译者

[③] 涅克施(1889—1967),曾是一个社会民主党人,后来任《反抗报》主编,在希特勒上台期间参与了反对希特勒的文人小集团。——译者

个新的哲学立场。在晚期海德格尔那里，可以更清楚地看出他所拥有的这种对各种可能性构成的空间的把握。一个人根据哲学场域中的其他立足点，对海德格尔过去与当时的立场可以产生各种不同的见解；而晚期海德格尔，则不断地相应调整自己的立场，通过先发制人和事后反驳来对抗这些见解。

〔5.10〕问：您不是主要从研究海德格尔思想所处的社会环境出发，而是更多地从解读文本本身，阐明文本产生影响的多重语用框架出发，推导出他的政治思想。

答：正是针对作品本身的双重意涵和人们对作品可能产生的双重理解（double entendre），采取双管齐下的方式来解读作品本身，我们才揭示了海德格尔哲学中那些最出乎意料的政治意涵：对福利国家的拒弃隐藏在时间性理论的核心之中，反犹主义"升华"成对"漫游"（wandering）的谴责，拒绝否定他此前对纳粹的支持则深刻地体现在他与容格尔的对话中那些转弯抹角的暗示中，等等。正如我在1975年所指出的那样，所有这些都可以轻易地在文本本身中找到，不过，对于那些哲学的正统解读方式的卫道士来说，他们可没法把握这些东西。这些卫道士们，就像一群没落的贵族，面对将他们排除在外的科学进展，深感威胁，死死地抱住本体论与人类学的神圣疆界，装腔作势地维持他们与众不同的一点东西。纯粹的逻辑分析也好，纯粹的政治分析也罢，都不能说明一种双重话语，这种双重话语的真相就存在于被宣称的体系与被暗自压抑的体系之间的关系中。

与人们通常设想的恰恰相反，要想充分理解一种哲学，并不要求通过文本的去历史化，通过对这种"经典"文本的非时间性解读产生的永恒化，来达到这一目的。这种解读往往将"经典"文本构建为永恒哲学（philosophia perennis），或者更糟，无休止地将这些文本改头换面，以适应某个时代的问题和争论，有时还不免付出很高的代价，导致歪曲事实和曲解原意，其程度几乎令人难以置信。（当我听到有人说"海德格尔有助于我们理解大屠杀"时，我几乎以为我是在做梦——或者，可能是因为我还不够"后现代"！）正相反，一种真正的历史化，允许我们通过重构哲学著作的问题框架，重构它被构建时所关联的各种可能性的空间，以及赋予哲学著作所采取的那种特定形式的场域的特有效应，来探明哲学著作的潜在原则。只有从这种真正的历史化方式出发，才能恰如其分地理解一种哲学。[108]

〔5.11〕问：在法国以专著的形式出版《马丁·海德格尔的政治本体论》，距最初德文本出版的时间已过了十多年。不过，这也提供了一个机会，可以用一种非常尖锐的方式，来突出哲学的政治盲目性问题，或至少提出了某些从事哲学的人如何以政治方式运用哲学的问题。

答：在围绕海德格尔作品爆发的争论[109]中，某些哲学家〔其中最著名的是拉库-拉巴特和利奥塔（Lyotard）〕比以往任何时候都更明显地暴露出他们在政治上的不负责任。我曾以此为例，来强调指出60年代以来逐渐在法国盛行的那种领会哲学的方式中所蕴含的含糊不清的政治意涵。主要是通过抬高尼采和海德格尔著作的地位，这种哲学观导向一种崇尚逾越的唯美主义（aestheticism of transgression），或像我的一些美国朋友所说的，导向一种"以激进为时髦"（radical chic）的形式。这种哲学观无论在思想上，还是在政治上，都是那么模棱两可，含糊不清。

从这个角度看，我的著作——我想特别是《艺术之恋》（Bourdieu, Darbel, and Schnapper 1966）[110]或《区隔》——与自从萨特以来的一种哲学角色针锋相对，这种哲学角色总是念念不忘一种美学向度。我所批判的不是文化，而是文化的社会用途，即将文化用作一种符号支配的资本和工具。这种立场与罗兰·巴特或泰凯尔小组（Tel Quel）[①]［更不用说鲍德里亚（Baudrillard）了］那种披着科学外衣的唯美主义娱乐消遣水火不容。某些法国哲学家们怡然自得于这样的唯美主义立场，在他们手中，哲学的美学化达到了前无古人的程度。在这一点上，德里达无疑是最驾轻就熟、也是模棱两可的一位，因为他力图给人造成这样一个印象，即他业已与那些畏手畏脚、唯恐陷入"粗鄙事物"中的分析彻底地分道扬镳。我在《区隔》的后记（Bourdieu 1984a: 485-500）中就指出了他身上的这些问题：将自己既定位于游戏之内，又定位于游戏之外；既在场域中活动，又在场外旁观。德里达这样做是在玩火，他只与哲学体制发生一些小冲突，却不肯对这种体制进行真正而彻底的批判。

因此，对于我来说，"海德格尔事件"是一个机会，使我可以揭示哲学唯美主义植根于某种社会贵族主义，而社会贵族主义本身正是对社会科学的蔑视的基础。这种蔑视很不利于促进一种现实主义

---

① "泰凯尔"小组，1960年在法国由索莱尔（Phillipe Sollers）建立的一个著名哲学小组，尤其以研究符号学，进行文化分析著称。主要成员有德里达、克里斯蒂娃（Julia Kristeva）等。——译者

的社会世界观，而且，尽管这种倾向不会必然导致像海德格尔的大蠢事这样巨大的政治"错误"，但仍然对知识分子的生活具有绝不可轻视的意涵，而且对政治生活也具有间接的重要意义。从根本上看，60年代法国哲学家与所谓的"人文科学"之间，存在着一种既亲近又排斥的矛盾关系，正是在这种关系中，他们形成了自身的哲学设想。这些哲学家从未彻底放弃与哲学家地位相连的那种种姓（caste）的特权。因此，正是这些哲学家在全世界范围内（尤其是在美国），打着"解构"（deconstruction）和"文本"批评的旗号，煽动了一种不假多少掩饰的非理性主义，使那种老式的哲学对社会科学的批判死而复生，这并非出于偶然。有时，出于某些我们也不太清楚的原因，这种非理性主义被冠之以"后现代"或"后现代主义者"的名号。

〔5.12〕问：因此，您对海德格尔的分析，以及更一般而言，对哲学话语在社会中的生产和运作方式的分析[111]，都预先要求并进一步引发了对与哲学相关的社会学的客观位置的分析。

答：自从19世纪下半叶以来，欧洲哲学就不断针对社会科学，特别是针对心理学和社会学确定自身（并通过与它们的对立，反对任何直接明确地面对社会世界的"粗俗"现实的思想形式）。这些哲学家拒绝屈尊俯就，去研究那些被视为不上台面的对象，也不肯运用那些"不够纯粹的"方法，不论是统计调查，还是简单的对文献进行历史分析。哲学家无时无刻不对之严加指责，斥之为"化约论"或"实证主义"之类。与此相应，哲学家还拒绝投身研究历史事物不断流逝的偶然性，念念不忘自身的地位尊严，一再要回到那种最

"普遍"、最"永恒"的思想中去[112]（有时是以一种最出乎意料的思路，就像今日哈贝马斯所证实的那样）。

60年代以来，法国哲学的许多特性都可以用我在《学术人》中所指出的一个事实来解释，即大学和知识分子的场域第一次被人文科学方面的专家（由列维-斯特劳斯、杜梅泽尔和布罗代尔等人领军）所支配。一时间，所有讨论的核心焦点都转向了语言学，语言学被建构成为所有人文科学的范例，甚至像福柯这样从事哲学工作的学者也把语言学作为自己的范例。这正是我以前称之为"某某学效应"（-logy effect）的缘起，我用这个词来指许多哲学家竭力从各门社会科学中搬用方法，并模仿这些社会科学的科学性特征，但与此同时，他们却不肯放弃"自由思想家"的特权地位，比如：巴特的符号学，福柯的考古学，德里达的书写学（grammatalogy），或阿尔都塞式的企图——他想把对马克思进行的所谓"科学"阅读假冒为一种独立且自足的科学，并且充当所有科学的标尺。（Bourdieu 1975b。参见Kauppi 1991和forthcoming，在这些作品中，考皮对60、70年代法国知识分子场域中的"某某学效应"进行了更为详尽的分析。）

[5.13] 问：这听起来像是在宣称哲学的终结。那么能否给哲学留下一个独特的使命，一块富有意义的认识论空间，使它在各守一隅的各门社会科学的重围之中仍留有一席之地？社会学是否注定要夺取哲学这项科学皇后的冠冕，使哲学变得陈腐过时，而不得不被淘汰？对于一种"社会学哲学"（Collins 1988—1989；参见Addelson 1990站在哲学的立场上所进行的类似论述）的提法来说，时机是否

已经成熟？或者，这样的观念本身就是一种自相矛盾的说法？

答：回想一下哲学思维得以实现的那些条件，不论是学院中的学究处境，还是在学术界里它加诸自身的封闭性，以及它受到保护的市场和它稳定的主顾，或者更广泛地说，它与所有世俗要务和紧迫之事之间的超然距离，这样做——研究哲学思维的条件——并不意味着要采取一种旨在使所有知识和思想相对化的酷嗜争辩的斥责。在文化生产场域和历史性的社会空间中取代哲学位置的，是一种对哲学进行的真正的社会学分析。这种分析的目的绝不是要导致哲学的毁灭，而应被视为仅有的一种手段，可以用来理解各种哲学和它们的相互继替，并因此可以帮助哲学家摆脱深深隐藏在他们的哲学遗产中的无思（unthought）。[113] 这种分析会使哲学家发现，那些他们最习以为常的思想、概念、问题、类型学的工具，都根源于（再）生产它们的社会条件，根源于深刻体现在哲学体制作用和运作方式所固有的社会哲学中的各种决定机制，从而得以重新把握哲学思想背后的社会无思。

如果说历史性社会科学构成了哲学的威胁的话，那么，这种威胁与其说是出于社会科学抢占了以往被哲学所垄断的领域，不如说是因为这样一个事实，即这些社会科学倾向于重新界定知识分子的活动，这种新的界定中明显或暗含的哲学理念（历史主义者的，并且也是理性主义者的）与客观地体现在职业哲学家的职守和立场上的理念相互冲突（Bourdieu 1983a 和 1983c）。因此我可以理解，为什么那些哲学家（不论是自封的，还是名副其实的），尤其是在法国的哲学家，都特别喜欢像那些没落贵族一样，死死地抱着那些体现他们威严显赫的形象的外在标志不放，而这种形象实际上已经岌岌可危了。

〔5.14〕问：但您会认为您的著作属于哲学的范围吗？

答：对这个问题我倒不太操心，而且，我很清楚，那些念念不忘保住他们地盘的哲学家可能会对这个问题作出什么回答。如果我想要用一种多少有些理想化的方式来回顾我的思想历程，那么我可以说，这是一项能够允许我去实现一种理念的事业，在我看来，这种理念正是哲学不可或缺的——这里，我也是在用另一种方式指出，那些寻常被称为哲学家的人并非都能一以贯之地信守这一理念。当然，这样一种回顾多少有些虚幻，因为在任何一个人的生平经历中，都有大量机会的成分；我的大部分所作所为，并不是真的由我自己作出抉择的。不过，上述回答中确实也包含了一种真理，因为我相信，面对社会科学的发展，任何人都已经越来越不可能孤芳自赏，完全置身于社会科学的大量成就和各种技术之外——虽然看起来大多数哲学家似乎仍对此无动于衷。我想，我非常幸运，避免了只凭"一页白纸，一杆孤笔"就能研究社会的错觉。对我来说，随便读一篇近来发表的政治哲学论文，同时设想如果我唯一的思想武器就是我所受的哲学训练，那我对这样的问题会谈些什么，这就已经足以证明我上面的回答了。不过，话说回来，这种哲学训练也绝对是必不可少的。我几乎每天都要阅读（或者重读）一些哲学著作，特别是那些我必须认可并且加以敬重的英国和德国学者的著作。我不断与哲学家并肩研究，并且使哲学家的观点起作用。但对我来说，哲学技艺（这么说，也许有点"亵渎神圣"）和数学技术，尽管有所差别，可完全处在同一层次上：我看不出，康德或柏拉图的某个概念和一次因素分析之间,有什么本体论上的差别。

〔5.15〕问:既然我们正在谈论"理论",那么请允许我提出一个颇为棘手的问题。您经常被列入"社会理论家"之列,并且确实被人当作"社会理论家"来阅读。(而且,正如您所知,在美国,在形形色色的社会学众生相中,"社会理论家"是一个有明确所指的类型。)但我十分惊奇地发现,您很少在作品中提出纯粹"理论性"的论述和主张。相反,您在文中不时地提及,在搜集、编码或分析材料时,以及深入思考某个实质性问题时,所遇到的各种具体的研究问题和困境。您在巴黎的社会科学高级研究中心举办的研讨班上(参见下文,第三部分),一再坦率地告诫您的听众们,不要期望从这门课程中获得"有关惯习和场域概念无懈可击的表述"。您也极不愿意讨论那些您自己首创的概念,不愿意在脱离这些概念的经验论证的情况下使用它们。您能否阐明一下理论在您著作中所占据的位置?

答:我无须提醒你注意,对一部作品的领会有赖于它的读者所处的思想传统,甚至有赖于读者所处的政治环境(Bourdieu 1990j)。在作者(或文本)和文本的读者之间,是(对作品的)接受的场域结构,它对这些行动者的影响是借助场域向所有属于该场域的人所强加的心智结构,尤其是那些贯穿于正在盛行的各种争论之中的、具有结构形塑力量的对立范畴(例如今天,在英国是再生产和抵抗的对立,在美国是微观与宏观的对立)。这里的要害是对作品一整套的歪曲,经常使人惊诧莫名,有时甚至有点让人无法忍受。就我来说,接受场域中的这种过滤过程最惹人注目的结果是:在法国和在国外,对我的作品的接受状况存在着很大的差距。在法国,很大程度上无人理会我的著作中的人类学基础和理论意涵（奠定我著作基础的实践理论和行动哲学）。这样的接受状况有许多原因，其中最突出的原因是因为对这些论述本应最有感触的那些人，诸如哲学家，却并不想考察这些论述。使问题更为严重的是因为这些人往往苦苦纠缠于我著作中那些被他们领会为政治的、批判的甚至是纯属为争辩而争辩的向度，始终在这些问题上兜圈子。事实上，与两次大战期间那种知识争辩的过时状态相联系的那些典型的学究式讨论，诸如自由还是决定论，相对主义的问题，以及其他一些蹩脚话题（tristes topiques），之所以延续下来，部分是因为许多知识分子囿于马克思主义的分析方式，部分是因为哲学课传习下来的学术问题框架的惯性。我认为，这里至关重要的一点是：在我眼中，我的努力是以对当代社会的特定性质进行的历史分析为前提，构建一种广义的人类学，而别的人却将它解释为一套政治纲领——特别是有关学校体制或文化的政治纲领。

无疑，这种对我的意图的茫然不解，在某些方面要归因于这样一个事实，即我从未要求自己生产一种有关社会世界的一般性话语，更不用说生产一种以关于这个世界的知识为分析对象的普遍性元话语。我的确认为，一旦论述科学实践的话语取代了科学实践本身，后果会不堪设想。因为一种真正的理论是在它推动产生的科学工作中不断磨砺，才最终完成的。对那些自卖自夸的理论，我没多大好感。我也反对那种只是意在显示、让人注目的理论，或者像我们用法语说的——"眩人耳目"（tape à l'œil）的理论，这样产生的理论徒有其表，华而不实。我意识到，这个态度不大合今日过于习以为常的口味。

有一种认识论反思的观念,导致我们将理论或认识论看作空洞含糊的话语,在这种话语中,本应成为分析对象的科学实践,却被抛在一旁。而太多的时候,我们却死死抱住这样的观念。对我来说,理论反思只有把自身不事声张地深藏在它所贯穿的科学实践之下,或者与科学实践融为一体,才能展现自身。这里,我可以引述智者希比阿的形象。在柏拉图的《小希比阿篇》中,希比阿表现得就像一个笨伯,不能使自己超出具体事例。当他被问及"美"的本质时,他顽固地坚持通过列举各种特定的事例来作答:一个"美"的水壶,一位"美"的少女,等等。事实上,正如迪普雷尔(Dupréel 1978)所指出的,希比阿这样做是有明确意图的,他拒绝一般化的概括,以及这种概括所促成的抽象观念的物化。我并不接受希比阿的哲学(尽管我猜想,在社会科学中,抽象观念的物化比在别处更为普遍和常见),但我认为,除了在借助理论方式构建的经验事例中思考,并通过这种事例来思考,人们不可能有别的好的思考方式。

〔5.16〕问:但您不能否认,在您的作品中存在一种理论,或者更准确地说,借用一个维特根斯坦的概念,是存在一套具有广泛适用性(哪怕不是普遍适用性)的"思考工具"。

答:确实不能否认。不过这些工具只有通过它们产生的结果,才能为人所察觉。而且,这些工具并非出于自身目的被构建的。它们的根基就在经验研究中,就在一种独特的构建对象的方式所遇到和产生的实践问题和疑难困惑中;这种独特的方式,就是在努力构建一系列现象上千差万别的对象时,用比较的方法来处理这些对象,来思考这些对象。举例而言,我在60年代早期提出的文化资本概念[114]，就是用来说明这样的事实，即在剔除了经济位置和社会出身的因素的影响后，那些来自更有文化教养的家庭的学生，不仅具有更高的学术成功率，而且在几乎所有领域中，都表现出与其他家庭出身的学生不同的文化消费和文化表现的类型与方式。

贯穿我各部著作之间的线索，是具体研究的逻辑。在我眼中，这种研究逻辑的经验和理论两方面是不可分割的。正是在我的实践中，在从事一次访谈，或者对一份调查问卷进行编码这样的过程中，我摸索出那些被视为最重要的理论观念。例如，对社会分类范畴的批判，引导我重新彻底地考虑了社会各阶级的问题（Bourdieu and Boltanski 1981, Bourdieu 1984a, 1985a, 1987b），而这种批判却是我们在对被访谈者的职业进行分类时所遇到的许多具体困难并对这些困难进行反思的结果。正是这种对社会阶级问题的重新考虑，使我避免了对阶级进行含糊空洞的概括，正是这种概括不断地重演了马克思和韦伯之间本不存在、但后人却不肯善罢甘休的观点对立。

[5.17] 问："唯理论主义的理论"和您所认为的理论间区别何在？

答：对我来说，理论不是一种预言性或纲领性的话语，这种话语往往是将其他理论拆拆拼拼而成，其唯一目的就是与其他这样的纯粹"唯理论主义的理论"相抗衡。（在帕森斯去世十余年后的今天，他的AGIL图式①仍然是"唯理论主义的理论"的最佳例子，而

---

① 美国著名社会学家帕森斯在50年代提出了"AGIL图式"的理论，这一理论贯穿了他晚期的绝大多数作品。"AGIL"是四个基本的功能要求，是所有（社会）系统都必须满足的。其中，"A"即"适应"(adaptation)，指社会系统与其环境的关系，在整个社会的层面上，主要由经济系统来完成这一（转下页）

且最近又有人力图使这一观念复活。)[115]相反，我认为科学理论应该以感知方案和行动方案——如果你愿意，可以称其为科学惯习——的形式出现，它只能在使之成为现实的经验研究中一展身手。它是一种形塑经验研究，但同时又是为经验研究所形塑的临时性构造。[116]因此，接触新的对象比投身理论争辩得益更多，后者除了支持一种围绕被视为思想图腾的概念而创造的永不止歇、自我维持并且往往空洞无物的元话语以外，毫无益处。

要把理论作为一种做法（modus operandi），以实践的方式引导并形塑科学实践，显然意味着我们要放弃所谓"理论家们"经常为理论所树立的那种带些拜物教色彩的无所不包的形象。正是出于这一原因，我从未感到有一种迫切的要求，要对我所发明或重新赋予活力的那些概念，诸如惯习、场域或符号资本，去追本溯源。这些概念不是理论因素单独衍生的产物，因此把它们同以往的用法相对

（接上页）功能；"G"即"目标达成"（goal attainment，或译"达鹄"），指一个社会系统目标的确定，在整个社会的层面上，主要由政治系统来完成这一功能；"I"即"整合"（integration），指社会系统的各种成员之间的团结，在整个社会的层面上，主要由社区来完成这一功能；"L"即"潜在模式维持"（latency pattern maintenance，简译为"维模"），指确保社会系统的行动者表现出适当的特征，在整个社会的层面上，主要由文化系统来完成这一功能。在通用图式中，"AGIL"则分别对应有机系统，人格系统，社会系统和文化系统。当然，由于"AGIL"图式被帕森斯用于各个不同的分析层次和侧面，所以存在各种不同的"说法"，上述的论述是最简单和比较公认的。关于帕森斯的这一理论，可以参见 Alexander 1987b 中的简要讨论，特别见第六讲。近年来，美国（如亚历山大）和德国（如明希）的一些新功能主义者，重新提倡"AGIL 图式"的分析方法，尤其以明希的研究影响最大，参见 Münch, Richard: "Parson ian Theory Today:in Search of a New Synthesis"（载于 Giddens and Turner 1987: 116-155），或 "The Interpenetration of Micro Interaction and Macrostructures in a Complex and Contingent Institutional Order"（载于 Alexander et al.1987: 319-336）。——译者

照，并无多大裨益。这些概念的构建和使用都发轫于研究设想的可行性，而且也必须在这样的情境中对这些概念加以评价。我所采用的概念，其首要作用是，以一种简明扼要的方式，在具体研究的程序中指明一种既具否定意涵又有建设意义的理论立场或一种方法论选择的原则。随着卓有成效的类推的逐渐凸现，随着概念的各种有用特点成功地被尝试和检验，系统化自然水到渠成。[117]

我可以将康德的一段名言稍加变通并指出：没有理论的具体研究是盲目的，而没有具体研究的理论则是空洞的。但十分遗憾的是，今天，在社会上占支配地位的社会学模式，其基础恰恰就是具体研究和纯理论家的"无对象理论"之间壁垒森严的区别和实践中的相互脱节。关于前者，我特别想到的是集中体现在公众舆论调查上的那种"没有科学家的所谓科学"和被称为"方法论"的科学荒谬行为；而后者，在目前的典型代表是围绕所谓"微宏链"（micro-macro link，例如 Alexander et al.1987）问题展开的一系列时髦讨论。这种对立，一方是"诵经员"（lector）的纯理论，这些"诵经员"献身于对社会学鼻祖经典（如果不是他本人的著作的话）的解释学崇拜之中，而另一方则是调查研究和方法论。这种对立完全是一种社会对立。它深深体现在社会学职业的制度结构和心智结构中，并根植于资源、位置和才能的学术分配中。当整个学派［例如，谈话分析或地位获得研究（statusattainment research）①］都几乎完全是以一种特定方法为基础时，情况就更是如此。

---

① 地位获得研究：是美国社会学中研究社会分层与社会流动的一个重要学派。这一学派的成员大都采用路径分析（path analysis）的方法来进行研究，最重要的代表作是 *The American Occupational Structure*, P.Blau and O.Duncan, 1967. ——译者

〔5.18〕问：也许有一种更好的方式，可以使您阐明对"理论工作"的观念，那就是询问您在自身的科学实践中，是如何通过对一段时间内所处理的特定研究对象的反思，将理论构建根植于具体研究的过程之中的。这里，我想到您最近发表的一篇论文，这篇文章发表在一本不太引人注目的杂志《农村研究》(Etudes rurales)上，讨论的是您家乡比安地区农民中的独身状况，题目是"被禁止的再生产：经济支配的符号基础"(Bourdieu 1989b)。我发现这篇文章最令人感兴趣的地方是，在文章里，您又回到大约30年前您在一篇接近一本书的篇幅的文章中所讨论过的话题，那篇文章题为"独身生活和农民的状况"(Bourdieu 1962b)，也发表在这本《农村研究》上。在那篇文章中，您就曾试图以一个特定的经验事例为基础，勾勒出有关符号暴力对经济支配的作用的一般理论的轮廓。

答：这一研究的出发点是很个人化的经历，这一点我在文中已经详细叙述过了，只不过略加掩饰，因为在文中我感到应该使自己"消失"在幕后。我想方设法，用非人称代词的句子，以保证不使用第一人称代词"我"。我尽可能用一种中立的笔触，来描述原来的场景：大约30多年前，我的一个朋友曾经带我去一个小村子，参加那里的舞会，这个舞会是在一个乡下小酒馆里举办的，当时正是星期六的夜晚，又值平安夜。在那里，我目睹了一幕令人惊诧不已的场景：来自邻近市镇中的青年男女们在屋子中央尽情起舞，而一些和我当时年纪不相上下的大龄青年——他们还都是单身汉——懒散地站在角落里。这些人不去跳舞，而是别有用意地细细打量跳舞的人，并且无意识地前后挪动，以交替避开那些跳舞的人所占用的空间。目睹这样的场景，我将之视为一种挑战：当时在我的

第二部分 反思社会学的论题（芝加哥研讨班）

脑海深处，正想找一个我所熟知的世界来作为分析的对象。在此之前，我已在卡比尔这个异族世界中作了几年研究，我想现在如果进行一种《忧郁的热带》（Lévi-Strauss 1970）这样的研究是十分有意思的（在那时，对于我们所有的人来说，这本书都是最崇敬的思想样板之一），不过应该以一种颠倒的方式来作，即观察一下将我的本土世界作为研究对象，会对我产生什么效应。因此我有个小小的理论目标，而舞场的场景则就此提出了挑战性的问题。我着手开始研究，力图超越那些日常解释，而那些解释至今仍在那些土生土长的本地人和记者之中盛行不衰。每年，在许多村庄举办"鹊桥会"之时，人们总说"女孩不再愿意留在乡下了"，事情就是这样。所以，我就去听取经历了这种令人难以启齿的事实的人的讲述，他们告诉我，在正常情况下，那些大龄男青年，被赋予合法性去再生产自身，现在却不能结婚娶妻。于是我搜集了统计材料，并根据大量变量构建了独身比例。详细的分析细节在我写于1960年的那篇长文（Bourdieu 1962b）中都可以找到。

然后，到了70年代中期，一家英国出版社请我将这篇文章修订成一本书。我想这一分析有些过时，所以几乎将它推倒了重写。经过这一番大改动，形成了另一篇题为"再生产策略体系中的婚姻策略"[118]的文章。在后面这篇论文中，我力图揭示出我认为自己以往研究中所隐含的哲学理念。我力图用另一种理论取代在那时占支配地位的亲属关系理论模式，即结构主义的理论模式。我所采用的这种研究婚姻交换的方式，在于将婚姻看作一系列复杂的再生产策略[119]，其中涉及了大量参数，从潜在配偶彼此间的地产规模和出身等级方面的差异，到居住地点、年龄或财富方面的差异等因素。

这种研究方式，自那时起已经日益变得琐屑细碎，尤其是在家庭史学者手里（Medick and Warren 1984, Crow 1989, Morgan 1989, Hareven 1990, Woolf 1991）。正是从第一次修改中我们可以吸取下面的教训，这种教训对那些津津乐道"断裂"的人来说尤其重要：科学断裂不是一蹴而就的，不是像在创始哲学（initiatory philosophies）（和阿尔都塞式的马克思主义）那里的一种原创性行为。它有可能要花费30年的工夫。因此，我们有时不得不三番五次地回到同一个对象上，即使批评家有可能抱怨我们是在一再重复同一件事。

因此，我坚信我所做的初次修改将原来的分析中所包含的大量命题提升到一个新的高度，使这些命题更加明晰，并提出转向一种更为动态、更强调"策略"的分析方式。这种修改也促使我们考虑"直觉"的观念。当一个社会学家被称为拥有大量"直觉"时，很难说这是一种赞美之词。但我可以说，我花了几乎20年来尽力理解我为什么会选择那个乡村舞会作为分析的对象……目睹那个场景，我感到同情（就sympathy这个词最强烈的含义而言），流露出悲悯。我甚至相信，这种情感，肯定就是我关注这一对象的根本原因——这些话，即使在十年前，我绝对不敢设想我会说出口。

〔5.19〕问：不过您在1989年发表的文章既拓展了您早年的分析，又与之决裂……

答：在这篇文章中，正如副标题（经济支配的符号基础）所显示的，我力图将这个事例作为符号暴力的一般性理论——使用这类的词，我总是有些踌躇——的一个特例。我所研究的这些单身汉大多数是有地产的家庭（都是小自耕农，其中大多数所拥有的土地最多十几英亩）里的长子，他们在以往的体系状况下是享有特权的，现在却成了他们自身特权的牺牲品，注定要独身，"被禁止再生产"，因为他们不能抛弃特权地位，屈尊俯就来适应新的婚嫁规则。要想理解这些单身汉经历了什么，理解上面我们所描述的现象，我必须构建出暗含或隐藏在舞会场景中的事实，或者更准确地说，舞会的场景同时坦然展示和悄然掩饰、半露半盖的事实：舞会是一个婚姻市场的具体体现，就像一个具体的市场（比如说阿姆斯特丹的鲜花市场）是新古典主义经济学模式中的市场的体现一样，尽管二者之间很少共同之处。

我所看到的是一个处于特殊状态的婚姻市场，这里我可以援引波兰尼（Polanyi）的说法，指出这种新兴的交往形式发生的场所是"开放市场"（open market）的具体体现，只是近些年来才取代了过去由家庭控制的受保护的市场（protected market）。这些单身汉站在舞场的边上，就像舞场上没人邀舞的孤芳自赏的少女。他们是开放市场取代封闭市场这一过程的牺牲品。在一个开放的市场上，每个人都得自力更生，只能依靠自身的财产，自身的符号资本：打扮、跳舞、表现自我、与女孩攀谈等方面的能力。从受保护的婚姻体制向"自由交往（换）"的婚姻体制过渡，产生了许多牺牲品，而且这些牺牲品并不是随机分布的。在这一分析阶段，我转向统计材料，以显示根据这些被研究者的居住地点、"城市化"程度、教育等方面的因素，这一过程如何以不同的方式影响他们。我现在可以从那篇文章里摘引一段，它总结了我上面所见证的这过程的意义：

统计材料表明，农民的儿子若娶到妻子，他们娶到的是农民的女儿，而农民的女儿则更多嫁给了非农家庭的孩子。这些分裂性的婚姻策略，恰恰通过这种对立，表现了这样一个事实，即一个集团〔的成员〕想要给他们儿子找的配偶与要给他们女儿找的并不是一类，或者更糟的是，在内心深处，他们并不想让他们的儿子来高攀别人的女儿，尽管他们有时会愿意让他们的女儿高攀别人的儿子。通过诉诸这些截然对立的策略（采用何种策略，取决于他们是娶还是嫁），农民家庭暴露出这样一个事实，即在符号暴力的作用下（人们既是这种暴力的主体，又是它的对象），所有人彼此分划，相互争斗。内部通婚验证了评价标准的统一性，以及集团内部能够达成一致，而婚姻策略的二元性则表明集团使用双重标准来评估一个个体的价值，并因此也使用双重标准来评价它自身——作为一个包含无数个体的阶级——的价值。（Bourdieu 1989b: 29-30）

这段表述比较连贯统一地表明了我力图证明的观点。[120] 这里，我们可以看到，我们从原初对舞场场景的直觉感知出发，已经取得了很大进展。

对单身汉进行的这一个案研究之所以令人关注，是因为它涉及一个极为重要的经济现象：法国没有使用任何国家暴力（除了对农民示威的镇压），就在30年的时间里消灭了大半的农村人口，而苏联却采用了最粗暴不过的手段来清除农民。（这只是一个提纲挈领的说法，但如果你读一下我的文章，你就会看到，我的所有论述考虑了其中涉及的各种细微差别，也更站得住脚。）换句话说，在某种条件下，在付出了某些代价后，符号暴力可以发挥与政治暴力、警察暴力同样的作用，而且还更加有效。（马克思主义传统的一个巨大缺陷，就是没有为这些"软性"的暴力形式留出余地，而这些形式即使在经济领域中也发挥作用。）

在结束前，让我们再读一段我所撰写的脚注，这段脚注就在文章最后一页的最后一行上。这段话应该读给那些在这篇文章中看不到所谓理论要害的人听。（但谁又会在一篇发表在《农村研究》上面的探讨独身现象的文章中寻找"宏大理论"呢？）

虽然我很不喜欢那种典型的学究式的工作方式，对所有其他的敌对理论品头论足，以使自己的理论与众不同——哪怕我的不喜欢仅仅是因为这种做法会使人相信，这种分析除了有意寻求区隔以外，没什么别的原则——我仍要强调指出：这里我所论述的所有方面，都使场域这样的概念与福柯的支配理论〔诸如纪律（discipline）或"操练"，或者认为支配具有另一种不同的秩序，类似开放且细微的网络〕区别开来。

简言之（虽然我竭尽全力不去明言——除了这个我再三斟酌才加入文中的脚注），重要理论问题是可以成为最卑贱的经验研究中的核心宗旨的。

〔5.20〕问：在那篇论文中，您援用了符号暴力的概念。在您对广义上的支配现象进行分析时，这一概念发挥了至关重要的理论作用。您认为，要想说明那些表面上看起来千差万别的现象，诸如发达社会中存在的阶级支配，国家之间的支配关系（像在帝国主义或殖民主义的情况下），甚至更具独特性的性别支配关系，符号暴力

概念是不可或缺的。您能否更精确地论述一下您用这个概念来指哪些现象，以及这个概念是如何发挥理论作用的？[121]

答：尽可能简明扼要地说，符号暴力就是：在一个社会行动者本身合谋的基础上，施加在他身上的暴力。我们现在提出的这样一个说法有一定的危险，因为它很可能导致学究式的讨论，争辩权力是否"自下而上"地运作，或者为什么行动者会"欲求"强加在他身上的制约等一类的问题。所以，可以更严格地说：社会行动者是有认知能力的行动者（knowing agent），甚至在他们受制于社会决定机制时，他们也可以通过形塑那些决定他们的社会机制，对这些机制的效力"尽"自己的一份力。而且，几乎总是在各种决定因素和将人们构成社会行动者的那些感知范畴之间的"吻合"关系中，才产生了支配的效果（这也同时表明，如果你想用自由与决定论、选择和约束这样一些学术界的二元对立来思考支配关系，就必将一事无成）。[122] 社会行动者对那些施加在他们身上的暴力，恰恰并不领会那是一种暴力，反而认可了这种暴力，我将这种现象称为误识（misrecognition）。

社会行动者往往将世界视为理所当然的，接受世界的现状，并觉得它是自然而然的，因为他们的心智是根据认知结构构建的，而认知结构正是来自于这个世界的结构；恰恰基于上述这样的事实，社会行动者持有一套基本的、前反思性的假定；我用"认可"（recognition）这个术语，所指的就是这套假定。我用误识概念所理解的现象当然并不仅限于影响（influence）这个范畴所指的范围；我从不提及影响这个概念。在这里发挥作用的，并非像某些人针对他人进行宣传时的那种"沟通性互动"的逻辑。这里所涉及的逻辑远为强大有力，也更加深藏不露：我们一降生在某个社会世界中，就有一整套假定和公理，无须喋喋不休的劝导和潜移默化的灌输，我们就接受了它们。[123] 这就是为什么分析行动者对世界的深信不疑的接受（doxic acceptance）——这种接受源于客观结构与认知结构之间直接的一致关系——是一种现实主义的支配理论和政治学的真正基础。在所有形式的"潜移默化的劝服"中，最难以变更的，就是简单明了地通过"事物的秩序"（order of things）发挥作用的那种劝服。

* * * * *

[5.21] 问：在这方面，人们也许会觉得诧异，是否您的作品在英美所遇到的一些最常见的误解（例如，远比在德国或其他欧陆国家要常见），肇始于一种学术心智无意识地将其特定结构予以普遍化的倾向，也就是说，在这些国家中，它们的大学传统导致了这种误解的出现，这种传统，既包括理论标准（就像那些人将您与帕森斯相提并论一样）和方法标准，也包括风格方面的因素。

答：某些评论文章就是体现这种"自我中心主义"（ethnocentrism）教训的绝妙事例，一方面趾高气扬，同时却又完全陷入它自高自大的"铁笼"之中。这里我特别想到近来一篇讨论《学术人》的书评（Jenkins 1989），它的作者建议我回到大学里——当然是英国的大学了——去学会怎样写作。["能不能有人给布尔迪厄教授一本高尔（Gower）的《浅显易懂的词》，让他学学？"] 詹金斯先生会对吉登斯或帕森斯（更不用提加芬克尔了）写这样的话吗？[①] 詹金斯指

---

① 在英美，帕森斯一直被批评为理论深奥难懂，概念晦涩不清；也有人批评吉登斯（不过远比帕森斯为少）在概念的使用方面前后不够一贯，在英美主流社会学界里，加芬克尔（以及几乎所有常人方法学家）的著作被公（转下页）

责我信守一种他所断言的法国传统（"布尔迪厄一直按照法国学术界中历史久远、硕果累累的传统从事研究"），这不过是他的误解而已。他在这方面对我的指责暴露出他未加讨论，就想当然地固守一种写作传统，而这种写作传统本身就与信念密不可分——因为信念本身就包含了这层意思——而信念比任何誓约都更好地将学术界整合成一个整体。因此，举例而言，当他离谱地痛斥我使用了诸如"言说的信念样式"（the doxic modality of utterances）的表述时，他不仅暴露了他的无知（"信念样式"是胡塞尔使用的一个概念，常人方法学家至今还没有将这一概念纳入理论之中），而且更重要的是，暴露了他对他自身无知的无知，以及对造成他的无知的历史条件和社会条件的无知。

如果詹金斯先生采用了《学术人》中所倡导的思考方式，反思性地观注一下自己的批评，他本可以在他对简明性的推崇的背后，发现隐含着的深刻的反智的性情倾向，也就不会用如此浅显易懂的赤裸裸观点，表达一种幼稚的民族文化中心论偏见。正是基于这种偏见，他对我别具一格的论述、特立独行的风格嗤之以鼻（这种风格与其说是法国的，不如说是德国的）。我在《学术人》一书中，反复告诫读者，费尽心机来避免使读者误以为我的论述与那些佯装客观对象化、实为学界无谓争端的言论是一丘之貉。詹金斯先生在这一方面对我发动攻击（"[这本书]真正要表达的，不过是大人物的与众不同而已"）之前，他也许本可以问问自己，对"浅显易懂的

（接上页）认为晦涩难解，他作品的表述风格也为人诟病，《常人方法学研究》甚至被称为"一本现象学原作拙劣的译本"。——译者

词",对浅显易懂的风格、浅显易懂的英语,或者对轻描淡写的论述的顶礼膜拜(这也许会导致某些人技巧娴熟地运用这种反修辞的修辞方式,在他们的专著或文章的标题中模仿儿童歌谣的幼稚单纯,比如奥斯汀),会不会是与另一种学术传统,他本人的学术传统相联系的,因此,也许并不适合被规定为所有可能的风格表现形式的绝对标尺。而且,如果他理解了《学术人》的真实意图,在他对我发起攻击时,不,是对我作品憎恨之情的发泄时,他本可以伺机对不同国家学校体制所强加和灌输的风格传统的任意武断性提出质疑,也就是说,他可以借机自问,英国大学在语言方面所强加的那种苛求,是否并不构成一种审查监督的机制,当这种苛求成为一种心照不宣的事物时,就变得更加令人生畏,而且,正是通过这种苛求,(学校体制使我们所遭受的)某种为人忽视的禁锢因素和戕害力量得以产生影响。[124]

这里,我们意识到了文化任意性概念(这个概念经常受到我的批评家的质疑)的作用,即这个概念可以作为一种手段,来与思想方面的中心论信念(intellectualocentric doxa)相决裂。[125]知识分子经常处于最不利于发现或认识到符号暴力的位置上,特别是那些由社会系统施加的符号暴力,因为他们比一般人更广泛深入地受制于符号暴力,而自己还日复一日地为符号暴力的行使添砖加瓦。

[5.22] 问:近来,您在一篇论述性别的文章(Bourdieu 1990i)中,进一步发展了符号暴力这一概念。在这篇文章中,您以不同寻常的方式糅合了各种资料来源。[您掌握的阿尔及利亚传统社会的民族志资料,弗吉尼娅·伍尔夫的文学观,以及被认为属于经典巨

著的（从康德到萨特的）哲学文本——您把这些文本作为"人类学文献"来处理。〕借助这些资料，梳理出男性支配在理论方面和历史方面的独特性。

答：对我来说，性别支配是符号暴力的典型体现。为了力图揭示这种支配的逻辑，我选择我在阿尔及利亚卡比尔人中所作的民族志研究，作为我的分析根据。这样做有两个理由。首先，我想避免空洞无物地臆想理论话语，这种话语中有关性别和权力的陈词滥调和空洞口号，与其说澄清了问题，不如说将问题搅得一塌糊涂。其次，我使用这种方式来避免分析性别时所面临的关键困难：我们在这里所探讨的制度，历经千百年，已在社会结构的客观性和心智结构的主观性之中打下了深深的烙印；以至于分析者一不小心，就会把本应作为知识的对象的那些感知范畴和思想范畴，错当成知识的工具来加以利用。北非的山区社会对于分析者来说是十分具有启发意义的，因为它是一座真正的文化宝库，通过它的仪式实践、歌谣、代代口述相传的传统，以活生生的方式保留了一套表象体系，或者更准确地说，保留了整个地中海文明所共有的一种观照与分划的原则体系（a system of principles of vision and division）。这种体系至今仍残存在我们的心智结构之中，并部分残存在我们的社会结构之中。因此，我把卡比尔这个个案看作一种"放大图"，借助它，我们可以更容易地对男性世界观的根本结构进行解码。这种男性世界观即"阳具自恋症"（phallonarcissistic）的宇宙论，从中产生出一种集体性和公共性的呈现（或表象），盘踞在我们自身的无意识之中。

首先，这种理解表明，男性秩序具有如此之深的根基，以致根本无须为之提供什么证明：它把自身强加为不言自明、普遍有效之物。〔男人（英语的 man，或拉丁语的 vir），是一种特殊存在，将自身体验为具有普遍性，掌握了对整个人类（英语的 human，拉丁语的 homo）的垄断权。〕男性秩序借助在社会结构和认知结构之间所获得的近乎完美、无须中介的相符关系，被行动者视为理所当然的。这里所说的社会结构，往往表现在那些空间和时间方面的社会安排，以及两性的劳动分工上；而认知结构则体现在身体和心智之中。实际上，被支配者，即女性，将那种无思性的思想图式，运用到这一支配关系借以实现自身的人们身上，并类似地应用到（自然和社会）世界中的万事万物之上，特别是她们身陷其中的支配关系之上。这种权力关系化身在成对出现的各种对偶范畴（高贵/低贱，坦荡/琐屑，深刻/肤浅，直率/隐曲等）之中。正是这些范畴在身体上的体现产生了上述的思想图式，而且因此导致了女性从支配者的立足点来构建这种支配关系，也就是说，将其视为自然而然的。

性别支配比其他任何例子都更好地显示：符号暴力是通过一种既是认识又是误识的行为完成的，这种认识和误识的行为超出了意识和意愿的控制，或者说是隐藏在意识和意愿的深处。而惯习图式（这种图式既以性别差异为前提，又产生了性别差异）的模糊难辨则正好体现了这种认识加误识的行为。[126] 而且，它还表明，如果不彻底放弃强制和一致、外在强加和内在冲动之间的学究式对立，我们就不能理解符号暴力和符号实践。（经过了两百年来柏拉图主义深入人心的影响，我们已经很难设想，人的身体可以通过一种与理论反思的逻辑格格不入的逻辑来"自我思考"）。就这个意义而言，我们可以说，性别支配就存在于我们法语中所说的 contrainte par corps，即通过身体产生的一种禁锢。社会化的过程倾向于逐渐导致性别支配关系的躯体化（somatization），这一躯体化是通过两个方面的作用过程实现的：首先是通过对有关生理上的性的观念予以社会构建来实现的，这种观念本身可以作为各种有关世界的神秘观照的基础；其次是通过灌输一种身体素性来实现的，这种灌输构成了一种名副其实的身体化政治（embodied politics）。换句话说，男性的社会正义论的特定效力来源于这样一个事实，即它通过将一种支配关系深深地铭刻在一种生物性的因素（这种因素本身就是一种生物化了的社会构造）上，来赋予这一关系以合法性。

这种双重的灌输过程——以两性差异为前提，本身又强化了两性差异——在男女两性身上强加互不相同的整套性情倾向，这些性情都与在社会上举足轻重的社会游戏有关，诸如荣誉的游戏和战争的游戏（被认为适于展示男子汉的阳刚之气），或者在发达社会中所有社会视为最有价值的游戏，诸如政治、商业、科学等。男人身体的男性化（masculinization of male body）和女人身体的女性化（feminization of female body）导致了文化任意性的躯体化，正是这种文化任意性持续地构建着无意识。[127] 说了这些，我就可以从文化空间的一极转向另一极，来从被支配者的立场出发，探讨一下这种原初性的排斥关系。弗吉尼娅·伍尔夫的小说《到灯塔去》（Virginia Woolf 1987）表现的正是这种立场。在这部小说中，我们可以发现，伍尔夫对符号支配中一个颇为悖谬的向度进行了富有洞察力的分析，而这个向度却往往为女性主义的批判所忽视，即支配者运用他（对别人）的支配关系来对自身进行支配：一个女性的眼光注意到，任何男人都必须在他洋洋自得的无意识中，不顾一切地、有时甚至是令人同情地，竭尽全力去达到公认的男人形象。伍尔夫还让我们进一步理解，女性是如何通过回避那种引导一个人从事社会中的核心游戏的幻象，摆脱了涉身其中所必然沾染的支配里比多（libido dominandi），因此在社会中更容易对男性的游戏获得一个相对明晰的观念，而这些游戏，平常她们并不直接参与，只是托付他人。

〔5.23〕问：有一个极为普遍的现象，即给妇女指定的社会地位总是很低下，这个问题依旧是一个待解之谜。这里，您提出了一种与某些女性主义的论述（例如，O'Brien 1981）"和而不同"的解答。

答：在绝大多数的已知社会中，妇女都被分派在低下的社会位置上。要想说明这一事实，就必须考虑到在符号交换的经济中，不同性别之间存在着地位不平等。当男人作为婚姻策略的主体，并且运用婚姻策略来维持或增加他们的符号资本时，妇女却总是被视为这些交换的客体，并在交换中作为门当户对的符号来流通。既然被赋予了一种符号职能，妇女就被迫不断地去尽力维持她们的符号价值，为此费尽心机地要遵守男性理想中的女性美德（诚实守节），并且在体貌容颜、装束打扮这些有利于增加身体价值和魅力的方面，不甘落后。在卡比尔人的神话仪式体系中，女性被赋予的那种客体地位，在体系认定的女性力量对繁殖的作用方面，体现得最为清楚。这一体系十分荒谬地否认了女性特有的怀孕劳动（就像它否认农业周期中土壤的类似作用一样），以更有利于男性进行性行为。与我们的社会颇为类似，妇女在特定的符号生产——不论是居家，还是在外——中所发挥的特殊作用，即使不被抹煞，也总是被贬低（例如，de Saint Martin 1990b 对女作家的分析）。

因此，男性支配是基于符号交换的经济逻辑，也就是说，是基于在亲属关系和婚姻关系的社会构建中被制度规定的男女之间的根本不平等：即在主体与客体、行动者与被动工具之间的不平等。而且，正是符号资本的经济具有相对自主性这一点，解释了男性支配何以不管生产方式如何变化，仍然能够维续自身。因此，我们得出结论，妇女解放只能来自于一种针对符号斗争的集体行动，这种斗争可以在实践中向身体化结构和客观结构的直接呼应提出挑战。也就是说，妇女解放要来自一种符号革命，这一革命对符号资本的生产和再生产的基础本身提出了质疑，并且尤其质疑那种矫饰和区隔的辩证关系，这种关系正是作为区隔标志的文化商品被生产和消费的基础。[128]

第六节　捍卫理性的现实政治（Realpolitik）

[6.1] 问：1967年，您在《社会研究》上发表了一篇文章（Bourdieu and Passeron 1967: 212），抒发了自己的希望："曾几何时，美国社会学以其严格的经验实证，充任了法国社会学中付之阙如的科学良知。"就像这样，法国社会学也可以"凭借无可辩驳的理论说服力，担当起美国社会学里黯淡无光的哲学良知"。20年过去了，如今，这一期望应如何评价呢？

答：巴什拉教导我们，认识论问题始终需要在特定时机、特定局面下判定：它的命题陈述，它的要旨取向，都取决于特定时刻中需要着重考虑应付的局面。而今天，我们所面对的主要威胁，就是理论与经验研究的日益脱节。你随处都可看到这种状况。而方法论误入歧途的过分扩张，理论空中楼阁式的推论臆想之所以一并加剧，背后的缘由也正在于此。所以我想，必须质疑的，正是你的问题所引述的我说的那段话中，本身所预含的理论和经验研究的分野。而且，要切切实实地将这样的质疑付诸实践，而不是当作花哨的言辞。如果说，法国社会学有朝一日也想弥补美国社会学中的科学良知（反过来也是这样），那么，它首先就必须成功地通过推行某种新形式的科学实践，克服上述的分离。这种新型科学实践，要同时建立在日益急迫的理论需求和逐渐严格的经验实践上。

〔6.2〕问：那在什么样的意义上，我们可以谈论科学进步呢？在过去的几十年里，社会学是否有所进展，或者说我们现在仍在与米尔斯（C. Wright Mills 1959）在 50 年代末提出的"宏大理论"和"抽象经验主义"（Abstracted Empiricism）这两大不良倾向进行斗争？

答：从某个层次上看，经过了四分之一个世纪，社会学的图景并无多大变化。一方面，经验研究仍旧把矛头指向那些更多地源于"学究常识"（scholarly common sense），而不是严谨的科学思考的问题。而诸如此类的经验研究又总是抬出所谓"方法论"来证明自己的正当性。这些"方法论"，太过于把自己看作是独立存在的专门领域，网罗了一大堆方法诀窍和技术戒律，对于它们，你还必须敬若神明。而这些东西的目的呢，却不是去探知对象，而是要让人们认为，它们是在探知如何去探知对象的方法。另一方面，你又面临那种脱离任何具体研究实践的宏大理论的复归。于是乎，实证主义的经验研究和理论主义的理论探讨携手共进，互相帮衬，彼此吹捧。不过话说回来了，从另一个层次上看，社会科学还是经历了一些重大的变化。从 60 年代以来，随着拉扎斯菲尔德-帕森斯-默顿三位一体的正统观念的崩溃,涌现出一大批思潮,产生了许多进展,开辟了新的论辩空间(Bourdieu 1988e)。这里我所指的,就包括由符号互动论和常人方法学开创的"微观社会学革命"(Collins 1985),以及女性主义影响产生的一系列学说,等等。在"宏观社会学"里,一种势力强劲的历史思潮业已卷土重来,现在又波及文化社会学,以及组织社会学、经济社会学的某些新学说之中,诸如此类,不一而足,这些显然都已经产生了积极影响。

不过,我宁愿探讨进步面临的阻碍,以及克服这些阻碍的方法,而不是直接说什么进步。进步无疑是有的,而社会学作为一门科学,比起它的旁观者和评论家,甚至是它的身体力行者所愿意承认的,显然更为发达,更为完善。我们在评价一门学科的发展状况时,经常是有意无意地陷入某种潜藏的进化模式之中:孔德那著名的科学等级图式,像一首完美的爆棚金曲,至今仍余音不止,萦绕在我们的头脑里,而"硬"科学也仍旧被看作"软"科学不得不据之以评价自身的标尺。[129] 社会科学里的科学进步之所以如此困难,原因之一就在于过去屡屡亦步亦趋地刻意模仿所谓"硬"科学的结构:比如说,二战以后以帕森斯为中心的范式,它虚有其表,漏洞百出,却主宰了美国社会学和绝大部分世界社会学,直到60年代中期局面才有所改观。

实际存在的科学逻辑是争议性(agonistic)的,而假冒的科学秩序所遵循的,并不是这种逻辑,而是由某种实证主义认识论所阐发的有关科学的看法,各种正统科学观念也正源于这种假冒的科学秩序。[130] [库恩(Kuhn 1970)的功绩之一,就在于他揭示了这种实证主义正统教条的实质。他指出在积累、系统法则化等的名义下,以这种实证主义正统教条为基础，可以煞有其事地伪造出一种科学的正统。]这样说来，我们就陷入了一种科学的拟像（simulacrum）的以假乱真之中，实质上，这样的以假乱真助长了科学的退化。原因就在于，一个真正的科学场域，其实应是这样的一个空间，在这里，研究者们对各自所持异议的根据，对运用哪些方式途径解决这些异议，能取得共识，除此之外，别无其他共识。

〔6.3〕问：在您看来，社会学场域应该是怎样的？您能大致谈谈您对科学场域的看法吗？

答：50年代的美国学术正统是通过一种彼此心照不宣的互让互惠，各安其所，从而得以组织起来的，一边产生了"宏大理论"，另一边是"多变量统计"，最后是"中层理论"。你看，在新的学术圣殿（Academic Temple）上，又迎来了卡匹托尔山式①的三巨头。这样，你就可以说什么美国社会学是世界上最好的社会学，而世界各地其他的社会学，都是它不成熟、不完善的翻版了。紧接着，你就会看到冒出了一个克拉克。他写的那部有关涂尔干及整个法国社会学历史的书（Terry Clark 1973），曲解历史，认为涂尔干及整个法国社会学不过是一个准备阶段，只是为肇始于美利坚的真正科学的社会学的发展铺路。[131]当我步入社会学领域时，我不得不面对所有这套观念，和它们交锋。

要惟妙惟肖地假扮科学，还有另一种方式，就是占领具有学术

---

① 卡匹托尔山（Capitoline），为古罗马城建于其上的七山丘之一，山上有朱庇特神庙。——译者

权力的某个位置,以控制其他位置,操纵培训计划,决定教学要求等,一句话,控制教职人员再生产的机制(Bourdieu 1988a),然后强加一种正统教条。这样的垄断状况绝无半点科学场域应有的气象。科学场域应是这样的一个领域,研究者置身其中,保持自立,在彼此发生异议时,应该抛开一切不合科学的手段——首先就要避免以学术权威压人的行径。在一个真正的科学场域里,你能无拘无束地参与自由讨论,用科学的武器大胆率直地反对任何与自己观点相冲突的人,因为你的位置并不依附于他,或者说,因为你可以在别处另谋他职。知识史告诉我们,一门充满争议、饱含真正的(也就是科学的)冲突活力的科学,比起充斥着不温不火的共识的科学,要发达、完善得多,在后一种科学场域里,占支配地位的是些左右逢源的概念,含糊不清的纲领,息事宁人的论辩立场和曲意删改的著作编辑。[132]

　　一个场域,交流渠道越是畅通,越是能把各种不可明言的动机转化为合乎科学的行为,也就越发具有科学性。一个结构松散的场域,其特点就是自主程度较低。在这样的场域里,不合法的动机产生着不合法的策略,甚至是在科学上毫无价值的策略。在一个自主程度较高的场域,比如说今日的数学场域里,情况则截然相反。一个顶尖的数学家要想胜过他的竞争对手,就不得不受场域力量的制约,通过精研数学来达到这一目的,否则就会被逐出场域。意识到这一点,我们就必须努力去建设一座科学城(Scientific City)。在那座城市里,最秘而不宣的意图也须净化自身,把自己转化为科学的表达。这种观点绝不是什么乌托邦,我可以就实现它的方法提出一系列非常具体的措施。具体来说吧,如果什么地方有一个国家性的裁判或评判者，我们可以在那里建立一个国际专家小组，由三名他国"法官"组成（当然，那时我们就该控制相互结识与彼此联盟的国际网络的发展，防止出现不良后果）。一旦某个研究中心或期刊走向一言堂，我们可以设法扶植一个对手与它一争短长。我们可以通过一系列行动，以提高进入该场域所必需的培训水平和专业技能方面的最低限度要求，从而改善科学监督制度。这方面的措施尚有许多，不一而足。

总而言之，我们必须创造这样一些条件，以使那些最低劣、最贫乏或最平庸的参与者不得不依照现时通行的科学性的规范行事。最为发达完善的科学场域也是某种炼金术的锻造场所，借助这种炼金术，科学的支配里比多不得不转化成一种科学里比多。在我眼里，最糟糕的可能状况莫过于不温不火的共识。我反对它，排斥它，是有一整套理由为依托的。如果没有别的东西可以分享，那就让我们至少拥有冲突吧！

[6.4] 问：除了理论和经验研究的分野，您还指出了一系列二元论或两元对立，它们都有碍一门充分完善的关于社会的科学的发展。[133]这些二元论对立韧性十足，经久不散，对此您作何解释？

答：这些二元论对立的确很顽固，有时候我也疑惑，是否真能使它们相互抵消。一种真正的认识论，其基础是关于科学图式实际上赖以发挥作用所凭借的社会条件的知识，这样的认识论的主要任务之一，就是处理这些二元对立继续存在所带来的问题。有一些二元对立（比如，个人和社会以及个体主义和整体主义间的对立，还有极权主义：但我实在拿不准和极权主义对立的应该是什么）没有任何意义,而且在科学发展史中已被成百上千次地消解过。但是,它们可以很容易地死而复生,而且,那些使它们起死回生的人们将从中得到好处,后面这一点很重要。换句话说,要想彻底摧毁这些对立,就得付出巨大的代价,因为它们已经深深地存在于社会现实之中,所以说,摆在社会科学家面前的任务,是西绪福斯①式的使命:他们不得不一次又一次地从头开始他们的立论和证明;他们知道,所有这些工作都随时有可能毁于一旦,因为他们将被迫返回那些虚假的二元对立。图海纳(Alain Touraine)曾说过:"言谈总是发生在沉默至极之时。"而在社会科学里,即使是最为沉默寡言的人②,也总能援引常识,求得根据。

自从社会科学诞生——在法国,就是从涂尔干之后——以来,总有人一而再、再而三地宣告"主体的回归",宣告那被社会科学无情地钉上了十字架的个体的复活。每一次宣告都能换回掌声喝彩。而文学社会学或艺术社会学之所以如此落后,原因之一就在于,在这些领域里,个性认同被敬若神明,让人望而生畏,不敢越雷池一步。因此,当某个社会学家触及这些领域,开始例行科学实践的公事时,当她提请我们注意社会是由关系,而不是个人充塞而成的时候,会面临无数巨大的阻碍。她随时都可能被拽回常识层次。只

---

① 西绪福斯(Sisyphus),古希腊神话中的人物,是一个渎神的暴君,死后被罚堕入地狱,每日推石上山,但至山顶,重又滚下,必须重新再推。法国作家加缪(Camus)对此所作的现代诠释《西绪福斯的神话》,用西绪福斯来象征一种在没有终极意义的前提下,不肯妥协、始终如一的精神,对当代读者影响极大。——译者

② 原文为 dumbest,兼有"最为沉默寡言"、"最为沉寂无声"、"最为蠢笨木讷"等义,这里作者显然在用双关笔法。——译者

要科学（秉承西绪福斯式的使命）把石头推上山坡一丁点儿，就会有人跳出来说道："你们听见了吗？某某某否定了个体的存在！这太让人气不过了！"（要么说，"比起西纳特拉①来，莫扎特不知要好多少！"）于是乎这个人就会大受青睐，于是乎他就被奉为一位思想家……

其实，有关"主体哲学"的争论（就像60年代保罗·利科等"主体哲学家"所掀起的），只不过是社会科学和哲学之间多种斗争形式中的一种罢了。哲学总是发现自己难以容忍社会科学的存在，把它看作是对于自身领导权的威胁，而且难以接受有关社会世界的科学知识的根本原则，特别是任何一位名副其实的社会学家或历史学家都宣称享有的"对象化的权利"。那些简略概括起来可称之为唯灵论者、唯心论者、"人格论者"（personalist）之类的哲学家及其哲学思想，自然也处在这场斗争的前沿。（这在涂尔干的时代是显而易见的，而在约翰·保罗二世②的时代，在畅谈"人权"的时代，它也仍然适用，只是面目已更加深藏不露了。）所以说，今天的一些文化杂志所鼓吹的"主体的回归"，对于某些人来说没什么稀奇，在这些人眼里，这些"世界观"风水轮流转的更替逻辑，早已了然于胸。60年代我们就发表过一篇文章（Bourdieu and Passeron 1967），在那里我们揭示过，60年代所谓"无主体哲学"（可以用"人的死亡"和其他一些精心锤炼出来以震住《思想》杂志的读者的格言来概括）的胜利，不是别的，只是具体体现在涂尔干社会学中的"无

---

① 弗兰克·西纳特拉（Frank Sinatra），美国流行歌手和电影演员，20世纪40年代深受少女崇拜。——译者

② 约翰·保罗二世（John Paul II），1978—2005年任梵蒂冈教皇。——译者

主体哲学"的"复活"罢了(不过更加时髦了些)。与此针锋相对的,正是战后初期的一代——与萨特的《存在与虚无》相比,阿隆的《历史哲学导论》所起的作用毫不逊色——所以确立自身的东西,而存在主义也力图使这种"无主体的哲学"招致公众的痛斥。[这里我想起了蒙内罗的那本《社会事实不是物》(Monnerot 1945),它现在已经被大家忘记了(甚至包括某些社会学家)。这些人自认为正在开辟新天地,其实却只不过是些鹦鹉学舌的人云亦云之辈。]七八十年代的后起之秀,针对当时支配着这一场域的人(尤其是针对福柯),不得不发动一场复辟运动。这些人是一帮与社会学格格不入的小品文风格的笔杆子,他们针对支配场域的人,用某种气势汹汹——即使不说是自相矛盾——的笔调自充社会学主义(sociologism),齐聚"六八年思潮"的招牌门下。[134]借助当时有利的环境(因为政治局势是保守主义的复辟),一场复辟就这么开始了,目的在于捍卫个人,捍卫与群体相对的个人(individual)和与非人相对的人(person),宣扬高贵典雅的文化(Culture),重塑西方的独特理念(the West),保障人权,讴歌人道主义(Humanism)。①

这样一些煞有其事的冲突,吸引了众多新闻记者、随笔评论家,吸引了那些想在这场声名大追逐中分一杯羹的科学场域参与者,却掩盖了一些真正的对立。这些真正的对立本身很少直接与"世俗的"冲突发生关联。社会科学家安身立命的空间并不是什么

---

① 此处的几个词原文皆为大写,往往特指与西方特定的历史文化相联系的一些被赋予特权地位的观念。自从19世纪末以来,这些观念受到越来越猛烈的批判(特别是在法国),当然也有许多西方学者和"社会"舆论对这种批判持有反对意见,不过这些字眼在今天仍具有明显的"保守主义"意涵。——译者

"时事问题"的空间，不像我们在有声望的文化报刊的书评栏中划分的所谓政治时事问题和知识性时事问题，它哪一种都不是。它是彻头彻尾的国际性空间，是相对地超越时间限制的空间，是马克思和韦伯，涂尔干和莫斯，胡塞尔和维特根斯坦，巴什拉和卡西尔的空间，也是戈夫曼、埃利亚斯和西考雷尔的空间。所有那些为创造出今日的研究者所面对的问题域作出贡献的人们，都属于这个空间。而这里说的问题域，与那些眼里只盯着时兴话题的人们所提出或所面对的问题，可说是风马牛不相及。

〔6.5〕问：这种情况，对于大多数二元对立都适用吗？

答：为什么这些二元对立这么顽固呢？这在很大程度上是因为它们预先注定要成为集结点，汇集起那些以场域的敌对性分划为轴组织起来的各种力量。从某种意义上说，它们是围绕二元对立的分划构建起来的社会空间的逻辑表述。如果确实如此，那么要消灭某种二元对立，仅仅驳斥它显然是不够的，这是种天真幼稚而又含有危险的唯智主义幻觉。纯粹的认识论如果不伴之以对认识论有效性条件的社会学批判，就会一次又一次地陷入束手无策的境地。你不可能光凭认识论角度的论证，就把蕴含了人们的重大——和切实——利益的争执给一举消解掉。（实际上，我认为如果你想要拉社会科学的后腿，所需做的一切就只是胡乱炮制一些愚蠢无聊的争执，就像扔根骨头给一群狗一样。）

但这还不是问题的全部。我的确想过，这些二元对立，这些表面上是科学对立，实际上却根源于社会对立的二元对立，危害就在于它们在教育中找到了另一种社会支撑。我在其他一些地方已经写到过，教授也许正是科学知识进步的主要障碍，至少在社会科学中是这样。我的经验告诉我（我已经教了大约30年书了），为了教学的需要，教授们迫切地要求在社会科学中存在一些简单明了的对立。这些二元论现在派得上用场了：第一部分我们讲一下共识取向的观点（或者微观社会学），第二部分讲冲突学派（或者宏观社会学），第三部分嘛，就是我的观点……一大批虚假的争论早已寿终正寝了（比如文学研究中的内在分析与外在分析，"方法论"中的定量技术与定性技术），但是它们之所以还存在，只是因为教授们需要它们来组织自己的授课大纲，安排学生的考试提问。

社会学的社会学本身并不能瓦解这些力量的作用（正所谓说时容易做时难），但它至少可以削弱这些力量。它可以通过发展和完善反思性，告诉人们时刻保持警惕，认识到自己在思考某事、谈论某事的时候，可能受制于理性前提，也可能被各种其他因素牵着鼻子走。如果建起一座科学城的乌托邦，在里面社会学的社会学可以无一遗漏、不偏不倚地传播给每一个人，也就是说，每一个人都可以获得这种"思维的战争艺术"，那么，你将会发现，科学生活将发生天翻地覆的变化。这一切的前提就在于，它不沦落为畸形膨胀的教学游戏，从而把社会学归纳为忒耳西忒斯（Thersites）的见解。[135]（你不能提出一条实践建议，却不同时加上一条有针对性的注意事项，以防在运用建议时可能出现的错误。这一点大家都能理解。）

[6.6] 问：我们怎样才能把这种对社会科学特有困难的了解，融入旨在增强科学自主性和反思性的具体行动方式或组织形式

中呢？

答：如果存在一批共享的反思性手段，能被集体性地掌握和运用，这本身就是争取自主性的一种强大武器。（研究者之所以经常在对他们的实践进行理论建构时，不能像他们实践理论时那么引人入胜，富有启发，原因之一就在于缺乏最起码的认识论素养。）不过，我们也必须考虑到资助问题。社会学和其他知识劳动——特别是哲学——间的差别就在于它耗费甚多（而产出的利润却没多少）。社会学非常容易陷入走一步算一步的境地，每一个新的设想虽然总能"应运而生"，却很难说得清是出于研究者或研究本身的需要，还是迎合资助者的目的。不管研究资金是来自政府、基金会还是私人赞助者，我们都需要充分发展一种理性的政治学，用来处理和这些供给者的关系。（比如说吧，我们可以根据认识论的反思或者政治上的敏锐直觉，确立如下原则，即只有对那些业已完成的研究，或是只在一些答案已大致显露的问题上，才应考虑接受拨款，订立合同。这样做，可以保障你的自主性，确保你不受任何粗暴无礼的干预或是潜移默化的左右。）

除了以上这些，我还想添上一条原则，就是你需要将研究纲领得以实行的实际条件，发展成为研究纲领设想的一个内在部分。一份问卷再精致，一套假设再完善，一整套观察程序再漂亮，不包括具体实施的实践条件，就全是废话，一文不值。可是你看现在，这种科学实在论既没有传授给学生，也没有在大多数从事社会科学学者的惯习中得到自发的体现。我碰上过数以百计的研究设想，它们的确给人留下了深刻印象，可因为这些抽象构思的研究设想没有从社会条件方面结合考虑他们理论纲领的可行性，结果半途而废。总而言之，你必须学会在你的社会学实践中，避免成为社会力量的玩偶。

〔6.7〕问：您提倡并捍卫反思性，认为它是提高科学自主性的手段。但是，决定是自主性还是异治性（heteronomy），还有另一种因素：即学术场域中的某些特定位置所内在固有的东西。我们无须旁征博引，说到李森科或坎姆洛特计划这样的事例[①]，就能明显地看出，在外在权力面前，不是所有的社会科学空间中的位置都享有同样程度的独立自主。对于芝加哥大学的一名终身教授来说，反思性是可以获得的（对于法兰西学院的教授也是如此）。但是，对于社区学院的一名助理教授，或者，对于一名任职于政府的研究人员，情况还是如此吗？

答：自然啦，反思性本身不足以确保自主性。我明白你想用芝加哥大学教授这个例子说明什么：你是想说，有一些位置享有法律保障的独立性，在这样的位置上，你可以冲着世俗权威大喊"见你的鬼"；而要是在其他位置上，你可就没这个福气了。同样的意

[①] 李森科（Lysenko），苏联遗传生物学家，长期担任苏联科学院遗传研究所所长、农科院院长，创立李森科主义，攻击压制孟德尔学说，20世纪30~60年代长期统治苏联生物学界。坎姆洛特计划（Camelot）：1964年，美国军方提供了数百万美元的经费，招收社会科学家参加一项名为"坎姆洛特计划"的研究，这项研究的主旨是研究民族国家内爆发内战的可能性，主要针对拉丁美洲地区的国家。实际上，此项研究很可能被用于干涉他国内政。计划进行不到一年，有关该计划及其经费来源的消息就在智利被披露，在美国内外引起轩然大波，使军方被迫放弃了这一计划。由于大量社会科学家曾参与这一计划，这一计划就向人们提出了有关社会科学的伦理学和政治学方面的尖锐问题。——译者

思，亚里士多德的表述更值得玩味，他说："德性需要一定的闲适"。没有自由所需的社会条件，就谈不上什么自由的德性。对于许多人来说，从结构上就不允许他们朝赞助者或政府说什么"见你的鬼"。（顺便说一句，这并不是说那些真的敢斥骂政府或企业界的人就毫无功德，因为还有着那么多科学家，抱守着世上所有必需的社会条件，却从未对政府和企业界有过相似举动）。如此说来，也就是没有自主性的社会条件，就没有自主性，而这些条件是不可能靠个人单枪匹马去赢取的。

　　说到最后，自主性的必要条件就是存在自主的科学资本。为什么这么说呢？这不仅是因为科学资本有着各种防御、建构、论辩之类的手段，而且还在于，受到认可的科学权威能使你免受异治性的诱惑。有一条社会法则，适用于我所研究的所有文化生产场域，包括艺术、文学、宗教、科学等，就是说引入异治性的行动者，是那些根据场域或特定标准处于被支配地位的人。[136] 这就是福楼拜的小说《情感教育》中那位于松内先生所遵循的模式。于松内先生是位不成功的作家，最后爬上了文化事务委员会的负责职位，利用他在政府中的位置，向他往日的朋友无情地行使着权威。他是那群作家中最具异治性的一个，按照文学场域的特定标准，他正是最没出息的一个，也正因为这个，他最容易受到美人鱼的蛊惑，也就是说受到政府、社会显要、政党等方面的利诱。

　　当社会科学要与常识决裂，奏响自己独有的音调时，会遇上一些困难，其原因很大程度上是由于那些在科学上受支配的人们，总是要情不自禁地站在未经科学建构（即社会预先建构）的观念一面。这些人总能够从解构已建构的，曲解已理解的，从而竭力迫使每一个人都从头开始这样的举动中，获得很多好处。这样的人，场域内外都能找到。不过，如果没有场域内部的人助一臂之力，场域外的这种人影响就会小得多。[137]社会学要获得自主性，之所以如此举步维艰，困难重重，关键原因之一就在于，兜售常识的人，在场域内总能有机可乘。这里面的道理就是经济学家所熟知的一条原理：劣币驱逐良币。

〔6.8〕问：在您看来，社会学在前进的路上遇到的特有阻碍，也就是说，它"在向其他科学看齐时遇到的"特殊"困难"（Bourdieu 1982a: 34），并不在于它处理的是充满意义的行动，按照解释学思潮的主张，这些行动是我们更需要加以解释和移情而不是加以客观说明的"文本"（例如Geertz 1974, Rabinow and Sullivan 1979）。真正的困难在于，社会学非常容易受到社会力量的左右。

答：的确，我坚持认为，学者们关于人文科学独特性的所有讨论都是站不住脚的，人文科学和所有其他科学一样，遵从着同样一些规则。你必须提出一整套连贯一致的变量说明体系，各种假设也必须统统纳入十分简明的模型之中，这样的模型还必须说明可在经验中观察到的大量事实。要想推翻这个模型，必须再拿出其他更强有力的模型来，新的模型也得符合同样的条件：逻辑连贯性、系统性和经验可证伪性。[138]我有一些朋友是化学家、物理学家或神经生物学家。当我和他们交流时，惊讶地发现他们的实践活动和社会学家所做的是如此相似。一个社会学家典型的日程安排，大致就是实验摸索，统计分析，学术论文阅读，与同事的探讨，在我看来，这些和一名普普通通的科学家没什么两样。

第二部分　反思社会学的论题（芝加哥研讨班）

社会学碰上的许多困难，恰恰是因为我们总是想把它搞成一种与众不同的科学。我们既对它期望过高，以为它对各种问题无不胜任，而同时却又过分娇纵它，放弃了许多基本的要求。可总是有那么多的社会学家想满足最大而无当的各种要求。如果我把新闻记者要求访谈我的所有题目开一张清单，你会大吃一惊：从核战争威慑和裙裾的长度，到东欧演变、足球流氓现象、种族歧视，乃至艾滋病。人们把社会学家看成是先知预言家，对社会存在中的万事万物，他都能给出系统连贯、合乎逻辑的解答。让社会学家发挥这种作用是站不住脚的，与社会学家很不相称，安在谁身上，都十分愚蠢无聊。[139] 而与此同时，对于那些有充分发言权的社会学家，那些认为自己有能力科学地建构问题，而且还能对这些问题给出精确的、可证实的答案的社会学家，人们却抱着一种嗤之以鼻的态度。

社会学之所以显得独具一格，在很大程度上是社会图景的作用，这一图景迫使人们（大多数情况下，学者也不能幸免）不得不接受它。涂尔干喜欢说，构建一门有关社会的科学，主要障碍之一就在于，在有关社会的科学方面，人人都坚信自己对社会世界拥有与生俱来的知识，拥有天赋的科学。比如说那些新闻记者，他们绝不敢妄谈生物学或物理学领域里的进展，也不会介入一位物理学家和一位数学家之间玄奥的争论。可是对于各种"社会问题"，他们很少会犹豫再三、缄默不语。他们会积极地讨论大学或知识界的作用机制，对这方面的科学分析作出裁决，却浑然不觉这分析中特有的关键问题所在，比如说，社会结构和认知结构之间的关系。而这种特有的关键问题，正是科学研究和学术争论的自主历史的产物。在这一点上所有的科学无一例外。（我想起有一位新闻记者，在我那本《国家精英》出版后，跑来邀请我参加一次讨论，与法国行政管理学校校长进行当面辩论，要求我在三分钟时间里"开诚布公"地为名牌高校说好话，而校长先生则发表反对意见……你想想看，我怎么可能答应这样的事？）这是个最重要不过的社会事实：对于外界不加掩饰的直接评判，社会学往往门户洞开，易受它们的影响。任何一个技术官僚或是政客，哪怕对某个问题一无所知，也可以在报纸电视上公开发表意见，而丝毫不必担心遭到嘲笑或者被人们认为没有资格这么做。

我们可以这么来解释社会学在"腾飞过程"中遇到的困难：它总是不断地受到非常强烈的压力，要求它回答一些与每一个人都有所关联的问题，有时这些问题还牵涉到"生死攸关"的大事（在韦伯笔下，预言就担当此任），而且，它也不是每时每刻都能享有抵制外来需求压力所必需的所有自主前提和手段，而这种状况本身就是以前外来需求对学科的支配所造成的。[140] 情况之所以如此，原因很多，尤其是因为受各种条件的限制，社会学不可能阻止、贬斥乃至驱除某些投机分子。这些人企图以最低限度的代价，对各种要求做出回答，以寻求直接利益，却无须做一些必需而又艰苦的工作。而这些工作，对于将普通民众的各种"社会问题"转化成导向科学解答的社会学问题来说，又是必不可少的。

〔6.9〕问：说到倡导知识场域的自主性，您可真是孜孜不倦啊！

答：是的，对于科学的自主性，我就是这么一个绝对不肯让步的倡导者，坚定不移，顽固不化（有些人也许对此迷惑不解，不过我相信，我的社会学不至于被怀疑为迎合既有秩序）。我想，社会学理应独立自主地确立自己的社会需求和作用。现在有些社会学家觉得有责任为自己作为社会学家的存在提供证明、寻求依据,并履行他们觉得有责任履行的义务。可是,为谁履行义务?履行什么义务?社会学必须首先确立自身的自主性,必须在关系自身的独立性问题上,拿出咄咄逼人、目空一切的强硬劲头来。[141]只有凭借这种方式,它才能获得各种精确严格的手段,从而获得政治上的重要地位和潜力。至于它可能拥有什么样的政治潜力,就得看它是否拥有纯属科学的权威,即它是否拥有自主性。[142]

要想增强科学场域的自主性,只能诉诸旨在巩固社会科学中的理性沟通的制度性条件的集体反思与行动。韦伯(Weber 1978: 1148—1150)曾提请我们注意,战争技艺的最大进步不在于技术的创新,而在于军士的社会组织的创新,比如说马其顿方阵。同样,社会科学家要想为自己科学的进步出力,使自己的努力卓有成效,就应该努力建立并巩固各种能够克制不宽容倾向的制度机制,以促成更为公开畅通的沟通形式,让各种观点更加顺利地相互撞击。这里说的不宽容倾向是说存在不同的各个国家传统,有可能演变成孤立主义乃至帝国主义,从而引起科学上的褊狭。[143]

如果说并不存在什么超历史的沟通的普遍条件——请哈贝马斯先生原谅我的不同看法——那么,可以确定的是,仍然存在一些沟通的社会组织形式,有助于促进普遍条件的生产。我们不能只有靠道德训诫,从社会学中剔除那些"受到系统地扭曲了的"沟通。要想改革沟通结构,只能依赖一种现实主义的科学理性政治,方法是协助改变那些生产科学的领域的作用方式,改变在这些领域中参与竞争的行动者的性情倾向,从而改变在形塑行动者性情倾向中发挥着最为重要的作用的制度机构,那就是大学。

〔6.10〕**问**:在您所提出的科学场域观中,隐含着这样一种科学史哲学,它主张超越另一对重大对立。这对对立至少从康德和黑格尔以来就一直缠绕着我们,也正是德国方法论争论(Methodenstreit)[①]的核心。从许多方面来看,它也在哈贝马斯与"后现代主义"的倡导者间的论战中有所反映。这对对立就是历史主义和理性主义。

答:我确实相信科学彻头彻尾是历史性的,但这并不等于说它与历史丝丝相扣,可以被化约为历史。理性在历史中的生成和发展,有它具体的历史条件。[144]当我说虚幻的学术共识——拿戈夫曼的话来说,就是"操作共识"(working consensus)——的情境还不如公开冲突的状况来得好时(哪怕后者并不完全合乎科学),背后的依据是一种历史哲学,从它可以得出一种大写的理性(Reason)的政治学。我并不认为理性存在于心智结构或语言结构之中,正相反,它存在于一定的历史条件中,存在于一定的对话和非暴力沟通的社会结构中。在历史中,存在一种特殊的进程,我们可以仿照埃

---

① 发生在德国19世纪末20世纪初的所谓"方法论争论",历时数十年,涉及哲学、社会学、政治经济学和历史学等诸多学科。尽管参与争论的各方立场纷纭,不能简单地划分出清晰的阵营,不过在政治经济,学中(新老)历史主义学派和理性主义,在哲学中的所谓"历史主义的危机"和新康德主义等思潮对实证主义的批判以及社会学中与此相关的理论、价值等问题是整个方法论争论的焦点。争论中最核心的问题是:在充分考虑各门社会科学研究对象的历史性、所涉及的"意义"或"价值"的方面的同时,是否保证和怎样保证社会科学的科学性,以及抽象概括的理论怎样把握独一无二的历史现实。这一争论对社会学和经济学产生了深远的影响,尤其是韦伯、舒茨等人的社会学思想,都必须放在这个大争论的背景中才能理解。——译者

利亚斯的话称之为科学的文明化过程，它的各种历史条件是与那些具有相对自主性的场域的建构过程相伴而生的。在这样的场域里，一举一动都受到牵制。什么应该包含在内，什么应该排斥在外，并且随时要考虑谁有权进入场域的问题，这些都有着无须明言的原则和公之于世的规定，有着各种内在的规律性。科学理性应当不再将自身寄托在某种实践理性的伦理规范中，不再依赖于某种科学方法论的技术规则，而是铭刻在不同策略之间相互竞争的社会机制中，这种机制表面上看来无法可依，实际上其中所涉及的策略都具备了足以调控自身的用途的各种行动与思维手段，而且这种科学理性还要铭刻在这一场域的作用机制所生产和预设的持久性的性情倾向中，只有在这个时候，我们才可以说，科学理性实现了自身。[145]

你不能只是单枪匹马地寻求什么科学的救赎。正如一个人不可能光是个艺术家，却不参与艺术场域，我们同样也可以说，正是科学场域的作用机制本身，使科学理性有可能成为现实。在这一点上，哈贝马斯是站不住脚的，因为理性自身也有历史：它不是什么天赐之物，早已内在于我们的思维或语言中。所谓惯习（无论是否科学），固然是超验的，但也是一种历史的超验（historical transcendental），受制于一个场域特有的结构和历史。

[6.11] 问：换句话说，如果存在一种知识分子的自由，那也不是像笛卡尔的"我思"那样的个体自由，而是通过在历史的时空限定下，建构一个受到调控的讨论与批评的空间，作为集体性获得的自由。[146]

答：知识分子很少能意识到这一点，他们总是乐于特立独行地思考，期望从个体解放中寻求救赎，遵照智慧的逻辑，信奉独创性的征服。可他们却总是忘记了"知识分子自由"背后存在一种政治。从我上面所说的一切中可以清楚地看到，只有当使一种解放的科学成为可能的各种社会条件和政治前提都存在时，这样的解放科学才可能成为现实。例如，它要求消除某些外来支配的作用，这些外来支配拒绝可能产生优秀成果的项目申请人，或是裁减研究基金（这种办法更赤裸裸，但我们不应忘记简直每天都会发生这样的检查控制），通过阻止那些想介入科学场域的人这样做，可以避免扭曲了科学竞争。当然我们还得克服一些较为温和的规矩，比如通过学术规范（bienséance）实行的监督：强制一个才思泉涌的人花上大量时间，去根据当时的实证主义"教规"对她的命题逐条作出完整充分的证明，这样就可以阻止她提出很多新设想，这些设想的完整的验证工作本来是可以留待他人完成的。正如我在《学术人》中所说的，正是主要通过这种对时间的控制，学术权力得以施行。[147]

所谓普遍大同的主体（universal subject）是一项历史性的努力，绝非朝夕之间可以一劳永逸地完成。正是通过在各种力量的历史空间之中发生的无数次历史斗争，我们才一步一步地走向普遍大同的目标（Bourdieu and Schwibs 1985）。要想将理性推向前进，我们唯有投身于为了理性的斗争，将理性置于历史之中，即实践一种"追求理性的现实政治学"（Bourdieu 1987k）。具体来说，我们可以干预大学体系的改革，也可以采取行动以确保读者面不广的著作得以出版，可以示威反对出于政治原因驱逐助理教授，可以奋起反对在种族歧视这样的一些问题上使用伪科学的论证手段，如此等等，不一而足。[148]

〔6.12〕问：但是，社会学的许多缺陷弊病，不正是因为错误地认为自己有能力探究人类的所有实践，包括像科学、哲学、法律、艺术等等这样一些声言具有普遍性的实践吗？一句话，不就是因为它并不总能胜任自定的"元"科学主张吗？

答：这就得看你怎么定义"元"（meta）了。要成为"元"的东西，就是要成为凌驾万物之上的东西，而在科学领域的争夺中，人们总是试图成为"元"的，也就是说，要凌驾于他人之上。关于这一点，我想到了一个例子，就是动物行为学家凯洛格（W.N.Kellogg）做的一项十分巧妙的实验，他在房间里关了一群猴子，把一串香蕉吊在它们够得着的地方。猴子们随即发现了香蕉，一拥而上，最后，这群猴子中最机敏的一只——它名叫撒旦——把它的小"女朋友"推到香蕉下，迅速爬上那只雌猴的头，抓过香蕉就吃。接下来，所有的猴子都单足而立，围站在香蕉下，伺机爬上其他猴子的后背。只要稍微想想，你就会认识到这个范例适用于许多科学探讨。那些争论几乎总是毫无成果，因为人们关心的并不是彼此理解，而是彼此压过对方。社会学家这门职业，其无意识的动机之一就在于它是一门力图成为"元"科学的职业。在我看来，社会学理应成为"元"科学，但始终应该是针对它自身来说的。它必须利用自身的手段，确定自己是什么，自己正在干什么，努力改善对自身立场的了解，并坚决否定那种只肯将其他思想作为研究对象的"元"观念，那种"元"观念的唯一用途就是煽起毫无学术价值的争辩。

〔6.13〕问：人们可能对此有不同看法，认为这样将反思性针对自身风险颇大，极有可能导致为反思而反思。这种对知识界的反

思，难道是一项自成一体的事业吗？或者说，这种反思能造就一种更为严格的关于社会的科学，并由于其严格而产生更加强大有力的政治影响？

答：这样的反思分析有两种效应，一是科学方面的，一是政治方面的；科学效应反过来又产生着政治效应。我前面在考察个体运行者时说，无意识与决定论彼此契合；同样，我认为知识分子的集体无意识是知识分子与支配性的社会政治力量间契合关系的特殊表现。知识分子对统治着知识界，从而统治着他们实践的各种社会力量视而不见。我相信，这一事实正说明了知识分子群体如何作为一种集体性的力量，表面上张口闭口一种十分激进的论调，实际上却促成了支配力量的维续。我也意识到这样直言不讳会激起轩然大波，因为它与知识分子虚构出来的自我形象大相径庭：知识分子喜欢把自己设想成为解放者，代表着进步力量（或者至少是保持中立，自在悠游，在美国尤其是这样）。当然，知识分子也还经常站在被支配者的一边。这里有结构上的原因，要知道他们在支配者中是处在被支配的位置。[149]但他们原本远可以比现在更多地为被支配者摇旗呐喊，特别是和他们愿意相信的作用相比起来，他们为被支配者所说的话，所做的事，实在是很不相称。

〔6.14〕**问**：这是不是就是您反对自己被冠之以"批判社会学"的原因？您总是故意与那些以"激进"社会学或"批判"社会学的名义自我标榜、昂首前行的理论保持距离。

答：你说得不错。我甚至可以告诉你，在我还是个初出茅庐的青年社会学者时，最初的想法之一就是让自己成为某种法兰克福学派形象的对立面。[150]我认为，无视政治和伦理方面压制的集体机制，过高估计知识分子所享有的自由，使得像萨特这样最为真诚的进步知识分子也总经常与那些他们自认为正与之战斗的力量同流合污。所有旨在摆脱知识分子的决定论桎梏的努力最终都被证明走向了自己的反面。原因就在于，这样过高估计知识分子的现实自由，会鼓舞他们投入一些不切实际、天真幼稚的斗争，或许你都可以把这叫作"青春期"的斗争。

这里的困难部分在于，一个人要想捍卫像我这样的立场，就必须考虑到许多危险，其中就有我们初涉人世的青年人希望幻灭后的危险（这里说的青年是就它的社会学意义来说的，特别是指那些年轻学者和研究生）。所有的知识分子都渴望成为"青年人的教唆犯"……纵使这样，要是告诉青年，他们的颠覆意图一般是不成熟的，比如用梦幻般的、乌托邦的、非现实的之类字眼，对青年人来说，也无异于兜头一瓢冷水。有各种各样诸如此类的颠覆策略，实质上不过是移置（displacement）①的策略罢了。我之所以研究知识分子，目的之一就是想揭示出所有这些暗中受惠，这种表里不一的话语，这种两面派的花招（doubles jeux），它们的准则，正在于知识分子没有坦率地承认他们与自己在知识场域中的嵌入位置之间的关系。

知识分子掩饰自身的特殊利益的时候，往往具有非凡的创造力。比如说，1968年"五月风暴"之后法国知识界的特定处境会促

---

① 移置系借自精神分析的概念，此处有"转移矛盾"、"换汤不换药"之义。——译者

使人们问:"可你是从哪一点出发说这话的?而我这么说,又是站在什么立场上?"这种故作姿态、顾影自怜的自我表白,约莫是受精神分析激发的,所起的作用就像弗洛伊德所说的"屏障",阻隔了坦诚的表达,也就是说,妨碍了对言谈者社会定位的发现:在我们这个例子里,就是在大学等级制中的位置。在探讨知识界和艺术界方面,我首先详细阐述了场域观念,这绝不是偶然的。[151] 我有意构建这一观念来瓦解知识分子的自恋症,揭穿有些人使用客观对象化时极其有害的把戏。在他们手中,客观对象化要么是孤立地针对某个人,这里精神分析就派得上用场了;要么过于广义地扩大客观对象化的范围,眼里的个人完全成为所代表范畴的一个标记,使个人的职责义务消失殆尽。光嚷嚷什么"我是个资产阶级知识分子,我是个可耻的鼠辈!"就像萨特总喜欢宣称的那样,并没有什么实质内容。但要是说"我是一名来自格勒诺布尔①的助理教授,我正和一位巴黎的教授交谈",你就不得不扪心自问,这里所发生的一切,是不是实际上是这两种位置之间的关系正在借助两个人之口表达出来?

〔6.15〕问:如果我对您的理解是正确的话,那么就是说,要对支配进行批判,我们最好的工具仍然是科学。这一点,您不折不扣地与启蒙运动的现代主义设想站在同一立场上(而与后现代主义者截然相反),因为你主张,只要社会学是科学的,它就是一种内

---

① 格勒诺布尔(Grenoble),距巴黎东南方向约569公里的一座外省城市,有大学。——译者

在的政治进步力量。[152]可是这里事实上不是有个悖论吗?一方面您认为,由于符号性的支配,由于对社会世界的信念式理解(doxic understanding)①所暗含的误识,有很多种历史可能性直到今天一直受到排斥,您主张解放自我意识,这种觉醒将拓展自由的空间,从而能把这些历史可能性包容到理性所及的范围之内。而另一方面,您的理论又同时促成了一种激进的解魅除魔,使这个我们必须继续挣扎其间的社会世界变得几乎令人难以容忍,不能生存下去。你一方面要为增进自由、发展自觉意识提供工具,另一方面极度敏锐地意识到社会决定机制无所不在,这又很可能起到涣散人心的作用,两者之间有一种强烈的张力,甚至是有一种矛盾对立呢。

答:《学术人》就是一个很好的例子,从中可以看出,我试着用反思性所提供的工具,来遏制由无反思性所引发的各种偏见,努力探索有关各种机制的知识,这种知识往往能够改变反思的条件。反思性这种工具将产生更多的科学知识,而不是相反。之所以要提倡它,并不是要对科学的雄心壮志泼冷水,只是想帮着让这样的雄心变得更为现实一点而已。通过推动科学的进步,从而也是推动有关社会世界知识的增长,反思性使一种更加现实、更负责任的政治成为可能,无论这种政治在学术圈内还是在学术圈外,都是如此。巴什拉曾经写道:"唯有关于隐藏事物的知识才是科学"。这种破除遮蔽的见解,其结果是引发某种超出本意的批判。科学越强大,越能

---

① 信念式理解,正如我们在前文的译注中所指出的,"信念"一词强调"接受……的存在,并将之视为不言而喻的",即与所谓"设定性"有关。这里所说的"对社会世界的信念式理解",指在理解中预设了社会世界既有秩序的存在及其合法性。——译者

够发现各种机制——这些机制的效力至少有一部分是来自于人们对它们的误识——从而直达符号暴力的基础，这种批判也越有力。[153]

如此说来，反思性的目的根本不是什么"为艺术而艺术"式的老套子。反思社会学能够有助于知识分子走出他们的幻觉，首先是摆脱他们自认为自己全无幻觉的幻觉，尤其是认为对他们自己全无幻觉的幻觉，并且至少可以从反面使这些知识分子不能轻易地以被动的无意识方式来助长符号支配。

〔6.16〕**问**：这里，您使我回想起涂尔干的一句名言，他说社会学"之所以扩大了我们的行动范围，只不过是因为它扩大了我们的科学领域"（Durkheim 1921: 267）。但我还是得回到我的问题上：反思性使我们祛除幻象，这是不是也带来了一定的危险，导致我们倒退到那种"消极保守的立场"？涂尔干，这位《社会学年鉴》的创建人，早就一贯将自己与这种立场划分得一清二楚。[154]

答：对于这个问题，我可以初步给出以下回答：如果危险只在于削弱青年的反叛，消除了其间的魔幻魅力，那这并不是什么大不了的损失。这些青春期的反叛，一般说来，过了知识上的不成熟期，也就自然消退了。

〔6.17〕**问**：这就体现了您反先知的立场[155]，或许，这一点也是您和福柯学说之间分歧的一个标志？

答：确实，在福柯的著作中有这样一种倾向（当然，这种倾向被他的著作的阐释者们大大发挥了），他在理论上概括了处于青春期的青年的反叛，探讨青年与他的家庭、与接替家庭的教育职能、与施加"纪律"(disciplines)的制度(比如学校、诊所、精神病院、医院等)之间的冲突,即与各种形式的非常外在的社会约束之间的冲突。青春期反叛经常体现为一种符号性的否认,一种带有乌托邦意味的对普遍社会控制的反应,这种态度使人不必费神去作全面的分析,探究各种约束施加在不同情境下的行动者身上所体现的具体历史形式,特别是它们所具有的千变万化的形式;也不用去分析各种复杂的社会约束形式,它们的运作机制比起那些通过对身体的操练(dressage)来发挥作用的社会约束远为细致微妙。[156]

自然啦,向青年人泼冷水,解除他们的幻觉,并不是那么令人愉快的事情,特别是考虑到他们的反叛中还是有不少真挚而深刻的成分在内:他们反抗既有秩序,看不惯甘于受制的大人们与世无争的屈从,冷眼面对学术界的虚伪,以及一切一切他们体察得非常出色的东西,因为他们还没有看破红尘,还没有学会悲观失望,还不曾像大多数我这一辈的人——至少在法国——那样不问世事,完全放弃自己当初的抱负。也许,要成为一名出色的社会学家,很有必要融汇一些代表着青春的性情倾向,比如拥有一定的力量和勇气,去毅然决裂,去起而反抗,面对社会不平保留一份无邪的天真;此外再纳入一些更多地体现着老成的性情倾向,比如说现实主义的立场,比如有能力直面社会世界冷峻艰辛、令人沮丧的现实情景。

我相信,社会学的的确确有着除魔去魅的效果,但在我眼里,这种效果正标志了迈向科学现实主义和政治现实主义的进步,这与那种天真幼稚的乌托邦思想简直是天壤之别。科学的知识让我们能够实事求是地确定科学得以发挥作用的方面,脚踏实地地去追求担负责任的行动,让我们能够摆脱没有自由的争斗。在没有自由的争斗中，往往回避了真正的职责所在，常常不过是欺诈背德行为的托词，而科学知识却可以使我们避免这种情况。[157]当然，是有那么一种社会学，也许尤其是我所实践的这种社会学，可能助长唯社会学主义（sociologism），屈从于社会的"无情铁律"（尽管它的本意正好与此相反），不过我想，像马克思那样在乌托邦思想和唯社会学主义之间设立一种非此即彼的抉择，或许多多少少会使我们误入歧途：在唯社会学主义的与世无争和乌托邦式的唯意志论之间，存在可以回旋的余地，我把它叫作深思熟虑的乌托邦思想（a reasoned utopianism），即借助有关社会法则的真正知识，特别是有关这些知识得以发挥效用的历史条件的知识，以理性的方式，在政治中自觉地利用自由的各种局限。[158]社会科学的政治任务在于既反对不切实际、不负责任的唯意志论，也反对听天由命的唯科学主义，通过了解有充分依据、可能实现的各种情况，运用相关的知识，使可能性成为现实，从而有助于确定一种理性的乌托邦思想。这样的一种社会学的乌托邦思想，亦即那种现实主义的乌托邦思想，在知识分子看来是极不可靠的。这首先是因为这样的思想看起来有着小资产阶级的面目，表现得不够激进。当前，极端的东西总是更时髦些；而且，政治行为中的美学意涵，对于许多知识分子来说更为重要。

〔6.18〕问：您的上述见解，也可以用来否定一种知识分子十分喜好的政治观。这种观念认为，人是一种理性的政治动物，通过行使自由意志，通过政治上的自我表白，构建着自我。

答：我不十分同意这种看法，不太愿意这么说。正相反，我认为这种政治观本身也是某种历史设想的组成部分。那些持有这种政治观的人们理应认识到,他们是一长串前辈的历史接班人。他们的前辈们曾身处各种历史条件之中,从而有机会促进自由大幅度发展(Bourdieu 1989d)。他们首先必须认真地考虑一个事实,即要推进这种设想,就必须有一批哲学教席、社会学系(暗含着某种特定形式的异化),即必须业已创建出受国家保障的、作为正式官方学科的哲学或社会科学,等等。知识分子觉得自己有责任站出来,针对南非的种族隔离、中美洲和罗马尼亚的压迫统治、发生在身边的性别歧视,仗义执言。对于这些知识分子来说,他们力图使这种神话灵验,使它真正有可能作为现实存在,于是乎便有了巴黎公社,有了德雷弗斯案件①,有了左拉等一大批人。[159]我们必须始终牢记一点,那就是,文化自由的制度也是一种社会努力的成就,赢得这种制度的艰苦程度,比起《社会保险法》或法定最低工资毫不逊色(Bourdieu and Schwibs 1985)。

[6.19]问:能不能这么说,您所实践的社会学,所运用的分析方法,既是一种关于社会世界的理论,也是一种伦理学说?从您的社会学里,我们是否能推导出某种个人行为的理想模式呢?

答:我不得不说,答案既是肯定的,又是否定的。如果抱守旧

---

① 德雷弗斯案件,1894年法国犹太军官德雷弗斯(Alfred Dreyfus)被军事法庭以叛国罪判处终身监禁。不久,左拉在报纸上发表了一篇题为《我控诉》的文章,揭露了事件的真相,并对当局提出了尖锐的批评,此后由于大量知识界和文化界人士的介入,在全法国掀起了要求释放德雷弗斯的政治风波,直至1906年德雷弗斯才有机会使他的案件被重新审理,并被平反昭雪。德雷弗斯案件对法国乃至整个西方知识分子的形成和发展,产生了十分重大的作用。——译者

有的实证科学与规范科学的对立两分法，我的回答就是否定的；但如果我们同意超越这种对立来思考问题，那我就回答说"是"。实质上，因为它是一门科学，所以就蕴含着一种伦理。如果我上面的主张是正确的，如果确实只有通过科学对各种决定机制的了解，才能揭示出一种特殊形式的自由，一种相对伦理来说既是前提条件又是相关因素的自由，那么，一种有关社会的反思性科学也同样确实暗含了，或者说蕴含了一种伦理，当然这并不等于说这伦理就是唯科学主义的伦理。（不用说，要建立一种伦理，也不是只有这一种途径。）在这里，道德之所以可能变为现实，是在一些特定的情况下，科学可以激发自觉意识的觉醒。

我相信，只要社会学还是这么高度抽象，高度形式化，它就无所作为。不过一旦它放下架子，深入现实生活的细枝末节，人们就可以拿它作为一种工具，就像上诊所求医问药那样来为自己服务。社会学给予我们的真正自由在于给予我们一点机会，让我们去知晓我们参与其间的游戏，让我们在置身某个场域的时候尽可能地少受这个场域的各种力量的操纵，同样也少受从我们的内部发挥作用的、体现在身体层面上的各种社会力量的摆布。[160]我并不是想告诉大家社会学能解决世上所有的问题，事实远非如此，可是社会学能使我们得以分辨在哪些地方我们切实享有一定程度的自由，在哪些地方我们并没有什么自由可言。这样，我们就不会白白浪费精力，在本无出路的战场上争来杀去。[161]

因此我认为，反思社会学的确可以发挥某种哲学用途或伦理用途。它的宗旨，并不是要对别人"吹毛求疵"，化约其他人，谴责他们，攻击他们"不过是某某人的孝子贤孙罢了"。不，决不在此。反思社会学使我们可以去理解这个世界，说明这个世界，或者，借用我很喜欢的蓬日（Francis Ponge）的说法，去"使世界成为不可或缺之物"（Bourdieu 1986f）。要想充分理解处于某个空间中的个体的行为，就等于理解他所作所为背后的必然性条件，就是使那些乍看上去不过是机缘凑巧的偶然行为，表现为不得不如此的必然事件。这不是在为世界提供正当性说明，而是学会接受许多本是那么令人难以忍受的事情。[162]（当然啦，我们必须无时无刻不记住，采取这样的社会宽容是有它的社会条件的，而这样的社会条件不是每个人都能一视同仁地得到的。对于那些无法朝此努力的人，我们不应该强求他们做到这一点。比如说吧，要人做一名反种族歧视者，固然很好，无可非议，但如果不同时在各种社会条件方面，比如住房供应、教育机会、就业渠道等等。大力促进平等获得权，使反种族歧视成为现实可能的立场，那么，这样的口号就未免只是虚情假意的姿态罢了。）

只要你将反思社会学用于自身，就为自己开辟了一种可能性，以确定和识别自由的真正所在，并因此踏上了塑造小范围的、谦和而又切实可行的道德的征途，别看这样的道德不起眼，它完全符合人类自由的范围要求，在我看来，这种人类自由并非一大而无当的东西。在社会场域这样的领域里，事情总是不停地变化着，从没有什么彻底的预先决定。但话说回来，这种决定机制发挥作用的程度比我初涉社会学时所认为的高得多，有许多时候，面对事物被决定的程度如此之高，我也不免震惊，有时我对自己说："这绝不可能。人们会认为你是在夸大其词"。不过，请相信我并非对这种决定机制津津乐道。实际上，我认为即使我对这些必然性因素过于敏感，那也是因为我发现它特别令人难以容忍而已。就个人而言，当我看到别人深陷必然性之中不能自拔，不管是穷苦人还是富人，我都会感觉到一种切肤之痛。

〔6.20〕问：您近年开始着手对"社会疾苦"（social suffering）的经验进行考察，在我看来，这一研究的出发点正是把社会学看作是某种社会助产术（social maieutics）①的伦理立场。它十分具有启发性，因为它把社会科学、政治学和公民伦理都贯穿成一个整体，而且还说明了社会学能发挥怎样的一种类似苏格拉底式的作用：使社会表象和政治表象的既有形式中根深蒂固的监督机制失灵。

答：在过去十年里，整个政治领域变得越来越封闭，争斗的对手只限于内部的一些人，彼此的争吵独具一格，争夺的焦点也极为特殊。政府的领袖们实质上成了囚犯，被一群阿谀奉承之徒所包围，这些随从是一些原本一片好心的技术官僚们，可惜他们就是不懂他们的公民们日常生活中的一举一动，不懂他们自己无知到何种地步。他们乐于借助民意调查的巫术来进行治理，这些调查用一些被调查者不用的字眼，提一些被调查者一般并不会提出来的问题，而被调查者直到问题摆在了面前，面对调查者的催促和逼迫，才会并不情愿地给出一些牵强的答案。这种强加的问题，貌似合理的技术，其实不过是蛊惑人心的伪科学。为了反对这样的做法，我提出一个设想，对社会的疾苦、悲惨的境遇、难以明言的不满或怨恨进

---

① 助产术，语出苏格拉底，他曾将自己比喻为知识的助产士，将自己的言谈看作催生真正知识的"助产术"，即教导人们对立思考、认真分析问题的方法，又称"苏格拉底式的讽刺"。——译者

行探索性的考察。这些东西隐藏在近来诸多非制度化的抗议形式之下（出自高中生、大学生、护士、教师、电车司机等群体），是围绕"阿拉伯妇女的头纱"和公众住房供应的滞后这样的问题所产生的紧张局势背后的关键。而且日常生活中广泛存在的各种歧视待遇和相互指责的现象中所体现出的"私人政治"，也正是受社会疾苦等因素推动的。[163]

泰雷曾经告诉我们（Emmanuel Terray 1990），在希波克拉底①的传统看来，真正的医学发轫于对不可见的疾病的治疗，也就是要探知病人未曾提及的症候，这可能是因为她未曾意识到这些症候，或者她疏忽了，忘了提及。我的研究就是要把社会上难以明言的病患转化成清晰可辨的症候，从而可以用政治的手段加以治理。就这点而言，有必要突破各种心理投射的屏蔽，这类屏蔽有时流于荒谬，经常令人作呕。在这些屏蔽的背后，掩饰的是社会疾苦。同时有必要动员那些助长最不正当的社会幻想和社会仇恨（如种族歧视）流行的人们控诉那些使他们变得不道德、变得堕落的社会运作机制。当然，这肯定会大费周折，但正是这些社会机制滋养了他们的反感、苦恼、绝望。不讲道德乃至堕落，本身同样没有可以开脱的理由。

这项研究背后的前提假设是，最具个人性的也就是最非个人性的。许多最触及个人私密的戏剧场面，隐藏最深的不满，最独特的苦痛，男女众生但凡能体验到的，都能在各种客观的矛盾、约束和进退维谷的处境中找到其根源。这些客观外在的因素到处都是，体

---

① 希波克拉底，古希腊医师，被称为"医学之父"。——译者

现于劳动力市场和住房供应市场的结构之中，表现于学校体制毫不手软的约束之中，铭刻在经济继承与社会继承的机制之中。所以说，研究的目的在于使那种未被阐述、倍受压抑的话语昭然若揭，而方法就是与各种人交谈，与那些由于置身于社会空间中特别敏感的区域而很可能成为自身疾患的忠实"记事者"（historians）的人交谈，与官方的"社会问题"从业者们（警察官员、社会工作者、工会活动家、法官等等）交谈，即与那些占据着社会世界中的战略性位置的"实践专家"交谈，这种"实践专家"对社会运行机制有着极为丰富的了解，有关这方面的自发性知识，他们是活生生的宝库。在充分了解了个人的社会阅历和生活背景之后，我们就可以进一步进行非常详尽、高度互动的深度访谈，以协助被访者发现和表述他们生活中所存在的惨痛的悲剧或日常的不幸背后所潜藏的规律，帮助他们摆脱这些外在现实的禁锢和袭扰，驱散外在现实对他们的内在占有，克服以"异己"（Alien）的怪兽面目出现的外在现实对人们自身存在之中的创造力的剥夺。所谓"异己"，可以被看作是一种现代的神话，借此可以很好地理解我们所说的异化，也就是说异他性就存在于主体性的核心。

我本应借助具体的例子来说明如何逐步开展这项工作，但时间不允许我这么做。简而言之，实施这些访谈会十分折磨人，令人苦恼，对被访者是这样，对研究者来说也时常如此。我永远不会忘记自己曾在一个夜晚访谈过一位受雇当邮件分拣员的青年女子，那是巴黎阿莱街一间空旷阴暗的大厅，她每三天就得有两个晚上在这间弥漫着灰尘的大厅里履行她的工作：从晚上9点一直到第二天早上5点，她就这么一直笔直地站着，把源源而来的邮件逐个分发到身前的66个小格里去。她操着南方口音，可这不妨碍我透过她那阴郁忧伤的语调，听她用平淡的词汇，叙说她昼夜颠倒的生活，叙说她夜班之后，迎着清晨巴黎的寒冷，汇入浩荡的人流，赶回远郊她那间小公寓，还有那个梦想，那对故乡的怀恋，那返回家园的渴望，一切看起来都已是遥不可及了……我之所以要着手进行这项研究，背后的动力之一就是一种朴素的伦理情感。我们不能让政府的技术官僚们再这样下去了，他们全然不顾及对民众的责任和义务。作为一名社会科学家，不去介入、干预，恰如其分地认识到各自学科的局限，而是袖手旁观，这是对良心的背叛，是让人无法容忍的选择。

关于这项研究，还有什么可说的呢？它几乎冲破了所有正统方法论的清规戒律，正因为这样，我们才有可能捕捉到所有的官方科层调查根据定义所不能捕捉到的东西。我想，至少我希望，这项研究可以同时实现两种作用，一是科学性的，一是政治性的。例行公事般的惯常调查阻碍了研究者们的视线（更不用说循规蹈矩、形式主义的方法论或理论的演习了），我们的研究将让研究者们重新开启他们的视野。那些治理着我们社会各个方面的技术官僚们，官方性的政治生活所依循的正规民主程序（特别是党派活动的仪式性活动，如政策讨论会、公众演讲、提出动议等等），训练有素地与媒介打交道，用经济预测取得像那么回事的科学根据，已使得他们看不到：新的疾苦、不断积聚的不公正感，已丧失了公开表达的手段。而我们的研究，就是要让这些技术官僚们重新意识到这一点。

第七节 个人性即社会性

〔7.1〕**问**：在法兰西学院的就职演说中，您指出"［社会科学］所提出的每个命题都可以而且应该适用于社会学家本人"（Bourdieu 1982a: 7）。那么，我们能否用布尔迪厄的社会学对布尔迪厄本人进行分析呢？您能解释您自身吗？如果能，您为什么坚持对谈论布尔迪厄的私人事务不置一词呢？

答：我确实一直保持一种职业警醒，它使我避免陷入那种极端唯我主义的立场。但学术体制往往赞赏，甚至褒奖这种立场，法国的学术界就更是如此。不过，我不愿谈论自身，还有另外一个缘由。如果我大肆披露某些私人信息，对我个人、我的生活方式、我的喜好进行一种包法利夫人式的[①]自白，也许会给某些人用以反对社会学的最基本的武器——相对主义——提供弹药。人们可以将简化主义的相对化既用到研究对象头上，又用到分析的主体头上——而进行分析的主体原是科学话语的前提（"毕竟，这只不过是某某人的意见，比如一个教师的女儿，在怨恨和嫉妒等情感的驱使下，提出了这种看法"）[164]；这种一石双鸟的手法可以很便当地摧毁科学工

[①] "包法利夫人式的"一词来自法国著名作家福楼拜的名作《包法利夫人》，该书的女主人公包法利夫人，是个追求浪漫生活，不愿面对庸俗鄙陋的现实的典型。在书中，她曾向教堂神甫寻求忏悔，期冀得到宗教（而非现实生活）上的解脱和安慰，却无法获得神甫的理解，后者认为吃饱喝足的人，就是有福的人了。在本文，此词有"只顾直抒胸臆，不问个人所处的社会状况和历史条件"之义。——译者

作。针对我而提出的个人问题,经常是被一种康德会称之为"病态动机"(pathological motives)的力量所驱使的:人们对我的背景或品味意兴盎然,因为这类材料可以为他们提供武器,他们可以用来对抗在我论及阶级和品味时,字里行间所包含的那些令他们寝食难安的东西。

我的社会学话语是通过我的社会学实践,与我的个人经验是有所区分的。而我的社会学实践本身在一定程度上,又是一门以我的社会实践为对象的社会学的产物。而且我始终不懈地将我自身作为研究对象来分析,只不过不是在自恋症的意义上,而是作为一类范畴的一个代表。我在《学术人》中花费了大量笔墨来分析自己,我自己差不多也可归入我所谓的"献身者"(oblates)之列了。人们时常感到不悦的是,我通过谈论自己道出了他人的真相。

我这样说,并非要捍卫我自身、我的身份、我的隐私,而是要保证我的话语和我的发现——如果我们可以这么说的话——在与我这个独一无二的个人的关系中,具有一种独立自主性。这并不意味着具体的个人——皮埃尔·布尔迪厄——可以逃避对象化:我可以像其他任何人一样成为研究对象,而且和其他人一样,我所具有的品味和偏好,喜爱之事与厌恶之物,也大致与我在社会空间中的位置相对应。我也被社会分派在某一个类别中,而且我清楚地知道自己在社会空间中所占据的位置。如果你理解了我的作品,就能够非常轻易地从对这种位置的知识中,从我写的文字中,推出有关我本人的不可胜数的事情。我已经向你提供了这方面的一切必需工具;至于其他方面嘛,还是留给我自己吧……

〔7.2〕**问**：我们可不可以这么说，尽管您的社会学不能像上述所批判的那样予以简单化约，但在一定程度上，它仍是一种努力，以力图分析您的生平轨迹和所受训练带来的"社会皈依"(social conversion)，并充分地把握这些过程使您获得的那种社会世界观？

答：我在社会学和人类学方面的所作所为，既归功于我所受的教育，也是为了对抗这一教育。我这么说，希望你不要将它理解为一种在艺术家和作家那里司空见惯的声音，声称我是一个伟大的开创者，是一个不欠任何人任何东西的"横空出世的创造者"。[165]我这么说，仅仅是要表明，我曾不得不努力摆脱那种理论上故作深沉的虚假姿态。当我在巴黎高等师范攻读哲学的时候就有了这种倾向，自从那时起，对它的态度就已经成了我学术生涯的一部分；但同时我又要不断地借助我所受的训练，特别是理论训练和哲学训练，让它们发挥作用。在我的学生时代，那些因为讲授了"出类拔萃的课程"（就像我们在法语中所说的 brilliant cursus）而使自己卓尔不群的人，除非让他们自贬身价，否则他们绝不可能去做社会学这个行当中必不可少的那类"粗鄙不雅、平淡无奇"的实践工作。这里我们再次看到，出于某些社会原因，社会科学是十分艰难的：社会学家这种人，她必须走上街头，访谈男男女女，听取他或她的看法，并力图从他们那里获知一些信息。这正是苏格拉底当年身体力行的，但今天恰恰是那些整日赞美苏格拉底的人最不肯理解和接受的事实：面对社会学所要求的"粗鄙"的工作，须得舍弃这种哲学王的角色。

不用说，我开始从事社会学时，所不得不经历的那种转变，与我自身的社会轨迹不无关联。我青少年时代的大部分时光，是在法国西南部一个偏僻的小村庄——就像城里人所说的是一个"落后"的地方——中度过的。而我要适应学校教育的要求，就只能放弃我的大量原初经验和早年习得的东西，而不仅仅是某种口音……人类学和社会学可以使我重温这些原初经验，使我可以依旧保留它们，而无须丧失我其后获得的任何东西。这种观念在阶级"背叛者"那里并不常见，他们对自己的出身和早年经历极为不悦，耻于谈及。[166] 1960年前后，我在这个村子里所做的研究帮助我发现了大量有关我自己和我的研究对象的东西。

在阅读福楼拜的过程中，我发现我另外一种社会经历对自己的意义也很重大，就是作为一个公立学校寄宿生的生活。福楼拜在某个地方曾经写道："长到十岁还对寄宿学校是怎么回事儿懵懵懂懂的人，对外面的社会只会一无所知"。我已故的朋友戈夫曼在《收容所》(Goffman 1961)中曾表明，一个精神病院的入院者如何发展形成了极具创造性的策略，面对"总体性制度"强加在他们身上的那种时常是令人震愕的约束之下，仍然可以挺下来。有时，我很惊讶，我是从哪里获得了这种能力，使我能够理解甚至预感到那些自己从未亲身经历的情境中的经验，诸如装配流水线上的工作，或无专门技术可言的办公室工作中那种单调乏味的例行公事，像在那些向上流动的人们中经常可以看到的那样，我的整个社会轨迹穿越了千变万化的社会环境。我相信，在我的年轻时代，以及具有了这样一个社会轨迹后，我的脑海里已经留下了纷繁复杂的各种画面，而我的社会学工作，就是力图加工这些"画面"。

[7.3] 问：在您现在的日常生活中，是否仍继续在脑海里捕捉

这类画面呢?

答:福楼拜曾经说过一番话,大意是,"我乐意经历各种各样的生活"。在这一点上我与福楼拜颇为契合,我也同样希望体验所有的人类经验。我发觉,社会学技艺的一个最不同寻常的报偿,就是它可以让我们进入他人的生活。比如说,当人们参加聚会时,资产阶级的礼仪禁止他们谈论任何"严肃"的话题,如他自己,他的工作等等,在这种时候与人交谈,你会厌倦得要死;但一旦他们谈起各自的工作经历,马上会让人觉得有趣得多。这并不是说在日常生活中,我也总是在从事社会学的研究,而是说在不知不觉中,我捕捉了一些社会的"瞬间画面",摄制了一些"快照",这些我在将来都会予以发展(develop)[①]并利用。我相信,我所进行的许多研究中的假设和分析,作为其基础的所谓"直觉",部分就肇始于那些"瞬间画面"、那些"快照",而且经常还是年代久远的东西。

从这个角度看,社会学家的工作与作家或小说家(这里,我特别想到了普鲁斯特[②]的作品)的工作颇为类似:与后者一样,我们的任务也是为人们提供进入各种经验的途径,并且向大家阐述这些经验,不论这些经验是普遍共享的,还是少数人特有的,只要它们在

---

① develop 一词,在英语中既有"发展"之义,也有"显影""冲洗""放大"之义。这里布尔迪厄用的是双关语。——译者

② 普鲁斯特(Marcel Proust,1871—1922),法国小说家,以《追忆似水年华》一书著称于世。在这本被誉为 20 世纪最伟大的小说中,他别具匠心地采用第一人称的手法描述了主人公对所经历的各种人生场景的"追忆",在小说的一些著名段落的描写中,如回忆莱奥妮姑姑请"我"吃的玛德琳蛋糕,都具有布尔迪厄所说的那种"瞬间画面"或者说"快照"一样丰富的色彩,只是正如许多批评家所指出的,这些"快照"更像幻影,而非现实的描述。——译者

平常是被忽视或者未经整理的,我们的工作就有它的价值。

〔7.4〕问:您认为,社会学家可以从福克纳(Foulkner)、乔伊斯(James Joyce)、西蒙[①]或普鲁斯特(您经常喜欢引述他,例如在《区隔》中)那里汲取灵感,并且可以从他们的作品中学到许多东西,您并不认为在文学和社会学间存在必然的对立。[167]

答:当然,在社会学和文学之间存在显著的差异,但我们必须小心行事,不要把他们变成水火不容的"仇敌"。不用说,社会学家不必、也不可能声称自己要在作家的地盘上和他们比个高低。长期历史积累下来的各种严格要求和潜在可能,在文学场域本身的逻辑上打上了深深的烙印。由于社会学家对此一无所知,充当作家的角色会使他们的表现像一个"票友"(就像我们称那些未受过正规训练的绘画爱好者为"票友"一样)。但社会学家还是可以在文学作品中发现研究的线索和研究的取向。而科学场域所特有的监督体制,却倾向于阻止或者妨碍我们获得这些线索和取向。[168]而且,社会学家可以通过他们记录和分析的工作,阐明那些产生文学效果的话语(尽管那些话语不一定纯粹出于"文学"意图的驱使),并且可以像19世纪末摄影对画家提出了问题那样,对作家也提出类似的问题。

我想利用这个机会,指出作家可以教给我们的东西远比此为

[①] 克洛德·西蒙(Claude Simon, 1913—2005),法国作家,新小说派代表人物,小说不注重情节,时间和场景自由跳动,擅长于描述各种瞬息间的感觉和现实生活中许多小事的混乱状态。最主要的作品为《弗兰德公路》,1985年获诺贝尔文学奖。——译者

多。让我举个例子来告诉你，作家如何帮助我避免了唯科学主义和实证主义对科学工作的见解中所暗含的那些监督和预设。几个月前，我儿时的一个朋友从比安来看我，他非常戏剧性地经受和体验了某些个人问题，就此来听听我的意见。他向我提供的描述完全称得上是福克纳式的，对这些描述，我开始还无法理解，尽管我几乎对所有相关的事实都一清二楚。经过几个小时的交流，我开始弄明白：他同时向我讲述了三四个结构类似而相互交织的故事：他自己的生活故事——他和他妻子（她几年前就死了，他怀疑她一直欺骗他，在和他的哥哥通奸）之间关系的生活故事；他儿子的生活故事，他儿子及其未婚妻（他认为他儿子的这个未婚妻不是什么淑女）之间关系的生活故事；他妈妈的生活故事。他妈妈一直是上述两个故事沉默不语的神秘见证人；此外还零星地插入了几个不太重要的生活故事。我看不出哪个主要的生活故事给他造成了最大的痛苦，是他自己的，还是他儿子的（在后一个故事中，要害是父子关系的未来发展，这一点体现在农场和土地的未来前景问题上）。而且，由于这些故事在结构上都很类似，我也看不出究竟是哪一个故事掩盖了其他故事，或者说，使其他故事以一种遮遮掩掩的方式被讲述。可以确定的是，这种描述的逻辑就在于不断重复出现的句首指代词总是十分模棱两可的，特别是"他""他的"或"她"和"她的"这些词：我不能分辨这些词指的是他本人，他的儿子，他没过门的儿媳妇，还是他妈妈。这些词作为可以相互替换的主语发挥作用，这些主语的可替换性正是他生活在其中的戏剧的源泉。就在那时，我非常清晰地意识到，人类学家和社会学家所心满意足的那种线性生活故事，完全是人为制造的，而且，今天在我看来，伍尔夫、福克纳或西蒙那些表面上极为形式化的探索，要比我们所习惯的传统小说的线性叙事更具"现实主义"（如果这个词还有什么意义的话）精神，在人类学上更真实，也更贴近时间体验的真相。

这样，我又将一整套曾经受到压制的问题重新带回了我思考的前沿。这些问题涉及生平问题[169]。而且就更广泛的范围而言，这些问题还涉及了作为一种过程的访谈逻辑，也就是涉及了体验的时间结构和话语的结构之间的关系，同时，这些问题还对合法（值得作为科学问题来发表和争论）的科学话语的地位提出质疑，探究了我更多出于无意（而非有意地）所倾向于排除在研究之外的那一整套所谓"原始"材料。在我论述福楼拜的作品中，我同样艰难地处理了福楼拜自己曾遭遇的许多问题——和答案，诸如如何结合使用平铺直叙、婉转迂回或自由随便的风格，这个方面正是将访谈改写和发表的关键所在。

总的来说，从社会学诞生起到现在，总有为数不少的社会学家认为，为了确定社会学学科的科学性，必须通过反对文学来界定自身［正如莱佩尼斯在《三种文化》(Wolf Lepenies 1988)一书中所论述的］；而我坚信，文学在许多方面要比社会科学先进得多，其中蕴藏着大量有关根本性问题的宝贵思想——例如那些与叙事理论有关的思想所体现出的东西。社会学家应该从中借鉴，并予以批判性的考察，而不是将这些被视为有损社会学科学性的表达方式和思考方式虚张声势地拒之千里之外。

〔7.5〕问：与许多声名卓著的法国学者（如涂尔干、萨特、阿隆、列维-斯特劳斯、福柯和德里达）一样，您也是巴黎乌尔姆街

上的高等师范学校的毕业生。这个学校在传统上一直是培养法国知识分子的渊薮。而同时，您又是精英学校最犀利的批评者之一，您对这些学校的毕业生和他们的特权进行了尖锐的批评，《国家精英》一书中这样的论述俯拾皆是。您写道，您"从未感到心安理得地做一个知识分子"，您在学术界没有"宾至如归"的感觉。[170]

答：对这种感受，在我一生中，有两个时刻，我感觉极为强烈，体验也最为敏锐。一是在我进入高等师范学校时，一是我被选入法兰西学院时。在高师学习的每时每刻，我都难以遏制地感到不自在，我对格罗休伊森[171]描述卢梭初到巴黎的段落印象鲜明，始终难忘，因为那一段就像是我个人经历的一幅写照。我还可以推荐你去读读萨特论尼赞（Nizan）的文章，这篇文章是为尼赞的《阿拉伯的亚丁》所写的前言，字里行间、其情其感，都与我入高师时的感受丝丝入扣、毫厘不爽。这又一次证明了，我的这种感受并不是什么独树一帜的东西：它也是一种社会轨迹的产物。

在法国，原籍在一个偏远的外省，降生在卢瓦河①之南，这些赋予你许多挥之不去的特性，与那些处在殖民境况中的人没什么两样。它赋予我一种客观上和主观上的外在性，使我和法国社会的核心制度，乃至知识界的体制处于一种十分特殊的关系之中。我们周围存在许多形式的社会种族主义，有的颇为微妙，有的甚至直截了当，这些都只会使你变得感觉灵敏，洞若观火；当人们不断使你意

---

① 卢瓦河（Loire），法国境内最长的河流，纵贯法国中部，习惯上作为法国南北部的分界线。南部和北部无论在自然地理、气候，还是人文景观、经济与社会结构方面都差别很大，南部是农业区，一般被认为比北部的工业区要落后一些，而且保留了较多的传统的社会结构因素和心态观念。——译者

识到自己的异他性（otherness）时，你的头脑里就会迸发出一种始终不懈的社会学警醒。这帮助我领会了那些他人观察不到、感受不到的事物。当然，我确实也是高师的一个产物，只不过是一个暴露高师真相的产物。但你必须从高师的角度来写这些有关高师的问题，才不会被人认为是由自身的怨恨所驱使的。

[7.6] 问：您被选为法兰西学院（这是法国独一无二的、最富声望的科学机构）的社会学教授，人们可以用您自己的语言称这件事为"社会神圣化"。这一任命如何影响了您的科学实践？或者更一般地说，您如何利用您掌握的有关学术界运作的知识？

答：我被任命为法兰西学院成员的时候，也是我大量研究我称之为神圣化的社会巫术和"制度仪式"的现象（Bourdieu 1981b, 1982b: 121-134; Bourdieu and de Saint Martin 1982; Bourdieu 1989a）的时候，这并非出于偶然。在此之前，我已经提出了大量想法，探讨一个制度机构，特别是一个学术性的制度机构，它的实质是什么，又是如何运作的。既然如此，我不可能不清楚，同意用这种方式被神圣化意味着什么。[172]

我通过反思所经历的事情，力图与正在发生的事情之间保持某种程度的自由。我的著作经常被解读——在我看来是误读——为决定论和宿命论。但就在你被社会学这一游戏接纳的时候，你从事一种研究知识分子的社会学，一种分析法兰西学院的社会学，在法兰西学院发表就职演说究竟意味着什么的社会学，就是在宣告你正在竭力摆脱它的束缚，获得某种自由。[173] 对我来说，社会学发挥了一种社会分析的作用，来帮助我理解和容忍（首先从我自身开始那些我以往发现不可容忍的事情。所以，回过头还是看看你所提出的有关法兰西学院的问题——既然我们是从这个问题开始的——我相信，我所具有的任何一点微小的机会，使我不被神圣化的过程所吞噬，都是因为我已经尽力分析这一神圣化过程了。我甚至设想，自己或许可以利用这一神圣化过程赋予的权威，赋予我对神圣化的逻辑和效果的分析以更多的权威。

不幸的是，不管我们是否乐意，对社会世界进行的科学分析，特别是对知识界进行的分析，极易受到两种不同的解读，发挥两种不同的作用。一种可以称为临床用法，就像我刚才运用社会分析的观念所发挥的作用，人们可以通过这种用法将科学分析的结果当作一种祛除了自我吹嘘的自我理解的工具；另一种用法可以称为犬儒式的用法，因为，这种用法力图在对社会机制的分析中寻找一些工具，以便更好地适应社会世界（这就是某些《区隔》的读者的所作所为，他们只把这本书当成了一本礼节手册），或指导在学术场域中的策略。毋庸赘言，我始终竭尽全力地阻止犬儒式的解读，鼓励临床式的解读。但思想斗争和政治斗争的逻辑无疑会诱使我们采用犬儒用法，特别是一种涉身争辩的用法，把社会学当作一种特别强有力的符号战争的武器；而不是采用临床用法，这种用法提供了一种领会和理解自身与他人的手段。

〔7.7〕**问**：您从事社会学的研究，而不是哲学或精神分析，是否因为在社会科学中，您发现了去神秘化（demystification）和自我理解最强有力的工具？

答：若想充分回答这个问题，要求我们对思想进行一长串社会分析。[174]就这么说吧,我想,考虑到我在社会中的位置,考虑到那些我们称之为我的社会生产条件的那些因素,社会学是我的最佳选择,即使不能感到与生活完全情投意合,也至少可以发觉世界在某种程度上是可以接受的。在这种有限的意义上,我相信,自己在作品中已经达到了目的:我实现了某种自我治疗。我希望,这种治疗同时已经产生了他人可资利用的工具。

我始终不懈地运用社会学,力求在作品中清洗那些势必会对社会学家产生影响的社会决定因素。当然,现在我不能在须臾之间,认定或声称自己完全摆脱了这些决定因素。每时每刻,我都愿意能停下来,考虑一下,哪些是我还未分析到的;我一直在永无止境地迫使自己去探询:"现在,哪一个黑箱是你还没有开启的?你忘了哪些依旧操纵着你的因素?"我心目中的知识分子英雄之一是卡尔·克劳斯(Karl Kraus)。[175]他以一种别具一格的方式,对知识分子进行了真正的批判。驱使他这么做的原因,恰恰是他真心实意地信守知识分子的价值,而不是出于一种反知识分子的怨恨;而且他的批判产生了真正的影响。就这些方面而言,在知识分子当中,他这样的人真是凤毛麟角、寥若晨星。

我坚信,社会学只要是反思性的,就能够使我们追本溯源,直到怨恨(ressentiment)的最初萌芽,并将之斩草除根。怨恨并不像舍勒[(Scheler 1963)他探讨妇女怨恨的论调实在令人生厌]所说的,等同于被支配者所体验的对支配者的愤恨。而是像发明这个词的尼采所言,是这样一种人的情感,这种人将以在社会学意义上残缺不全的存在形式——我是个穷人,我是个黑人,我是个女人,我是个没权没势的人——转化为人类卓越品质的一个样板,一种唯有少数选民才能实现的自由成就,一种生存的本分(devoir-être),一种应为之事,一种宿命(fatum)。这种人具有这种怨恨感,它建立在对支配者无意识间的迷恋之上。社会学可以使我们摆脱这种病态的符号倒置策略,因为它迫使你去质问:难道我这么写,不是因为……当我描述德斯坦(Giscard d'Estaing)①打网球时(Bourdieu 1984a: 210),我的反感,我的讥嘲,我的讽刺,以及用来修辞的形容词的弦外之音,这些的根源难道不是因为在骨子里嫉妒他的身份吗?在我看来,怨恨是人类苦难的最深重普遍的形式;它是支配者强加在被支配者身上的最糟糕不过的东西(也许在任何社会世界中,支配者的主要特权就是在结构上免于陷入怨恨之中)。因此对我来说,社会学是一种解放的工具,并因此是一种慈悲(generosity)的工具。

〔7.8〕问:作为我们讨论的总结,让我们回到《学术人》一书上,这本书远不止是您的自传:它既可以看作一种升华了的努力,用科学的方式来把握您与大学之间的关系,其中包含了您整个生平轨迹的一个缩影;也可以看作反自恋症的反思性或自我理解的一个典范。您在英译本的前言中写道,这本书"借助对他人的分析包含了篇幅可观的自我分析",您这似乎是在向读者指出这一点(Bourdieu 1988a:xxvi)。[176]

答:我宁愿说,《学术人》是一本反传记(anti-biography),因为写作自传,经常既是一种为自己树碑立传的方式,也是一种自掘坟

---

① 吉斯卡尔·德斯坦,1974—1981年任法兰西第五共和国第四任总统。——译者

第二部分　反思社会学的论题（芝加哥研讨班）

墓的方式。这本书实际上既是一种检验社会科学中反思性的适用范围的尝试，也是一项寻求自我知识的事业。平常，人们往往把自我知识看作是对个人与众不同的深层特性进行的探索。与这种看法将会引导我们相信的那些观念相反，"我们是什么"这类问题最隐秘的真相，最不可思考的无思（l'impense le plus impensable）本身也体现在（我们在过去所把持的和我们在现在所占据的）社会位置的客观性和历史性之中。[177]

在我看来这就是社会学史构成科学实践绝对前提的原因所在。我所说的社会学史，可以理解为通过阐明问题、思想范畴和分析工具的生成过程，对社会学家的科学无意识所进行的探索。而且，社会学的社会学也同样如此。我相信，如果我所提出的社会学与过去现在的其他社会学在什么重要的方面有所不同的话，那首先就是它持之以恒地运用那些它所产生的科学武器，反过来针对自身。我所提出的社会学，通过对那些可能对它发挥作用的社会决定因素的研究，特别是通过对所有约束和限制因素——这些因素都与这样一个事实有关，即在一个特定的时刻，具有某种轨迹的行动者（或集团）在某一既定场域中占据了一个确定的位置——进行科学的分析，获得了大量的知识。它利用这些知识来确定并抵消这些社会因素的效果。

采纳反思性的观点，并不是要否认客观性。恰恰相反，反思性通过对那种纯思辨的、武断地逃脱了构建客观对象的工作的认知主体的特权提出质疑，赋予客观性以充分彻底的一般性。反思性的工作，就是要用科学"主体"构建的客观性——特别是通过把经验"主体"置于社会空间中的一个确定位置上——来说明经验"主体"，并且因此获得对所有约束因素的明确意识和(可能的)清晰把握,这些因素可能通过科学主体与经验客体,以及与那些利益、推动力和预设之间的纽带损害科学主体,而要想完全将自身构成科学主体,就必须与后面这些因素决裂。

长期以来,经典哲学一直教导我们必须在"主体"中寻找客观性的条件,并因此从中寻找"主体"所规定的客观性的局限。反思社会学则告诫我们,我们必须在科学构建的客观对象中寻找"主体"之所以可能的社会条件,(例如,使"主体"的行动成为可能的闲暇情境,以及概念、问题和方法这些方面中遗留下来的一系列包袱,)并且从中寻找他所从事的客观化行为的局限。这就促使我们拒弃经典客观性中的绝对论主张,但又不陷入相对主义的怀抱;因为科学"主体"的可能性和科学客体的可能性本是一回事。而且,有关科学"主体"生产的社会条件方面的每一项知识进展,都对应着科学客体方面的知识进展,反过来也是如此。当研究将科学场域本身,也就是科学知识的真正"主体"当作自己的对象时,这一点看得最为清晰。

因此,以决定社会学实践的那些社会因素为分析对象的社会学,绝对不是要削弱社会科学的基础,而是使我们有可能挣脱这些决定因素,获得自由的唯一可能基础。而且,只有当社会学家通过锲而不舍地使自身承受这种分析,以充分地利用这种自由时,社会学家才可能产生一门有关社会世界的严格科学。这种科学绝不是要向行动者宣判,他是身陷在一个严格决定论的铁笼之中,而是要向他们提供一种解放和唤醒意识的大有潜力、大有希望的手段。

注 释

〔1〕在《学术人》出版不久，布尔迪厄（Bourdieu 1987a: 116）在一篇反省此书的文章中，以罕见的饱蘸情感的语言写道："社会学可以是一种极为有力的自我分析工具，它可以通过让人们理解他（或她）自身的生产条件及其在社会世界中所占据的位置，使人们更好地理解他（或她）自身到底是什么……因此，这本书要求一种独特的阅读方式。读者不应把它看作论战性的小册子，或以一种时髦的自我惩罚方式来使用它……如果我的书被看作一篇论战，我会立即对它产生厌恶之情，宁愿将它付之一炬。"

〔2〕伯杰（Bennett Berger 1989: 190）富有洞察力地注意到这一点："在布尔迪厄的著作中一贯体现出来的反思性风格，始终提示读者，他本人也像其他人一样，也置身于位置、性情倾向和预定性情（predisposition）之间的相同关系：这也是他向他的批判者提出的一个邀请，请他们揭示因这些关系的影响而导致的种种歪曲。"

〔3〕这种性情倾向的复杂多样和顽强有力，在埃里蓬为福柯这位法国哲学家所撰写的堪称大手笔的传记中（Didier Eribon 1991）得到了淋漓尽致的表现。

〔4〕参见布尔迪厄在他与霍内特等人的谈话中（Honneth, Kocyba, and Schwibs 1986）和他自己的一些文章（Bourdieu 1987a, 1987e）中对自己的学术经历所作的第一手扼要复述。有关他对法国二战以来学术场域的看法，请查看 Bour-dieu and Passeron 1967, Bourdieu 1987e 和 1991a, 以及《学术人》一书的前言。

〔5〕参见吉登斯（极具反讽意味的是，他的声誉并非建立在他的经验研究上）对《区隔》一书的评论（Anthony Giddens 1986b: 302-303），这一评论代表了这种反应："虽然它与大多数英美社会学家所认定的那种值得推崇的经验研究报告相去甚远，但其中仍充满了对法国不同社会阶级的习惯和态度所进行的广泛深入的经验性考察。事实上，此书对上千人做了颇有深度的访谈。"墨菲（Murphy 1983: 40）的评价更有些全盘否定的粗暴味道，他走得如此之远，以至于他断定布尔迪厄"力图使经验社会学（？）名誉扫地，这

种努力已经导致他根本无视对材料的系统使用,而是采取一种毫无说服力的方式使用材料来证明他自己的想法"。他把布尔迪厄的这种"无视"归咎于据说布尔迪厄所具有的一种"反实证主义的、含混的人文主义倾向"。

〔6〕这种对学术场域所持有的片面的、渗入自身利益并因此喜争好辩的观点可以找到许多例子。在法国,菲雷和雷诺(Ferry and Renault 1990)的著作《1968年的思潮》充满了谩骂和讽刺;在美国,雅各比(Jacoby 1987)的《最后的知识分子》饱含哀叹和追悼的感情。这两本书都是这种观点的范例(即柏拉图所说的典型例子的意思)。(参见 Wacquant 1990a 对这一点的进一步探讨)

〔7〕《社会科学研究探索》所发表的文章,写作格式灵活多变,从精雕细琢的论文到对正在进行的工作的"粗略"说明。这本杂志包含了不同的体裁、篇幅以及字体格式,并广泛地使用图画、原始报告的复印件、实地考察和访谈的记录摘选,还配之以统计图表。这本杂志在印刷、修辞和体裁方面的创新基于这样一个观念,即反思社会学的实质内容同其表达形式是密切关联的,而且详细阐发社会学对象的方式至少与研究的最终结果一样重要。正如杂志本身的名字所表明的,"研究探索"即使不比最终结果更重要,至少关系同样重大。"一门将社会形式和社会形式主义作为自己的研究对象的社会科学,在展示它的结果时,必须再现使这门社会科学能够产生这些结果的去除神圣化(desacralization)的操作过程。在这里我们遇到的无疑是社会科学的一个特有问题:克服并破除掩盖(社会现实)的社会机制,只有当社会科学的传播得以避免(哪怕是不完全地避免)所有那些控制有关社会世界的话语法则,社会科学的成就才能对个人和集体的实践有所启迪。在这种情况下,交流就是在每一个可能的时刻,提供一种手段——在实践中发挥作用,而不仅仅是口头说说而已——来重复那些操作过程,而正是这些操作过程使有关实践的真相有可能水落石出。如果社会科学不得不提供各种感知(现象的)手段和只有通过这些手段才能被把握的事实,那么社会科学就必须不仅证明(démontrer),而且还要指明和展示(montrer)"(布尔迪厄为1975年创刊号撰写的无标题卷首语〔第1期,第2页〕)。杂志活泼的格式有助于说明它逾8000份的发行量,这是法语出版的各种社会科学出版物中最高的,而且这本杂志的发行远远超出了学术圈的范围。

第二部分 反思社会学的论题(芝加哥研讨班)

[8] 只有在1979年子夜(Minuit)出版社出版发行的《区隔》原文版中才能最充分地察觉这一点;由于成本和体裁方面的惯例,此书的英译本只是非常不全面地再现了最初法文著作的文本编排。巴纳德在他的研究论文"布尔迪厄和民族志"(Barnard 1990: 81)中评论道:《区隔》"'密密麻麻地充斥着各种严格的社会学的特殊方法:表格、图示、调查、访谈和示意图'(沃纳①语)。但此书也包含了从杂志上摘录的文字、摄影照片和直接进入书中所描述的环境获得的资料。再者,在这本与众不同的书中,所有这些要素糅合成一个天衣无缝的整体,对各种文本的表达方式无厚此薄彼之感。如果这就是民族志——而且它确实包含了民族志独有的要素——那么它肯定也是一种全新的民族志"。

[9] "只有当客观对象化过程包含了对推行这一过程(即对象化过程)的观注点本身进行对象化时,它才有成功的机会。简言之,在'参与观察'和客观主义之间的常见选择,只能妨碍我们把握'参与性对象化'的可能性和必然性,前者必定以一种神秘化的方式沉浸于所研究的社会之中,而后者则对所研究的世界采取一种绝对(专制)的观注。……最具批判性的社会学正是那些预先假定并暗中蕴含了最彻底的自我批判的社会学。把从事对象化工作的学者自身作为研究对象,这既是充分彻底的客观对象化的前提,也是它的结果。只有当观察者本身被观察,只有当社会学家也成为客观化的对象时,而且不仅是他的社会身份,他自身被生产的社会状况,以及因此产生的'他的心智的局限'要成为研究对象,甚至他所从事的客观对象化的工作本身,在这一工作中隐含的利益,以及它未来将会带来的利润,都成为研究的对象,社会学家才有可能成功地完成客观对象化的工作"(Bourdieu 1978a: 67—68)。

[10] 布尔迪厄在《实践的逻辑》(Bourdieu 1990a: 第一部分)一书和"学究观点"(Bourdieu 1990e: 384)一文中详尽地论述了"学究谬误"的概念:"在社会科学中,忽视暗含在'学究观点'中的所有问题,会导致我们犯最严重的认

---

① 沃纳(1898—1970),美国社会学家,在研究美国小城镇(扬基城)的社会分层时运用了各种图示方法。——译者

识论错误，这种错误就在于所谓'在一部机器①中安置了一个学究'，用科学家的形象勾画所有的社会行动者（而且是对人类实践进行推理的科学家，而不是从事各种活动的科学家，行动中的科学家），或者，更准确地说，将科学家用来说明实践所必须构建的模型，置入行动者的意识之中，这似乎意味着，科学家要想理解实践、说明实践所必须构建的模型，倒成了各种实践的主要决定因素和真正起因。"

[11] 菲利普斯（Phillips 1988: 139）评论说："古尔德纳本人并未以任何系统的方式遵循他所力倡的反思社会学，他也未采纳自己的建议来从事相应的研究"。

[12] 与这里的观点相关的是布尔迪厄（Bourdieu 1988a: 21-35）在1988年的一篇文章中对"认识论个体"（epistemic individual）和"经验性个体"（empirical individual）所做的区别，另外可以参见"生平错觉"一文（Bourdieu 1987c）。

[13] 这里布尔迪厄指的是西考雷尔对医院里医疗诊断中的话语互动和社会逻辑的研究（Aaron Cicourel 1985）。

[14] 布尔迪厄用一个说法准确地把握了在社会空间的位置和在这个位置上所带有的感知范畴（它也往往会反映社会空间的结构）之间的双向关系（一方面，前者是后者的限定条件，另一方面，前者又是后者的形塑力量），这就是"观点即立足点之观"（point of view as a view taken from a point，参见 Bourdieu 1988e, 1989d 和 1988d, "论福楼拜的观点"和 1989a：第一部分，特别是第 19—81 页），这一点将在下面第四节详述。

[15] 有关性别的符号暴力，参见 Bourdieu 1990i 和下文第五节。

[16] 布尔迪厄借助权力场域这一概念来清除"统治阶级"（ruling class）概念里那种实体主义的倾向，关于权力场域的观念，见 Bourdieu 1989a，特别是第 373—427 页；Bourdieu and Wacquant 1991；以及本书第三部分第二节。以下

---

① 18世纪的唯物主义哲学家拉美特利（La Mettrie 1709—1751）曾提出"人是机器"的说法，当代理论家（尤其是法国理论家）沿用这一说法来对抗唯智主义和理念论，不过"机器"一词原有的机械论色彩已日渐淡薄，其当代用法与社会理论把身体作为社会分析的一个焦点的观念是颇为一致的。70年代以来，使用"机器"概念最重要的例子，参看 Deleuze and Guattari:Anti-Oedipus, Minneapolis, 1983（1972）。——译者

是初步的界定:"权力场域是一个包含许多力量的领域,受各种权力形式或不同资本类型之间诸力量的现存均衡结构的决定。同时,它也是一个存在许多争斗的领域,各种不同权力形式的拥有者之间对权力的争斗都发生在这里。它又是个游戏和竞争的空间,在这里,一些社会行动者和机构拥有一定数量的特定资本(尤其是经济资本和文化资本),这些数量的资本足以使他们在各自的场域里〔经济场域、高级公务员场域或国家场域、高校场域、知识分子场域〕占据支配性的位置。为了维持这种力量均衡,或是要去改变它,就产生了各种策略,造成各方彼此敌对。……在强加支配活动中的支配原则的方面引起了各方的争夺,这种争夺每时每刻都导致权力分享上的某种均衡,也就是我所说的支配活动的分工。这种争斗同时也是在争夺合法化的合法原则,争夺再生产各种支配基础的合法类型。争斗的形式可能是实实在在的、有形的争斗(比如"宫廷政变"或宗教战争中的情况),也可能是符号性的冲突〔比如中世纪对僧侣(oratores)和骑士(bellatores)地位谁高谁低的讨论中所体现的〕……权力场域的组织结构是一种交叉融合式的(chiasmatic)结构:按照占支配地位的等级制原则进行的分配(经济资本),和处于被支配地位的等级制原则作出的分配(文化资本),恰好是一种反向对称关系。"(未公开发表的演讲稿"权力场域",1989年4月作于威斯康星大学麦迪逊分校。)

〔17〕长期以来人们一直否认或反驳文化中存在阶级区隔。这种立场一直可以追溯到托克维尔。从本世纪初开始,各种上层阶级的文化形式开始被神圣化,这种立场也就更趋强烈(Levine 1988, DiMaggio 1991b)。正因为如此,丹尼尔·贝尔(Daniel Bell)才能在1970年信心十足地写道:"(作为上层阶级文化的代表,)艺术已逐渐获得其自主性,艺术家也成了当之无愧的权威,成了有影响的品味制造者;个人的社会定位(他的社会阶级位置或其他位置)也不再决定他的生活方式和价值观念……对于社会中的大多数人来说,以往那种一般化的假设或许还能站得住脚。但对于相当一部分人来说,问题已经一天比一天明显,社会位置和文化风格之间的关联已不再能维持下去了,尤其是当人们用工人阶级、中产阶级和上层阶级这样的范畴笼而统之地考虑问题时,情况就更是如此"(转引自 Gans 1975: 6)。而迪玛奇奥和厄西姆(DiMaggio and Useem 1978)已有力地推翻了贝尔的这种看法。

〔18〕比如霍夫曼(Hoffman 1986)。詹金斯(Jenkins 1986: 105)提出的批评则过于

极端,以至于有些荒谬,他写道:"在资料搜集和出版之间的时间隔得太久了,……这使得这本书的大部分内容对绝大多数人来说都无法理解,只能留给文化考古学家去处理了。"

〔19〕布尔迪厄在他的最新著作《国家精英》(Bourdieu 1989a,也参见 Bourdieu and de Saint Martin 1987)里,分析了法国名牌高校(Grandes écoles)场域的结构。布尔迪厄将这一结构理解为精英的研究生院校之间在客观位置方面的一系列差异和间隔,以及使人们步入这些名校的各种社会权力位置(反过来,人们也从这些名校走上社会的权力位置)与这些精英学校之间的一系列客观位置方面的差异和间隔。但尽管近年来商业院校有了惊人的发展,综合性大学也在不断的衰落之中,布尔迪厄论述的这种结构从1968年以来一直到现在,在长达20多年的时间里,却仍保持着惊人的稳定性,实际上几乎是丝毫未变。就这样,布尔迪厄又为场域的持久不变性找到了一条经验证明。与此类似,布尔迪厄还对从1930年到1980年期间,权力场域中的法国主教子场域的位置和结构进行了分析,所得出的结论也是如此(Bourdieu and de Saint Martin 1982)。

〔20〕例如,Collins 1979, Oakes 1985, Cookson and Persell 1985a 和 1985b, Brint and Karabel 1989, Karabel 1986, Weis 1988,以及 Fine 1991 对美国的研究;Broady and Palme (1990)对瑞典的研究;Miyajima et al.(1987)对日本的研究;Rupp and de Lange(1989)对荷兰的研究;而更广泛的历史比较分析,见 Detleff.Ringer and Simon 1987。

〔21〕有两种较有代表性的批评意见。卡拉贝尔和哈尔西(Karabel et Halsey 1977: 33)认为,布尔迪厄的理论"恰如其分地说来,根本不是什么关于教育的冲突理论,因为在他的理论图式中,工人阶级没有什么余地可以抵抗资产阶级的文化霸权"。而吉鲁(Giroux 1983: 92)则认为,对于法国的社会学家来说,"工人阶级的支配地位……就像是奥威尔[①]小说中那无法摆脱的、噩梦般的恐惧的组成部分,既无可挽回,又无公正可言"。

---

① 乔治·奥威尔(George Orwell 1903—1950),英国作家,他的代表作《一九八四》是20世纪著名的反乌托邦小说,描述了一个在"老大哥"的权权统治下人的生活处处受到监视的庞大的官僚主义社会。——译者

〔22〕柯林斯（Randall Collins 1989: 463）以前虽然抨击布尔迪厄不太关注历史变迁，但也承认了这一点："通过这一分析，布尔迪厄部分弥合了他以往著作中的鸿沟……［并］开始迈向一种更为注重动力学的分析。"

〔23〕或者是埃尔斯特（Jon Elster 1990: 113）所说的"倒置的社会正义论"（inverted sociodicy），它的基础是"假设在可能有的最糟糕的世界里，一切本就是为那些最糟糕的人设计出来的。"

〔24〕事实上，尤其是在教育社会学里，大家已经习以为常地、几乎是墨守成规地把布尔迪厄的"结构再生产"模式（如 McLeod 1987, Wexler 1987, Connell 1983: 151）和其他一些研究途径对立起来。其他那些研究途径突出了被支配者的抵抗、斗争和"创造性实践"的一面，并时不时予以倡导之辞。在伯明翰当代文化研究中心（简称 CCCS）旗下，聚集了一群研究者，有霍加特（Richard Hoggart）、霍尔（Stuart Hall）、赫伯迪格（Dick Hebdige）、科里根（Paul Corrigan）、威利斯（Paul Willis）、克拉克（John Clarke）等人，他们和法兰克福学派马克思主义的某些分支一起，一般被认为是上述后一种立场的代表。福利（Foley 1989: 138）指出，威利斯"在这一点上经常受到美国人的称许，因为他在阶级分析中，又引回了主体性、意志论，也就是说，引回了人民、英雄般的工人阶级……（他）把阶级分析从鲍尔斯和冉第（Bowles and Gintis 1976）、布尔迪厄和帕斯龙（Bourdieu and Passeron 1977）这样的'再生产理论家'所持的结构决定论中解救了出来"。

将布尔迪厄同其他一些研究途径这样对立起来，既误解了布尔迪厄的立场（这一点我在前面已经指出了，又见 Thapan 1988, Harker, Mahar and Wilkes 1990），又不能体现他和伯明翰学派之间的联系。首先，布尔迪厄之所以竭力强调学校教育的"保守作用"，是出于他"反戈一击"的愿望，他在反驳批评时经常爱引用毛泽东的这句话。就是说，我们必须在 60 年代的理论氛围中理解他的做法，当时的理论界充斥着奋斗成才、贤德治国和"意识形态的终结"这样的观念（Bourdieu 1989c）。布尔迪厄是有意选择了这种做法，强调那些最不为人所注目的作用和过程——它们的效力在很大程度上恰恰是来自于它们不为人所注目。也许，我们甚至可以这么说，布尔迪厄的这种倾向是贯穿他这部著作的一项自觉的科学原则。

其次，学生的主动反抗很可能、而且经常确实会在客观上帮助了阶级和性别等级制的再生产。这一点，威利斯（Willis 1977）在他的一本研究英国某工业城市中工人阶级"哥们儿"的"反学校文化"的专著中，已作了十分生动的论证［正如伯杰（Berger 1989: 180）所说，威利斯"用民族志的方法描绘了'惯习'和'行动'的相互渗透关系，而布尔迪厄已经用理论术语极其令人信服地、提纲挈领地论述了这一关系"，又见 Zolberg 1990: 158］。说到底，反抗是不是能成功地推翻现有的支配秩序，终究是件经验的事情，而不是概念的问题。布尔迪厄自己也时常表示，在学生们的个体能动作用下，阶级的不平等结构还能保持这么大的封闭性，实在让他奇怪，甚至感到惊愕。这可以参见他的如下分析：在法国精英学校里，学生们的文化喜好和政治倾向怎样有助于延续他们的相对位置（Bourdieu 1989a: 225-264）。对他来说，他所强调的这种严格的决定论是可以观察到的事实，不管他对此多么愤怒，也不得不如实道来（见下面的第六节）。

最后一点，布尔迪厄和伯明翰学派都对早期的协作关系表示满意，在他们的著作里，更多地体现出一种互补，而不是对立（Eldridge 1990: 170）。例如，霍加特（Hoggart 1967）对工人阶级文化的经典研究《识文断字的用途》，这位 CCCS 首任主任的著作，早在 1970 年就由子夜出版社出版了法文本，收进布尔迪厄所编的一套丛书中，帕斯龙还为它写了一篇长序。1977年，威利斯应布尔迪厄之邀，在《社会科学研究探索》上发表了一篇文章，总结了他的《学做工》一书的主要结论。那时，霍尔（Stuart Hall 1977: 28-29）对布尔迪厄的学说也已经十分谙熟，而且还颇为赞赏［这在一定程度上得感谢雷蒙·威廉斯（Raymond Williams）的介绍，他参加了布尔迪厄在巴黎高等师范主办的研讨班，还在研讨班上宣读过自己的作品，并于1977 年在《社会科学研究探索》上发表了文章］。而布尔迪厄的主要英文译介者奈斯（Richard Nice），在 70 年代中期曾在 CCCS 工作过，并在那里传阅了布尔迪厄的几篇重要文章的早期译文（比如《布尔迪厄二文》，CCCS 油印文选，1977 年第 46 号）。加纳姆在《媒介、文化和社会》杂志 1980 年 7 月的布尔迪厄学说专号上发表了编者引言（*Media, Culture and Society*, Vol.2, no.3: 208），指出"布尔迪厄的追求"与同期上科里根和威利斯的立场有"惊人的一致"，都汇入同一股思潮，"致力于实现一种恰如其分的唯物主义理论，以探讨文化和文化实践，并且在这种理论基础上建立一种新的政治学"。

[25] 布尔迪厄曾对他的家乡比安地区（Béarn）婚嫁礼俗的转变作过研究，在这一研究（Bourdieu 1989b: 20-25）中，他指出，当地农民的小世界具有相对的自主封闭性（市场关系很少能渗透进来，交通不便加剧了地理上的隔绝，而缺乏现代信息沟通手段又强化了文化孤立），有可能产生某种有效的文化抵抗形式，能够使农民的价值手段成为居于支配地位的都市文化的敌对因素，而不只是后者的一种替代选择（又见 Bourdieu et al.1965，该书研究了农民对照相技术的接受和使用）。苏奥（Suaud 1978）从历史的角度，详细地研究了乡土社会空间的"开放"（或者说现代化）怎样影响了法国旺代省农村地区的宗教活动和僧侣职业。班松（Pinçon 1987）向我们描述了在法国东北部一个单一产业的工业城市里，随着经济结构的调整，工人阶级的传统如何日渐衰微。罗杰斯（Rogers 1991）的著作正好相反，剖析了战后法国阿韦龙省的某个乡村地区，经济转型与文化韧性（cultural resilience）之间的复杂关系。布尔迪厄本人关于阿尔及利亚都市准无产阶级和农民的专著则详尽探讨了在殖民体制的背景下，文化韧性和文化抵抗的社会历史条件（Bourdieu and Sayad 1964, Bourdieu 1979c）。还可以参见他在1971年发表的一篇文章（Bourdieu 1971b），在其中，他分析了人们如何把巫术作为一种抵抗手段，反击某些人对宗教事物（religious goods）的生产和处置手段的垄断。

[26] 布儒瓦（Philipe Bourgeois 1989: 629, 627）出色地描述了这种支配的矛盾对立。他考察了纽约哈莱姆东区见缝插针的毒品贩子如何在蒸蒸日上的地下毒品经济中左右逢源，支撑着"恐怖文化"。他揭示了怎样"把那些像瘟疫一样袭扰着老城区的暴力、犯罪和实质上的掠夺与破坏，看成是一种'抵抗文化'的体现，反击那个被白人种族主义者把持着的、经济上他人无缘进入的主流社会。但这种（反抗文化）导致了更严重的压迫和更强烈的自我毁灭……具有悲剧色彩的是，恰恰是这种反抗制度体系——但仍然局限于体系之中——的过程，本身正加剧了创伤"，这就是当代美国社会贫民区正在遭受的创伤。在皮亚卢的研究（Pialoux 1979）里，我们又能发现这种文化抵抗与直觉相反的效应的一个例子。他考察了那些来自巴黎红区臭名昭著的公益住宅的工人阶级家庭的青年在劳动力市场上的各种策略。皮亚卢通过论证，认为这些青年不满传统的工厂工作方式从人格和文化两方面对人的侮辱，以及工厂的过度剥削，决心加以抗拒，结果只好去接受——

甚至主动去寻求——更加不堪的临时工作（travail intérimaire），这恰恰很好地满足了更多工厂雇主的需求，最终更加深了他们在社会和经济两方面的边缘地位。

〔27〕在一次关于"'人民'的作用"的演讲（Bourdieu 1987a: 180）中，布尔迪厄认为要讨论"大众"的问题，如果不认识到这个观念首先就是知识分子场域里斗争的焦点．就怎么也说不清这个问题："所以说，不同的'人民'观，看起来成了不同人与人民之间根本关系的形形色色的变相表现（往往是根据各个场域特有的程式化了的审查制度和规范产生的）。而他们与人民的根本关系，首先取决于他们在［文化生产的］专家领域中所占据的位置，同时取决于达到这一位置的轨迹。此外，他们与人民的根本关系还取决于他们在社会空间中的位置和获得这一位置的轨迹。"至于遵循这些思路展开的对所谓"大众语言"（和俚语）的批判，可以参见布尔迪厄的"你说的话是'大众'的吗？"（收入 Bourdieu 1991e）。布尔迪厄在这篇文章中遵循这样的思路批判了诸如"大众语言"这些观念，视其为肇始于学究与现实的隔阂的一种知识建构，而这种隔阂恰恰破坏了它声称要加以把握的那个现实。

〔28〕"问题并不在于确定在我看来是不是存在某种'大众文化'，而是在于要认识到在现实中，是不是有什么东西符合人们归于'大众文化'名下的那些名堂？对于后面这个问题，我的回答是'没有'"（Bourdieu 1980b: 15）。

〔29〕格里尼翁和帕斯龙（Grignon and Passeron 1989）分析了这种双重诱惑，一方面是"平民主义"（populism，对通俗文化形式的自主和健全存在一种走了样的尊崇），另一方面是"诉苦主义"（miserablism，把大众文化还原为统治阶级文化统治的被动的副产品）。

〔30〕莱温（Lawrence W.Levine 1988）从历史角度研究了美国高雅艺术的"神圣化"过程。他认为，正是在这一过程中，雅俗文化之间的区隔以各种审美判断和审美欣赏方面的组织形式和范畴形式，从制度上得到了巩固。这方面的研究，也可以参见 DiMaggio 1991b。

〔31〕在别的地方，布尔迪厄（Bourdieu 1990e: 385-386）还发问道："举个例子来说，我们谈什么'通俗美学'，或是不惜一切代价地赞美'人民'（le peuple），而这些'人民'并不操心是否拥有什么'大众文化'，这时我们

用'大众文化'的说法来干什么呢?当我们表达一种纯粹审美意义上的评价时,我们往往悬搁了(epochē)我们的实践旨趣(或利益),而且,这种悬搁是有其社会条件的。但我们却忘了对这些社会条件本身加以悬搁,只是单纯将我们所处的这种特殊情况予以普遍化;或者更粗略地说,我们以一种不自觉的、完全是理论性的方式,把(只属于少数人的)经济和社会方面的特权授给了全体男女民众,而纯粹的、抽象的审美观照又恰恰是必须以这样的特权地位为前提的……我们所习惯看成是普遍性的那些人类事业——比如法律、高雅艺术、伦理道德、宗教等等——大多数无法摆脱学究立场的影响,无法超脱使这些学究立场成为可能的那些社会经济条件。"

〔32〕"文化社会学就是我们这个时代的宗教社会学"(Bourdieu 1980b: 197)。尤其可以参见"高雅时尚与高雅文化"以及"那么又是谁创造了创造者呢?",见 Bourdieu 1980a: 196-206, 207-221;及 1988b。

〔33〕"社会学家从理论和实验两方面都得出了这样的结论,即……就其博学的形式而言,审美愉悦是以学习为前提的;而且,在本文的这个具体例子里,是通过渐趋谙熟和不断操练习得的。其结果是,这种愉悦,这种艺术和巧思的人工产物,被当成自然的产物加以体验,或试图将其当成自然的产物加以体验,可在现实中它却是一种被培养教化出来的愉悦"(Bourdieu and Darbel 1966: 162)。

〔34〕参见 Bourdieu and Chartier 1989, Bourdieu, Chartier and Darnton 1985, 以及 Bourdieu 1980d, 那里有更为详尽的回答。

〔35〕例如,可以参见 Elias 1978b, 1983; E.P.Thompson 1963; Sewell 1980, 1987; Lewin 1985; Corbin 1986, 1990;以及 Tilly 1986。你还可以列上戴维斯(Nathalie Zemon Davis 1975),亨特(Lynn Hunt 1984),以及林格(Fritz Ringer 1990, 1991),他们近来用布尔迪厄的场域概念重构了知识史〔见马丁·杰(Martin Jay 1990)和勒默特(Lemert 1990)对布尔迪厄那篇纲要性文章的评论〕。艾布拉姆斯(Philip Abrams 1982)评点了布尔迪厄的实践理论和历史社会学之间的共同之处,这种共同之处已经在相当广泛的范围内被人们意识到。

〔36〕只要你去读读 Chartier 1988a, Darnton 1984, Marin 1988. Schorske 1981,以及 Scott 1988,就会很明显地感到这种知识上的亲和,他们都在《社会科学研究探索》上发表过文章。(在他们之前,汤普森、霍布斯鲍姆、埃利亚斯和

莱恩都在这一杂志上发表过文章。) 也可见布尔迪厄与"新文化史"的部分共同之处 (Hunt 1989)。而布尔迪厄、夏蒂埃和达恩顿 (Bourdieu, Char-tier, and Darnton 1985) 之间的交谈，则论及了布尔迪厄与历史学中"新文化史"之间几点更为显著的不同之处。

〔37〕例如，布尔迪厄在1975年由法国科学院组织的欧洲社会史讨论会上，作了题为"罢工和政治行为"的总结发言 (Bourdieu 1980b: 251-263)。霍布斯鲍姆、汤普林和蒂利也都参加了那次会议。

〔38〕见 Bourdieu 1989a, Bourdieu and Wacquant 1991 及本部分下文第五节。

〔39〕这篇长文首先发表于《社会科学研究探索》(1976年11月，第6期)，后由法文译为英文 (篇幅上有所压缩)，重收于 Elias and Dunning 1986: 150-174。

〔40〕《社会科学研究探索》最近两期 (第79期和第80期，1989年9月和11月) 的主题都是"体育运动的空间"，文章内容包括网球、高尔夫球与壁球；足球的意义与作用在巴西、在法国的一个矿业小镇以及标致汽车公司内部的不同体现；英国橄榄球分成联盟职业制 (13人) 和业余制 (15人) 两种竞赛方式的历史溯源；特技跳伞运动的社会演化过程；本世纪初贵族阶层内部对各项运动的争夺；芝加哥黑人聚居区的拳击运动；以及1936年柏林奥运会的象征意义。在著名社会学家中认认真真地探讨体育运动的，布尔迪厄几乎是孤身一人，埃利亚斯则可算是另一位 (见 Bourdieu 1978c, 1988f, 以及《区隔》中的论述)。他对体育教育学家也产生了重大影响，这在麦克卢恩 (MacAloon 1988) 所写的"皮埃尔·布尔迪厄的'体育社会学大纲'初探"一文中已有所体现 [例如，体育教学专家波西罗 (Pociello 1981) 在研究法国南部橄榄球运动的社会起源、组织形式和社会意涵时，就大量借鉴了布尔迪厄的理论思路]。不管用哪一种科学研究对象的等级制体系来衡量，体育运动都远逊不上社会学中的什么重大主题。之所以对这一问题如此关注，是因为布尔迪厄在他的理论里赋予身体以中心地位，而且，对于揭示"实践感"的逻辑来说，这一领域也是默顿 (Merton 1987) 所说的一种"策略性的研究着眼点" [也可以用雷默尔 (Riemer 1977) 的话说是"机会主义研究"的着眼点：布尔迪厄在年轻时曾是个出色的橄榄球选手]。

〔41〕布尔迪厄提倡历史学和社会学间这种有益无害的张力。而他的同事和合作者们，如夏尔 (Christophe Charle 1987, 1990, 1991)、冈博尼 (Dario Gamboni

1989）、维亚拉（Alain Viala 1985）和卡拉第（Victor Karady）等，则在各自的历史研究中从不同方面很好地展现了这种张力。卡拉第已着手对匈牙利及其他一些东欧国家进行一项长期性的、宏大的历史社会学研究（见 Karady 1985, Don and Karady 1989, Karady and Mitter 1990）。有关历史的非连续性、随时代而变的概念范畴的所谓"根深蒂固性"以及认知型（épistémés）等问题，布尔迪厄和福柯共识颇多，有些可直接追溯到他们共同受教于康归翰的科学史和医学史的经历（Bourdieu 1988e: 779），而二人关键的分歧则源于布尔迪厄是用场域观念来历史地探讨理性。

[42] 有关知识分子和艺术家的场域，参见 Bourdieu 1971a, 1975b, 1975c, 1983a, 1983d, 1988a；有关阶级空间和阶级生活方式的空间，参见 Bourdieu 1978b, 1984a, 1987b；有关文化商品（cultural goods），参见 Bourdieu 1980h, 1985d, 和 Bourdieu and Delsaut 1975；有关宗教场域，参见 Bourdieu 1971b, 1987h, Bourdieu and de Saint Martin 1982；有关科学场域，参见 Bourdieu 1981d, 1987e, 1990e；有关司法场域和权力场域，参见 Bourdieu 1981a, 1986c, 19879, 1989a, 和 Bourdieu and de Saint Martin 1978, 1982, 1987; Bourdieu et al.1987 和《社会科学研究探索》1990 年 3 月号所刊载的文章考察了私人住宅建设的场域。

欧洲社会学中心还从事了许多其他场域的研究，其中包括：漫画连环册的场域（Boltanski 1975）和儿童书籍的出版场域（Chamboredon and Fabiani 1977），本世纪初法国大学和知识分子的场域（Charle 1983 和 1990, Karady 1983, Fabiani 1989），第三共和国时期的权力场域（Charle 1987），宗教场域（Grignon 1977），古典时代的人文和科学（Heinich 1987），17 世纪的文学（Viala 1985），"上了年纪的老人"的管理问题（Lenoir 1978），农民的行业联盟主义（Maresca 1983），社会工作（Verdes-Leroux 1976, 1978），政治代表制（Champagne 1988, 1990）和法国的女性主义研究（Lagrave 1990）。

[43] 这本书（此书的译本由于某些不为人所知的版权问题而耽搁数年，最近才由 Walter de Gruyter 出版）对于理解布尔迪厄的社会学认识论是至关重要的。在此书中，对社会科学里的"应用理性主义"（applied rationalism）[①]的

[①] "应用理性主义"是巴什拉首先使用的概念，指力图避免自发性的"实在论"（realism）和"理念论"（idealism）两种错误的认识论倾向的一种（转下页）

根本原则做了详尽细致的阐述,并且精心选择了用以说明核心主张的文本(作者包括科学史和科学哲学方面的专家,马克思、涂尔干、韦伯、莫斯及其他一些社会学家)。全书分为三部分,每一部分都由编著者的阐述和相应的文选组成。这三个部分分别用理论概括了三个研究阶段。布尔迪厄遵循法国认识论学者巴什拉的观点,将这三个阶段视为产生社会学知识的三个关键阶段。他用下面的法则言简意赅地概括了这三个阶段:"事实是(通过与常识的决裂)争而后得,构建而成,并被确认属实的(les faits sont conquis, construits, constatés)。"(Bourdieu, Chamboredon, and Passeron 1973: 24)。泰尔斯的著作(Tiles 1984)批判性地介绍了巴什拉的哲学,值得一读,也可参见麦克利斯特编辑的文选(MacAllester 1991)。

[44] 例如,许多学者批评布尔迪厄缺乏概念的完整性或严格性,参见 DiMaggio 1979: 1467, Swartz 1981: 346-348, Lamont and Larreau 1988: 155-158。

[45] 有关"操作性概念"与"系统性概念"(或称关系性概念,以研究对象的整个理论问题域为根基)之间的区别,是依据经验测量中的各种实证要求和约束确定的,详细请见 Bourdieu, Chamboredon, and Passeron 1973: 53-54。

[46] 现已广为人知的"杜昂-蒯因假设"指出,科学是一个复杂的网络,它是以一个整体面对经验的检验:证据所挑战的,并非任何特定的命题或概念,而是这些命题和概念所构成的整个网络。

[47] 对应因素分析是由"法国数据分析"学派(包括 J.P.Benzecri, Rouanet, Tabard, Lebart, Cibois)所发展的因素分析的一种变体。它使用精心设计的工具,对统计材料进行一种关系性的分析。这一方法日益为各国的社会科学家所采用,尤其是在法国、荷兰和日本。在英文文献中,这方面有两本颇有用处且深入浅出的导论,Greenacre 1984 和 Lebart et al.1984;近来,标准的计算机统计分析软件包,如 SAS 和 BMDP,已经包括了对应因素分析。

[48] 布尔迪厄就这一问题曾作如下解说:"对社会世界的日常观念只是死死盯住

(接上页)中间道路(更确切地说,是一种超越二者的努力),应用理性主义强调理论与实验的结合,以及理论的优先性。参看《社会学的技艺》(Bourdieu, Chamboredon, and Passeron 1991)一书的第三部分,特别是所选的巴什拉的论述(如文本39)。——译者

那些明白可见的事物不放,比如个人,我们出于一种源始的意识形态利益旨趣而与这种实在(ens realissimum)之物血肉相连;比如群体概念,我们只是根据其成员关系的暂时性或持久性、正式性或非正式性,以一种十分表面的方式来界定它;甚至连关系本身,在日常观念中也被理解为互动,即在实际活动中彼此激发的、交互主体性的相互关联。而从场域的角度进行思考,就是要求彻底转变这一整套日常观念。事实上,正如牛顿的重力理论只有通过克服那种只认可相互撞击和直接接触的作用方式的笛卡尔式实在论才能建立发展起来一样,领域的概念也预先假定了与实在论的表象方式的决裂,后者往往使我们将环境的效果化约成为在互动中得以实现的直接行动的效果"(Bourdieu 1982a: 41-42,引者自译。)

〔49〕梯尼亚诺夫(Jurii Tynianov 1894—1943)和雅各布森、普洛普(Vladimir Propp)一起,都是俄国形式主义学派的领袖人物,这一流派倡导以一种结构主义的视角研究文学和语言。

〔50〕有关规则与常规之间的差异,以及结构主义在这两个概念上含糊其词的说法,参见Bourdieu 1986a和1990a: 30-41。

〔51〕在司法和经济两个场域的交叉地带,随着新兴的法律专门职业("破产专家"就是一个著名的例子)的兴起,司法资本和经济资本之间的冲突愈演愈烈,有关这方面的阐述,参见Dezalay 1989。

〔52〕布尔迪厄煞费苦心地强调在社会场域和磁场之间,以及因此在社会学与一种化约论的"社会物理学"之间所存在的差异:"社会学并非机械力学的某一篇章,社会场域既是力量的场域,也是你争我夺、以改变或维持这些力量场域的斗争的场域。而且,行动者与游戏的关系——不论是实践的关系,还是反思的关系——都既是社会游戏的最基本的部分,也可以成为变革这些游戏的基础。"(Bourdieu 1982a: 46,引者自译)。

〔53〕"作为一种以颇为松散并且正规化程度较低的方式形塑的游戏,一个场域并非什么依照具有单一规章制度的准机械性的逻辑运转的机器,好像这种规章制度能将所有行动都转化为单纯的执行问题"(Bourdieu 1990b: 88)。参见布尔迪厄对阿尔都塞的"法律机器"概念进行的简短批评(Bourdieu 1987g: 210-212)。

〔54〕有关另一种情况，即从"机器"向场域演进的过程，法比亚尼（Fabiani 1989：第三章）对19世纪末法国哲学的研究和布尔迪厄（Bourdieu 1987i）对印象派绘画的分析提供了相应的历史事例。

〔55〕"机器"的概念，也使学者有可能在研究中回避社会行动者的生产问题，而在场域中运作的正是这些行动者，也正是他们使场域本身得以运作。但场域分析就不能搪塞回避这一问题，因为"只有当一个场域中存在这样的个体，他们受社会因素的预先确定，使他们的所作所为像一个尽职尽责的行动者，能以金钱、时间，有时甚至是荣誉与生命为代价，在社会游戏中不断追求，以谋取它所提供的利润，只有在这样的条件下，场域才能发挥作用"（Bourdieu 1982a: 46；也可参见布尔迪厄对艺术场域的历史生成所作的分析，在他的这项研究中，他把艺术场域看作在审美事务方面"失范的制度化"，见 Bourdieu 1987i）。

布尔迪厄在他对"极权主义"观念的批评中，进一步强调指出了"机器"概念的虚构性。在法国，政治理论家勒福尔（Lefort）和卡斯托里阿迪斯（Castoriadis）继承了阿伦特（Hannah Arendt）的思想，发展了"极权主义"的观念。在布尔迪厄看来，伯克（Kenneth Burke）一定会把"极权主义"这一观念看作"术语蔽障"（terministic screen）的代表。这种概念掩盖了苏维埃模式社会中的实际情况，虽然说在这个社会中确实存在着压迫，但社会的张力始终存在，并具有影响。这一点很像路易十四时代专制王朝宫廷社会的情况："机器的表象事实上往往掩盖了某个斗争场域的存在，而所谓'绝对权力'的拥有者本人也必须置身于这一场域"（Bourdieu 1981c: 307）。与此同时，布尔迪厄（Bourdieu 1981a）还强调指出了在政治场域的运作中存在着各种相互对抗的趋势，当被统治阶级缺乏文化资本时，各种与此相关的因素会促使被统治阶级政治资本的集中，并因此导致左翼政党逐渐转向一种"机器"式的运作方式。有些学者对法国共产党作了研究，批判性地估价了其中存在的各种迈向"极权化"的趋势和相应的反作用力量，并考察了适于推行"极权化"的成员的社会构成，有关这些研究，参见 Verdes-Leroux 1981 和 Pudal 1988, 1989。

〔56〕一个场域的结构和运作过程中所体现的必然性是"一个不断推进的集体创造的历史进程的产物，这个历史进程既非遵循某个计划，亦非依照说不清

道不明的固有理性的结果（从而没有任意性机会的一席之地）"（Bourdieu 1989a: 326）。布尔迪厄曾简要地讨论了卢曼将法律视为一个系统的观念，参见 Bourdieu 1987g: 212。波恩的《惯习和环境》（Cornelia Bohn 1991）一书比较了布尔迪厄和卢曼的研究方法。

［57］场域的概念可以在不同的聚集层次上使用：在大学里（Bourdieu 1988a），人文科学的学科总体或院系总体；在住宅建设经济中（Bourdieu 1990c），包含所有房屋建造者的市场或单个建筑公司"都可以被视为一个相对自主的单位"。

［58］例如，布尔迪厄使用经济场域概念分析了法国的单户家庭住房生产这一产业部门的内在发展过程及其与其他场域（特别是科层体制的场域，即国家）的相互作用（Bourdieu 1990b, 1990c, 1990d; Bourdieu and Christin 1990），可以将之与卢曼（Luhmann 1982）以及帕森斯和斯梅尔塞（Parsons and Smelser 1956）对经济与其他形式性的子系统之间的边界所作的抽象理论概括进行对比。

［59］"文化生产场域特有的意识形态作用，是以文化生产场域（它是围绕正统和异端的对立组织起来的）与阶级斗争场域之间的结构对应关系为基础，为维持或颠覆符号秩序，以一种半自动的方式发挥出来的。……在两个场域之间存在的这种对应关系，导致了在文化生产这个独立自主的场域中为利害关键的特定目标而进行的争斗"（Bourdieu 1979b: 82，英译文有改动）。

阶级不平等的意识形态合法化［或"自然化"（naturalization）］是布尔迪厄符号支配理论的核心观念，而这种合法化只有通过不同系统之间产生的对应关系才能发挥作用。这种合法化并不要求文化生产者蓄谋尽心竭力地去掩盖事实，或心甘情愿地为统治者服务——事实上，只有当文化生产者并不有意对文化进行合法化时，文化为阶级不平等所提供的"社会正义论"（sociodicy）才能更好地发挥作用。在符号生产中，只有当知识分子作为专家真心实意地去追求他们的专门利益时，他们才能同时赋予一个阶级位置以合法性："意识形态的组成结构及其最具特色的运作过程归因于它们生成和流通的社会条件，也就是说，它们首先是被专家作为对争夺所在场域相应才能（宗教、艺术等）的垄断工具来发挥作用，其次附带地才是被非专家用于其他目的"（Bourdieu 1979b: 81-82，强调为引者加）。

各种场域怎样与阶级关系结构发生对应关系？这种对应关系又带来了哪些效果？有关这些问题的分析，可以参考 Bourdieu and Delsaut 1975 对服装最新流行式样的考察，Bourdieu 1980a 对戏剧与艺术品味的探讨，Bourdieu 1988b 对哲学的分析，以及 Bourdieu 1089a 对精英专（门职）业院校的研究。

〔60〕有关19世纪晚期法国艺术场域的历史形成过程，以及近代艺术家与此相关的"创造"，布尔迪厄所作的分析构成了即将出版的一本名为《文化商品的经济学》的著作的主要内容。有关这项研究的初步构想，参见 Bourdieu 1971a, 1971c, 1971d, 1983d, 1988d。有关布尔迪厄审美社会学和艺术社会学的精要阐述，参见 Bourdieu 1987d；上述文章中的几篇均将被收入即将出版的《艺术文学论文选》。

〔61〕各个相关个人或机构的聚集体与灵验有效的资产或资本形式之间，正是通过这种"解释学循环"得以相互限定。有关这方面的详细阐述，参见布尔迪厄对70年代中期法国政府改革住宅建设政策的研究（Bourdieu and Christin 1990k，特别是70-81）。

〔62〕"某些对'认识论断裂'只知皮毛的后学之辈力图让我们相信，在科学中摈弃第一手的直觉是自始至终、彻头彻尾的，但事情远不是那么简单；这种对直接直觉的摈弃是一个漫长的辩证过程的最终成果。在这一过程中，直觉最初在经验操作、分析，甚至证实或证伪过程本身中都有所体现。这些带有直觉因素的操作、分析和证明又产生了新的假设，这些新的假设逐渐具备了更为牢固的基础，借助直觉曾发挥作用的这些复杂的研究操作所阐明的问题、失误和预期，科学家最终得以反过来超越了前面那些直觉性的操作"（Bourdieu 1988a: 7）。

〔63〕贝克尔和沃尔顿强调指出了哈克作品在社会学上的重要意义（Howard Becker and John Walton 1986）。

〔64〕有关国家在住宅建设方面的经济活动中所发挥的形塑作用，参见 Bourdieu 1990b，及 Bourdieu and Christin 1990。布尔迪厄在《国家精英》一书中首次正面论述了国家问题。他的结论是"当代的专家统治"是穿袍贵族（noblesse de robe）"在结构上的（有时甚至还是血统上的）继承人"，他们"通过创造国家来创造（作为一个法人团体的）自身"。布尔迪厄进一步还提出假设，认为"国家精英……和教育证书是互相补充、彼此关联的创造过程的结

果"(Bourdieu 1989a: 544, 540)。布尔迪厄1988年至1991年在法兰西学院所讲授的课程,一直致力于这一题目,主要考察了现代国家的形成和效果,在这一系列考察中,国家被视为符号暴力集权化的组织表现方式,或者说是"确保各种私人占有形式的物质资源和符号资源的公共宝库"(Bourdieu 1989a: 540)。

[65] 关于布尔迪厄对韦伯思想的发展,参见Bourdieu 1989a:第五部分,以及Bourdieu and Wacquant 1991: 100:"归根结底,国家是符号权力的集大成者,它成就了许多神圣化仪式,诸如授予一项学位、一位身份证、一件证书——所有这些仪式,都被一种权威的授权所有者用来判定一个人就是她在仪式上被展现的那种身份,这样就公开地确定她是什么,她必须是什么。正是国家,作为神圣化仪式的储备银行,颁布并确保了这些神圣化的仪式,将其赐予了仪式所波及的那些人,而且在某种意义上,通过国家合法代表的代理活动,推行了这些仪式。因此,我对韦伯的名言加以改动,使它更具一般性,我认为:国家就是垄断的所有者,不仅垄断着合法的有形暴力,而且同样垄断了合法的符号暴力"。

[66] 这些国家栋梁都是来自法国顶尖的名牌院校的毕业生组成的结社团体,传统上将法国国家内某些最顶层的管理位置留给他们(关于名牌院校的论述,见第三部分注22)。

[67] 例 子 见 Paradeise 1981, Caille 1981 和 1987a, Richer 1983, Adair 1984, Kotand Lautier 1984, Rancière 1984: 24, Joppke 1986, Sahlins 1989: 25。就因为这样,菲斯克(Fiske 1991: 238)把加里·贝克尔和布尔迪厄两人搅在一块儿,认为在他所归类的社会关系四大模型中,两人都是"自利理性假定"(the selfish rationality assumption)的倡导者。而其他许多人,特别是Harker, Mahar and Wilkes 1990: 4–6, Thompson 1991 以及Ostrow 1990: 117,则积极捍卫另一种截然相反的阐释,称赞布尔迪厄摈弃了唯经济主义。

[68] 在最早论述卡比尔人荣誉感的人类学文章中,布尔迪厄就明显地流露出对唯经济主义的反对(Bourdieu 1965 和 1979d)。而《实践理论大纲》(法文版)和《实践的逻辑》里也都详尽地论述了这一点:"唯经济主义是自我中心主义的一种形式。它看待前资本主义经济,用马克思的话来说,'就像教父们看待先于基督教的各种宗教一样'。在分析前资本主义经济时,人们所用

的各种范畴、方法（比如经济核算）、概念（比如利益、投入、资本之类的观念），都是资本主义的历史产物，从而彻底地改变了所研究的对象，就像产生这些范畴、方法、概念的历史转变一样"（Bourdieu 1990a: 113，英译文有改动。此书其余各处也屡有类似表述，参见 Bourdieu 1986b: 252-253）。

〔69〕"对于一个'高度社会化'的卡比尔人来说是生死攸关、非争不可的大事，对于一个来自其他社会，缺乏各种相应的分辨原则的行动者来说，他无从作出区分，参与荣誉游戏，这件事就可能是无关痛痒的"（Bourdieu 1987e: 7）。

〔70〕这是莫斯分析馈赠逻辑所得出的一个结论："如果说存在着一些相似的动力，促使着特罗布里安岛民、美洲酋长们或是阿达曼部民，或者昔日慷慨大方的印度人和日耳曼、凯尔特的贵族们作出浪掷金银、馈赠礼品之类举动，那么推动他们这么做的动力也绝不是商人、银行家或资本家所奉行的冷酷无情的逻辑。在这些文明类型里，人们也确实为利益所驱使，但方式却与我们的时代截然不同"（Mauss 1950a: 270-271，强调为引者加）。在赫希曼（Hirschman 1987 看来，布尔迪厄继莫斯之后，又一次对利益观念作了修正性的解释。

〔71〕在这个研究领域，布尔迪厄前前后后许多著作和"新经济社会学"的关注点之间显然存在着大量的共同兴趣和相似结论（例见 Swedberg, Himmelstrand and Brulin 1987; Zelizer 1988; Zukin and DiMaggio 1990; Granovetter 1985 和 1990），不过无论哪一方，看起来都还没有与对方进行沟通融合（不过，可以参见 DiMaggio 1990, Powell and DiMaggio 1991 所作的努力）。

布尔迪厄对阿尔及利亚的经济社会学研究，可见 Bourdieu 1962a, 1964, 1973a, 1979c; Bourdieu et al.1963; 以及 Bourdieu and Sayad 1964。关于法国住房经济的研究，参见 Bourdieu 1990b, 1990c, 1990d; 以及 Bourdieu and de Saint Marbin 1990; Bourdieu and Christin 1990。

〔72〕布尔迪厄（Bourdieu 1986b: 241）是这么定义资本的："资本是一种积累起来的劳动（它以物质化形式或是'肉体化'、身体化形式存在）。当行动者或行动者群体在私有的——也就是独占排外的——前提下占有利用它时，他们便可以因此占有利用具有物化形式，或者体现为活生生的劳动的社会能量。"关于布尔迪厄对资本概念的这一概括，格罗塞蒂（Grossetti 1986）提

[73] 符号资本的观点是布尔迪厄提出的最复杂的观点之一，而他的全部学说，又可被读解为不断地探索和追求符号资本的各种形式及效应的努力。见 Bourdieu 1972: 227-243; 1977a: 171-183; 1990a: 112-221; 1989a: part 5; 以及 1991e，可以看出他日渐丰富和详尽的阐述。

[74] 文化资本的这三种存在形式，如何被获得、散布、转换，并产生了哪些社会效应，《社会学与社会》(Sociologie et Sociétés) 1989 年 10 月的"作为资本的文化"专号的各篇文章里，从不同角度对这些问题进行了详尽广泛的阐述。特别参见 de Saint Martin 1989b 对性别资本与文化资本如何决定"知识分子职业"的过程所进行的分析。

[75] 有关布尔迪厄对惯习概念的发展和不断的重新解释，见 Bourdieu 1967a, 1967b, 1971c, 1972, 1977a, 1980d, 1984a, 1990a: 第三章, 1986c, 以及 1985c, 最后这篇文字言简意赅地概括了惯习概念的发展历史和理论作用。此外，要充分地把握这个概念的宗旨和意涵，你必须着重考虑它的各种使用方法，也就是说，着重观察布尔迪厄在具体经验分析的过程中是怎样引入这个概念，又产生了怎样的分析效果。随着时间的流逝，看起来布尔迪厄对这个概念的强调已慢慢地由偏于心智转向重在肉体，也许，这在一定程度上是因为布尔迪厄早期作品受结构主义语言学模型影响更强吧。

[76] 布尔迪厄 (Bourdieu 1977a:vi) 在《实践理论大纲》的开头，引用了马克思《关于费尔巴哈的提纲》第三条（原文如此——译者）："从前的一切唯物主义（包括费尔巴哈的唯物主义）的主要缺点是：对对象、现实、感性，只是从客体的或者直观的形式去理解，而不是把它们当作感性的人的活动，当作实践去理解，不是从主体方面去理解。因此，和唯物主义相反，能动的方面却被唯心主义抽象地发展了，当然，唯心主义是不知道现实的、感性的活动本身的。"（据《马克思恩格斯选集》第一卷，人民出版社 1995 年版，第 54 页，《关于费尔巴哈的提纲》第一条。——译者）

[77] 杜威 (Dewey 1958: 104) 在《作为经验的艺术》中这样写道："习惯是在与世界的交流中形成的，通过这些习惯，我们也栖居在 (in-habit) 这个世界中。世界成为我们的家园，内在于我们每一刻的经验之中。"他把"心灵"定义为"一个积极主动、热切渴盼着的背景，时刻等候在那里，预备融入任何

不期而遇的遭际",这显然与布尔迪厄的惯习有相似之处。

近来,学术界对惯习这一观念的兴趣又有所回升,社会理论对它的忽视乃至贬低,[例如,Perinbanayagam 1985, Camic 1986, Baldwin 1988,以及Connerton 1989:特别见22—30,84—95页和第三章里对"铭刻化"(inscribing)实践和"肉体化"(incorporating)实践的论述。]这在一定程度上是意在反击日渐统治美国社会科学的赤裸裸的"认知与决策的理性主义模型"(Collins 1981b: 985)。由于杜威和米德很早就阐发了以习惯为基础的行动社会学,他们成了最常被"重新发现"的大师;而奥斯特罗和施米特(Ostrow 1990 和 Schmidt 1985 尤见第三、四章)则阐述了梅洛—庞蒂的著作,指出他有关世界和主体之间前对象性的和非设定性(pre-objective, nonthetic)的关联所具有的肉体性这一学说具有重大意义。看看这一观点是否能在美国生根开花,并和布尔迪厄的思想相互联系,将是件颇有趣味的事。

[78] 在《阿尔及利亚1960》里,布尔迪厄(Bourdieu 1979c: 68,也可见全书其余各处)指出,阿尔及利亚的准无产者们无法跨越"现代性的关口",正是后者造成了他们和稳定的工人阶级的区别。在关口的这一边,只要这些准无产者们"整个的职业生存都受制于任意武断性的规则"的支配,就无法形成理性化的(资本主义)经济所要求的那种"理性惯习"。任意武断的规则之所以大行其道,是因为这些人处于持续不安全感和极端的被剥夺之中。在这里,他们对世界的确信和他们的内在支撑以前是由农耕社会保障的,现在突然消失了,这种消失导致了文化的震荡,从而进一步加剧了以上状况。由于行动者完全被束缚在与基本生存相联系的那些紧迫的经济活动之中,他们无法形成根据时间进行筹划的性情倾向,而没有这种性情倾向,就不可能体察蕴含各种选择的未来的可能性,不可能作出有意义的决定。一个来自君士坦丁的无业者概括得好:"当你朝不保夕的时候,你又怎么能把握明天呢?"

[79] 这些困境里,最著名的要算是"搭便车"问题了(Olson 1965)。布尔迪厄指出:"生存状况的同质性,使得群体或阶级的惯习在客观上也变得同质起来。正是这一点,使得实践无须出于什么策略计算或自觉的规范参照,就能在客观上协调一致,这样无须什么直接互动,更无须什么明确的协调合作,就能得到相互调适"(Bourdieu 1990a: 58,英译文有改动),从而消释了这一问题。

〔80〕参见布尔迪厄（Bourdieu 1990a: 42—51），在那里依照上述的思路，他详尽彻底地批判了萨特的现象学和埃尔斯特的理性选择理论。布尔迪厄还在别处写道（Bourdieu 1990e: 384）："理性行动理论的倡导者们笔下那体现人类实践原则的理性计算者……比起某些前牛顿时代的思想家眼中掌管星体运动的那位远见卓识的舵手，那位天使长（angelus rector）……荒谬的意味也少不了几分。"

〔81〕"因为惯习的结构是作用于它的行动的各种力量所组成的那个场域的产物，所以，只有当惯习完完全全地融入这个场域之后，它才能切切实实地把握它的行动场域"（Bourdieu 1989a: 327）。

〔82〕"与社会世界间的关系，并不是'某种情境氛围'与某种'自觉意识'之间机械的因果关联，而是一种本体论的契合关系（ontological complicity）。同样的历史寓居于惯习和居所（habitus and habitat）、性情倾向和位置、国王和他的宫廷、老板和他的企业、主教和他的教区。在这种情况下，从某种意义上讲，历史是与自身交往沟通的历史，休现在它自身的影像中。作为'主体'的历史，在作为'客体'的历史中发现了自身；在'先于述谓的'（antepredicative）的'消极综合'（Passive synthesis）中，在未经任何结构形塑过程或语言表达就被结构形塑的结构之中，作为'主体'的历史认识了自身。对生于斯长于斯的世界的信念关系（doxic relation），是一种从实践体验中流露出来的近于本体论意义上的认同（a quasiontological commitment），这种信念关系同时还是归属和拥有的关系。在这样的关系中，被历史所把持的身体，反过来直接完全地把持了被同一历史所占据的事物"（Bourdieu 1981c: 306，英译文有改动）。

〔83〕"对于小资产阶级的道德主义来说，是否有自觉意识的问题，也就是行动者行事是出于真诚善意还是愤世嫉俗的问题，是一个关系重大的问题"，但一旦你认识到，这只是惯习与驱使着它们的场域的特定状况之间的相互作用时，原本重要的问题就显得"愚蠢荒谬、无甚意味"了（Bourdieu 1990d: 37，注3）。

〔84〕各种社会策略，不管是在学校、在劳动力市场和婚姻市场、在科学场域还是政治场域，在布尔迪厄的分析中，以主观希望和心智图式的形式出现的客观机遇的内在化都发挥了重大作用（主要的论述见Bourdieu 1974a, 1979b,

1977b)。考虑到人们经常错误地理解布尔迪厄的这一观点，认为它意味着行动者们的预期必然机械地复制着他们的客观机会（例如 Swartz 1977: 554; McLeod 1987），在此详细引述布尔迪厄对这种解释的断然拒斥是很有益处的："群体总是想固守他们所处的生存状况，这种倾向有好几个缘由，其中特别是因为，组成这些群体的行动者们都被赋予了某些稳定的性情倾向，这些性情倾向可以在生产它们的诸多经济、社会条件发生变化的情况下继续存在，并发挥作用。而这样的一种固守、维持的倾向，既可以确保调适，也可以引发不适（maladjustment），既可以积淀与世无争的顺从心态，也可以激起奋起反抗的叛逆勇气。在性情倾向和客观条件的关系方面，我们只要举出它的另外一些可能形式就足以看到，惯习对客观条件的所预期的调适不过是'所有可能情况中的一种特例'，从而避免下意识地将再生产近乎完美的准循环关联模式加以普遍化。要知道，只有当惯习生产的各种条件与惯习运作的各种条件同一或对应时，这种模式才完全有效"（Bourdieu 1990a: 62-63，英译文有改动，强调为引者加）。从布尔迪厄的早期作品，我们也能发现一些类似陈述，比如 Bourdieu 1974a，关于"可能性的因果性"。

[85] 对于布尔迪厄的诠释者和批评者来说，惯习观念又是一个难以达成一致意见的难点。在这些人中，有一派人，其中包括加特曼、吉鲁、詹金斯（Gartman 1991, Giroux 1982, Jenkins 1982），他们认为惯习表面上缓和了决定论，实质上进一步加强了它。吉鲁（Giroux 1983: 90）认为："惯习的定义和使用方式在概念上无异于作茧自缚，毫无调整或是回避的余地。因此，惯习概念扼杀了社会变迁的可能，沦为一种管理方面的意识形态"。另一派观点，如哈克尔、米勒、布兰森、赛潘、席尔兹、哈克尔以及苏尔库南（Harker 1984, Miller and Branson 1987: 217-218, Thapan 1988, Schiltz 1982: 729, Harker et al. 1990: 10-12, 以及 Sulkunen 1982）等等，则认为惯习是个中介性概念，而不是结构性概念。这一概念在社会行动中引入了一定程度上的自由活动、创造性和不可预见性。而福克斯（Fox 1985: 199）则是这样表达这种诠释立场的："在惯习观的描绘下，社会生活和文化意义成了一种不断发展的实践，与此类似，文化的概念也总是处于形塑之中"。萨林斯（Sahlins 1985: 29, 51, 53）、鲍威尔和迪玛奇奥（Powell and DiMaggio 1991）以及卡尔霍恩（Calhoun 1990: 232-233）都在惯习概念中同时发现了两方面的意涵。在昂萨尔（Ansart 1990: 40）看来，正是惯习这一概念，使得布尔迪厄发展

出一种积极主动的社会行为概念，从而突破了结构主义的范式。勒默特（Lemert 1990: 299）也持有同样的观点："惯习是个极为有力的概念，布尔迪厄据此发展出一种独具特色的结构理论，这一理论的特点就在于它敏锐地把握了那个最使各种结构理论总是举棋不定的难题：在结构形塑过程的约束力下，能动作用是如何继续存在并发挥作用的？"

〔86〕惯习不仅受到一定的社会轨迹的影响，而且也可以通过社会分析来加以转变，也就是说，通过意识的觉醒，或者某种形式的"自我努力"，个人可以对他的性情倾向施加影响。这一点，布尔迪厄在下文也有所论述。这种自我分析的可能性和有效性，部分取决于所考察的惯习的原初结构，部分取决于自我意识觉醒所以发生的客观条件（具体请见上文第一节所论及的法国哲学家的"反制度"性情倾向）。

〔87〕"惯习生成的逻辑本身就说明，这是一系列按时间顺序安排的结构。在这个结构的序列里，某种既定的等级秩序上的结构规定着在序列中等级较低的各类结构（也就是在形成过程中居先的那些结构），同时还通过形塑行动，作用于等级较高的各类结构所生成的各种具有一定结构的经验，从而也对这些等级较高的结构发挥着形塑的作用。因此，具体地说，像在家庭中获得的惯习就成了形塑学校经验的过程的基础……而反过来，本身千差万别的学校中的行动，又改变着惯习，成为此后所有经验的基础……依此类推，惯习不断走向一次又一次的重新形塑的过程"（Bourdieu 1972: 188，引者自译）。

〔88〕布尔迪厄从一开始就把性别对立问题置于思考的中心〔有一次他半开玩笑地招认，"是女性'教给'（他）社会学"〕，且在步入职业生涯之始，便曾就这一主题进行了广泛深入的论述。这方面，他最早的几篇主要文章是以在家乡比安地区和阿尔及利亚的考察为基础的，探讨的就是"农民社会的两性关系"（Bourdieu 1962c），"独身现象与农民的生活状况"（Bourdieu 1962b），以及"卡比尔社会的荣誉感"（Bourdieu 1965）。在最后那篇文章里，他认为支撑着卡比尔社会荣誉感的，正是笼罩着整个社会的男性气概。他写了篇著名的文章，题为"柏柏尔人的民居——一个颠倒的世界"（写于1968年，重印于 Bourdieu 1979c），探讨的中心就是构建着卡比尔社会世界秩序和居家仪式性活动的两性对立。在《实践理论大纲》和《区隔》中，也

可找到大量有关性别差异和性别范畴化的论述。不过，自从60年代初期以来，布尔迪厄就一直未再正面探讨这一问题。近来，他有篇题为"男性的支配"的文章，总算弥补了这个缺憾。在这篇文章（Bourdieu 1990i）里，布尔迪厄主张，性别支配构成了所有支配的范例，而且可能还是最为顽固的一种支配形式。性别支配既是最具任意武断性的一种支配形式，又是误识最严重的一种，原因就在于，性别支配基本上是通过现存的世界结构与体现在身体上的世界观图式之间的协调一致来运作的。这种协调一致虽然深藏不露，根深蒂固，却无须中介，直接构成，它可以一直溯源到数千年前，可以从女性被逐出符号资本游戏的过程中窥见端倪。参看下文第五节的讨论。

〔89〕莫兹位于一个小型教区，是外省的一个传统主义主宰的市镇。这个教区的主教通常具有贵族血统。而圣丹尼区则是巴黎北郊一个典型的工人阶级聚居区，传统上就是共产党的势力范围。

〔90〕"'无意识'……不是别的，实际上就是对历史的遗忘。历史通过将它自己生成的客观结构转为惯习所具有的那些半自然天性，从而自己炮制了对自身的忘却"（Bourdieu 1990a: 56，英译文有改动）。换句话说，"只要确定实践方向的原则仍是无意识的，用马克思的话来说，就是日常生存的互动是'以物为中介的人际关系'：经济资本、文化资本分配结构与它转型后的形式——感知和评价的原则——就会以一种所谓判断'主体'具有的无意识方式，介入判断者和被判断者之间，影响判断的过程"（Bourdieu 1989a: 13，引者自译）。

〔91〕布尔迪厄对时间的关注由来已久，可一直追溯到50年代，那时他还是名哲学系学生，正系统地研读胡塞尔和海德格尔的思想。他早期在阿尔及利亚所作的人类学考察，有许多地方涉及阿尔及利亚经济体系中，资本主义部门与传统产业部门之间，在时间的使用和社会形塑过程方面存在的对立。他早期的几篇文章，比如说"阿尔及利亚工人对失业的忧虑"（Bourdieu 1962d），"阿尔及利亚的亚无产阶级"（Bourdieu 1973a，初次发表于1962年），"阿尔及利亚农民的时间观"（Bourdieu 1964），探讨了"经济结构与时间结构"（这是《阿尔及利亚1960》一书的开篇，也是最长的一篇文章的副题，见Bourdieu 1979c）间的辩证关系。在很大程度上，正是通过恢复了实

践的时间性向度，才使布尔迪厄超越了结构主义范式。因为布尔迪厄在对社会空间进行概念建构时，融入了时间的观念，故此时间在他的分析中也是一个中心。在《区隔》一书中，布尔迪厄提出了一个具有三维的社会空间结构模式：一是社会行动者所拥有的资本的数量，一是资本的结构，此外，还考虑到了这两种性质在时间上的演化。

〔92〕正如梅洛-庞蒂（Merleau-Ponty 1962: 239-240）所说的："在每一个我凝神注目的时刻，我的身体都维系了现在、过去和未来。我的身体隐藏着时间……我的身体占有着时间；它为现在，将过去和未来带入了现时的存在；我的身体不是什么了不起的东西，但它并不屈从地消融于时间，而是创生着时间。"

〔93〕"重提不确定性，就是重提时间，重建时间的节律、取向和不可逆性，用各种策略的辩证关系来代替模型的机械关系。但这并不是说要一头栽进各种'理性行动者'学说里，那些不过是虚构的人类学而已"（Bourdieu 1990a: 99，英译文有改动；也参见 Bourdieu 1986a）。

〔94〕法文本的《实践理论大纲》和英文本《实践理论大纲》在书的内容和结构上都颇为不同。与此类似，《语言与符号权力》的英文本（Bourdieu 1991e）和法文本（法文书名的字面含义是"言说意味着什么"——Ce que parler veut dire, Bourdieu 1982b）也几乎完全是两本不同的书，尽管在形式上英文本译自法文本。这本书的英文本是由汤普森编纂的，收入了几篇法文本所没有的关键文章，这几篇文章有助于读者清晰地理解布尔迪厄的社会学语言学与他分析政治场域以及集团形成的政治活动的理论之间的密切关联。本节所有的引文都是我本人从法文本直接翻译的。

〔95〕参见 Bourdieu and Boltanski 1975, Bourdieu 1975a, 1977c, 1983b, 和 Bourdieu 1980b: 95-112, 121-142。最后提到的这本书对这一点做了进一步的发展。

〔96〕"形形色色的场合主义者错觉（occasionalist illusion），都诱使人将实践直接与渗透在情境之中的各种性质关联起来。必须指出的是，与这些人的错觉相反，'人际'关系并非仅仅是表面看得到的一个人与一个人之间的关系，互动的真相也从未完全存在于互动之中"（Bourdieu 1990a: 291）。在布尔迪厄对韦伯的宗教社会学进行的批判性诠释中（1971b, 1971e；特别是第5页至第6页的图表，1987h），他以最明晰的理论论述了结构层面和互动层面

之间的区别以及两种分析方式的区别。布尔迪厄用结构概念重新阐述了韦伯用互动概念所描述的宗教行动者之间的关系，借此消解了不少韦伯所不能解决的困难。布尔迪厄曾经对单人住宅的买卖双方在他们打交道的搜集信息阶段和讨价还价阶段中所采用的各种话语策略进行了研究。在这一研究中，他进一步阐明了结构分析的层面与互动分析的层面之间的区别，并就此指出："由于只在话语本身中寻求话语构成的法则，'话语分析'反而阻碍了我们找到这些法则，因为这些法则存在于生产话语的社会空间的构建法则中"（Bourdieu and Christin 1990: 79）。在他对大选后的电视辩论的分析中，他也同样强调了这一区别，在下面的第三部分第五节中还要讨论他对大选后电视辩论的研究。

这种"场合主义者的谬误"（occasionalist fallacy），在古德温（Marjorie Harness Goodwin）所作的一项非常出色的研究中表现得淋漓尽致。古德温运用民俗学的方法，分析了在邻里社区的自然场景中，费城的黑人孩子们之间发生的沟通行为。将"孩子看作行动者（actors）"，通过语言游戏的媒介"他们积极地从事创造他们的社会世界的工作"（Goodwin 1990: 284）。这没什么不对的，只要同时认识到这些世界的结构都已经预先被更广泛的种族、性别和阶级关系所确定，就可以了。只有在直接的面对面情境的狭隘框架中，你才会主张这样一个观点，即"言语事件本身规定了参与言语交流的人的社会组织、形塑他们的联盟阵线和他们的认同身份"。进一步来说，言语交流的参与者的所作所为，所依据的社会规则和社会对立并不局限于情境之中。（在古德温所分析的这个经验现象中，所谓的社会对立是黑人和白人的对立，是学校与街头的对立，而白人在所谓"自然场景"中并未直接出现。）只有当人们忽视了构建语言互动"框架"（frame——就戈夫曼用这个词的意义而言）的宏观社会政治方面的因素时，人们才会断言"在用人类学方法理解人们如何在结构上形塑他们的生活方面，谈话材料具有根本的重要性"（Goodwin 1990: 287）。

[97] 不能把这句话理解为限于用某种简单的理性主义的经济模式来分析语言。为了避免这一点，有必要强调指出"他的[这种]预见，根本不是出自有意识的计算，而是一种语言惯习支配的行为，这种语言惯习，又与某个既定市场的法则之间存在一种基本的、生成性的长期关系，语言惯习正是作为这种关系的产物发挥着作用。语言惯习是一种用来确定言说的可接受

性的分辨感,并可以用来确定在不同市场上,它自身产生的语言产物和其他语言产物的可能价值。并且正是这种对言说可接受性的分辨感,而非某种旨在使符号利润最大化的理性计算方式,决定了(语言中)各种方式的纠正修补和自我监督,决定了我们对社会世界的认可。这种分辨感的决定过程就是让我们心甘情愿地想成为社会上可接受的人,说出可接受的话,并且让我们在生产话语的同时就考虑话语的可能价值"(Bourdieu 1982b: 75-76,引者自译)。

〔98〕"因为技能不能被化约为产生某种话语类型的专门语言能力,而是涉及构成言说者的社会个性的全部性质……所以,由于交流者的不同,同样的语言生产可能获得完全不同的利润"(Bourdieu 1977c: 654)。

〔99〕这就是布尔迪厄所谓的"演说效应"(oracle effect, Bourdieu 1985b; 又见 1981a):正是在授权的逻辑中深刻地蕴含了这种"合法骗局"(legitimate trickery)的可能性,通过这种授权,发言人得以使他的言辞、并因此使他的世界假充那些他所代表的人的言辞和世界,并把他本人对他们的情境、条件以及利益的界定强加给他们。马雷斯卡(Maresca 1983)对这一效果在法国农民中的体现进行了典范性的研究。并参见华康德(Wacquant 1987)对这一问题所作的进一步分析。

〔100〕在奥斯汀(Austin 1962)的言语行为理论中,他分析了一组他称之为"完成行为"的言谈(例如"我将这艘船命名为伊丽莎白皇后号"),这种表达式无所谓真假,只能根据是否尊重某种"约定的程序"来判断它是否"得体"(felicitious)。因此这位英国哲学家明确指出符号效力是依赖于制度条件的,不过他并没有分析这些制度条件(行动者、时间、地点、权威等)的社会特性,而是退入了一种语言学的区别,将言语行为分为"表意行为"(locutionary)、"以言取效的行为"(perlocutionary)和"以言行事的行为"(illocutionary)(参见 Thompson 1984: 47-48 对这一点的讨论)。福内尔(Fornel 1983)从一种语用学的角度对奥斯汀的"得体"观念进行了更为详尽的理论考察,他的思路颇受布尔迪厄关于语言的政治经济学的理论的启发。

〔101〕莫斯的"巫术的一般理论述要"(Mauss 1950a)最初在 1902 年至 1903 年间发表在《社会学年鉴》上。布尔迪厄和德尔索(Bourdieu and Delsaut 1975)

〔102〕在研究最新服装式样的场域中设计者标签的社会巫术时，就直接受到这篇文章的启发。

〔102〕汤普森（John Thompson 1991）非常中肯地指出了这一点。斯努克（Snook 1990）在他的一篇分析尼采和维特根斯坦对布尔迪厄语言概念的影响的文章中也谈到了这个问题。

〔103〕"身体技术"这一概念，借自莫斯的一篇富有创见的同题论文（Mauss 1950b）。

〔104〕拉克斯（Laks 1983）考察了巴黎市郊一群十几岁的少年，并对他们各自的阶级惯习进行了细致入微的构建，通过这一构建工作，这一研究详尽地阐明了在他们中的社会实践与语言实践之间存在的系统的对应关系。

〔105〕这一研究，是布尔迪厄在马克斯·普朗克社会研究所做访问学者时撰写成文的，最初由德国法兰克福的联合出版社（Syndicat Verlag）在1976年出版，在法国则是作为一篇文章于1975年在《社会科学研究探索》上发表。以后它又经过修订，在1988年出版了法文本。

〔106〕"只有当我们清楚地看到（哲学话语的）独立性只不过是用另一个词来表明它对哲学场域运作的特定法则的依赖关系时，我们才能承认（哲学话语的）独立性。同样，只有当我们在考虑这种依赖关系所产生的（对思想的）系统性改变时，意识到这种改变的根源是这样一个事实，即这种依赖关系只有通过哲学场域的特定机制才能发挥作用，我们才可以承认存在〔这种〕依赖关系"（Bourdieu 1988b: 10）。

〔107〕毕尔格认为，在对艺术和其他文化实践进行分析时，"布尔迪厄采取了一种激进的立场，即一种完全外在性的视角"（Burger 1990: 23）。毕尔格这类的主张体现了对布尔迪厄理论的根本误解，因为它等于完全抹杀了符号生产的场域的观念，而布尔迪厄在最早期的文章之中就明确地使用了这一观念（例如，1966年的一篇论"创造性设计"的文章就包含了这一观念，参见Bourdieu 1971a: 185）。

〔108〕布尔迪厄（Bourdieu 1988a: 118）对这一点作了如下总结："海德格尔的思想……在'哲学的'秩序中，是'保守革命'的结构对应物。纳粹主义是保守革命的另一种形象的对应物，是根据另外一些形成规律产生的。因

此，海德格尔思想对于有些人来说的确是不可接受的；不管是过去还是现在，这些人都只能把它看作哲学的炼金术产生的那种'升华'形式。"与此类似，只有将福楼拜彻底历史化，即将他的文学实践重构为场域和他的惯习之间，以他的生平轨迹为中介的相互作用的结果，"我们才能理解，他怎样使自己摆脱了那些芸芸众生的宿命中所蕴含的那种刻板的历史性"（Bourdieu 1988d: 557）。

[109] 法里亚斯出版的研究专著（Farias 1987，英译本为 1989），用各种材料证明了海德格尔对纳粹政治活动的支持及亲身参与。这本书引发了十分激烈的争论，吸引了所有法国知识界的"大腕"学者，并渗透了浓厚的政治色彩。德里达和布尔迪厄就这个问题在左翼日报《解放报》的版面上，进行了猛烈的交锋，此外在各种私下和公开的场合中，还发生了许多言辞激烈的论战。此后，这一"事件"就逐渐演变成国际性的（并在一定程度上，和"保罗·德·曼事件"①搅在一起），直到本书出版之时，仍然盛行不衰。相关书籍层出不穷，几乎每周都有新书问世，它们或声称证明了对海德格尔的指控，或宣布否定了这一指控，并且各自宣称他们对海德格尔哲学的诠释才算切中了要害。在法国和德国有很多学者参与了这一争论，这里只举其中一些重要人物，可以参见以下文章：在戴维森所编辑的《批判理论》杂志的专号（Davidson 1989），马戈利斯和布鲁奈尔所编选的文集（Margolis and Brunell 1990），以及《新德国批评》杂志的1989年冬季号中，伽达默尔、哈贝马斯、德里达、布朗肖（Blanchot）、拉库－拉巴特（Lacoue-Labarthe），和列维纳斯发表的文章。正如《明镜》杂志的编辑奥格斯坦（Rudof Augstein）——是他拿到了著名的海德格尔"生前未发表的"访谈——所强调指出的，布尔迪厄对海德格尔与纳粹主义之间联系的研究比所谓"（海德格尔）事件"早了整整十年［马格奇奥里（Robert Maggiori）在1988年3月10日《解放报》第六版的书评文章中曾引述了奥格斯坦的这段话］。

[110] 有关艺术的社会决定因素和社会用途，也可参见 Bourdieu et al. 1965，和

---

① 保罗·德·曼事件，指保罗·德·曼早年在比利时曾发表过几篇支持纳粹的文章。20世纪80年代这一"内幕"被揭露以后，在美国和西欧，有关理论（特别是"后现代主义"或"尼采主义"）与政治实践的关系引发了进一步的争论。——译者

Bourdieu 1968a, 1971c, 1974c, 1985d, 1987d。

[111] 除了海德格尔的本体论之外，布尔迪厄还分析了哲学话语和哲学体制。这种实践往往声称是"自由漂移的"，不受阶级和其他社会身份的限制，而且通过拒绝面对影响自身的社会决定因素，从而将自己和他人都予以神秘化。因此，这种实践可以作为一种知识分子实践的理想类型状况来加以研究（Bourdieu 1983a 和 1985e）。在这方面，法国社会学家已经分析批判了许多相关的问题，包括阿尔都塞式马克思主义的雄辩之辞，萨特塑造的"总体性知识分子"（total intellecual）形象，孟德斯鸠的"学术神话"，以及50年代法国大学中哲学职业的意义（分别参见 Bourdieu 1975b, 1980e, 1980f 和 1991a）。布尔迪厄的许多学生和合作者也对哲学场域进行了实质性的分析，其中包括：博斯凯蒂（Boschetti 1988）对萨特的研究，法比亚尼（Fabiani 1989）对第三共和国时期哲学家的考察，以及平托（Pinto 1987）对当代哲学的分析。

看来，对于布尔迪厄（Bourdieu 1983c）来说，如果哲学不能自我消融在社会科学中，就只能通过运用他所倡导的那种反思性，才能彻底实现自身的任务。运用这种反思性，也就是将哲学的问题框架、各种范畴以及习惯做法都予以社会定位，并且承认控制哲学自身内在运作方式的那些社会法则——哪怕这样做只是为了可以帮助哲学超越那些深深地存在于哲学的历史基础中的限制性因素。

[112] 布尔迪厄（Bourdieu 1983c）认为，历史性与真理之间的二元对立的难题始终困扰着哲学，它的唯一方法就是注经式的解读，除此之外它无力解决这个问题。尽管这种解读使过去的著作得以现实化，但这种方式或多或少地完全否认了历史性。黑格尔（扬弃的辩证法）、康德（对过去哲学的回顾式建构）和海德格尔（解除对原初解蔽的遮蔽）各自提出了对这个二元对立问题的解决方案，这些方案有一个共同点，就是都否认历史。①

---

① 海德格尔通过对早期希腊思想的研究，指出后世哲学是对这些原初性的"解蔽"（或"无蔽"）思想的重新遮蔽。海德格尔正是通过对这种"遮蔽"的重新"解蔽"，奠定了自己晚期思想的基础。有关海德格尔这方面的研究，以及他对"遮蔽"和"解蔽"这对对偶概念的分析，参见孙周兴：《说不可说之神秘》，特别是第二章（上海三联书店1994年版）。——译者

〔113〕"哲学家作为哲学家的存在，是与哲学游戏本身息息相关的，只有当我们敢于将这种游戏置于被质疑的危难之境，哲学家才会利用他们的自由，挣脱那些授予他们以权威、为他们提供思考的根基、使他们可以将自我呈现为哲学家的那些东西"（Bourdieu 1983c: 52；也参见 Bourdieu 1990e）。

〔114〕参见 Bourdieu 1979a 论文化资本的"三种形式"（体现在身体上的、客观化的和制度化的），以及 Bourdieu 1986b，这篇文章讨论了文化资本、社会资本、经济资本和符号资本之间的关系。

〔115〕传统上将理论视为概念的积累性汇编、分类或精致化［布尔迪厄经常将帕森斯和古尔维奇（Georges Gurvitch）所进行的工作比作中世纪那些宗教法规学者的所作所为］，对于布尔迪厄（Bourdieu, Chamboredon, and Passeron 1973: 44-47）来说，这样一种观念是"学究常识"（Scholarly common sense）的一个组成部分。社会学必须毅然决然、不畏艰苦地与那些试图重新在社会学的实践中引入连续论（continuist）和实证主义科学哲学的做法相决裂，这种科学哲学与巴什拉所谓"新科学精神"的特征正好相悖。

〔116〕参见 Bourdieu and Hahn 1970; Bourdieu, Chamboredon, and Passeron 1973，第一部分；并参见本书下文的详述。

〔117〕例如，"社会资本"这个概念，只是在历经数年、在各种不同的经验场景中广为运用——从农民的婚嫁关系，到各种研究基金会的符号策略，或从高级时装设计师到精英学校的校友联谊会（分别参见 Bourdieu 1977b, 1980a, 1980b, 1981b: Bourdieu and Delsaut 1975）——之后，布尔迪厄才撰写了一篇扼要概括这一概念的一般性质的论文（Bourdieu 1980c）。在圣马丁的文章中（de Saint Martin 1980 和 1985），通过对法国贵族的研究，用经验方式阐发了这一概念。

〔118〕这篇论文最终发表时的那个题目，"作为社会再生产策略的婚姻策略"（Bourdieu 1977b），有失原意。在原来的题目中策略被视为自成一类的体系，而现在这层含义就不见了。题目的变动是因为历史杂志《经济、社会和文明年鉴》的编辑们不喜欢原来题目的那种嵌套语体（Bourdieu 1987a: 85）。在《国家精英》（Bourdieu 1989a: 386-427）一书中，布尔迪厄深入探讨了各种不同的再生产策略及其相互关系。

〔119〕布尔迪厄在"从规则到策略"（Bourdieu 1986a）的文章中，讨论了这一范式转向，以及它对于社会理论和具体研究中的实践操作（搜集何种类型的资料，如何对它们进行编码，等等）意味着什么。

〔120〕布尔迪厄接着指出："所有发生的事都像是表明：在符号上占被支配地位的集团（与他人）合谋反对自己。这个集团的所作所为，好像自己和自己不是一个心眼。不过正是这种因素产生那些使继承者独身和农村人口外流的条件。人们往往哀叹这种农村人口的流失是一种社会灾难。将集团的女孩嫁给——一般是高攀——城市居民，这一事实表明，这个集团有意无意之间接受了城里人对农民的实际价值和预期价值的看法。城里人心目中的农民形象虽说有时受到压制，可总是一再出现，这种形象甚至强加到农民的意识之中。随着农民设法维续自身，并反对任何形式的符号侵袭（包括学校教育的一体性影响）的那种自我确证（certitudo sui）化为乌有，更加剧了这种符号支配强加过程所带来的问题……在每个个体的层面上，都可以感受得到这种内部溃败，而这种溃败正是这些人相互孤立的背叛（他们所属的集团）的根源。这种溃败是在市场的匿名隔绝状态的掩盖下完成的，并导致了意料之外的集体性后果——女性的流失和男人的独身。农民对于学校体制态度的转变，其基础同样也是这个机制……这些机制所产生的效应，不仅切断了农民与他们的生物再生产和社会再生产手段的联系，还易于在农民的意识中培植一种有关他们集体未来的灾难性图景。而且，那些宣称农民行将消亡的技术专家的预言，只能进一步强化这种观念"（Bourdieu 1989b: 30-33，引者自译）。

〔121〕布尔迪厄论述宗教、法律、政治和知识分子的作品对同样一个基本现象提供了不同的视角。例如，他将法律视为"有关命名和分类的一种凌驾一切的符号暴力形式，这种命名和分类创造了被命名的事物，特别是创造了那些被命名的集团；现实从法律的分类操作过程中产生出来，而法律则赋予现实以全部的永久性，形形色色的事物的永久性。这种永久性，能由法律这样一种历史性的制度授予社会中的各种历史性制度"（Bourdieu 1987g: 233-234，英译文有改动）。

〔122〕"任何符号支配都预先假定，在受制于符号支配的社会行动者那里，存在某种形式的共谋关系，这种合谋既非被动地屈从于一种外在的约束，也不是自由地信奉某些价值……符号暴力的特殊性恰恰在于这样一个事实，即

它要求那些承受符号支配的人具有一种态度，这种态度使自由和约束之间那种寻常的对立站不住脚"（Bourdieu 1982b: 36）。

[123] 这里就是布尔迪厄的符号暴力理论与葛兰西的领导权（hegemony）学说（Gramsci 1971）之间的主要差别之一：前者并不要求后者所必需的那种蓄意的"捏造"（manufacturing）或"说服"工作。布尔迪厄在下面的一段论述中更明白地表述了这一点："社会秩序的合法性不是……深谋远虑、目标明确的宣传或符号哄骗的产物；毋宁说，它来自这样一个事实，即行动者面对社会世界的客观结构所运用的感知和评价的结构，正是社会世界客观结构的产物，并且，这种感知和评价的结构倾向于将世界视为不言自明的"（Bourdieu 1989e: 21）。

[124] 对于布尔迪厄来说，思想跨越国界，进行"自由贸易"，障碍之一就在于阐释国外著作借助的是本国的理解图式，而"进口者"对此却浑然不觉，因此，我们迫切需要学术界摆脱根植于国家学术传统的概念偏见和判断偏见，因为"思想范畴的国际化〔或'非国家化'（denationalization）〕是知识分子普遍主义的前提条件"（Bourdieu 1990j: 10）。

[125]《教育、社会和文化的再生产》（Bourdieu and Passeron 1977）一书广泛地讨论了'文化任意性'的概念。另一个用来与学究信念决裂的手段是思想工具的社会史，特别是"教学判断的范畴"的生成及社会运用的社会学分析（Bourdieu 1988a: 194-225，以及 Bourdieu 1989a：第一部分）。

[126] 一种性别惯习与充满两性不平等的社会世界之间存在的直接相符关系，可以说明妇女面对强奸这样的以她们为牺牲品的攻击行为，怎么会心甘情愿地参与合谋，甚至主动地去捍卫它，或为之辩护。钱瑟对这一过程提供了一个活生生的说明，她研究了这样一个个案，1983年3月，在马萨诸塞州的贝特福德，一名葡萄牙妇女遭到了轮奸，大众媒介对此广为报道。而她所调查的那群葡萄牙妇女却对此事作出了消极的反应。在参加为六名受审的强奸犯辩护的游行的人中，有两名发表了下述的言论："我是个葡萄牙人，而且我为此骄傲。我也是个女人，但你绝不会看到我被人强奸。苍蝇不叮没缝儿的蛋——如果你一丝不挂地荡来逛去，男人自然就会扑上来。""他们对她没干什么。她照理就该和她的两个孩子一起待在家里，做个好母亲。一个葡萄牙女人应该和她的孩子在一起，事情就是这样。"这

些言论揭示了在这一社区中,当那些有关男性和女性的假定被各种社会因素加以确定,它们变得深入人心,使人们认为它们理所当然(Chancer 1987: 251)。

〔127〕亨利的研究(Henley 1977)表明,妇女是如何被教导,她们的举手投足、坐卧行走,都应该与她们在两性劳动分工中的角色相称。也就是说,亨利的分析显示了社会安排如何以一种性别特定的方式意味深长地塑造了我们的躯体。

〔128〕"事实上,一切都使我们认为,妇女解放的前提就是以集体的方式真正地把握支配的社会机制。这种支配的社会机制妨碍我们正确地理解文化。文化原是人性借以建立自身的苦行和升华,而现在被理解为一种区隔于自然本性的社会关系,而所谓自然本性也不过是在被支配集团——妇女、穷人、被殖民统治的人民、饱受侮辱的少数民族等等——那里被视为自然而然的命运。因为即使妇女不是完完全全、始终如一地认同那种作为所有文化游戏伪装的自然本性,她们在进入矫饰与区隔的辩证关系时,也更多是作为一种客体,而不是作为一种主体"(Bourdieu 1990i: 20)。

〔129〕我们可以回想一下,孔德在他的《实证哲学教程》里,根据逐渐增长的复杂性程度,以"三阶段"法则为基础,勾画出科学的等级序列,自简单到复杂依次为:天文学、物理学、化学、生物学,最后是雄踞其上、傲视万物的社会学。

在社会学和经济学之间,存在着客观上的不平等关系,从中很明显地体现出"硬"科学被赋予的较高价值。在这样的不平等关系下,经济学家以一种轻蔑的眼光质疑社会学的研究,觉得后者不过是儿戏,无须正眼相待。他们的这种态度,在社会学家对经济学时常表现出的痴迷和妒羡的推动之下,得到了进一步的强化。斯韦德伯格曾访谈过一些纵横驰骋于这两个学科交界前沿的杰出经济学家和社会学家,并将这些访谈编辑成书。他在书中写道:"权势等级(pecking order)看来是这样的:物理学、数学、生物学,这些都比经济学的地位高;而后者的地位,又胜过社会学、心理学和历史学。越是应用繁复系统的数学分析,就越能享有更高的地位"(Swedberg 1990: 322)。最近斯梅尔塞编的《社会学手册》,开篇便是华莱士(Wallace 1988)有关"学科的基础模式"(disciplinary matrix)基本原理的论述,这篇文章说明一味效仿自然科学的科学主义设想仍活跃在今日社会理论之中〔参见科塞对这种设想的可行性的不同见解（Coser 1990）〕。

〔130〕科学在实质上是争议性的，这种观点见 Bourdieu 1975d。又见布赖恩特对"工具实证主义"的剖析（Bryant 1985），这种"工具实证主义"自二战以来一直影响着美国社会学的发展，至今仍在继续渗透、深化。

〔131〕尚博尔东对克拉克这本《先知与守护神》进行了细致入微的精辟批评，揭示出在它对法国大学的见解背后，隐含着进化论式的美利坚中心主义（Chamboredon 1975）。

〔132〕巴什拉在《不的哲学》（The Philosophy of No）中写道："如果两个人真心期待走向共识，就必须首先相互对峙。争论才是真理之母，而同情孕育不出真理。"

〔133〕在这些"社会科学中的虚假对立"里，布尔迪厄列出了理论与经验研究或方法论间的脱节，各学科间的对立，被安插进不同理论派别的学者间的分化（比如马克思主义者、韦伯主义者、涂尔干主义者之类），结构与行动（或历史）、微观与宏观、定量方法与定性方法间非此即彼的抉择，以及客观主义与主观主义间的根本对立（Bourdieu 1988e）。

〔134〕布尔迪厄这里暗指菲雷和雷诺写的《1968年的思潮：论当代反人文主义》（Ferry and Renault 1989）。这本书对"60年代的一代知识分子"进行了地毯式轰炸似的全面批判，认为他们的设想是使"欧洲和西方价值理念变成恶魔"，是德国哲学中几种虚无主义流派的"极端"体现，在他们中间，福柯代表着"法国尼采主义"，德里达宣扬着"法国海德格尔主义"，拉康鼓吹着"法国弗洛伊德主义"，而布尔迪厄则挥舞着"法国马克思主义"的旗号。

〔135〕忒耳西忒斯：莎士比亚的《特罗伊罗斯和克瑞西达》里的一名步兵，出于嫉妒和无名的怨愤，他诋毁比自己优越的人们，对历史持着一种幼稚的宿命论观点。参见布尔迪厄在《学术人》里对这一观念的讨论（Bourdieu 1988: 3）。

〔136〕布尔迪厄问道："在这个社会世界里，谁能从一门有关社会世界的独立自主的科学中获得好处？不管怎么说，不是那些在科学上最受剥夺的人：他们在结构上倾向于寻求与外部权势——不论是什么——的结盟，面对原本来

自内在竞争的各种约束和控制,强化自身的力量,或者对整个竞争机制发动报复式的反击,他们还总能轻而易举地用政治指责来代替科学的批判。真正自主的社会科学是充满竞争的,而世俗权力或超灵权力的把持者们绝不会这么认为"(Bourdieu 1982a: 25-26)。

[137] "社会学至少同时具有两种泾渭分明的逻辑:一种是政治场域的逻辑,一种是科学场域的逻辑。在政治场域里,观念的力量主要取决于把它们树为真理的群体的权力;而在科学场域极其完善的状态下,就只能去了解、去体察斯宾诺莎所说的'真正观念的内在力量'。"正因为存在两种逻辑所发挥的作用,那些"毒瘤式的预设命题",那些在科学的角度审视下"不足为凭"的判断陈述,成了"值得称许"(plausible)——就该词词源而言——的东西,容易获得大多数人的颔首默许乃至拍手称快,能在社会学中畅行无阻,甚而挺过逻辑上的批评和经验上的驳斥(Bourdieu 1989f)。

[138] 布尔迪厄希望"否认社会学在认识论上有特殊地位"。他反对狄尔泰的二元论,即把对文化的解释性理解与对自然的因果说明分开处理。然而,这并不等于说他将社会学等同为一门关于社会的自然科学:"社会学是否是门科学,是否是门和其他科学没什么两样的学科?必须取消这个问题,代之以新的问题,即那个最适宜孕育和培植受到严格科学控制的研究的科学城,它具有怎样的组织类型?它的运作机制又如何?后面的新问题,你可不能断然作出非此即彼的极端回答"(Bourdieu, Chamboredon, and Passeron 1973: 103,引者自译)。

[139] 对于那些峨冠博带,俨然。"官封预言家"(韦伯语)的社会科学家,布尔迪厄极为不满,认为他们给出的说法不过是"在日常经验所遭遇的范围广泛的各种生存问题中,自发性社会学作出的回答的一种虚假的系统化"(Bourdieu, Chamboredon, and Passeron 1973: 42,引者自译)。布尔迪厄揭露这些人僭越了他们特定能力权限所及,经常装模作样地为着大众或"普世"的事业出力,其实不过是为了满足自己作为知识分子的利益(而所谓普遍的公共福祉,在许多时候最终不过是国家代理人当下所关注的问题罢了)。有关从认识论角度对"社会学中先知主义的诱惑"进行的批判,见上引书第41—43页。

[140] 在《社会学的问题》里,布尔迪厄(Bourdieu 1980b: 8)列出了社会科学在卷

入公开论战时所面临的其他几个障碍:"在和各种社会群体的喉舌、政客、政论家、新闻记者之流言语的争战中,处处暴露出科学话语的缺陷:由于它必须要详细阐述自己的见解,这样所导致的困难和迟滞,使它往往跟不上论战节奏,成了'事后诸葛亮';它具有不可避免的复杂性,容易使那些习于简单而失之偏颇的思维,或者更直接地说,使那些缺乏理解科学话语所需文化资本的人望而却步;它是抽象概括的、非个人性的,不利于自我的认同,不利于各种让人欣然忘己的心理投射;尤其有一点,是它远离人们所广为接受的观念和基本信条"(引者自译)。

[141] "社会科学只有拒绝迎合社会让它充当合法化或社会操纵工具的要求,才能构成其自身。社会学家只能借助自己研究的逻辑来确立自身的地位,也许他们会为此伤感痛惜,但除了这种逻辑,他们并没有别的,没有他人委托的工作或赋予的使命"(Bourdieu 1982a: 27-28, 引者自译)。

[142] 在布尔迪厄看来,自主与涉入(autonomy and engagement)之间并不存在对立。在他眼中,这两个方面在科学上和政治上的"不稳定的结合"实际上正决定了现代知识分子的特殊性,即历史上与"普遍取向的法团主义"(corporatism of the universal)联系在一起"自我矛盾的双面存在"(bi-dimensional, paradoxical being)(Bourdieu 1989d)。

[143] 布尔迪厄近年来为了推进他所谓的"真正的科学国际主义"采取了三项举动:首先,创办《图书评鉴:欧洲书评杂志》;其次,1991年2月在法兰西学院举办有关"观念的国际流通"的工作会议,预备在全欧范围内就跨国知识交流组织一项研究项目;第三,1989年5月在芝加哥召开了"纪念萨基(Russell Sage)变迁社会中的社会理论研讨会",他和科尔曼作为会议两主席,共同主持了会议(参见 Bourdieu 1989f, 1990j, Bourdieu and Coleman 1991)。

[144] 对于布尔迪厄来说,科学场域既是一个与其他所有场域相仿的场域,又是各种争斗充斥其间的独特空间,因为它所生产的产品(真实知识)能超越生产的历史条件。这种"科学理性历史的独特性"的提法见 Bourdieu 1991f, 并且,布尔迪厄在将科学场域与"司法场域"的运行机制所作的对比研究中,也凸显了这一看法(Bourdieu 1987g)。

[145] 与各种形式的先验论针锋相对,布尔迪厄把康德-黑格尔式的问题框架彻

底地予以历史化，以图消解理性与历史之间的对立："我们必须承认，只有当理性深刻地存在于某种有序竞争的客观机制中，而这种受到调控的有序竞争面对受利益驱使的垄断欲求，又有能力迫使它们将自身转化为对普遍大同事业的贡献，哪怕这种贡献是被迫的，并非出于本意，只有在这个意义上，我们才说理性在历史中实现了自身"（Bourdieu 1991f）。

〔146〕布尔迪厄用"集体性知识者"的观点（Bourdieu 1989d），希望综合乃至超越有关战后知识分子活动方面的两个主要政治模型，一是"总体知识分子"（萨特是其化身），一是"专门知识分子"（福柯是个典型）。

〔147〕参见"时间与权力"，载于 Bourdieu 1988a: 90-105。

〔148〕参见本书第一部分第七节对布尔迪厄的政治观念，尤其是他的学术政治取向的探讨。

〔149〕在布尔迪厄看来，知识分子（或更广义地说，是符号生产者：艺术家、作家、科学家、教授、新闻记者等等）构成了"支配阶级中被支配的集团"，或者，在更为晚近——在他看来也是更为完善充分——的提法中，他称他们占据了权力场域里被支配的一极（Bourdieu 1984a: 260-267, 283-295, 315-317; Bourdieu 1989a: 373-385, 482-486; Bourdieu 1989d）。他们"拥有文化资本，甚至对于他们之中的某些人来说，这种文化资本的数量足以使他们能够对文化资本行使权力，正是因为这样，他们成为权力和某些特权的占有者。在这一点上，他们是支配者"。但是，考虑到他们"与政治权力、经济权力占有者的关系，他们又是被支配者"。作为支配者中间的被支配者，或者，通过与政治场域的结构对应关系，作为右派的左翼，他们的位置是矛盾的，这一点可以说明为何他们的立场模棱两可，因为"比起基于位置同一性的、从而基于条件和惯习同一性的团结一致，基于位置的结构对应关系（被支配的支配者＝被支配者）的联盟总是不那么确定，也更脆弱多变些"（Bourdieu 1987a: 172-174）。主教典型地体现了权力场域中被支配的支配者的特有矛盾：他们在神圣超灵的世界里行使着世俗的权力，可他们既不拥有世俗权威，也非超灵权威的占有者（Bourdieu and de Saint Martin 1982）。

〔150〕"我始终乐于与法兰克福学派保持某种若即若离的关联：尽管我们之间有着明显的亲和性，但我面对总体化批判所流露出的那种贵族做派，始终有

种不自在的感觉：它保留了宏大理论的所有特征，显然，它死活不肯放下架子，胼手胝足地去作经验研究"（Bourdieu 1987a: 30）。加尔特曼批判性地比较了布尔迪厄与法兰克福学派在文化理论方面的异同（Gartman 1991）。

[151] 这一概念最初的形成发展可见 Bourdieu 1971a, 1971b, 1971d。

[152] 布尔迪厄在法兰西学院的就职演讲中最后强调指出，以各种制度及支撑这些制度运行的各种信念为研究对象的科学，"预设着一种为科学的信仰"。"科学的德性就是旨在解放，而这一德性无疑是所有符号权力中最不具有非法意味的"，社会学家"倘若不坚信这一点，他就不可能相信社会学可以为普遍推行某种独立于制度的自由提供可能性和必然性"（Bourdieu 1982a: 56，引者自译，着重号亦为引者加）。

[153] "如果我们明白'所有的科学都是关于被隐藏的事物的科学'，就会清楚地了解：为什么在每个历史阶段，社会学会与力图强迫各种权力关系的真相公之于世的各种历史力量结为盟友——哪怕是通过迫使它们更深地掩盖自身而使其真相公之于世"（Bourdieu and Passeron 1979:xxi）。

[154] 涂尔干的名言是这样开始的："社会学决非要把一种消极被动的保守态度强加于人。事实上恰恰相反"（Durkheim 1921: 267）。

[155] "如果像巴什拉说的，'每个化学家都得打心底里反对炼丹术士'，那么，面对公众期望他成为社会先知的化身的要求，每个社会学家也必须打心底里拒绝这种形象"（Bourdieu, Chamboredon, and Passeron 1973: 42）。

[156] 这里，布尔迪厄说的是福柯在《纪律与惩罚》中对身体"操练"的分析（Foucault 1977a）。

[157] "有些人总想将社会法则的阐释曲解为预定的命运，并想从中找到宿命论者或悲观失望的屈从者的借口。对于这些人的想法，我们必须记住，科学说明为我们提供理解的手段，甚至提供宽恕的手段，而这些科学说明也同样可以赋予我们改造的可能。对支配知识世界的机制，我们的知识已经日渐增长，这一点不应或不一定会（should not，我特意使用这种模棱两可的语汇）导致'使个人解脱令人困扰的道德义务的负担'，而这正是布弗海斯（Jacques Bouveresse）所担心的。正相反，它会教导人们，让她们在自己自由的真正所在之处，承担起义务，毅然决然地拒弃卑微至极的懈怠和畏

缩,那样只会让社会必然性为所欲为;它会让人们努力战胜自己与他人身上那种事不关己、高高挂起的机会主义,以及看破红尘、随波逐流的无所谓态度,那样只不过给了社会世界它想要得到的东西:东一点西一点的退让,直至放弃抵抗,对一切漠不关心,并且卑躬屈膝,成为社会世界支配过程的同谋"(Bourdieu 1988a: 4-5, 英译文有改动)。

〔158〕"社会法则是种历史法则,只有当我们任它发挥作用,就是说当它所维护的人(有时这些人自己也不知道)所处的位置可以维持它发挥效力的前提条件时,这种社会法则才能维持自身……你可以宣称发现了永恒的法则,就像保守派社会学家说他们发现所谓权力通向集中的趋势。但实际上,科学必须认识到自己除了用倾向性法则(tendential laws)的形式记载某种特定的逻辑外,并不能再做什么别的事。这里所说的特定逻辑,反映了特定时刻特定游戏的特征,满足那些支配游戏的人的利益,满足那些有能力在实质上和在法律上制定游戏规则的人的利益。而一旦法律被制定出来,它就成了争斗的焦点……要想采取行动,以证明这些倾向性法则并非灵验有效,其成功前提便是去揭示这些法则的存在"(Bourdieu 1980b: 45-46, 引者自译)。

〔159〕现代知识分子的形象,作为日益渗入心智结构和社会结构的"灵效神话",是一种"历史创造",有关这方面的分析参见 Charle 1990 和 Pinto 1984b,更进一步的描述见 Kauppi and Sulkunen 1992。

〔160〕布尔迪厄写道:"通过社会学家这种处于具体的历史处境中的历史行动者,这种受社会决定的主体,历史——也即那个社会,那个历史在其中维持着自身的社会——都得以反思自身;而通过社会学家,所有的社会行动者也都可以对他们的所作所为了得更清楚一些。但对于那些在误识知识、否弃知识和拒绝知识方面拥有既得利益的人来说,上述的工作恰恰是他们最不愿意让社会学家承担的"(Bourdieu 1982a: 29, 引者自译)。

〔161〕在布尔迪厄看来,自由和必然性并不是此消彼长的对立范畴;正相反,他们的关系是相互增进的:"我怀疑,除了由必然性知识引发的自由以外,还能有什么别的自由……事实与表面现象恰好相反,正是通过提高对必然性的理解,通过在社会世界法则方面提供更多更好的认识,社会科学才给了我们更多的自由……必然性知识的所有进步,都可能使自由得以发展"

(Bourdieu 1980b: 77, 44，引者自译）。

[162]"是什么需要向人透露？需要被广为宣扬？是这种科学的观注方式，这种同时能够理解世界，也对世界进行对象化工作的观注。它反过来作用于我们自身，使我们能够勇于接受自身，甚至——如果可以这么说——宣扬自身的特性……这并不是把社会行动者约束起来，一成不变地将他们看成'原初性的社会存在'，看成某种命定之物，某种自然天性，而是要让他们有可能无所愧疚、无怨无悔地接受他们的惯习，承担他们的惯习"（Bourdieu 1980b: 42，引者自译）。

[163] 布尔迪厄分析住房供应市场，探讨了"小资产阶级的苦闷的一个主要根源；或者，更确切地说，是所有小人物的苦闷，对他们所有的自由、希冀与欲望加以限制的一个主要根源。生活从此举步维艰，充满了各种担忧、失望、约束、挫败，还有那几乎不可摆脱的落落寡欢和无名怨恨"（"风气之先"，《社会科学研究探索》"住房经济"专号刊首语，1990年3月81/82期，第2页，引者自译）。

[164] 霍夫曼对《区隔》的评论（Stanley Hoffman 1986: 47），提供了这种心存贬斥的个体化化约（individualizing reduction）的一个典型例证，他的如下质问，表明他的评论根本无视科学场域的存在："如果我们每个人多多少少都是阶级惯习的产物，那么，还有可能对惯习进行科学观察吗？〔布尔迪厄的〕体系能够说明他自己的特殊惯习吗……？那么这本书打着科学研究的旗号，实质到底是什么呢？实际上，这本篇幅浩繁的书，表面上是对法国社会提纲挈领、可以争辩的解释，但深入地看，只是皮埃尔·布尔迪厄的自我暴露和精神宣泄而已"（强调为引者加）。有关这种"特殊化化约"的论述，参见布尔迪厄的文章"《区隔》日本读本导读"（Bourdieu 1991d）。

[165] 对这种意识形态的批判，具体请阅读"那又是谁创造了创造者呢？"（Bourdieu 1980b: 207-221）和布尔迪厄对福楼拜的分析（Bourdieu 1988d）。

[166] 例如，参见收入《学术界里的陌生人：来自工人阶级的学者》（Ryan and Sackery 1984）中的自述，以及罗森布拉姆和克雷西坦率的自传（载于Bennett Berger 1990），这些都令人感动的经历，证实了那些具有普通人背景的学者所承受的"隐藏着的阶级创伤"。与此相关。霍加特的著作（Hoggart 1967）通过社会分析的方式，力图接受这一矛盾处境。埃尔诺的

《地位》(Annie Ernaux 1984)不同凡响地用文学的方式对这种经历进行了入木三分的说明。

[167] 布尔迪厄的作品广泛地讨论了文学和作家,不论是福楼拜、福克纳、弗吉尼娅·伍尔夫,比利时文学,读者和读物,连环漫画册,还是整个文学场域(分别见 Bourdieu 1987i, 1988d, 1987a: 132-143, 19859, 1971c, 1983d)。70年代,他在巴黎高等师范指导了一个研究文学的研讨班,从中产生了大量论文和专著,其中的一些发表在《社会科学研究探索》上面〔包括博尔坦斯基、尚博尔东、夏尔、蓬东(Ponton)、圣马丁和蒂埃斯(Thiesse)的文章〕。那些一见到文学与社会科学之间存在亲缘的观点就顿生排斥心理的人,应该参见一下尼斯比特的《作为一种艺术形式的社会学》(Robert Nisbet 1976),在书中,尼斯比特对经典社会学与文学之间在心理冲动、历史、表现手法和认知宗旨诸多方面的共通之处,作了简单而又富于启发的探讨。也可以阅读一下梅兹利希(Mazlisch 1989:第四章)的论述,他指出,无论是革命性社会学,还是学院社会学,它们诞生的背景都有小说中常见的那种"哀悼传统"(tradition of lament)的因素。

[168] 参见布尔迪厄的作品(Bourdieu 1990i),他运用弗吉尼娅·伍尔夫的小说来阐明男性对性别支配过程的体验。

[169] 有关这些问题提纲挈领的讨论,包括对生活故事的线性概念的攻击,可以参见"生平错觉"(The Biographical Illusion)一文。在这篇文章中,布尔迪厄提出要取消那种"生活故事"的"人为产物",这些产物往往"在社会上享有不可指责的地位",代之以理论构建的"轨迹概念,这一概念应该被理解为在一个空间内,由同一行动者(或同一集团)相继占据的一系列位置;而这个空间本身也不断演变,并且受到持续不断的变化的影响。有些人力图把生活看作一些相继发生的事件独特的、自足的序列,这一序列只是通过某个'主体'才连接在一起,而这个'主体'恒定不变,无疑完全就像一个专有名词那样,没有变化。这样理解生活是十分荒谬的,就像在考虑一条地铁线路的意义时,不问整个地铁网络的结构,也就是不理睬不同车站之间客观关系的聚合体。生平事件可以被适当地界定为社会空间中为数众多的位置与位移(placements et déplacement),更准确地说,就是所考虑的场域中处于利害关键的不同种类资本的结构相继发生的不同状态间为数众多的位置和位移"(Bourdieu 1987c: 71,英译文有改动)。

第二部分　反思社会学的论题（芝加哥研讨班）

[170] "在学术界，我是一个陌生人，无疑正是基于这种情感，使我针对知识分子提出了许多质疑。而是这些探问，这些人总有如此之多的应答之词，并且说到底，他们对自身的疑问又是如此之少。我之所以质疑这个世界，那是因为这个世界对我也满怀狐疑，而且这种感觉已经远远超出了纯粹的社会排斥意：我从未感到心安理得地做个知识分子，我并没有'宾至如归'的感觉；我觉得自己必须为那种对我来说是毫无根据的特权作出交代，尽管该向谁负责，向谁作出交代，我并不知晓"（Bourdieu 1980b: 76, 引者自译）。

[171] 近代史学者格罗休伊森对法国"资产阶级精神"的渊源进行了研究，他还撰写了一本论述卢梭的书，名为《让-雅克·卢梭》（Bernard Groethuysen 1977 和 1983），在他的著作中还包括一些探讨哲学人类学的专著。

[172] "文化神圣化确实赋予它所触及的客体、人物和情境以某种本体论上的跃升，这很类似［天主教中面饼和葡萄酒化成了基督的身体和鲜血的］化体现象"（Bourdieu 1984a: 6）。在《国家精英》一书中，布尔迪厄指出，正是神圣化的权力，也就是产生神圣的社会划分和社会秩序的权力（正如在一个包含了被视为神圣的精英的制度——就这个制度的现行意义而言——中的情况一样，这些被视为神圣的精英，不仅是一类高人一等、不混同常人的人，而且是"被社会认可的，并且将自身认可为值得被认可的"人）专门具体地确定了作为一种符号权力而存在的"国家巫术"（magic of the State）（Bourdieu 1989a: 140-162, 533-539 以及全书各处，引文见第6页，引者自译；也参见 Bourdieu and Wacquant 1991）。

[173] 布尔迪厄的就职演说（Bourdieu 1982a）正如它的题目所显示的，是一次"关于演说的演说"。面对济济一堂的听众（其中包括他的同僚，特意遴选出来的外宾以及主管科学的官员），布尔迪厄以一种除魅的敏锐，着手分析这些仪式机制，指出这些机制"产生了一种委托行为，通过这种委托行为，新的大师被授权用一种权威的腔调来发言，而且这种机制将他的言辞规定为从适当的来源发布的合法话语"（Bourdieu 1982a: 7, 引者自译）。

[174] 布尔迪厄的一些论述（Bourdieu 1987a: 13-71; 1990a: 1-29）粗略地勾画了这种社会分析的轮廓。布尔迪厄从哲学转向社会科学，一个关键性的因素是这一转向发生时的社会政治局势和军事局势：在阿尔及利亚独立战争那种惊心动魄的情境下，一切都表明社会学和人类学比起抽象玄奥、不食人间

烟火的哲学争论，能向他提供一种政治上更为有效，伦理上更为切合的思想天职（intellectual vocation）。

〔175〕克劳斯（1874—1936）是颇具克里斯马魅力的奥地利剧作家、诗人、散文作家和讽刺作家。他毕其一生来揭示和谴责知识分子（特别是记者）与当权的政治经济当局之间的妥协。他是颇有影响的维也纳评论杂志《火炬》（Die Fackel）的创办人，而且在长达40年的时间里，在很大程度上，他是这本杂志的唯一作者。在这本杂志中，他坚持不懈地揭露正在浮现的文化生产职业化过程所导致的控制机制和监督机制，毫不留情地使用各种挑衅的技巧（文字"审判"、假造的请愿书、人身攻击等等）来揭露和斥责知识分子的机会主义以及他所谓的"新闻盗匪"，在这方面他独树一帜。〔波拉克（Pollak 1981）对"知识分子在行动中运用的社会学"进行了社会学的分析，提出克劳斯和布尔迪厄在知识分子场域中彼此的立场之间有一些共通之处。〕蒂姆斯的专著（Timms 1986）为生活在哈布斯堡王朝时代维也纳的克劳斯，勾画了一幅惟妙惟肖的生平和思想的肖像。有关克劳斯的文章和格言，参见 Kraus 1976a 和 1976b。

〔176〕布尔迪厄在这篇前言的结尾（Bourdieu 1988a:xxvi）承认"分析大学制度的社会学多少有些独特，这种社会学之所以在我的著作中占有特殊的地位，无疑是因为我感到有必要借此获取某种特殊的力量，以便用一种理性的方式来把握一个'献身者'所感受到的失望——在他眼里，他所奉为圭臬、为之献身的那些真理和价值被人弃若敝屣而行将湮灭——而不是在一种自我毁灭的怨恨感中寻求庇护、求得解脱"（英译文有改动）。我在另外一篇文章（Wacquant 1990a）中曾经指出，《学术人》归根结底是一个导引，意在提请知识分子用集体性的方式对自身进行社会学的说明。

〔177〕《实践的逻辑》的前言是一篇篇幅很长的社会分析性导言，在它的结尾，布尔迪厄这样写道："根据个人轶事进行的肆意反驳，拒绝进行科学的对象化构建，只能构建一个虚幻的人。社会学分析则与这种做法针锋相对，特别是当它把自己置于探究分类范畴形式的人类学传统之中时，就更是如此。社会学分析通过将那些在一贯被视为主观性的领地中出没的客观性构建为它研究对象，从而使一种名副其实的对自我的重新理解成为可能。我们所说的这些主观性的领地，诸如思维、感知和理解的社会范畴，正是所

谓客观世界的所有表象背后的无思原则（unthought principle）。社会学通过迫使我们发现内在性中的外在性，揭示出稀有罕见事物的幻觉背后隐藏的司空见惯的机制，从独一无二的事例中发掘出所共有的过程，这样就不仅在效果上否定了所有自恋式唯我主义的招摇撞骗，而且向我们提供了也许是唯一可行的手段，使我们不屈从于世界的力量，而是竭尽全力地构建某种类似主体的东西，哪怕只是通过意识到社会决定因素才能实现这样的努力"（Bourdieu 1990a: 20-21，英译文有改动）。

第三部分　反思社会学的实践
（巴黎研讨班）

布尔迪厄

我打心底里愿意将笛卡尔的规则比作那种记不清具体操作的化学家的格言：从事你必须从事的工作，遵循你必须遵循的步骤，然后你就会如愿以偿，得到想要的东西。除了真正显著的因素什么都不要考虑（也就是说，只考虑你不得不考虑的因素）；将课题划分为需要加以划分的部分（即做你必须做的事情）；循序渐进地从事研究（遵循你必须遵循的步骤）；举证完备（也就是说，提供你必须提供的举证）。这正像有人一本正经地教给我们应当求善避恶一样。所有这些肯定是再合适不过了，除非你缺乏衡量好坏的标准。

——莱布尼茨《哲学论文集》

第一节 传承一门手艺

今天，与往常不同的是，我想试着说明一下，通过这次研讨班，我想在教学上达到什么目的。下次我就想请每一位参加研讨班的人简单地介绍一下自己，并用几句话告诉我们他正在研究的课题。我主张大家不要为此做任何特别准备，只需非常随意地谈一下就成了。我所希望听到的，不是什么正式的表述，也就是说，不要提交一篇组织严密、证据充分的论文来，忧心忡忡，担心受到批评，光想着怎样想方设法来摆脱它们（当然，在正式的论文中，这也是情有可原的）；我只想听你们用简单朴实的语言，开诚布公地谈谈你们所做的工作，碰到的困难，发现的问题，等等。没有什么东西比困难更普遍、更能被普遍化了。我们每个人，当发现以往被我们归之为自己本身的愚鲁或无能的许多困难原来是大家所共同碰到的难题的时候，总会觉得大大地松了一口气；而我也许会提出一些建议，表面上看好像就事论事，其实每个人都会从中获益。

我想先在这儿顺便提一下，我希望在我的启发下，你们能够养成许多性情倾向，其中包括这样一种素质，它使你们把研究工作看作是一项理性的努力，而不是某种充满神奇色彩的求索：这里，你虽可以用些华美磅礴的辞藻充实自己的语言而增强自己的自信，但你也会同时因此而增添几分担忧或困扰。我说的这种现实主义立场，就是想让你从开始自主地进行你的研究时起，就努力寻求对自己资源的最佳配置，尽可能地扩大投入的产出（当然，这种现实主义立场并不意味着看破红尘，愤世嫉俗）。我知道，用这种方式来进行科学研究，多少是除魔后的结果，还有进一步除魔的作用；而我也冒了一定的风险，损害了许多研究者乐于维护的自身形象。不过，要想避免自己遭受远为严酷的失望，这也许是最好的、也是唯一的途径。有些学者长年累月地陷于自我神化的状态里，把自己看成一个前无古人的探索者，殚精竭虑，以使自己符合那种神化后的光辉形象，而不是踏踏实实地履行本职工作。这样的人，一旦从高处摔下来，走下神坛，等待他们的，就将是那远为残酷的失落感。

研究报告在各个方面都迥然不同于那种陈列展览，那种企图卖弄一番、让别人五体投地的自我炫耀[1]，而是一种袒露自己、甘当风险的陈述。（我会毫不犹豫地突然让你们发言，让你们在毫无预见和准备的情况下开口，以保证解除你们的自我戒备，使你们乐于使用的各种自我表现策略发挥不了作用。）我敢肯定，你们越是敞开胸怀，就越可能从讨论中获益，就能得到更多富有启发的、善意的批评与建议。要想克服我们的缺陷以及许多时候实际上是这些缺陷的根源的恐惧惊慌，最有效的办法就是能够和大家一起微笑着面对它们，探讨它们。你们很快就会发现，这样的场面会经常出现在我们的研讨班上……

我会时不时地给你们讲讲我现在正在做的研究——可能下次就会说。你们一般所接触到的是完成状态的研究工作，而到时候你们就会看到，我们正在从事的研究还是疑云重重，一团乱麻，你们可以叫它作"进行"状态的研究工作。学术人乐于欣赏成品，就像因循守旧的学院派（pompier）画家，总想在自己的作品里，使任何一点笔触，各种反复的润色，完全消失得无影无踪。我发现有些画家，其中就有马奈的老师库蒂尔（Couture），他留下了大量素描，风格酷似旨在反对学院派绘画的印象派画风，但他和其他一些画家经常在对画稿作最后修饰时，屈从于完美精细的标准，这样的表现方式正是学院派的审美观念，在某种意义上，这些人自己"破坏"了他们的作品。我发现这种现象之后，时时感到非常气恼。[2]我将努力展现我们这项研究工作进展中的困惑，然而这种困惑纷乱却孕育着成果。当然有许多限制，因为我清楚地意识到，出于某些明显的社会原因，我不能像你们那样有权理直气壮地宣称自己还很困惑，而你们也不大会像我针对你们的那样，乐意把这种权利授给我，从某种程度上说，这些情况都是很自然的现象。（不过我又得提醒一句，所谓自然，只是就那种暗含的教育理念来说的。它要求我们根据课堂上讲授内容的数量和简明清晰的程度，来评估一堂课的价值，评估它的教学成果。这样的理念当然有待质疑。）

咱们这样的研讨班，作用之一就在于给你们一个机会，看看研究工作实际上是怎么开展的。在最终的报告里，你们不会得到所有挫折、歧途和反复的完整记录，这些都被删除了，但事实证明，没有这些就不可能得出最终的报告。在"高速摄影所拍摄的照片"中，你们会对"实验室"里不为人知的研究过程有所了解。或者，说得更谦逊一些，不是"实验室"，而是"工作室"，是手工匠人或15世纪文艺复兴时期的画家们的那种工作室，也就是说它有着各种各样的错误，起步不当，摇摆不定，陷入困境，推倒重来，诸如此类，不一而足。研究者们尽管各自工作的进展程度不一，但都会把自己力图建构的对象摆出来，接受其他所有人的质疑与批评。这些人的行动方式，用传统行话来说[3]，就像这行当里的老同事、老伙计，他们会各尽所能，把他们通过过去所有的尝试和失败教训而逐渐积累起来的集体性经验贡献出来。

在我看来，社会科学里登峰造极的艺术便是能在十分简明的经验对象里考虑具有高度"理论性"的关键问题，而这样的经验对象，表面上看来，即使不说是微不足道、贻笑大方，也总是给人一种太过鄙俗的印象。社会科学家们太容易相信，某个对象的社会政治方面的重要意义本身就足以确保探讨它的论述也是十分重要的。这一点也许可以解释，为什么那些最容易把自己的地位和所研究对象的地位等同起来的社会学家（就像现在有些研究国家或权力的人所作的那样），一般最不关心方法问题。实际上，在研究中重要的是对象建构过程的严格性。当一种思维方式能够把在社会上不引人注目的对象建构成科学对象（就如戈夫曼探讨面对面互动的细微场面），或者能从一个意想不到的新奇角度重新审视某个在社会上备受瞩目的显赫话题时，它的力量表现得最为淋漓尽致。[4] 后面这种转换视角的努力正是我目前在努力尝试的：借助一种非常彻底的分析，切实考察证书文凭（有关疾病、伤残、教育程度等）的实质和作用，探讨国家对合法的符号暴力手段的垄断的效应。就这点来说，今日的社会学家正经历着一种突变（mutatis mutandis）。他们的处境酷似当年的马奈或福楼拜，后者为了充分实现他们摸索创造出来的新的现实建构方式，不得不将这种方式运用于新的对象上，而这些现象在习惯上往往被排除在学院艺术领域之外，学院艺术领域只关注那些被社会看作是有重要意义的人与事，这也可解释他们为何被指为"现实主义"了。社会学家们可以坚定地确立他们的福楼拜式座右铭："好好地写写那些平庸无奇的世事人情吧！"

我们必须学会如何将高度抽象的问题转化成实践上完全可行

的科学操作,我们将会看到,这一说法首先预设了我们平素所说的"理论"和"经验研究"彼此之间的某种别具一格的关系。在这种转化中,像《社会学的技艺》(Bourdieu, Chamboredon, and Passeron 1973;英译本 1991)里所提出的那些抽象规则戒律,即使能唤起我们的关注,使我们对问题有所留心,也不会有太大的帮助。毫无疑问,这是因为除了依照某种指导,脚踏实地地进行实践,没有什么别的办法可以熟练地把握一种实践——所有科学研究实践概莫能外——的根本原则,而那种指导可以作为参考和反复检验的工具,可以通过在特定情境下,提出些直接适用于手头具体研究案例的方案规则,来校正你的做法。

当然,当你们听了两个小时的讨论,尽说些什么音乐教学,竞技体育的内在逻辑,政府资助的住宅建设市场是怎样形成的,或是希腊神学的萌芽,你们很有可能会不知所措,怀疑自己是不是在浪费时间,是不是会一无所获。从这次研讨班中,你们不会干净利索地概括出诸如沟通行动、系统理论的内容,甚至得不到场域及惯习的概念。关于现代数学和物理学里的结构观,关于在哪些前提条件下可以在社会学里运用结构的思维方法,20年前我曾正正规规地系统阐述过[5](无疑这样更能"给人留下深刻印象")。如今二十年过去了,我想说的还是同一码事,可方式却不一样了,是要用一种实际可行的形式,也就是说,借助十分细微的评论和基本的问题——事实上这些问题是这样基本,以至于我们总是根本就想不起提出这些问题——以及每次研究都沉浸在具体研究的各种细节之中的方式。我们这里所考虑的就是监督推行一项研究,而只有当你跟着主管负责的研究者一起,实实在在地从事一项研究,你才可以算作是这项研究的监督执行人。实际从事一项研究就意味着你要参与问卷设计，阅读统计表，或者解释文件资料，有必要的话，也可以提些假设，诸如此类的工作，等等。很明显，在这样的状况下，你只能监督执行极少数研究项目；而那些据称手头有一大批课题的家伙，其实并没有做他们号称自己在做的事情。

既然所交流和沟通的内容在本质上包含一种做法（modus operandi），一种预先假定了特定认知类型的科学生产方式，一套观照（vision）和划分（division）的原则，那么，重要的就是让人们在实际操作中看看它是怎样表现的，观察一下这种科学惯习（我们满可以这么命名它）面对实践中的各种选择——如某种抽样类型、某份问卷、某项编码上举棋不定的困难之类——是如何"反应"的，而不一定非得用正式的概念清晰无误地表述这些东西；而且除此之外，也就没有什么别的方法可以掌握这种惯习了。

要传授一门技艺（métier），一门工艺，一门手艺，或者，用涂尔干（Durkheim 1956: 101）的话来说，一种被理解为"没有理论的纯粹实践"的社会"艺术"，就需要一种特殊的教学方法，完全不同于适于教授知识（savoirs）的教学方式。在那些没有文字、没有学校的社会里，我们能明显地发现有许多思维方式和行动类型，经常还是些至关重要的东西，是以教授者和学习者间直接的、长期稳定的接触为基础的，通过总体全面、实践可行的传递方式，从实践到实践地传递，这些技艺被传承下来（"照我的样子做！"）。不过，即使在具有正规学校体系的社会里，甚至在这些学校内部，传授知识的方式在很大程度上也仍然如此。[6]科学史学者和科学哲学家，尤其是科学家自己经常注意到，他们技艺中有很大一部分是完全通过实践习得的。[7]对于那些知识内容、思维方式与行动类型本身就不那么明确、规范的科学来说，无声的教学显然发挥着极其重要的作用。这样的教学方法在传授过程中，既没有什么必要去解释清楚被传授的图式，也无须怎么明确说明在传授过程中实际运用的图式。

社会学这门科学比起一般人所认为的，甚至比起社会学家所认为的要发达得多。也许，衡量一个社会科学家在他的学科领域里占据着怎样的位置，就是看他认为要跟上本学科的最新进展必须掌握哪些东西，他在这方面的认识不失为一个不错的尺度。随着你有关方法、技术、概念和理论等最新进展方面的知识的增长，你也肯定会更加倾向于踏踏实实地把握你的科学能力。但是，社会学是那么不规范，那么缺少正规化、形式化，因此不能像在别的学科领域里那样，依靠思维的自我运作，或者依靠已经取代了思维的自发机制[依靠终极证据（evidentia ex terminis），莱布尼茨借助这种"令人眩目"的符号"证据"来反对笛卡尔的"明证"说（évidence）]，或者，依赖正确科学行为的准则——这种准则被认为包括了所有构成了最规范的科学场域的行为，例如，方法、观察程序，等等。所以说，为了获得足够的实践经验，必须从根本上依靠体现在身体层面上的惯习图式。

科学惯习是一种"造就人"的规则，是体现在身体层面上的规则，或者更恰切地说，是一种科学的做法，它根据科学的规范在实践中发挥作用，但并不明确意识到要把这些规范作为自己的准则[8]：正是这种科学上的"游戏感"（sens du jeu），使我们在正确的时刻做我们所做的事，而无须系统阐发什么是不得不为的事，更无须知道是哪些明确的规则使我们得以顺利地进行这种实践。如此说来，一位力图传授科学惯习的社会学家，与一位高级体育教练，而不是与巴黎大学的教授之间有着更多的共同点。社会学家绝少通过根本原则和普遍概念表达自己的想法，当然，他们可以像我在《社会学的技艺》里所作的那样阐述自己的观点，但这样做的前提是他们要认识到不能仅限于此：从某种意义上，最糟糕的就是认识论成了社会交谈的主要谈资，成了长篇大论[9]的主题，成了经验研究的替代物。社会学家的做法，往往是借助各种实践性的建议，在这点上她非常像一位教练，惟妙惟肖地模仿一个动作（"我要是你，我会这样做……"），或者，在实施过程中"校正"这些实践（"我就不会问这个问题，至少不会以这种方式提出这个问题"）。

第二节 从关系的角度来思考

当我们遇到对象构建的问题时，我们就会发现上一节所谈的那些观念是千真万确的。这个问题无疑是研究的操作过程中最至关重要的，不过也是被最彻底地忽视的方面，特别是在主流传统中，这种传统的核心是"理论"与"方法论"的对立。唯理论主义"理论"的范例（paradigm，就这个词所具有的"典型例证"的意义而言）是帕森斯的作品，帕森斯挑选了几位大师的作品［涂尔干、帕累托、韦伯和马歇尔（Marshall）——而且，令人难以理解的是，这个名单里没有包括马克思］，只孤立地考虑这些作品中的"理论"向度，甚至更准确地说，只强调教学的向度，然后进行纯粹的理论编纂（也就是完全不涉及任何应用），结果形成的是一个概念的大熔炉。[10]在我们的时代，这方面的范例则是亚历山大的"新功能主义"。[11]

这种折中式的分类汇编既然源出于某种教学的必要性，所以对于教学是颇为有益的，但除此之外毫无用处。而与这种唯理论主义的理论相对，另一方面则有拉扎斯菲尔德的那种所谓"方法论"。这种"方法论"既与认识论无干，又不涉及科学理论，只限于感觉的归类罗列。这里我说的认识论，应被理解为旨在揭示科学实践的图式的反思，这种图式既可以通过实践的失败，也可以通过实践的成功来获知。帕森斯和拉扎斯菲尔德所形成的对偶（其间是默顿和他的"中层"理论），已经成为一种在社会上非常强有力的"科学"顽固势力，这股势力在战后三十年的绝大部分时间里，主宰了整个世界的社会学。[12]在"理论"和"方法论"之间的划分对立是作为一种认识论对立确立的；事实上，这种认识论对立是某个特定时期里科学劳动的社会分工（表现为教授和应用研究机构的职员之间的对立）的一个组成部分。[13]我坚信，必须全盘抛弃这种将科学活动划分为两个相互分离的部分的做法，我也同样坚信，人们不能只凭将两种抽象过程结合在一起，就可以回到具体问题上。

实际上，在对象构建的过程中，最具"经验性的"技术选择也不能脱离最具"理论性的"选择。只有作为一种确定的对象构建过程的一部分，诸如此类的抽样方法、资料搜集和分析的技术等才成为必不可少的操作。更准确地说，只有将所有经验材料都看作从一套理论预设推演出来的假设整体中的一部分，它们才能作为一种证明（proof）——或者像英美学者所说的一种证据（evidence）[14]——来发挥作用。在我们现在从事研究时，经常把什么是证据这一问题视为不证自明，这是由于我们信任和接受了一种文化惯例（cultural routine），而这种惯例大多是通过学校教育强加和灌输给我们的（在美国大学里所讲授的广为人知的"方法论"课程）。对这种"证据"所形成的拜物教，有时会使一个人仅仅因为一些经验研究没有将有关"证据"的那个定义视为不证自明而拒绝这些研究。每个研究者，只将世界所呈现出来的一小部分经验材料赋予证据的地位，但在文化惯例的影响下，他们并不是将自身的问题域所引发的那部分材料当作"证据"，而是将他们身在其中的教学传统所恩准和保证的那部分材料视为"证据"，而且在过多的时候，只是单凭这一传统来确定何为"证据"。

当整个学派或研究传统都只是围绕一种资料搜集和分析的技术来发展自身时，上述分析所指出的问题就毕露无遗了。例如，今日的某些常人方法学家除了谈话分析以外对其他方法概不承认，而这里的谈话分析也被化约成只剩下对文本的评注，而完全忽视了那些可以被称为"当地生活"（ethnographic，传统上一直称之为"情境"）的有关行动者所处的直接语境的材料，更不用说那些能使他们将这一情境放在社会结构中考察的材料了。这些"材料"，往往被（错）当成是具体现象本身，其实，它们都是一种艰难的抽象过程的产物——既然所有的材料都是构建的产物，所以情况总是如此——然而在我们现在所考察的这种情况中，却未将这种抽象过程看作是抽象的。[15]因此，我们随处可以发现唯我独尊的偏执狂，有人耽溺于对数-线性模型分析（log-linear modeling），有人则执迷于话语分析、参与观察，开放式或深度访谈，或民族志的描述。刻板地固守某种搜集材料的方法，足以确定一个人的"学派"成员资格，例如，只要是崇拜参与式观察的学者，就可以认定是符号互动论者，对谈话分析满腔热忱的学者，那就是个常人方法学家，地位获得的研究者的标志则是对路径分析（path analysis）的系统运用，等等。而事实上，如果将话语分析与人类学的描述糅合在一起，这就是一个令人鼓舞的突破，而且是对方法论一神论的勇敢挑战！同样，面对统计分析的各种技术，不论是多元回归（multiple regression）、路径分析、网络分析，还是因素分析或事件史分析（event-historyanalysis），我们也需要一种类似的批判。在这里，我们会又一次发现，除了少数的例外，一神论也一统天下。[16]但即使是最初步的社会学的社会学也可以告诉我们，方法论上的谴责，常常只不过是一种掩人耳目的方式，把那些不得不做的事情装作出于深思考虑的结果，亦即假装没有意识到（也就是故意忽视）他们实际上出于无知和盲目所忽视的方面。

与此同时，我们还要去分析展现材料的修辞手法。当这种手法转变成为一种炫耀卖弄的材料铺排时，它一般是被用来掩盖对象构建过程中的一些基本错误。相反，假设按照那种只知不加掩饰地炫耀材料的标准来看，如果我们采取一种严格而富有效率的方式来展示最切中要害的结果，就经常会引起那些科学报告（同时就"protocal"这个词的双重含义而言①）的盲目崇拜者的先验怀疑，他们怀疑这是否算得上是"证据"。可怜的科学！科学，科学，多少罪恶假汝之名而行！②……要把我们上述的所有批评转化为一种建设性的忠告，我只能指出，我们必须谨防各种宗派主义的相互贬斥，

---

① "protocal"一词兼有"科学报告"和"礼仪"之义。——译者
② 法国大革命雅各宾专政时期，著名的罗兰夫人（Roland de la Platière 1754—1793）在登上断头台之前，曾留下一句振聋发聩的名言："自由，自由，多少罪恶假汝之名而行。"此处，布尔迪厄是套用罗兰夫人的这句话。——译者

在对某种方法或学派进行过分排他性的信念表白时，总是隐藏着这类倾向。不论何种情况，在对象已经确定，材料搜集的实践条件既定的场合，我们都必须竭尽全力，调动所有的技术，只要它们与我们研究的问题相关并且可以在实践中加以利用，就兼容并包，为我所用。举例来说，人们可以利用对应因素分析来进行话语分析，最近，我在研究法国建造单门独户的住宅行业中的几个公司的广告策略（Bourdieu 1990c）时，就采用了这一方法；或者也可以像在《区隔》（Bourdieu 1984a）中那样，将最标准的统计分析与一套深度访谈或民族志的观察结合起来。总之，对于我们来说，社会研究是那么关系重大，那么艰巨繁难，以至于我们绝不能原谅自己错将科学的刻板（rigidity）——它是知性和创造的死对头和毁灭者——和科学的严格（rigor）混为一谈，从而使我们不能充分利用我们学科（以及人类学、经济学、历史学等姊妹学科）的思想传统中的全副装备里的某些资源。在这些问题上，我禁不住想提出唯一一条适用的规则："不许禁止"[17]，或者是：提防方法论的看家犬！毋庸讳言，我在这里所倡导的绝对自由（在我看来，这一自由的含义是十分明确的，而且，我须赶快补上一句，这种自由与那种相对主义认识论的自由放任毫无共通之处，尽管后者在许多地方还是那么时髦）是伴之以极度的警醒的，这种警醒使我们在运用各种分析技术时，必须考虑它们的条件，并确保它们适合我们手头所研究的问题。我经常情不自禁地想到，我们的那些方法论"警察"（法语：pènes-la-rigueur），在运用他们狂热崇拜的那些方法时，实际上是极不严格的，甚至是马马虎虎的。

也许，我们在这里将要探讨的问题，对于你来说似乎是无关紧要的。不过，首先，一个对象的构建——至少就我个人的研究经验而言——并不是通过某种开创性的理论行为就能一劳永逸地予以解决的问题。决定构建对象工作的观察和分析的方案，并不是一幅机械师手中那样的预先勾画好的蓝图。相反，它是一项费时耗神、艰苦细致的工作，只能通过一系列细小的矫正和修补一点一滴地完成，促成这些矫正和修补的，正是所谓"技艺"，即什么时候该干什么的"诀窍"，也就是说，激发它们的是一套实践原则，在这套原则的指引下，我们所进行的选择，既与微妙的细节有关，也具有全局性的决定意义。因此，有些人依据某种冠冕堂皇却并不现实的研究观念，也许会惊讶地发现：我们居然要如此不厌其烦地来讨论那些表面看起来微不足道的细节问题，比如，研究者是不是应该向被研究者表明自己的社会学家身份，还是加以掩饰，采用某种不那么令人感到威胁的身份（比如民族志记录者或历史学家），或者索性彻底隐瞒身份；再比如，是在以统计分析为目的的调查手段中包含这样一些问题呢，还是把这些问题留给与有限数目的被访者进行的面对面深度访谈更合适些？诸如此类的问题，不一而足。

研究程序涉及了特有的社会向度（如何确定老实可靠且富有洞见的被访谈者，如何将自己介绍给他们，如何向他们描述你研究的意图，以及更笼统地说，如何"进入"你所研究的世界），这些方面绝非无关紧要。对这些研究程序细节始终保持关注，当会使你保持警惕，不至于陷入概念和"理论"的拜物教。这种拜物教，来自于将"理论"工具——惯习、场域、资本等——看作自在和自为的存在，而不是运用这些工具并使它们发挥作用。因此，场域的观念乃是一种概念手段，浓缩地表现了构建对象的方式，这种构建方式可以用来指导研究中所有的实践选择，或确定它们的方向。它的作用可以被看作是一种唤起记忆的记号（法语是 pense-bête，英语是 memory-jogger）：它告诉我，我必须在研究的每一个阶段都确信，我所构建的对象并未陷入赋予它最独特性质的关系网络而不能从中凸显出来。场域的观念提醒我们，只要一涉及方法，第一条必须考虑的准则就是要求我们利用一切可以利用的手段，想方设法抗拒我们骨子里那种用实体主义的方式来思考社会世界的基本倾向。正像卡西尔在《实体与功能》（Cassirer 1923）中所说的：必须从关系的角度来思考。毕竟，在某种意义上，从那些"触手可及的"现实——诸如集团或个人——着手，要比从关系的角度着手容易一些。例如，分析社会分化，像实在论的阶级概念那样，考虑那些根据人群界定的集团，乃至考虑这些集团之间的对抗，比起考虑某种关系空间要容易得多。[18] 通常的研究对象是这样一些现实情况：这些情况在某种意义上突出醒目，在那里不断造成麻烦，例如"芝加哥黑人贫民窟里依靠福利补助度日的少女母亲"这样的案例。大多数情况下，社会秩序问题和归化（domestication）问题都会被研究者选为研究对象，这些问题是由或多或少武断地界定的各种人群造成的，这些人群则是通过将某一初始范畴予以进一步划分的产物，而初始范畴本身又是社会预先构建的："老人"，"年轻人"，"外来移民"，"半专业人士"或"贫困人口"等。"维勒班西区住宅规划中的青年"就是一个很好的例子。[19] 在所有这样的情况中，科学应当优先处理的，首当其冲、至关重要的问题，就是将社会上预先构建的对象的社会构建过程本身当作研究的对象。这正是真正的科学断裂的关键所在。

不过，要想避免实在论的思考方式，仅仅采用"宏大理论"的那些"大话"是不够的。就拿权力问题来说，有些人会从实体主义和实在论的角度提出问题，探问权力存在的位置（这和某些文化人类学家的情况一样，他们误入歧途，漫无边际地寻觅"文化的所在地"）；另外一些人会询问权力从哪里来，是从上到下，还是自下而上（"谁在统治？"），这又颇为类似那些社会语言学者，这些学者终日为语言的变迁来自何处而困惑不解，是发轫于小资产阶级，还是肇始于资产阶级，等等。[20] 我谈论"权力场域"而非统治阶级，正是为了与这种实体主义的思维方式（统治阶级就是一个实在论的概念，它指的是一个实在的人群，他们持有一种我们称之为权力的有形实体）相决裂，而不是欣喜若狂地在理论的旧瓶上贴一个新标签，实际上却换汤不换药。我用权力场域来指社会位置之间存在的力量关系，这种社会位置确保它们的占有者握有一定量的社会力量或资本，以便使他们能够跻身于对权力垄断的争夺之中，而在权力垄断方面的争夺中，对合法权力形式的界定权的争夺是一个至关重要的向度（这里，我特别想到19世纪晚期"艺术家"和"市民"之间的对抗）。[21]

必须指出，从关系的角度来进行分析，一个主要困难在于，大多数时候，只能从个人或具体制度之间各种性质的分布来把握社会空间，因为可获得的资料都是与个人或机构联系在一起的。因此，要把握法国经济权力的子场域及其再生产的社会和经济条件，你除了访谈法国名列前茅的二百家大公司的总经理外，别无选择（Bourdieu and de Saint Martin 1978; Bourdieu 1989a: 396–481）。不过，当你这么做时，必须每时每刻都要谨防向未经科学构建的社会单位（social units)的"现实"倒退。要想防止这一点,我建议你们使用这种非常简便的对象构建工具:有关一组行动者或制度机构的相关性质的列联表(square-table)。比如说,如果我的任务是分析不同的搏击类体育项目[摔跤、柔道、合气道(aikido)、拳击等],或者不同的高等教育的制度机构,或者不同的巴黎报纸,我将会把这里的每一种制度机构放在列联表的横行,将我所发现的用来说明这些机构的性质所必不可少的每一个特征,都放在列联表的纵列上;这将迫使根据是否存在这一特征,来对所有其他的制度结构进行探究。这一工作可以在最初确定材料的归纳阶段中进行。然后,我会剔除冗赘现象,删去在结构或作用上相等价的特征标志,以保留那些能够区分不同机构、因此在分析上是相关的特征标志,而且实际上也只有这些标志才有价值。这种非常简单的工具的价值很大,它会迫使你从关系的角度来思考所研究的社会单位和它们的性质特征,这些性质可以用存在、不存在(是/否),或等级序列的方式(+,0,-或1,2,3,4,5)来确定。

只有在这种构建工作——通过尝试纠正的试错法来完成,而非一蹴而就——上面投入精力,花费心血,人们才能逐渐构建出社会空间。这些社会空间,虽然只能通过高度抽象的客观关系来显示自身,而且我们既不能触及到它们,也无法"指出它们",但它们仍构成了社会世界的整个现实。这里,我希望你们参考一下我最近出版的一本论述"名牌高校"[22]的专著(Bourdieu 1989a)。在这本书中,有一个按时间编排的高度浓缩的大事记,记录了一套历经大约20年的研究方案中的重要事件。通过这个大事记,我描述了自己如何从一篇专题文章开始,发展演变,形成一个真正构建的科学对象,在这本书中,这个科学对象就是学术体制的场域,在法国它被赋予了再生产权力场域的重任。根据定义,我这里处理的是一个与我有切实利害(interest)的对象,而同时我又无法清晰地知晓这一"利害"的可证实的原则是什么。由于这一点,就更加难以避免陷入那些社会预先构建的对象的陷阱。也许,举例来说,这一"利害"正在于我是巴黎高等师范的毕业生。[23]如果把高等师范学校体察为已经祛除了神秘因素并且能够帮助我们进一步破除其他事物神秘性的力量,那我对这所学校所具有的亲身感受就更加有害了,它往往会产生一整套极为幼稚天真的问题,但每一个"高师学生"都会觉得这些问题饶有兴味,因为对于那些对自己的学校、同时也就是对自身感到好奇的"高师学生"来说,这些问题会不假思索地"涌上心头":例如,学校入学考试的成绩高低是否对决定学生的学科选择有所影响?决定他们是选择数学、物理,还是文学和各种人文学科["philo"]①?(事实上,自发式的问题框架——某种不可低估的、自恋式的自我吹嘘手段往往会乘隙而入——一般要比我在这里所提出的问题幼稚天真得多。过去20年里出版的那些以某一所名牌高校为考察对象的著作,卷帙浩繁,林林总总,往往自称是科学的,而你们去看看,就知道它们究竟如何。)通过考虑这些问题,一个人最终可以写出一本大部头的著作,其中塞满了事实,每一项事实看起来都是绝对科学的;尽管这样,这本书仍可能没有抓到问题的根本。为什么会是这样?我相信,如果说巴黎高等师范学校(对于这所学校,我也许在情感上存在千丝万缕、割舍不去的关联,它

---

① 指如哲学(philosophy)、语言学(philology)等学科。——译者

们不论是正面的还是负面的,都是我以往投入的产物)在现实中只是客观关系空间中的一个点(这个点在结构中的"权重"还尚待确定),或者更准确地说,如果这一制度机构的真相存在于敌对和竞争的关系网络之中,而这个关系网络又和法国高等教育的一整套制度联系在一起,并且后者又将这一关系网络本身与权力场域中的一整套位置(恰恰是我们研究的这些学校,赋予了人们到达这些位置的途径)联系起来,那么那本篇幅可观、塞满事实的著作,由于只关注一些凭借个人的自发性经验提出的幼稚问题,而未能触及社会空间这个关键方面,就势必会让我们觉得隔靴搔痒,无关宏旨了。如果现实的的确就是关系的,那么我很可能对一个自认为了如指掌的制度却一无所知,因为抛开它与整体的关系,我们就根本无法把握它。

无论什么时候,一个学者也无法避开研究策略的问题,在我们讨论研究方案时,我们会屡次三番地遇到这些问题。在这方面,首先可以提出如下这一问题:是先对被如此这般构建的对象的所有相关因素所构成的总体进行广泛的研究呢,还是对尚缺乏理论根据的那种理论集合体的某个有限局部进行细致深入的研究?究竟哪一种策略更好?最为社会所称许(一般是在一种幼稚的关于精确性和"严肃性"的实证主义观念的名义下)的选择,显然是对第二种策略的选择,就像论文的指导者经常说的那样,"对一个十分精确、界限分明的对象进行研究"。(这些典型的小资产阶级美德,诸如"谨小慎微""严肃认真""诚恳老实",对于经营小本生意或者充当中层官僚是颇为适合的,而在这里摇身一变,成了"科学方法";而且,作为一种社会巫术的典型效果,一种受到社会赞许、但却是子虚乌有的存在——"社会研究"或组织方面的专题分析——竟能够成为受人敬重的科学存在。我们可以轻而易举地展示这些事情是怎样发生的。)

在实践中，我们将会看到，场域的边界问题一再出现。表面上，它是一种实证主义问题，人们可以给它一套理论的回答（一个行动者或一个机构之所以属于一个场域，只是因为行动者或制度在其中产生了效果，并承受了其中的效果）。结果，你就几乎总是要面对这样一种非此即彼的选择，即是对一个实践上可以把握的对象局部进行细致深入的研究，还是对真正的对象进行广泛的研究。而实际上，你往往会从一个空间中把你所研究的对象（例如，一所特定的精英学校）孤立出来。如果这样，那么你就必须努力勾画出这个对象所在的空间来，如果缺乏更好的信息，就不惜使用二手材料，也要对这个空间有大致的了解。从这种了解中，你会获得许多科学裨益。这些裨益在于：通过了解你的研究的性质，了解现实（你所研究的局部就是从中抽象出来的）包含了哪些关系，你至少可以勾画出形塑这个空间的结构的各种主要力量线，而正是这个空间的制约力量影响着你所考察的那个点（这种勾画方式，颇为类似于19世纪建筑师对建筑物的整体所勾画的令人惊叹不已的炭笔速写，对于建筑物内部的那些他们力图描绘的部分，他们在速写上用细致的笔触——予以勾定）。这样，你就不会误入歧途，在所研究的局部中寻求（和"发现"）那些在现实中外在于这一局部的机制或原则，因为这些机制或原则在现实中都存在于这一局部与其他对象之间的关系之中。

要构建一个科学对象，还要求你对"事实"采取一种积极而系统的态度。要与经验主义的被动性决裂（后者只知道接受常识中未经科学构建的"事实"），而又不堕入宏大"理论化"的空洞话语，这些并不要求你提出宏大、空洞的理论构建，而是要求你抱着建立一个模型（这一模型并不需要用数学或抽象的形式来证明它的严格性）的宗旨来处理非常具体的经验个案。你要用特定的方式将相关的材料联系起来，使这些材料能够作为一种自我推进的研究方案来发挥作用，这一研究方案可以产生易于给出系统性答案的系统性问题。总之，要产生一个连贯统一的关系系统，这个系统可以被作为系统来加以检验。我们所面临的挑战就在于以系统的方式来探寻特定的个案，而方法就像巴什拉（Bachelard 1949）所说的，把它构建为"所有可能情况的一个特例"，从而从中抽取一般性或恒定性的特征，而这些特征只能通过这种探寻方式才有可能被揭示出来（如果说在历史学家的著作中经常缺乏这种意图的话，那无疑是因为对历史学家任务的界定——它包含在社会对历史学科的界定之中——不仅与社会学家的主旨比起来，不那么野心勃勃、自命不凡，而且在这一点上也不那么苛刻）。

类推的推理方式，往往基于一种对结构对应关系的合乎情理的直觉（本身又建立在对场域某些恒定性法则的知识的基础上）。它是一种强有力的对象构建工具。正是这种推理方式，使你得以全身心地投入手头正在研究的个案的特殊性之中，并借此实现一般化（generalization）的意图，而不会像经验主义的唯特殊论（empiricist idiography）那样，沉浸其中，不能自拔；而且这种推理方式还进一步使你认识到，这种一般化的意图正是科学本身。但在这里，一般化的过程不是通过以无关宏旨的人为方式应用那些空洞的形式概念构建来实现的，而是通过对特定个案的特殊性思维方式（而且正是这种思维方式，将人们的思维方式构成了实际存在的那种样式）来实现的。从逻辑的角度看，这种思维方式就体现在比较方法中，并通过比较方法来实现自身。比较方法可以让你从关系的角度来思考一个特定个案，而基于不同场域之间存在的结构对应关系（例如，通过教授/知识分子关系与主教/神学家关系之间的结构对应，可以体现出学术权力场域和宗教权力场域之间的结构对应关系），或同一场域的不同状态之间的结构对应关系（例如，在中世纪和今天的宗教场域间的结构对应关系[24]，这一个案被构成为"所有可能情况的一个特例"）。

如果这个研讨班会像我所设想的那样运作，它将会使大家以一种社会实践的方式来认识我正在努力探索、完善的方法。在这个研讨班上，你将会听到许多学者的讲座，他们对不同对象进行研究，并始终受到同一些原则的引导而对他们自己提出质疑，这样就会使我希望传达的那种"做法"能够在某种意义上以实践的方式得以传达——通过将这种做法不断应用于不同的事例，而无须同时明确地在理论上予以阐明。在听别人发言时，我们每个人都会想到自己所从事的研究，这样，就创造了一个迫使每个人都参与其中的制度化的比较情境（和伦理学一样，只有当这种方法深深地体现在一个社会世界的机制中，它才能发挥作用），使人们既能以特殊的方式来处理自己的对象，把它视为一个特殊事例（这一点，与社会科学中一个最常见的谬误——将特殊事例普遍化——正相反）；又可以通过应用一般性的问题，将这一事例予以一般化，从中发现隐藏在独特性表象背后的恒定特性；这两个方面可以并行不悖，相得益彰。[这种思维方式最直接的效果之一，就是防止我们采用一种不彻底的一般化方式（semi-generalization），由于这种一般化方式把未经科学分析的天真说法或事实偷偷塞进了科学世界之中，所以它会导致我们产生各种抽象的具体概念（abstract-concrete concept）。］以前，在我还是较多从事指导工作的负责人时，曾态度坚决地建议，研究者至少应该同时研究两个对象，比如说历史学家，除了他们主攻的研究方向（例如第二帝国时期的一家出版商）外，还应当研究一个与之对应的当代对象（一家巴黎的出版社）。对现状的研究，至少有助于迫使历史学家对他可能投射到过去的各种先入之见予以客观化，并控制它们的影响。即使历史学家只是运用当前的语汇来指认过去的实践，也仍然可能将他们的那些先入之见夹带进去，例如"艺术家"之类的说法，往往使我们忘记相应的观念只是一个极为晚近的发明（Bourdieu 1987d, 1987j, 1988d）。[25]

第三节　彻底的质疑

要构建一种科学的对象，首当其冲的是要与常识划清界限，也就是说，与那些被大家共同持有的见解划清界限，不管它是日常生存状态里的老生常谈，还是一本正经的官方见解。这些常识性东西往往嵌入在制度之中，从而既体现在社会组织的客观性上，又反映在社会组织参与者的思想里。预先构建之物无所不在。社会学家和别人没什么两样，都实实在在地受着这些预先构建之物的重重包围。所以说，社会学家承担着一种特殊的任务，他本人正是他所要探知的对象——即社会世界——的产物，因此，他针对这个对象所提出的问题，所使用的概念，完全有可能正是这对象本身的产物。（这尤其体现在他用来探知对象的分类观念上，比如职业名目这样的日常观念，或是由学科传统传承下来的学术观念。）客观结构和主观结构相互契合，使这些东西显得不言而喻、不证自明，免除了我们对它们的质疑。

社会学家是一种社会存在，因此她已经被社会化了，社会世界的结构已被她内在化了，这样她在这社会世界里就会有"如鱼得水"的自在感觉。在这些事实中包含了许多内在的预设，要想把所有这些预设都置入括号，使其失去效力，就必须进行上述那种彻底的质疑。那么，社会学家又怎么才能在实践中进行这种彻底的质疑呢？从某种意义上说，在对象建构过程中，社会学家表面上是主人，但实际上社会世界通过她，通过这些自然而然的操作（甚至连社会学家自己都没自觉意识到）介入了这种对象建构过程。那么，我们的社会学家在对象建构过程中，又该怎样避免社会世界的介入呢？像实证主义一派中的极端经验主义那样，不进行批判性的考察，就全盘接受提供给自己的概念［比如"获致"与"先赋","（专门）职业"、"行动者"（actor）、"角色"之类］，这样做好像是没去建构什么，但这仍然是在建构，原因就在于这样全盘接受等于是把某些已经建构的东西又重复了一遍，从而也是对它们的认可。日常的社会学忽略了对自己操作过程、思考工具的彻底质疑；在它看来，这种反思意向肯定像是种哲学心态的残余，从而是前科学时代的"遗迹"。这样的社会学完完全全地沉湎于它声称要了解的对象之中，不能自拔。可它连自己都搞不清楚，又怎么能真正把握这些对象呢？恰当地说，科学实践要是不能自我质疑，也就无法了解自己实际上做了什么。它陷入被它看作研究对象的客体里，或者干脆说被自己的研究对象牵着鼻子走，就算揭示出对象的一点东西，也不是什么真正客观对象化了的东西，因为其中掺杂着理解对象的原则本身。

我们很容易发现，这种半吊子学术气的科学[26]，它的问题，它的概念，它的知识工具，都是从社会世界里搬来的；它时常把作为前科学阶段的产物的事实、见解或制度忠实地记录下来，仅仅看作各种资料，一种经验上被给予的事物，它独立于任何求知行为和进行求知的科学。一句话，它在对自己茫然无知的情况下，记录自身……

现在让我们一点一点地来详细谈谈这些问题。社会科学总喜欢从它所考察的社会世界里照搬一些好像是它向这个世界提出的论题。任何时候的任何社会，都要精心提出一套被视为合理的社会问题。这些问题是合法正当的，值得大家相互争辩、讨论，有必要公之于众，成为公众关心的问题，有时官方还加以认可，使之正规化，并在某种意义上，要由国家来加以保证。具体来说，这些问题被交给官方授权的高级委员会加以考察；或者多少更直截了当地交给社会学家自己，这样做的方式也有许多，比如各种各样的科层命令，科研项目，资助规划，合同，授权，赞助，等等。[27]正规的官方社会科学所认可的纷繁多样的研究对象和名目繁多的考察课题，不过都是些偷运进社会学大门的社会问题，比如说贫困、越轨、青年问题、高中辍学、闲暇、酒后驾车等。社会学中那些主要的贴近现实的分支随时间推移而不断演变，正像对此所做的分析所证实的那样，这些研究对象都只是随着社会上或学者们对时势世事的自觉把握而起伏不定、左右摇摆（要体会这些变化的实质及表现，我们可以看看主流社会学期刊的栏目设置、各种研究团体的名目或是定期召开的世界社会学大会各分会的主题，就可以一清二楚）。[28]这些问题只是社会世界借以建构自己的表象的中介过程之一，社会学也罢，社会学家也罢，都是被用来满足这个目的的手段而已。理由很充分：一个人如果只是将其思想停留在无思的阶段，那么他等于甘居一种工具的地位，为其所宣称要进行思考的那种东西服务。而这一点，比起其他各种思想家来说，社会学家尤有过之而无不及。

那么，我们又怎么努力与这种现象决裂呢？社会学家在读报纸、看电视甚至是研读其同事的成果的时候，无时无刻不受到某种不为人知、潜移默化的劝服的影响。社会学家怎样才能摆脱这种影响呢？保持自我警惕当然很重要，但光这样是远远不够的。与常识决裂最有效的工具之一，就存在于各种问题、对象和思维工具的社会演变史中，也就是说，是与对现实的社会构建工作（牢固地树立在角色、文化和青年这样的日常观念里，或是深深地扎根于各种分类体系里，成了不可动摇的神圣之物）的历史紧密相连的。而这样的工作，可以在整个社会世界里展开，也可以在某个专业化场域里施行，尤其是在社会科学的场域里（这就会使我们从一个与现在完全不同的角度，确立教授社会科学的社会演变史的宗旨——这样的历史绝大部分内容还有待我们去谱写）。体现在《社会科学研究探索》上的大部分集体研究工作，探讨的就是日常生存状态中最普通不过的对象的社会演变史。对所有那些已经变得太平常、被人认为太理所当然，以至于没有人会去注意的事情，我都要再去想一想是怎么回事，比如说，法庭的布置与各人的站位，博物馆的空间安排，投票亭的设置,"工伤"的含义,"干部"又是什么意思,二乘二的列联表有什么讲究,或者更简单的,像书写或打字的动作。[29] 在这样的视角下,历史重新焕发出生机活力,这不是出于文物搜集者的好古癖,而是出于一种明确的意愿,想要搞清楚我们为什么要去理解,我们又怎样去理解。

要想避免受到我们拿来当作研究对象的那些问题的主宰,反过来成为它们的对象,就必须追溯这些问题的缘起,看看它们是怎么一步一步地建构起来的。这一构建是集体性的工作。只有通过集体性的工作——时常要借助竞争和争夺——才使某个论题成为合法的问题,得到人们的了解和认可(faire connaître et reconnaître),成为可以宣扬、可以传播、可以公开讨论的、正规的官方问题。这里,你可以考虑考虑勒努瓦所研究的"工伤事故"或"职业危险"问题(Remi Lenoir 1980),想想尚帕涅详细考察的"老年人"这一观念的历史创生过程(Patrick Champagne 1979),还可以看看更具普遍性的东西,比如研究各种"社会问题"的社会学,像研究家庭、离异、犯罪、毒品、女性劳动力市场歧视等的社会学。在所有这些例子里,我们都会发现,在日常的实证主义(每一个经验研究者的第一反应偏向)看来理所当然的问题,都是些社会的产物,体现在社会现实建构的集体性工作里,并通过这种集体性工作产生出来,维持下去。[30] 在这样的集体性工作下,通过各种各样的会议、委员会、协会、联盟,通过各种形式的秘密会议、集体运动、示威游行、请愿签名,通过形形色色的要求、商议、投票支持或否决,通过名目繁多的项目、方案、决议,如此等等,不管是什么,都使得原先是、也本可以继续保持下去的私人性的、特殊的、独有的问题,转变成某种社会问题，亦即某种可以公开讨论的公众话题（想想堕胎问题或同性恋问题最后变成了什么）[31]，甚至变成了某种官方的正规问题，成了官方决策、政令及法规的讨论对象。

就这个问题而言，我们有必要来分析一下，政治场域（Bourdieu 1981a），尤其是科层场域，具有哪些特殊的作用？行政管理的委派授权有着它独具一格的逻辑，正是通过这样的逻辑，科层场域在"普遍性"社会问题的建构和神圣化的过程中，发挥了决定性的作用。近来，我正在考察法国1975年前后对个人建房实行的公共补助政策逐步完善的过程。在这个案例中我所研究的逻辑正是上面所说的这种独具一格的逻辑。[32] 在一个既定的社会世界里被当作理所当然的问题，正是那些社会最有可能分配给予物质资助和符号赞同的问题[33]，也是那些最有可能受到科学官僚机构的主管人，以及科研基金会、私营公司、政府机构这样一些科学权威当局的赏识和欢迎——像我们在法语里所说的，投其所好（bien vus）——的问题。只要情况如此，那么和所有其他社会行动者一样，社会学家所面临的问题域（problématique），就非常可能只是某种被强加的产物，每当社会学家出于自身考虑拾起这些问题，当作他们研究的对象，他就会继续完成这种强加活动，支持这种强加行为，使这些问题被理所当然地视为科学的社会问题，而实际上这些问题不过是社会政治方面的时代精神的表现（比如说，在调查问卷里编入这些问题，或者更有甚者，干脆以这些问题作为主线，围绕这些问题来设计编排问卷）。（这也说明了为什么对于民意调查这种"没有科学家的所谓科学"，总是得到一些人的大加赞赏，这些人拥有各种手段，来委托进行此类调查，而一旦这种社会学的调查没有满足他们的要求，或者没有听从他们的指示,他们就会翻脸,对社会学横加指责,大肆挑剔。)[34]

我只想再补充一点,官方正规问题的生产工作,这些问题受到国家的保障,从而被赋予了某种普遍性。几乎总能为今日的所谓专家留有些余地。这样,事情可就更有点复杂了。我补充这一点,是想让你们知道,社会学家面临着怎样的艰难——甚至可说是令人绝望的——困境。在那些所谓的专家中,就有社会学家,他们利用科学的权威,为官僚机关对问题的见解披上普遍性、客观性、无私性的外衣。也就是说,任何一个名副其实的社会学家,都必须开诚布公地将社会学和社会学家(也就是他自己的同伴们)对官方正规问题的生产工作所发挥的作用当作自己研究对象的一部分,哪怕这样做很可能给人一种无法忍受的倨傲无礼的印象,或者,看起来像是背叛了社会学家的职业团结和集团利益,但只有这样,他才有些机会成为主人,来主宰他针对社会世界所提出的那些问题,从而成为名副其实的社会学家。

我们都很清楚,在社会科学里,认识论决裂时常也就是社会决裂,是与某个群体的根本信念发生重大分歧,有时就是与一群专业人员的核心信念、与以学者共识(communis doctorum opinio)为基础的一套共享的确定性观念发生根本分歧。在社会学里,一个人要实践彻底的质疑,几乎就等于想要成为一个不法之徒。这一点,笛卡尔肯定有切身的感受。研究笛卡尔的评论家们既惊奇又有些失望地发现,这位在知识领域里如此无所畏惧地宣扬自己的思维方式的斗士,从来也不进而用它来讨论政治(我们可以看看他怎样小心翼翼地谈论马基雅维利)。

现在我来谈谈社会学这门"职业"[35]用来谈论、用来思考社会世界的各种概念、词汇和方法。对于社会学家来说，语言这个问题太具有戏剧性了，它实质上是个巨大的宝库，充满了各种已经被视为自然而然的预先建构的观念[36]，它们不被人认为是预先建构之物、而是被充当着无意识的建构工具。这里我可以举职业分类为例，日常生活中通用的职业名目也罢，法国国家统计与经济研究所（INSEE）制订的社会经济类别（这是一种典型的科层式概念化的结果[37]）这种官僚机构通用的标准也罢，或者更为普遍的为社会学家所使用的那些分类体系（年龄组、青年与老年，性别范畴等，我们知道这些东西摆脱不了社会任意性的影响）也罢，情况都差不多。在社会学家使用那些分类体系时，他们往往不假思索，因为它们是被整个社会所共享的社会理解范畴。[38]或者，就像我所说的"职业判断范畴"[成套的形容词体系，用来评价学生的论文或同事的优点（Bourdieu 1988a: 194-225）]的情况中那样，这些范畴都属于他们职业法团体系的一部分（但归根到底，这并不排斥存在一种可能性，即这些范畴的基础是结构之间的对应关系，也就是说，它们是建立在社会空间的根本对立上，比如珍稀/平常，独特/普通之类的对立）。

话说回来了，我认为还必须更进一步，不仅要探讨用来界定工作类型的概念及职业分类体系，而且，还须思考职业（occupation）这个概念本身或专门职业（profession）这个概念本身意味着什么。"职业"概念是整个研究传统的基础，而且在方法论上被某些人奉为圭臬。我清楚地意识到，许多人已经对"专门职业"这个概念和它的一些衍生概念 [如职业精神（professionalism）、专门职业化

（professionalization）等］提出了严肃深刻的质疑，并取得了许多成果。在这些人里最突出的有拉尔森（Magali Sarfatti Larson 1977），柯林斯（Randall Collins 1979），弗里德森（Elliot Friedson 1986），阿博特（Andrew Abbott 1988）等，他们都强调指出了专门职业领域里内在的冲突。不过我想，虽然这些批评已经很彻底了，我们还是必须超越它们，努力用场域概念来取代专门职业领域这个概念，就像我所作的那样。

就像我们在类似的情况里总能看到的那样，专门职业这种观念虽然表面上看起来完全倾向于中立，而且，对于帕森斯一团乱麻似的理论，采用这一观念能有助于澄清一些问题，但正因为如此，专门职业这种观念也就越发危险。用"专门职业"来谈论真正的现实，往往会固守这一现实，固定地看待一群具有同样名称的人（比如说，什么什么人都是"律师"）；这些人都享有基本一致的经济地位，而更重要的是，他们被组织成一些"职业协会"，有着一套伦理准则，要进入这些集体还要遵循明确的规划。"专门职业"是个普通人用的概念（folk concept），没有经过批判考察就被偷偷带进了科学语言之中，并因此将一整套社会无意识引入了科学语言之中。"专门职业"的概念是一种社会产物，背后是一种群体建构的历史性工作，是群体表象，以这一群体为研究对象的所谓科学本身，就被暗中塞进了这种群体表象。正因为这样，这个"概念"挺起作用，从某种角度上来说简直是过于有用了：如果你接受这个"概念"，用它来建构对象，你会发现手头的工商行指南、所开列的各种名录和传记、编纂的书目、各种信息中心和资料库，都是根据"职业"团体分门别类形成的。而且，只要你不是太笨，就会得到一笔基金资助，来按照这种概念去研究它（比如，我们经常能看到有人研究有关律师之类的案例）。职业范畴所指涉的现实，从某种意义上来说，"与现实的联系过于紧密"，以至于不能是一种真实，因为它同时表达着某种心智范畴和某种社会范畴，社会生产这种职业范畴的方式，就是忽略或者说抹杀了各种差异和矛盾对立，有经济的、社会的、也有伦理道德方面的。正是这些差异和矛盾对立，使"职业"——比如说"律师"——成为一种充满竞争和争夺的空间。[39]

一旦我不从表面意义来看待"专门职业"这个观念，而是着重探讨产生这个观念所必需的聚类工作与符号强加过程，一旦我把它看成一个场域，即一个具有结构并充斥着各种社会力量和争斗的空间，那么一切就都不一样了，而且也复杂多了。[40]在一个场域里，你怎么去抽取样本？如果你依照方法论教科书所规定的教条，作个随机抽样，就会肢解了你想要去建构的对象。比如说，在研究司法场域时，你没有抽选最高法院的大法官，或者，在考察50年代法国知识场域时你漏掉了萨特，或者在研究美国学术界时忽略了普林斯顿大学，但只要这些人物类型或制度机构还在独当一面，占据着一个举足轻重的位置，你的场域就是个残缺不全的场域。某种场域或许有不少位置，但它却允许一个位置的占据者控制整个结构。[41]不过，要是把艺术家或知识分子理解成"专门职业"，做随机抽样或典型抽样，出不了什么问题。[42]

如果你把"专业职业"观念作为一种分析工具来接受，而不是看作一种研究对象，就不会产生什么困难。只要你依照被给予的经验材料自我呈现的方式来领会它，这种被给予物（即实证主义社会学家尊崇的数据资料）就会毫不困难地显现出来。所有的事儿都很顺理成章，所有的东西都是那么理所当然。言路畅通，尽可畅所欲言。又有哪个群体会拒绝接受社会科学家神圣化、自然化了的记述呢？对主教们或公司领导人的研究如果（潜在地）接受了教会或商场这样的问题域，主教团和商业公会就会支持这样的研究，而且既然这些社会学家能够成功地使这些人对于自身社会存在的主观见解变成一种客观的——也就是公共的——现实，这些热衷于评点研究结论的主教和企业巨头，又怎么会放过机会，不反过来给这些社会学家戴上客观性的桂冠呢？总之，只要你还待在社会所建构的、受社会约束的表面现象（appearances）构成的领域里——这也是"专门职业"这个观念所从属的秩序——你就会面对各种各样伴随着你、怂恿着你的表面现象，甚至是看起来具有科学性的外表。相反，一旦你开始探究被科学建构的对象，一切就都开始变得艰难了："理论上的"进展带来的是"方法论上"更进一步的困难。至于那些"方法论专家"，他们要想吹毛求疵，从你为了尽力更好地把握被建构的对象而不得不采用的操作方法里挑出一大堆毛病来，才不会有什么困难呐。[所谓方法论，就像我们在法语里所说的，"这是门笨驴的科学"（c'est la science des ânes）。它就是一本错误手册，在它面前，你可真得说是不得不哑口无言，乖乖地承认这儿错了，那儿不妥，什么什么地方又没搞对。] 在研究科学建构的对象时，我们所遇到的困难中，有一样就是我早先谈到的问题，即关于场域的界限，那些最铁杆儿的实证主义者解决这个问题是通过他们称之为"操作定义"的方式（"在本研究里，我将把'作家'定义为……"，"我将把……看作是种'准职业'"）；即使他们在使用已有的职业名录时，并未完全忽略对它们的质疑，但他们还是没有想到，有关定义的问题（"某某人不是个真正的作家！"）正是对象本身内部争夺的焦点所在。[43] 在对象内部存在一种争夺，争夺谁是属于游戏的合格参与者，谁真正享有作家的名头。作家，乃至律师、医生，或者社会学家，这些观念本身就是各自场域里的争夺焦点，尽管各种场域都努力通过证书之类的手段来实现规范化和同质化，但都改变不了这样一个事实：对合法定义的争夺，是所有场域里的普遍共性；而争夺的焦点（从"stake"的字面意思上来说）就是界限，就是边线，就是进入权、参与权，有时也体现为数量限制（numerus clausus）。[44]

经验主义者的全盘接受，就倾向于主张这种态度，并得到了各方的赞许，原因就在于通过回避了自觉的建构；它把科学建构的关键操作步骤，如问题的选择、概念和分析范畴的完善，都留给了原模原样的社会世界，留给了既定的秩序，从而圆满地履行了骨子里的保守作用——即证实某种信念（doxa）是合理的——即使它们在履行这种作用时，并没有直接现身。一种合乎科学的社会学，在它的发展道路上横亘着各式各样的艰难险阻，最让人望而却步的一个困难就是这样的现实：真正科学的发现，付出的成本最高，得来的收益却最小。这不仅适用于社会生存状态的日常市场，而且频频出现在学术市场上（人们本期望能从这样的市场获取更高的自主性）。我曾努力指出，在专门职业和场域这两个观念中，存在不同的社会的和科学的成本和收益，同样，为了创造出科学，经常也不得不抛弃科学性的表面现象，甚至于违背通行的规范，向科学严密性的日常标准发起挑战。表面现象总是有利于似是而非的东西。真正的科学许多时候看上去并没有什么了不起的，而且要推动科学的发展，时不时也要冒点风险，在外表没有展现科学性的所有标志（我们经常忘了这些科学性的标志是多么容易被别的东西鱼目混珠）。有些人眼里只盯着表面上对基本"方法论"教条的冒犯，这些人就像帕斯卡尔说的，是些自作聪明的人（demi-habiles）。他们这样做，原因有许多，其中就有那种实证主义者的自负。在这种自负的引导下，许多方法论上的选择，原本只是出于有意识地拒绝采用"方法论"中逃避问题的"诀窍"，可在他们看来，都成了"错误"，成了无能和无知的表现。

　　心里时时刻刻都想着反思性，这对于严格的科学实践来说，确实是个前提条件，但它和目前盛行的对科学的伪激进主义质疑之间绝无任何共同之处。这一点不用我多说，大家也明白。（这里我想起了有些人还在宣扬由来已久的对科学的哲学批判。这样的批判直至今日还多少遗留在美国社会科学里占支配地位的思潮中，尽管有些自相矛盾的是，在几代实证主义"方法论"学说的攻击下，这种原本仿佛不可动摇的学说体系已遭到了破坏。）在这些批判里，必须给予常人方法学家的学说一个特别重要的地位，尽管他们的一些论述和那些把科学话语化约为有关世界本身的各种修辞策略（而世界本身也被化约为一个文本的世界）的人所得出的结论相去不远。分析实践的逻辑，分析那些旨在赋予世界意义的自发性理论，本身并不是目的。同样，对普通社会学（即非反思性的社会学）的前提预设进行批判，特别是对它应用统计方法所借助的预设进行批评，也不是最终的目的。与外行人的常识和学者的常识背后的前提预设决裂，绝对是个有着决定性意义的环节，不过，也只是一个环节而已。如果你必须把实践感的图式转变为客观的研究对象，其中的目的并不在于去证明社会学只不过提供了许多世界观中的一种，比起其他形式的世界观来，科学性既不更强，也不更差，这样做的真正目的在于把科学理性从实践理性的重重包围中解救出来，避免实践理性侵蚀科学理性，避免那些本应该成为知识对象的东西，也就是所有构成社会世界实践感的东西，所有赋予活生生的世界以结构的各种知觉与理解的预设和图式，都被当作知识的手段来使用。把一个人对社会世界的常识理解以及在社会世界里的基本体验，看作一个人的研究对象，不以设定性的方式接受社会世界，不把社会世界当成一个面向某个主体的客体来建构的世界，这恰恰是避免深陷客体对象重围的好办法。这种办法把一切使有关这个世界的信念经验（the doxic experience of the world）成为可能的东西，即不仅把这个世界的预先建构了的表象，而且把这种表象的建构背后潜藏的认知图式，统统地置于科学的审视之下。常人方法学家中有些人仅仅满足于对这种（信念式）经验作描述，而不去质疑哪些社会条件使这种经验成为可能，也就是说，不去探究社会结构和心智结构之间的对应关系，不去考察认知结构和通过它体察的世界的客观结构之间的契合关系，这些常人方法学家其实没做什么别的，只是在重复最传统不过的哲学对现实的实在性（the reality of reality）所提出的最传统不过的质疑。他们在认识论上的民粹主义取向赋予他们激进主义的假象（因为他们要恢复日常思维的地位）。要对这种激进假象所具有的各种局限作出评价，我们只需记住，常人方法学者们从未看出对世界的信念经验具有怎样的政治意涵，他们看不到这种信念经验是对既定秩序、对置身于批判范围之外的既定秩序的根本接受。信念经验是某种保守主义最稳固的根基。这种保守主义比那种竭力建立政治正统教条的保守主义更彻底、更全面。[45]

第四节 双重约束与转换

我刚才用"专门职业"观念所举的例子,其实只是想用一个特殊的例子说明更为普遍的困难。实际上,对于整个社会学的学术传统,我们必须不停地追问、质询,冷静而有条理地进行怀疑。从而,每一个名副其实的社会学家都不可避免地陷入了一种双重约束:失去了她的学术传统赋予她的知识工具,她就不过是个自我启蒙、自我教育、自发性的业余社会学家(大多数学术界人士的社会经验显然很有限,所以他们在业余社会学家里,肯定不算本领最大的);可是与此同时,这些知识工具又不断地使人陷入危险的境地,使他们简单机械地用学究常识(sens commun savant)来代替常人常识中天真幼稚的信念(naive doxa),而所谓学究常识,也不过是些同样幼稚的信念,使用各种技术术语,在科学话语的正规限制下,拙劣地模仿常识话语(我管这叫"戴夫洛斯效应")。[46]

要想摆脱这种两难选择的困境可不太容易,要么,丧失任何科学建构工具,只能依靠自我启迪,两手空空,甘于无知;要么,不假思索、稀里糊涂地接受与社会关系的一定状况维系在一起的知觉范畴,多多少少直接从社会世界那里照搬来一些概念,只进行了一些半吊子式的建构,就接受它们,当个勉勉强强的科学家,拥有点绣花枕头般的科学。再没有什么比民族学的经验更能强烈地感受到这种矛盾对立了。在民族学里,由于文化传统各有差异,以及因此造成的疏离感和陌生感,你不可能像在社会学里那样沉湎于无须任何中介的直接理解的幻觉中。在这种情况下,你要么一无所见,要么就被迫接受前辈留下的知觉范畴和思维方式比如［人类学家中的法条主义（legalism）］，而你的前辈自己也不过是从另一个学术传统（比如说罗马法传统）里沿袭下这些货色的。所有这些都把我们引向某种结构性的保守主义，它会导致再生产出那种学者性的信念（doxa）。[47]

这就是指导具体研究的教学中所特有的二元对立：我们一方面既必须灌输已被检验过的现实建构工具（问题框架，概念，技术，方法），又得培养一种出类拔萃的批判性情，培养无畏地质询这些工具的倾向。比如说，敢于批评法国国立统计与经济研究所（INSEE）或其他机构制订的职业分类名录，这些东西从来也不是什么天赐之物，而且颁布这些名录也不是用于什么超凡脱俗的目的。不用说，由于受教者的性情倾向是在社会中建构的，彼此不同，所以这种教学究竟能否成功，其可能性也是随性情倾向的不同发生很大变化的，所有的言传身教、授业解惑，效果都不过如此。最有利于这种教学传达的情况是，人们既熟练地掌握了科学文化，同时，面对这种科学文化，他们时常在学术领域内体验到一种疏离感，一种陌生感，从中又滋生出一定的反抗情绪，或是与这种文化保持一定的距离，不接受它的表面价值，或者更简单地说吧，人们同时又结合了一种抵制，抵制这种由社会学中占社会支配地位的话语所提供的对社会世界冷漠超然、脱离现实的表象。西考雷尔就是这方面的一个很好的例子：他少年时与洛杉矶贫民区里那伙"越轨者"终日厮混在一块儿，足以使他情不自禁地想要质疑官方的正统见解：究竟什么是"越轨"？无疑，正是这种与那个领域水乳交融般的熟悉，再加上统计学和统计操作方面牢固的知识基础，促使他提出了"越轨"统计中的问题,而这些问题,却是世上所有的方法论教科书看来都不太可能提得出来的问题(Cicourel 1968)。

尽管有可能把彻底的质疑推向危险的极限,我还是想冒冒风险,再次挑明,懒惰无为的思考可能在社会学中表现出哪些最具危害性的形式。我总是考虑下面这个颇为矛盾的例子:马克思的学说这样的批判思想,却经常以一种无思的状态发挥着作用,这一点,不仅体现在研究者的头脑里(这对马克思的拥护者与批评者来说都适用),也体现在他们所记述的现实中,在这些人看来,现实的记述只是一种纯粹的观察问题。考察社会阶级状况,却经常在调查时不进一步反思一下这些社会阶级是真的存在,还是子虚乌有的虚构之物,也不思考一下它们的规模大小,或者看看它们彼此之间是不是真的存在对立。这些都是人们经常忽视的,那些旨在批判马克思主义理论的研究尤其如此。内中的原因就在于,人们不知不觉之中,把马克思学说产生的效应,特别是那些致力于"提高阶级自觉意识"的党派团体和工会联盟的活动的影响在现实中的表现,错当成自己要研究的客观对象了。

我现在说的"理论效应"(theory effect),是阶级理论可能已经发挥的效应,而我们在经验层面上测量的"阶级意识",从某种程度上说也就是"理论效应"的体现。但这些只不过是特殊的例子,背后是一种更普遍的现象。由于存在着一类社会科学,存在着宣称与这种科学血肉相连、一脉同生的社会实践,比如民意测验、传媒咨询、公共关系等等[48],还有教学工作,乃至越来越多的政客、政府官员、商人、新闻记者之类人的行为都与此相关,在社会世界内部,越来越多的行动者在他们的实践活动中,更重要的是在他们生产社会世界表象、操纵管理这些表象的工作中，注入了学者的知识，即便不说是科学的知识吧。其结果是，科学日益走向一种危险的境地，漫不经心地记述着现实实践的结果，而这些结果原本宣称是脱胎于科学的。

最后一点，也是更微妙、更难以捉摸的一点，是这样一个事实，即屈从于思维的习惯定势，虽然有些思维定式在其他一些情况下会发挥有力的断裂作用，但一旦我们屈从于这些思维定式，它们也会把我们引向幼稚天真的结论，引向我们意料不到的境地。我可以毫不犹豫地指出，马克思主义在它最普遍的那些社会用途里，经常是学者手中各种预先构建的观念中最突出的，因为它高高在上，藐视一切怀疑。让我们假设我们要开始研究"法律的"、"宗教的"或是"专门职业的"意识形态。"意识形态"这个词的含义本身就标志着要摆脱行动者自称的有关他们自己实践的各种表象，标志着我们不应当从字面理解他们的判断陈述，在这些判断陈述中，包含着他们自己的利益，如此等等。尽管"意识形态"这个词具有驱除偶像崇拜的巨大力量，但它却使我们忘记了这样一个事实，即一个人要以这些被称为"意识形态"的东西作为研究对象，就必须破除它的支配作用，而它的支配作用之所以能够发挥作用，在很大程度上正因为人们误以为[1]它具有支配作用。因此，这使我们看不到必须把以下这一事实引回科学模式之中：客观的实践表象的建构必须摆脱原初的实践经验，或者，如果你愿意，你也可以说仅仅借助这种原初经验本身根本不能获得这种原初经验的"客观真理"。马

---

[1] 即"误识"。——译者

克思使我们撞开了信念（doxa）之门，撞开了这扇信守原初经验的信念之门。然而，在门的背后，等待我们的是陷阱，是自作聪明的人。那些人对学者常识深信不疑，却忘了回归到原初经验，回归到学者在建构科学对象时必须加上括号、搁置一旁的那些原初经验。"意识形态"（的确，我们现在若换个名称，倒可以更好地表述和理解一些问题）这个东西，无论对我们还是对它自己，都并不表里如一，正是这样的误识使它具有了符号效力。总而言之，这个概念本身并不足以克服日常常识，或克服习以为常的学究常识。我们同时还必须与各种断裂手段划清界限，只要这些手段否弃了它们以之为对立面建构起来的那些经验。要建立更为完整的模式，就必须做到这一点。所谓更为完整的模式，就是既包括了原初的质朴无知，又兼容了在这种质朴无知的掩盖背后的客观真理。而那些自作聪明的人，觉得自己比别人多一个心眼儿，却往往在后面这种情况中，一头栽进另一种幼稚无知而止步不前。（我这里不禁想要指出，大批职业社会学家，都有个很关键的特征，就是觉得比别人聪明，不管是去启发别人还是被别人启发，都想要扮演一种清明之士的角色，好像众人皆醉唯我独醒，他们可以以此万分激动、自得其乐……而真正科学的严格方法要求学者所牺牲的东西，比起这些人所愿意承受的，代价要高昂得多。）

　　当我们开始探讨社会世界时，所遇到的困难和危险是无论怎么估计也不会言过其实的。社会预先构建的观念，其力量就在于，它既铭刻于事物中，又扎根在思维里。它把自己掩盖在不证自明的外衣之下，却不会有人注意到这种伪装，因为从定义上说这种预先构建的观念就是被人们视为理所当然的。事实上，断裂所要求的，是每个学者观注方式的转换。你可以说社会学的教诲首先就必须是"开启新视野、提供新眼光"——启蒙思想家们有时就是这么说的。社会学的任务就是去开辟，去创生，如果不能塑造一个"新人"，那至少也要培养一种"新的观注方式"，一种社会学的眼光。若没有真正的转换，没有思想的更新（metanoia），没有精神的巨变，总之，没有学者对社会世界整个观照方式的转化，这一切都无从实现。

我们所说的"认识论断裂"[49]（即对日常生活中预先构建的观念置括，对一般能在完善这些构建方面发挥作用的原则置括），在许多情况下，已经预先设定了一种断裂，也就是和那些表面上看起来是常识、令人感到习以为常或者使人以为是探寻这些东西的精良的科学武器（占支配地位的实证主义传统所欣赏和推崇的一切东西）的各种思维方式、概念类型、方法途径统统划清界限。你们一定能理解，当一个人像我一样，认识到社会科学最重要的任务，从而也就是社会科学中指导具体经验研究教学的最重要的任务，就是要把思维途径的转换，观注方式的巨变，以及与所有在社会秩序和科学秩序中支撑着那些预先建构的观念的各种事物以及这些观念本身决裂，确定为科学实践的根本规范，那么他肯定会总是处于怀疑之中，不去铸造先知式的教诲权威（magisterium），不去要求个人的皈依。

我已经尽力描述了科学事业里特有的社会矛盾。一旦清楚地意识到这一点，当我再去考虑一项等候我裁决的研究时，我总是被迫扪心自问，我是否应该发动对预先建构的对象的批判，这些对象看起来总像是种集体性力量（coup de force），是种知识上的合纵连横（Anschluss）；这种批判在我看来，是建构一个真正科学的对象必不可少的条件，但我这样做，是不是将自己的批判视角强加于人呢？这一难题格外不容易解开，因为在社会科学里，错误的起源几乎总是根植于社会建构的性情倾向里，而不仅仅根植在社会恐惧和社会幻觉中，至少就我的经验来说是这样。所以说，在许多情况下，我们很难开诚布公、毫无保留地提出某种批判性意见，能够超出科学实践的范围，触及惯习中最深层的那些性情倾向，那些与不同的社会出身、种族出身，与以往的学术神圣化过程有着千丝万缕的关联的性情倾向。这里我想起了有些研究者身上的经过夸张的忍辱谦逊（这更多地见于女性，见于我们有时所说的社会背景"卑微"的人们。）趾高气扬也好，卑躬屈膝也罢，其实所具有的命定色彩都差不多。在我看来，正确的立场应该是把雄心与谦虚结合起来，虽然这看起来可能性很小。一定的雄心能使人心胸开阔，眼界高远（à voir grand），而要使自己一头扎进对象无限纷繁丰富的细节中去，就不得不需要培养一种伟大的谦虚精神。如此说来，研究的指导者若真想尽心尽责，有时就非得承担听取自白的神父（confessor）或引导精神的导师（guru）的角色（在法国，我们称之为"意识的导师"），把那些自视太高的人引回现实生活，而给那些沉湎于低三下四却不用冒什么风险的轻松活儿里的人灌输更多的雄心，给他们提提神，打打气。然而这种角色，不仅没有什么合法的依据，还有很大的危险。

实际上，初窥门径的研究者能指望从经验中得到的最有决定意义的帮助，就是鼓励他们在拟订项目计划时充分考虑计划实现的各种现实条件。什么条件呢？比方说手头可以支配的各种手段（特别是在研究者的社会经验和科学训练一定的情况下，他究竟能够支配多少时间和什么样的特定能力权限），比方说有多大可能接触到提供信息的人（被访谈人），得到信息、数据、资料和资源，等等。在许多情况下，殚精竭虑后发现本不必如此，如释重负一段后又不得不再心力交瘁一把。可只有经过这些曲折坎坷，在一长段遥遥无期的社会分析工作终于宣告结束的时候，研究者和"她的"对象之间，才能创造理想的契合。

社会学的社会学，它最具体而微的形式，就是体现为分析社会学家的社会学，这种社会学可以分析、探讨他的科研项目，他的宏图大业，他的失败挫折，他的勇往直前，他的畏畏缩缩，等等。这并不是什么闲情逸致（supplément d'âme），不是什么顾影自怜的奢侈之想；相反，它能够使你自觉地意识到各种性情倾向，各种与你的社会出身、学术背景、性别归属维系在一起的性情倾向。不管这些东西让你欢喜还是使你不快，这种自觉意识的唤醒都能给你提供一次机会，哪怕只是有限的一点机会，去把握、去控制那些性情倾向。虽然说社会的演进变幻莫测，"诡计多端"，防不胜防，有时候，对自己置身其中的世界作一番社会学的考察，只不过是兜了一大圈，用一种十分微妙的迂回方式，极其扭曲地满足自己这种受抑制的冲动罢了。比如说吧，有一位神学家，后来改行当了社会学家，着手研究神学家，他也许会经历某种回归，又开始以神学家的口气说话，或者更糟糕的是，拿社会学当武器，为他以前的神学观点找理由，作辩解。这种现象同样适用于一位哲学家出身的社会学家，她也会以类似的方式重蹈覆辙，在哲学社会学里，用其他方式来继续发动各种哲学争论。

第五节　参与性对象化

我所说的参与性对象化(不要与参与性观察混淆起来)[50]，无疑是所有研究操作中最艰难的一项，因为它要求研究者与他们所固守和追随的那些隐藏最深、最不自觉的因素相决裂，而往往正是这些因素使那些研究者产生了对他们的研究对象的"兴趣"。也就是说，参与性对象化要求研究者全面摆脱与他们竭尽全力所要知晓的对象之间的关系，实际上，研究者往往对这方面所知最少。这项操作，最艰难，但也最为必要，因为正如我在《学术人》(Bourdieu 1988a)中竭力所做的那样，在那本书里所包含的对象化工作触及了一个非常特殊的对象。学者理解任何有可能成为对象的东西所依靠的那些原则本身，背后都有一些最强大有力的社会决定因素，这些因素就以一种隐蔽的方式深深地体现在《学术人》这本书所研究的对象之中：一方面，是与作为学术场域的一员并且与在这个场域中占据了一个特定位置相联系的各种特定利益(旨趣)；另一方面，是社会构建的对学术场域和社会场域的各种感知范畴，这些教学理解的范畴，正像我以前所指出的那样，可以为某种美学(例如，学院派艺术)或某种认识论(就像怨恨的认识论一样，这种认识论心甘情愿地做不得已而为之的事情，并对后者大加赞赏，好像他们所困守的这种处境是一种美德似的。这种认识论总将实证主义的刻板做派所要求的那种谨小慎微奉为圭臬，以此来反对科学的各种大胆创新)提供基础。

这里，我就不力图面面俱到地阐述反思社会学能够从这一分析中吸取的所有教益，我宁愿只选择一个在科学事业中隐藏最深的预设进行分析。对科学事业所进行的研究迫使我去揭示它，这样做的直接结果就是我们对此一对象本身的知识有了进一步的改善，证明社会学的社会学是社会学必不可少的部分，而非可有可无的"奢侈品"。在我研究的第一阶段，我构建了一个模型，将学术空间看作一个与特定的力量关系联系在一起的位置的空间，将之看作一个各种力量的场域，以及一个存在各种旨在维续或改变这一力量场域的争斗的场域。我本可以就此打住，但自己以往在阿尔及利亚进行民族志研究时所从事的观察，却使我对与学究观点紧密联系的"认识论自我中心主义"十分敏感。而且当时，我浑身感到窘迫不安，因为面对我依旧参与的游戏，强行让自己采取了一种外在观察者的视角，这就使我陷入了一种不忠诚的境地。受到这些感觉的驱使，我被迫回过头来重新审视我的工作，审视我发表的作品。这样，我就以一种特别敏锐的方式，领会了当人们宣称自己采取了一种不偏不倚的观察者的立场时背后隐含的那些因素。这些因素由于掩盖在研究程序绝对的非个性背后，所以既无所不在，又难以为人察觉，从而使研究者能够采取一种近乎上帝的观点，高高在上地对同时也是他竞争者的同事品头论足。通过把对高贵位置的索求转化为研究的对象，把社会学变成了在场域内发生争斗时所使用的一种武器，而不是对这些争斗进行研究的知识工具。因此，认知主体本人，不论他是谁，往往无休止地用这种社会学武器来彼此争斗，而我则赋予自己各种手段，借助它们，在分析中重新引入对各种预设和偏见的自觉意识，而这些预设和偏见，都是与构建观点空间的某个人所持有的偏颇狭隘的观点相联系的。

意识到客观主义对象化的局限，使我发现，在社会世界，特别是在学术世界里，存在着一整套制度，它们的效果就是使我们可以接受在有关世界的客观真理与有关我们是什么和我们在世界中做了什么——这也包括成为研究对象的主体用"事情并非如此"的观念来反对客观主义的分析时的一切所作所为——的活生生的真理之间存在的鸿沟。在我所从事的这个研究中，具体来说，存在着集体性的防卫体系，因为在这样的世界中，每个人都在争夺对一个市场的垄断，而这样的市场里，一个人的顾客也是他的竞争者，因此在这样的世界中生活是非常艰难的。[51]而这样的集体性防卫体系，能够通过使我们接受环境所提供的各种托词和补偿性的酬赏，来使我们安于现状、随波逐流。正是这种兼具客观性和主观性的双重真理，构成了社会世界的整个真理。

我在这里举最后一个例子，来说明我的观点，虽然是否应该这样做，我多少有些犹豫。这个例子是我前一段时间对大选后的电视辩论所进行的研究[52]，这个对象由于表面上可以轻而易举地处理（有关这个对象的各方面情况，都借助直接的直觉被直接呈现了出来），因此反而显示出一个社会学家可能碰上的许多棘手问题。我们怎样才能超越那种明白易懂的描述呢？马拉美（Mallarmé）一贯所说的"与世界浑然一体、水乳交融的存在"（faire pléonasme avec le monde）最容易接受这种描述。事实上，由于置身其中的行动者已经用自己的语言说明了他们的所作所为，并尽力从中产生了初步的意义（在等待大选结果时，存在着戏剧性的场面，并且存在参加的人对结果意义的争斗），所以，用一种不同的语言来重新陈述这些行为，或者仅仅简单地（或者浮夸地）将意义认定为是行动者有意识的意图的产物，而且如果行动者有时间，如果他们不怕泄露内幕，他们本人就会表述这些意义，这些看法都是危险的。因为行动者完全清楚地知道——至少在实践中知道，而且今天越来越自觉地意识到——既然这种情境的要害就是向人们强加最能博得他人好感的有关自己位置的表象，那么，在这一情境中当众承认失败，作为一种认识（或认可）他人成功的行为，事实上是不可能的。他们也知道，真正说来，数字及其意义并不是普遍有效的"事实"，而且"拒绝承认显而易见的事实"（54%比46%要高）的策略尽管表面上看来注定要失败，但仍然可以保持一定程度的有效性（甲政党赢得了选举，但乙政党并不是彻底的失败者：甲的胜利不像上一次选举那样干净利落，或者领先的票数不如预想的那么多，等等诸如此类的说法）。

但是这一点真的关系重大吗？这里，[科学]断裂的问题就以特别显著的方式提了出来，因为分析者本人就包括在他的竞争者对象之列，这些人和他一起竞争对对象的解释，并且也可能借助科学的权威。这一问题以特别尖锐的方式提出来，还因为，与在其他科学中所发生的情况相反，一个单纯的描述，甚至一个经过构建的描述——即一个仅仅旨在捕捉所有与此相关的重要特征的描述——也并不具有记录霍皮人（Hopis）①的秘密仪式或中世纪国王加冕的那些描述所具有的那种内在的价值：场景被两千万电视观众看在眼里，有所理解（某种层面上的理解，并达到了一定程度），而且录像所记

---

① 霍皮人，一个北美印第安部落，他们的求雨仪式是人类学最广为研究的事例之一。——译者

录的信息是任何实证主义的改写都无法匹敌的。

事实上，只有当我们在实际研究中，构建出客观关系的空间（结构）——我们所直接观察到的那些沟通交流（互动）只是这一空间结构的表现——我们才能避免层出不穷的相互排斥的解释。而解释学家本身就卷入了解释学家们彼此之间的争斗，以夺取对一种现象或一个结果有最终的发言权。我们的任务在于把握一个隐含的现实，这种现实通过揭示自身来掩盖自身，这一现实向观察者所提供的只有琐屑无聊的互动方式，而这种方式恰恰掩饰了它的真相。所有这些意味着什么？在我们眼前，有这样一些人，他们分别被称为记者阿玛先生，历史学家雷蒙先生，政治科学家某某先生等等；正如我们所看到的，他们之间所交流的言谈，表面上易于研究者对其进行"话语分析"，而且在他们交流言谈过程中所发生的所有可见的"互动"，表面上也为他们自己进行的分析提供了所有必要的工具。但事实上，在电视屏幕上展现的场景（亦即行动者用来赢得垄断争辩中最终定论的符号斗争的策略），其目的在于确定谁有社会认可的能力来讲述有关争论关键的真理，因此是涉入其中的行动者之间客观力量关系的反映，或者更准确地说，是不同场域之间的客观力量关系的反映，这些人就置身在这些场域中，并在其中占据不同等级的位置。换句话说，这种互动是各种等级化场域之间相互交织关系的生成物，它是可见的和纯粹现象性的。

这种互动空间作为一种语言市场的情境来发挥作用，而且我们可以揭示出它的关键特性得以构成的各种原则。[53]首先，它包含了一个预先构建的空间：参与者集团的社会构成是预先决定的。要想理解在电视屏幕上什么可以说，特别是什么不可以说，就必须知晓发言者群体的组成法则——谁被排斥在外，谁又自己主动不去参与。最彻底的监督控制就是不在场。因此，我们必须考虑不同类型的人（性别、年龄、职业、教育程度等）的代表比例（既就统计意义，又就社会意义而言），并借此根据每个人在电视辩论中享用的时间，衡量他们的发言机会。我们所考察的这个语言市场的情境，其第二个特性如下：记者对他业已构建的游戏空间施展某种形式的支配权（支配局势，而非支配结构），在这个游戏空间中，他发现自己处于裁判的角色，可以强加"客观性"和"中立性"的规范。

不过，我们不能就此裹足不前，还需对之作进一步的分析。这种互动空间是几个不同场域之间相互交织的关系得以实现的地点。在参加电视辩论的人彼此争夺，来强加所谓"不偏不倚"的解释——也就是使观众认可他们的见解是客观的——时，行动者所掌握的资源，取决于他们在客观上等级化了的场域中的成员资格，以及他们在各自场域中的位置。首先，我们面对政治场域（Bourdieu 1981a）：由于政治家直接牵连在游戏之中，游戏因此与他们的利害直接相关，而且人们也是这么看待他们的，所以政治家既被视为裁判者，也被视为被裁判者（juges et parties），从而总是受到人们的怀疑，认为他们所提出的解释是涉及自身利害的，有偏见的，因而是不可信任的。这些政治家在政治场域中占据了不同的位置：他们在这个空间中的位置，既取决于他们的党派成员身份，也根据他们在党内的位置，他们在地方或全国的知名度和声望，他们对公众的吸引力等等。下面，我们再来看看记者场域：记者可以而且必须采取一种客观性和中立性的修辞手段，在需要的时候借助所谓的"政治专家"（politologist）的帮忙。接着，我们可以处理"政治科学"的

258 场域,在这个场域中,"活跃在各种媒介上的政治专家"即使在场域外赢得了相当广泛的尊敬,特别是在记者——他们在结构上往往支配这些记者——中间,但在场域内,他们并不占据十分光彩的位置。接下来,就是政治推销的场域,以那些广告人员和媒介顾问为代表,这些人用所谓"科学"的根据来为他们对政客的评价乔装打扮。最后是大学场域本身,代表就是那些选举史方面的专家,他们已经将评论选举结果发展成了一门专业。我们就这样逐渐从结构上或法律上最"介入"的场域过渡到最超然的场域:学术场域是最具"事后英明"和"超然姿态"的场域。当这一场域要去产生一种尽可能有效的客观性修辞手段,就像在大选后的新闻节目这个事例中所体现出来的那样时,那么它与其他场域相比,在结构上就享有一种优势。

不同行动者的话语策略,特别是那些旨在产生一种客观性门面的修辞效果,取决于不同场域之间符号力量的均衡和这些场域的成员资格赋予不同的参加者的特定资源。换句话说,在这场围绕"中立"意见展开的特定的符号争斗中,话语策略依赖于参加者所拥有的特定利益和不同资产,这些都是参加者借助他们在一个由看不见的关系构成的系统中的位置所获得的,这些看不见的关系存在于他们所运作的不同场域之间。例如,相对于政治家和记者,政治专家凭借他的身份就具有了某种优势因为他更容易被人们信任,相信他具有客观性;而且还因为他可以选择运用自己的专门技能,即他对大选历史的掌握,来对选举结果作出比较。他可以和记者联手,从而强化了后者所声称的客观性,并赋予这一客观性以合法性。所有这些客观关系的产物就是符号权力的关系,体现在以修辞策略的形式出现的互动之中。在大多数时候，正是这些客观关系决定了：谁可以打断他人的谈话，谁可以提问，谁可以长篇大论地发言而不被打断，或者不顾别人的打断等，谁注定要采取否定他人的策略（否定他人的利益和包含利益的策略），或合乎礼节地拒绝回答，或循规蹈矩地讲话等等。我们需要进一步分析，以指出如何通过将客观结构引入分析之中，使我们得以说明参加者的话语、修辞策略，他们之间相互勾结或彼此敌对的关系，以及他们力图采取的手段和产生的反应等方面的特殊之处——简言之，说明话语分析坚信它可以仅凭话语就可以理解的所有方面。

但为什么在这个个案中分析特别艰难呢？无疑这是因为：社会学家声称要作为客观对象加以研究的人，同时也是与社会学家一起争夺对客观性对象化的垄断权的竞争者。事实上，根据社会学家所研究的对象，她既在某种程度上远离她所观察的行动者和他们的切身利害，但也在某种程度上直接卷入了与他们的敌对冲突之中，结果在一定程度上，就禁不住要进入披着客观性外衣的元话语的游戏之中。正像这里的例子所表明的，正在被分析的游戏，本身就包含了针对其他所有话语——兴高采烈地欢呼选举胜利的政治家的话语；宣称客观地报道竞选者之间差距的记者的话语；声称通过察看过去或现在的统计资料，比较选举结果的差距和趋势，来向我们提供对选举结果的客观解释的选举史方面的"政治专家"和专业人员的话语——发布的元话语。一言以蔽之，这种元话语通过借助话语的唯一力量将自身置于游戏之上，放在"元"的位置①，并力图利用策略

---

① 希腊文 meta，有"在……之上"的含义。——译者

（不同行动者发展这些策略，以确保他们自身的"真理"能占上风，从而确保他们能有权讲述有关游戏的真理）的科学，以保证在游戏中他自身的胜利。这里依旧是政治社会学和"媒介政治技术"之间的客观关系，或者更准确地说，正是观察者和被观察者在各自场域（这些场域在客观上都已经等级化了）中所占据的位置之间的客观关系，决定了观察者的感知，特别是通过在他身上强加表现他自身的既得利益的各种盲点。

正如我们可以清楚地从这里的个案中看到的，将社会学家与他的对象之间的关系作为研究的对象，是与社会学家的某种倾向相决裂的必要条件，这种倾向使社会学家陷入了他所研究的对象之中，而这种倾向无疑是社会学家对研究对象的"旨趣"的根源。在某种意义上，一个人必须坚决抛弃某种使用科学来介入对象的方式，这种使用方式使他能够完成某种对象化的行为，这种对象化的观点不仅仅有失偏颇，而且充满了化约论的错误——一个人可以在游戏中，针对其他的游戏者获得这种观点——并且应该采取把握全局的观点，人们可以通过从游戏中抽身而退，将游戏作为游戏来把握，来获得这种观点。只有以社会学为研究对象的社会学——和以社会学家为研究对象的社会学——才可以使我们实实在在地把握我们可以通过科学目的直接寻求的那些社会目标。在我们参与游戏的事实中，深刻地体现着那些推动我们进行对象构建的利益（或旨趣），只有当我们尽可能彻底地将这种利益转化为科学研究的对象，并且在研究中悬搁这种利益及其所维持的那些表象，参与性对象化——它大概是社会学艺术中最高级的形式——才能最终实现。

注　释

〔 1 〕 布尔迪厄在讲课时此处用的是英语。

〔 2 〕 有关 19 世纪法国印象派画风兴起所带来的符号革命，参见 Bourdieu 1987i 对此所做的历史考察。

〔 3 〕 休厄尔从历史角度详尽地诠释了爱国旧制度下的"技艺"观（William H.Sewell 1980: 19-39）。有必要在此引述他对 18 世纪法国这一普遍习语的简要概括，因为他捕捉到了布尔迪厄所理解的社会学家的"技艺"的两个关键维度："'同行伙计们'（Gens de metier）可以被理解为在艺术领域或知识领域中各种相互交织的手工操作的努力或工作。"

〔 4 〕 参见戈夫曼英年早逝后，布尔迪厄为《世界报》撰写的悼文（Bourdieu 1983e），也参见 Boltanski 1974。

〔 5 〕 参见布尔迪厄在"结构主义与社会学知识的理论"中的讨论（Bourdieu 1968b），他在文中表明了作为一种社会认识论的结构主义对他自己所产生的影响，以及他与它的分歧。

〔 6 〕 参见 Bourdieu 1990a 及 Connerton 1589，后文简洁有力地捍卫了这一观点。也参见 Jackson 1989：第八章。

〔 7 〕 参见 Kuhn 1970, Latour and Woolgar 1979。Rouse 1987 与 Traweek 1989 也支持这一观点。舍恩在《反思的实践者》(Donald Schon 1989) 里指出，（在经营管理、工程技术、建筑施工、城镇规划乃至心理治疗等领域里的）专业人员有许多只可意会、不可言传的知识。作为有经验的实践者，他们"展现出某种'实践中来、实践中去'的知识，而大部分这样的实践知识是无须言传的默契知识"，依赖的是行动中"即兴"习得的技巧，而不是在研究生院里学来的法则。

〔 8 〕 Bourdieu（1990g）和 Brubaker（1989a）把布尔迪厄的理论作为一种操作中的科学惯习进行了分析。

〔 9 〕 而英语中的"Essay"无法完全传达这种蕴含。法语"dissertation"蕴含略带嘲讽的意涵，即"滔滔不绝的空话"。

〔10〕布尔迪厄在讲课时此处用的是英语。

〔11〕参见 Parsons 1937, Alexander 1980—1982, 1985, 和亚历山大的《战后社会学二十讲》(1987b)——这本书最初就是对本科生讲授的一系列讲座。

〔12〕更为详尽的有关阐述，参见 Bourdieu 1988e。波拉克（Pollak 1979, 1980）扼要地分析了拉扎斯菲尔德在美国之外的活动，这些活动旨在将实证主义的社会科学——从教条到制度——有条不紊地输出到国外。

〔13〕科尔曼的回忆提供了有关哥伦比亚（大学）社会学这两大"巨头"[①]的丰富的生平资料，并论述了50年代他们之间的和睦关系和相互赋予合法性的过程（Coleman 1990a）。

〔14〕布尔迪厄在讲课时此处用的是英语。

〔15〕参见布迪尼（Bourdieu 1990d）对住宅购买方和住宅销售方之间的话语互动所做的分析，出于比较的目的，可以将布尔迪厄的结构建构论（structural constructivism）与谢格洛夫（Schegloff 1987）直截了当的互动式话语分析框架相互对照。

〔16〕卡普兰（Abraham Kaplan 1964: 112）告诫说："给孩子一把大锤，你就会发现，在这个孩子的眼里，这把锤子适合敲打所有的东西"。这里，休斯（Everett C.Hughes 1984）对"方法论自我中心主义"（methodo logical ethnocentrism）的探讨和我们此处的观点颇为契合。

〔17〕这里读者会想到1968年法国"五月风暴"时的著名口号：il est interdit d'interdire（不许禁止）。

〔18〕参见 Bourdieu 1985a, 1987b, 1989e 进行的详尽讨论。布尔迪厄借助逻辑学家

[①] 拉扎斯菲尔德从1940年开始任哥伦比亚大学社会学教授，但帕森斯自1927年起一直任教哈佛大学，并未执教哥大，这里所谓"哥伦比亚社会学两大巨头"的提法大概是因为帕森斯的理论著作，经过默顿的努力，始终指导哥伦比亚大学社会学的经验研究和日常教学。详细情况可参见科尔曼的文章，特别是83页。但科尔曼的文章更多地反映了默顿和拉扎斯菲尔德之间的关系，因此这里恐有偏误。——译者

斯特劳森（Peter F.Strawson 1959）的作品，为他的社会空间的关系概念以及个人在其中的位置的关系概念提供根据。

〔19〕在美国，与此在结构上相对应的是"芝加哥南城住宅规划中的流氓团伙成员"之类。

〔20〕达尔（Robert Dahl 1961）的《谁统治》，就是在寻求权力的所在位置；而有关"社会权力结构"的争论则赞成"从上到下"的观点。"自下而上"的观点的代表是平民史学传统和近来的人类学（例如，Scott 1985）。有关对语言变迁发生的位置的研究，参见 Labov 1980。

〔21〕有关权力场域的论述，参见 Bourdieu 1989a 以及上文第一部分第三节；有关 19 世纪末法国"艺术家"与"市民"之间的冲突，参见 Bourdieu 1983d 和 1988d，以及 Charle 1987。

〔22〕法国的"名牌高校"是与常规的大学体制相分离的、偏重研究生教育的精英学校。它们包括培养高级公务员的国家行政学院（ENA，创办于 1945 年），训练高层经理和商务专家的高等商务学校（HEC，创立于 1881 年），培养工程师的综合工科学校及中央高等工艺制造学校（创办于 1794 年），以及提供高级教师和大学教授的（巴黎）高等师范（创办于 1794 年）。要进入这些学校，必须先在高中教育之后，接受一到四年专门性的预科教育，然后参加竞争极为激烈的全国性考试。

〔23〕布尔迪厄在 1954 年从巴黎高等师范毕业〔因此他成了所谓的"高师学生"（normalien）〕，比福柯晚三年，比德里达早一年，与历史学家拉杜里和文学理论家热奈特（Gérard Genette）同年。

〔24〕参见 Bourdieu 1971b 和"麦克斯韦的妖：宗教场域的结构和生成"（载于 Bourdieu forthcoming a）。

〔25〕与此类似，夏尔（Charle 1990）指出，"知识分子"作为一个现代社会集团，一种现代的感知图式和政治范畴，也是一个晚近的"发明"。在法国，这一"发明"过程发生在 19 世纪晚期，围绕德雷弗斯事件最终成形。夏尔的意见和布尔迪厄（Bourdieu 1989d）一样，都认为不加分别地将"知识分子"的概念应用于在这一阶段之前的思想家和作家，要么导致时代错误，要么产生一种用现在代替过去的分析方式（presentist analysis），最终抹杀了"知识

分子"的历史独特性。

〔26〕法语为 science demi-savante。

〔27〕美国的贫穷研究场域也许是个最合适不过的例子,它的形成在很大程度上是60年代"向贫穷开战"的副产品,也是随之而来的国家急需了解它未能归化的那些人群情况的结果。1964年,经济就业机会办公室从官方的角度重新界定了这个问题,把迄那时为止一直是属于社会政治方面的话题转化成为一个合法的"科学"调查研究领域,从而吸引了一大批学者——特别是经济学家——进入各种新的研究中心,参加新的会议,关注支持新的期刊,以致力于对贫困和它的公共管理的研究,并最终导致形成一个制度化的、高度技术性(同时也具有高度的意识形态色彩)的"公共政策分析"学科。这种现象所体现的,不仅是社会科学家对各种科层分类范畴和政府衡量尺度(比如著名的联邦政府"贫困线"。尽管时常有人指出它概念上的不完备,而且越来越不适用,但它仍然在确定着话语的界限)及关注焦点不加批判地通盘接受,从而合法地将支配者对贫困所持的道德主义与个人主义的理解认可为"各种科学事实"。(这里所说的关注焦点如:福利赠券会不会使穷人更少去工作?公共援助的受援者所分享的文化、所从事的行为,是不是触犯了"主流"规范?要使他们"自给自足"——也就是,使他们在政治舞台和社会舞台上销声匿迹——什么是最有经济效率的手段?)(Katz 1989: 112-123。)哈夫曼有个很好的例子(Haveman 1987),说在这种过程中,联邦政府也同时从整体上重新塑造了社会科学的面貌:1980年,所有联邦政府科研开支中有30%拨给了与贫困有关的研究,而1960年这一比例只有0.6%。近来对"底层阶级"的讨论多了起来,这更进一步说明了这样一个事实,即由基金组织操纵的主导性的资助流向可以重新界定社会科学争论的话题,而社会科学却没有对新要求的内在前提进行批判性的探讨。

〔28〕从书评杂志《当代社会学》用来给书分类的类别演变里,或从手册性书籍(比如Smelser 1988)的章节标题上,或者从社会科学百科类辞书的词条上,我们也都能很容易发现这一点。《社会学年度评论》所使用的主题分类系统可作为一个不错的例子,它混杂了自社会学诞生以来的(学术)历史中固有的各种划分,常识性的,科层性的,还有一望便知是任意性的划分:

谁要能回顾一下这本杂志的各期,告诉我们,它划分主题内容的方式在多大程度上能够合乎逻辑地一致,或者在社会学方面连贯统一,那这人肯定是个非凡的聪明人。翻开《年度评论》的任何一卷,第一栏都是"理论与方法",好像这个题目总能够自成一体似的。然后我们就会看到有一栏是"社会过程",这一类所包含的内容是如此广泛芜杂,你很难发现有什么东西可以不归入它的范围。还有一栏"制度与文化",它假设文化是一种可以独立研究的客观对象。我们也不清楚,为什么"正式组织"要从"政治社会学与经济社会学"里抽出来,另成一类,而为什么前者又不同于"分层与分化"呢?这又是件说不清道不明的事儿。"历史社会学"具有令人生疑的特殊地位,成了分立的专门领域(这大概是出于方法上的考虑?可那又为什么不归入"理论与方法"呢?为什么其他的方法视角没有"它们自己的"分类呢?)为什么有"世界宗教社会学"这么个名目?这对它自己都是个谜。"政策"这个东西,是科层制国家对社会知识提出要求的直接衍生物。最后,"个人与社会"这一栏,在其中充斥着对常识观念的神化,使这些观念大行其道,并使其他许多常识范畴也冠冕堂皇地出没其中。

[29] 可分别参见 Lenoir 1980, Boltanski 1979, Garrigou 1988, Bourdieu 1977a: 36–38, 188, 以及 Sayad 1985。

[30] 尽管布尔迪厄探讨社会问题的立场看起来或许与"社会建构论者"的途径(例见 Schneider 1985, Gusfield 1981, Spector and Kistuse 1987)颇为类似,两者之间还是有实质性的差别。布尔迪厄的立场的根基是在社会空间的客观结构中发生的符号建构和组织建构的社会工作。这种根基就是在声言产生社会问题的人和接受这种声言的人的性情倾向和位置层面发挥作用。布尔迪厄的建构主义立场既不是"绝对性的",也不是"情境性的"(Best 1989: 245–289 对此做了界定),而是一种"结构性的建构主义",遵循因果关系将声言的提出及其产物和背后的客观背景条件联系在一起。尚帕涅根据这些思路,分析了"公众舆论"的社会建构过程,参见 Champagne 1990。

[31] 卢克(Kristin Luker 1984)和金斯伯格(Faye Ginsburg 1988)从历史和民族志的角度详细地描述了堕胎作为一个公共论题在政治层面和基层老百姓层面的社会建构过程。波拉克(Pollak 1988a)为我们勾勒出近年来法国政治言论中公众如何在艾滋病和同性恋之间塑造一种关联。存在许多旨在将个人

的变故与不满转化到社会所接受的议题和不公正上去的策略,博尔坦斯基在他论述"谴责活动"(denunciation)的重头文章中,澄清了这些策略发挥效力的各种条件(Boltanski with Dare and Schiltz 1984,以及 Boltanski 1990)。

〔32〕可参见整个《社会科学研究探索》1990 年 3 月号,该期是有关"住宅经济"的专号(Bourdieu 1990b, 1990c, 1990d; Bourdieu and de Saint Martin 1990; Bourdieu and Christin 1990)。

〔33〕这里的原文是英语。在此布尔迪厄玩了个文字游戏,用"grants"(资助、赞同)和"for granted"(理所当然)来强调指出,在强加问题框架方面,物质方面的因素和认识方面的因素之间存在着有机的关联。

〔34〕自从 60 年代法国政治生活中出现公众民意调查以来,对于这种调查的社会用途,布尔迪厄一直是个不屈不挠的批评者,而且他的批评经常还很尖刻。在 1971 年,他写了篇文章,题目就十分鲜明尖锐,叫作"子虚乌有的所谓舆论"(Bourdieu 1979e),这篇文章已重新刊载在许多的文集和期刊杂志上,并被译为六种语言。在"没有科学家的所谓科学"里(Bourdieu 1987a: 217-224),布尔迪厄又一次提出并探讨了这一问题。

〔35〕布尔迪厄讲课时此处用的是英文,他想借此来批评英美社会学中的"专门职业"观念。

〔36〕或者,用维特根斯坦的话来说(Wittgenstein 1977: 18),"语言为每一个人设下相类似的陷阱;它像个巨大的网,在每一个十字路口,你都很容易误入歧途"。埃利亚斯也持有类似的观点(Elias 1978a: 111),他认为对于一门有关社会的科学来说,"代代相传的言语结构和思想结构"是最严重的障碍之一,"当前,社会学家可资利用的言说方式和思维方式,在很大程度上说,是与我们要求它们完成的任务不相称的"。他继本杰明·李·沃尔夫之后,又一次着重指出了西方语言易于突出独立存在的实体和客体,忽视了关系,从而将各种过程化约为静止的状态。

〔37〕另外一个例子是在美国官僚机构如何创造了社会"科学"中"贫困线"的观念,以及其后这一观念被物化的过程(reification)(Beeghley 1984; Katz 1989: 115-117)。

〔38〕哈布瓦赫很早以前就指出,关于年龄分类范畴,并没有什么"天生如

此"的东西（Maurice Halbwachs 1972: 329-348）。Pialoux 1978, Thevenot 1979, Mauger and Fossé-Polliak 1983，以及布尔迪厄的文章"'青年'只是一个词"（Bourdieu 1980b: 143-154），都进一步讨论了青年问题。尚帕涅（Champagne 1979）和勒努瓦（Lenoir 1978）用这种思路分析了"老年人"观念的社会政治建构过程。近年出现了许许多多对性别关系的历史研究，都证明了男性/女性范畴划分的任意武断性；在这些研究中，最尖锐的也许是斯各特的专著（Joan Scott 1988）。也可参见《社会科学研究探索》中有关"男性/女性"的两期专号上刊载的一些文章（1990年6月号与9月号）。勒努瓦的文章（收于Champagne et al.1989: 61-77）用详尽的篇幅探讨了围绕"天然"分类范畴定义所发生的各种争斗。

〔39〕参见《社会科学研究探索》中有关法律和法律专家的两期专号，即第64期（1986年9月号）和第76/77期合刊〔1989年3月，特别是德萨雷（Yves Dezalay）、邦构（Alain Bancaud）、布欧约尔（Anne Boigeol）的文章〕。

〔40〕本书第二部分第三节详细说明了场域的概念。参见博尔坦斯基对法国社会中"干部"类别在组织上和符号上的创生过程的深入考察（Boltanski 1984a和1987），以及夏尔遵循相似的分析思路对"知识分子"创生过程所作的探讨（Charle 1990）。

〔41〕比如说，在50年代的法国知识场域，萨特既是个支配者，又反过来受到他自己所处的支配处境的支配（见Boschetti 1988和Bourdieu 1980e, 1984b）。

〔42〕布尔迪厄在讲课时此处使用的是英语。

〔43〕罗西费尽全力地试图证明，原本是社会任意界定的"无家可归"的观念是基于"科学"考虑的，这典型地体现了实证主义者是多么天真无知，对它自身的前提预设是多么视而不见（包括认为"无家可归"存在某种柏拉图式的本质）（Peter Rossi 1989: 11-13）。罗西并没有（哪怕是一丁点儿地）指出对这一概念的不同界定怎样产生出规模、成分和阅历都不尽相同的人群，也没有分析各方彼此敌对的争论中所涉及的政治利益和科学利益，而是满足于断言他的定义无可争辩地（excathedra）适用于现有的数据资料和以往的观念。罗西努力想将他从日常言谈中借来的观念"操作化"，在这一过程中，他所运用的方式并没有触犯日常言谈，而是进一步巩固强化它，罗西力图维持任何一丝与日常常识、学者常识和官方调查研究中的实

际局限相一致的地方。他也注意到了,"在学术上作定义的努力很容易陷入泥沼",可仍解释道,"我使用'无家可归'定义的方式,将既保持这个用语的本质,又确保在实际研究中的实践可行性。尽管我对概念最终的理解是,'无家可归'只是个程度问题,可我只想依照我所参照的社会科学对'无家可归'所进行的研究里最常见的界定来开展我的研究……为什么这么许多对无家可归者的研究在操作时都使用这样的界定呢? 这里有些非常具有说服力的逻辑理由"(着重号为引者加)。他对对象的建构——在这个例子里,也许说解构更适当些——所遵循的,既不是现象可观察到的主要关联组合,也不是受理论指导的有关现象原因和变异的问题域。它最终产生的,是一种"十分狭隘的定义",本质上只是把政府官僚机关的定义原封不动地照搬过来,加以合理论证而已。而政府机关之所以采用这样的定义,它们的利益关注就是要把记述下的丰富现象加以规范化,最大限度地简单化: 这一定义的核心,"主要是最容易接触到的无家可归者,为无家可归者所设置的、向他们提供居所和饮食医疗之类服务的机构的光顾者们",而排除了所有那些国家并不想承认是真正的无家可归者的人(住院病人,拘禁者,囚犯,养老院疗养者,以及所有"居处朝不保夕"的人们,包括被迫在父母、朋友的居所里租房和挤住的人,等等)。

这真是实证主义者的绝妙之作,而罗西还要用另一分类范畴,即"极端贫困"来代替日常常识性的"无家可归"范畴,从而走向登峰造极。这里所说的"绝对贫困",按规定是收入低于"法定贫困线"以下75%的人,这又是一个官僚机关的建构之物,充斥着与他使用的"无家可归"一模一样的不证自明的意味(以及自我确立的任意性),又是个通行的"社会学行话"(sociological vernacula——语出默顿)。从而,无家可归和贫困从某种社会政治处境转化成一种新的状态,前者是一系列历史性的关系和范畴,来源于对社会财富的生产和分配的争夺,而后者则是依据各种纯粹、明晰、但却孤零零的变量测量出来的,你可以用这些变量来清点个人,划分个人,从而也就是控制和监督(discipline)个人。

[44] 有关法律专家的社会界定和社会作用近来有哪些变化,参见德萨雷(Dezalay 1989)对这方面的研究。有关在17世纪的法国究竟什么人算是作家的争执,参见维阿拉(Viala 1985)。女性作家在争取被人们承认为女性作家时,往往陷入了两难的困境,参见圣马丁(de Saint Martin 1990b)对这一

问题的分析。

〔45〕更进一步的讨论，请见本书第二部分第一节。不难理解，为什么在一定的历史环境下，这种保守主义会走向它的反面：正如卡尔霍恩在他对汤普森分析英国工人阶级形成的理论所做的修正批判中所指出的那样，信念式的世界观，即一种不加质疑、浑然一体的文化"传统"，当受到挑战、受到冲击的时候，能够为激进的集体行动提供必要的认知机制（Calhoun 1979）。

〔46〕戴夫洛斯（Diafirus）是莫里哀《醉心贵族的小市民》里的一位大夫，他总是装腔作势地说些拉丁语，以为这就能体现出学者的气质来，但却错误百出。

〔47〕这一点，在 Bourdieu 1986a 和 1986c 里有更充分的论述。

〔48〕参见 Champagne 1988 和 1990，这些作品探讨了法国"新兴政治空间"里社会科学和伪社会科学的运用。

〔49〕一看到"认识论断裂"这个概念（就像看到"认识论框架"概念一样），许多英美读者就想起阿尔都塞（或福柯），但这些概念最初都来自巴什拉，而布尔迪厄早在结构主义马克思主义鼎盛以前很久，就很深入广泛地使用了这个观念（布尔迪厄赋予它至关重要的地位，参见 Bourdieu, Charnboredon, and Passeron 1973，此书初版于 1968 年）。

〔50〕有关这个概念，参见《实践的逻辑》(Bourdieu 1990a)，《学术人》(Bourdieu 1988a)，Bourdieu 1978a，以及上文第二部分第一节。

〔51〕这就是布尔迪厄（Bourdieu 1985d）所谓"有限生产的市场"（market of restricted production），这种市场与那种"普及市场"（generalized market）正相对照，在后者中，文化生产者所交付的作品是面向全体公众的。

〔52〕在每次全国大选的当晚，法国各主要电视频道都举办各自的特别节目，邀请著名的政治家、政治科学家、记者和政治评论家来解释已经估计出来的大选结果，并就这一结果对法国政治变换的走向的意义，交换各自的看法。法国电视观众几乎普遍收视这些节目，它们已日益成为有影响的政治活动手段。

〔53〕Bourdieu 1990f 和上文的第二部分第五节对语言市场的概念做了详尽的阐述。

附录

怎样阅读布尔迪厄

华康德

对于那些刚开始接触布尔迪厄的读者来说，面对他枝节繁多而内容广泛的著作，要想找到一条捷径，并不是一件轻松的事。从哪本书、哪篇文章开始呢？这是一个颇为棘手的问题。下面的阅读策略反映了我个人的偏好，也是那些参加我组织的有关布尔迪厄的研讨班的学生认为很有成效的方式（这里只包括以英语形式出现的文本，而且相对于长篇作品，我宁可多选择一些篇幅较短的文章）。书单的顺序，是从侧重（元）理论方面和概念方面的论文开始，过渡到经验内容更强的篇目。这一排列顺序多少有些武断，因为布尔迪厄很少将认识论、理论和经验研究区分开来。不过采用这种排列方式，还是可以用来大致向读者指示这些论文所强调的不同方面。总的来说，建议读者涉猎不同经验领域的各类论文，交替阅读偏重经验取向和理论取向的篇章，并且，最关键的是，在将布尔迪厄"转译"为你较熟知的语汇之前，用他本人的术语来理解他，因为他的各种主张的论述风格和实质观点是密不可分的。

首先可以从布尔迪厄的"社会空间和符号资本"（Bourdieu 1989e）开始，同时参考布鲁贝克（Brubaker 1985）的出色概述；迪玛奇奥（DiMaggio 1979）、加纳姆和威廉姆斯（Garnham and Williams 1980）的文章也都会有所帮助。然后可以读读"论符号权力"一文（Bourdieu 1979b，重印收入《语言与符号权力》），这篇文章详尽陈述了布尔迪厄本人的纲领与经典社会学和经典哲学（包括黑格尔、康德、涂尔干、马克思、韦伯、卡西尔、索绪尔、列维-斯特劳斯等）的关系，并同时阅读他在1986年进行的一次访谈（Honneth, Kocyba, and Schwibs 1986; Bourdieu 1986a，二者都重印收入Bourdieu 1990h），后者可以帮助读者更充分地将布尔迪厄的思想放在法国和国际的思想场景中加以考虑。"理论知识的三种形式"（Bourdieu 1973c）这篇文章虽说有些过时，但仍不失为一篇有用的文章，它总结了布尔迪厄心目中三种基本的理论化形式——主观主义者的、客观主义者的和实践理论家的（对前二者的超越）——各自的优劣。这篇文章可以作为帮助读者阅读《实践理论大纲》一书（Bourdieu 1977a）的导论。

然后，可以读读"人与机器"（Bourdieu 1981c），在这篇言简意赅的文章中，布尔迪厄概括地指出了他用哪些概念阐述了体现在身体上的社会行动（惯习、性情倾向）和体现在制度上的社会行动（场域或位置空间）之间的辩证关系，或"本体论的契合关系"，布尔迪厄提出这一理论，来克服行动与结构及微观分析与宏观分析的二元对立。"资本的形式"（Bourdieu 1986b）展现了布尔迪厄关于资本或权力的主要种类的观念：经济资本、文化资本、社会资本和符号资本，每一种资本的性质和效果，以及典型策略和资本转化的困境。"社会空间和集团的产生"（Bourdieu 1985a），是布尔迪厄论述社会空间概念和集团形成理论（包括符号权力和符号政治学在构成社会集体方面的作用)的主要文章。"语言交流的(经济)体系"(Bourdieu 1977c)一文则进一步发展了这一模式,用它来分析语言,这为《语言与符号权力》(Bourdieu 1991e)开辟了思想道路。汤普森(Thompson 1991)卓有成效地探讨了布尔迪厄如何将他的语言社会学和政治社会学纳入更为广泛的实践理论之中。

分类体系方面的斗争,是文化权力和经济权力之间的对应关系赖以建立的途径。布尔迪厄关于这一问题的论述构成了《再生产》和《区隔》之间的联系,他和博尔坦斯基在1981年发表的文章"社会结构的变革和对教育要求的变革"(Bourdieu and Boltanski 1977),简洁有力地阐述了他在这方面的观点,分析了再生产和复原(reconversion)的阶级策略系统的结构和运作方式。"作为社会再生产策略的婚姻策略"(Bourdieu 1977b)在亲属关系领域中运用了这一分析方式,并为研究集团的形成提供了一个范例。布尔迪厄和圣马丁在"职业判断的范畴"(Bourdieu and de Saint Martin,载于 Bourdieu 1988a: 194-225)中的探讨,为社会分类体系与学术分类体系之间的运作机制和相互强化过程提供了强有力的经验说明,这一文章还贯穿了上述的许多论题。

"科学场域的特殊性"(Bourdieu 1975d)较早地对场域这一中心概念进行了详尽的经验阐述。在这篇文章中,布尔迪厄还为探讨科学进步的社会学理论打下了基础,并且间接地展现了他的社会学认识论。在"文化生产的场域"(Bourdieu 1983d)一文中,他进一步发展了这两个论题,并分析了19世纪晚期法国文学界的形成过程和运作机制。这篇文章可以算是他如何研究文化与权力,怎样运用场域、惯习、利益、结构性对应关系等概念的典范。"法律的力量:司法场域社会学初探"（Bourdieu 1987g）将布尔迪厄的分析框架应用于法律领域，并扼要地提出了一种社会学理论，用以研究正式编纂的规范法典的社会意义。"纯粹审美活动的历史生成过程"（Bourdieu 1987d）简明地总结了艺术"观注"方式的"发明创造"过程——它如何在艺术场域中得以制度化，并如何体现在审美惯习之中。在"普遍性的法团主义"（Bourdieu 1989d）一文中，以类似的方式展现了布尔迪厄有关知识分子的历史形成过程及其作用的观念。

对经验研究更感兴趣的读者也许愿意从"教学判断的各种范畴"开始，然后研读布尔迪厄分析场域的一些个案，再回过头来接触更具概念性的文章。"艺术家生活方式的发明"（Bourdieu 1987j）为布尔迪厄理论潜力提供了一个很好的检验机会，因为读者可以把这篇文章中的分析与对福楼拜的传统文学分析或哲学分析——如萨特的研究（参看萨特所撰的四卷本的鸿篇巨制——《家庭白痴》）相比较。"体育社会学大纲"（Bourdieu 1988f）尽管从标题上看是一篇范围狭隘的文章，但实际上它以少见的流畅易读的风格体现了布尔迪厄所倡导的关系思维方式，而且可以让读者见识一下布尔迪厄的出色才华，看他怎样在理论抽象性和经验具体性之间不断来回穿梭，并将表面看起来无甚关联的现象领域和分析焦点有机地联系在一起：音乐家维瓦尔第、社会学的社会学、英式橄榄球、录像、新康德主义哲学、小资产阶级对文化的亲善、在分类方面发生的斗争以及专门职业化，在这篇文章中，上述的各种因素纷然杂陈，蔚为大观。另外，这篇文章也扼要地阐述了"身体"和"信念"在布尔迪厄社会学中举足轻重的地位。《1960年的阿尔及利亚》（Bourdieu 1979c）一书的开篇"经济结构和时间结构"，论述了两种结构之间的相互构造关系,在"世界的除魔"这篇长文中也讨论了这一问题,它也可以作为读者初次阅读布尔迪厄作品的选择:因为其中大部分都是60年代中期撰写的,所以它尚未采用布尔迪厄的全部概念工具,这使这篇文章多少容易理解一些,不过从这篇文章中仍然可以非常清晰地辨认出他独具一格的社会学思考方式。有关布尔迪厄对J"构建对象"问题的探讨,有两篇行文明白晓畅、论述又很有力的文章可以作为他研究这一问题的范例,这两篇都是分析民意调查的,一篇探讨政治人物自发采用的分类图式("高谈阔论的游戏",Bourdieu 1984a: 546-559),另一篇是"法国知识分子的群星之荟"(Bourdieu 1988a: 256-270)。

一旦读者理解消化了上述全部或部分论文,就该把《区隔》(Bourdieu 1984a,特别是第二、三、五～七章,以及结论和后记,最好是从后记开始)和《实践的逻辑》(Bourdieu 1990a,大概是布尔迪厄最好和最重要的著作)放在一起阅读。然后在这两本书的基础上,可以研究一下题为"学究谬误"(Bourdieu 1990e)的论文,在读者接触《学术人》(1988a)之前,这篇文章提供了一个颇有启发性的开端。此外,英文版中最深入浅出、易于理解的单本著作是《换句话说》(Bourdieu 1990h,不过译文有些缺陷),这是一本散论和谈话的文集,它向读者提供了大量理解布尔迪厄思想事业的指导,为我们开辟了途径,开启了窗口。

出于方便考虑,我将布尔迪厄的著作单独开列(顺序根据所引用的该种语言形式的布尔迪厄作品的出版时间来确定——英语作品则根据最初出版的英译本时间来确定)。这一部分只包括本书中引用的布尔迪厄的作品,并非他的作品的一个完整目录。如果真要编纂这样一个目录的话，本身大概就是一本小册子。事实上，这样的小册子已经有了，Yvette Delsaut经过艰苦的努力编纂完成了这样一本小册子（Bibliographie des travaux de Pierre Bourdieu, 1958—1988，巴黎，法兰西学院欧洲社会学中心，1988年，共39页，油印件）。布尔迪厄的《换句话说》的附录（Cambridge:Polity Press, 1990年，第199—218页）就是将这个小册子缩编而成。也可参见布罗迪（Broady 1990）编纂的著作目录。

致　谢

华康德

　　本书第二部分的一些内容以前曾用不同的形式发表过。我们感谢《伯克利社会学杂志》编辑部允许我们重新印行布尔迪厄和华康德的"倡导一种对知识分子进行的社会分析：论《学术人》"（Berkeley Journal of Sociology, 34 [1989]: 1-29）中的部分篇章，感谢美国社会学协会和布莱克维尔出版社允许我们重新印行华康德的"迈向反思的社会学：与皮埃尔·布尔迪厄的一次研讨"[Sociological Theory, 7（1989年春季号）: 26-63]中的一些段落，在使用之前，我们对它们进行了一些修改。

　　在本书的写作过程中，我有幸得到以下机构和个人的思想帮助和物质支持：首先是芝加哥大学社会学系，系里的 Bill Wilson 先生自始至终给予我感情上的关怀和学术上的鼓舞，正是他的激励使我有勇气面对科尔曼教授友好然而锋芒毕露的猛烈抨击；其次，我要感谢"都市贫困研究"课题，感谢位于 Wilder House 的政治、文化与历史研究中心，本书大部分草稿就是在那里写成的；感谢法国人文科学院院长 Clerments Heller 先生，在本书写作的关键时刻，他促成了我所急需的法国之旅；还有哈佛大学教员会社，在那片清静之地，我得以不受干扰地写下本书的第一部分，并完成了对草稿的通篇修订。

许多朋友和同事表现出很大的热心（也可以说是很迂腐），在百忙之中放下各自手头的工作，详细阅读了本书的前后各稿，这无疑使本书日臻完善。这些人中，我想特别感谢卡尔霍恩，布鲁贝克，大卫·斯塔克和丹尼尔·布瑞斯芬。尤其是布鲁贝克，他始终如一地给了我大量精辟入微、富于洞见的建议，当我已经拖延了这项计划，是他鞭策我最终完成这本书。我还受益于许多同行的评点与反应，他们中有伯杰，布鲁瓦，钱瑟，柯林斯，克罗兹尔斯，迪玛奇奥，大卫·莱汀，莱温，雷蒙·T.史密斯，乔治·斯坦麦茨，约翰·汤普森，艾利克·O.怀特，以及威利（威利先生自己也许并不知道，正是他邀请我为《社会学理论》整理的那次"芝加哥研讨班"原始记录，正是这位久负盛名的杂志的编辑的这一相当富有创新进取精神的提议，孕育了现在这本著作）。Doug Mitchell先生为这项事业倾注了大量心血，他的热情，他的效率，以及他机敏而不伤感情的催稿艺术，使他具有了不同凡响的综合素质。我真心期望每一个年轻的社会学家都能有幸与他这样的编辑合作共事。尽管条件艰苦异常，克芬蒂亚·雷克斯女士仍展示了她娴熟精湛的编辑设计艺术。

巴黎欧洲社会学中心的诸位同仁，在我几次短暂的巴黎之行期间，热诚地接待了我，并向我深入介绍了他们各自的研究和集体进行的课题，介绍了《社会科学研究探索》上的文章，而且我还从他们口中逐渐熟悉了布尔迪厄及其同事们的日常生活与工作，这些都很有价值。为此我衷心地向他们致以谢意（尤其是德尔索，圣马丁，蒙尼克·阿蒙，萨雅和尚帕涅，还有玛丽-克里斯廷·里维埃和罗西纳·克里斯廷），谢谢他们让我逗留在他们中间有一种宾至如归的感觉，谢谢他们让我分享中心的思想激情。

最后，我还要感谢皮埃尔·布尔迪厄先生本人，这不仅是因为面对过去三年里我通过各种渠道（当面切磋，越洋电话交谈，信函邮件，电报电传）不断"抛给"他的那些难题、疑问和异议——这些探寻看起来似乎无休无止——布尔迪厄先生始终如一地坚持耐心而细致地作答；而且，先生还给予我充分的自由，让我编辑完成这部文稿。毋须多言，与先生合作编写此书的过程，对于我来说，本身就是个受教的过程，这一课是任何研究生院都无法开出的，它让我亲身体会到了那种近乎完美的学术精神。

DeeDee，还有我63街上的朋友们，我要谢谢你们。当我沉浸在社会理论那令人为之痴狂的追寻中的时候，是你们让我始终脚踏实地。此刻，我听见你们在问"嗨，路易老弟，你在说些什么呀：反思社会学，这是个什么玩意儿？"

芝加哥/坎布里奇（哈佛大学）
1991年10月

布尔迪厄著作年表

1961
"Révolution dans la revolution." *Esprit* 1 (January): 27–40.

1962
a. [1958] *The Algerians*. Boston: Beacon Press.
b. "Célibat et condition paysanne." *Etudes rurales* 5/6 (April): 32–136.
c. "Les relations entre les sexes dans la société paysanne." *Les temps modernes* 195 (August): 307–331.
d. "La hantise du chômage chez l'ouvrier algérien. Prolétariat et système colonial." *Sociologie du travail* 4: 313–331.

1963
with Jean-Claude Passeron. "Sociologues des mythologies et mythologies de sociologues." *Les temps modernes* 211 (December): 998–1021.
with Alain Darbel, Jean-Pierre Rivet and Claude Seibel. *Travail et travailleurs en Algérie*. Paris and The Hague: Mouton.

1964
"The Attitude of the Algerian Peasant Toward Time." pp.55–72 in *Mediterranean Countrymen*. Edited by Jesse Pitt-Rivers. Paris and The Hague: Mouton.
with Abdelmalek Sayad. *Le déracinement. La crise de l'agriculture traditionnelle en Algérie*. Paris: Editions de Minuit.

1965

"The Sentiment of Honour in Kabyle Society." pp.191-241 in *Honour and Shame: The Values of Mediterranean Society*. Edited by J. G. Peristiany. London: Weidenfeld and Nicholson.

with Luc Boltanski, Robert Castel, and Jean-Claude Chamboredon. *Un art moyen. Essai sur les usages sociaux de la photographie*. Paris: Editions de Minuit. Translated as *Photography: A Middle-Brow Art*. Cambridge: Polity Press ; Stanford: Stanford University Press, 1990.

with Jean-Claude Passeron and Monique de Saint Martin. *Rapport pédagogique et communication*. Paris and the Hague: Mouton. Translated as *Academic Discourse: Linguistic Misunderstanding and Professorial Power*. Cambridge: Polity Press, forthcoming.

1966

"Condition de classe et position de classe." *European Journal of Sociology* 7, no. 2: 201-23.

with Alain Darbel. "La fin d'un malthusianisme." pp.135-154 in *Le partage des bénéfices, expansion et inégalités en France*. Edited by Darras. Paris: Editions de Minuit.

with Alain Darbel and Dominique Schnapper. *L'amour de l'art. Les musées d'art européens et leur public*. Paris: Editions de Minuit. Translated as *The Love of Art*. Cambridge: Polity Press; Stanford: Stanford University Press, 1990.

1967

a, t "Systems of Education and Systems of Thought." *Social Science Information* 14, no. 3: 338-358.

b, Postface. pp.136-167 in Erwin Panofsky, *Architecture gothique et pensée scolastique*. Translated by Pierre Bourdieu. Paris: Editions de Minuit.

witth Jean-Claude Passeron."Sociology and Philosophy in France Since 1945: Death and Resurrection of a Philosophy Without Subject." *Social Research* 34, no. 1 (Spring): 162-212.

1968
a. 1968a."Outline of a Sociological Theory of Art Perception." *International Social Science Journal*. 10 (Winter): 589–612.
b. 1968b."Structuralism and Theory of Sociological Knowledge." *Social Research* 35, no. 4 (Winter): 681–706.

1970
with O. Hahn. 1970."La théorie." *VH 101* 2 (Summer): 12–21.

1971
a. [1966] "Intellectual Field and Creative Project." pp.161–188 in *Knowledge and Control: New Directions for the Sociology of Education*. Edited by Michael F. D. Young. London: Collier-Macmillan.
b. "Genèse et structure du champ religieux." *Revue française de sociologie* 12, no. 3 (July September): 294–334.
c. "Disposition esthétique et compétence artistique." *Les temps modernes* 295 (February): 1345–1378.
d. "Champ du pouvoir, champ intellectuel et habitus de classe." *Scolies* 1: 7–26.
e. "Une interprétation de la théorie de la réligion selon Max Weber." *European Journal of Sociology* 12: 3–21.

1972
Esquisse d'une théorie de la pratique. Précédée de trois études d'éthnologie kabyle. Geneva: Droz.

1973
a. [1962] "The Algerian Subproletariate." pp.83–89 in *Man, State, and Society in the Contemporary Maghrib*. Edited by I. W. Zartman. London: Pall Mall Press.
b. [1971] "Cultural Reproduction and Social Reproduction." pp.71–112 in *Knowledge, Education, and Cultural Change*. Edited by Richard Brown. London: Tavistock.

c. "The Three Forms of Theoretical Knowledge." *Social Science Information* 12: 53-80.

d. [1970] "The Berber House." pp.98-110 in *Rules and Meanings*. Edited by Mary Douglas. Harmondsworth: Penguin.

with Jean-Claude Chamboredon, and Jean-Claude Passeron. [1968] *Le métier de sociologue. Préalables épistémologiques*. 2d ed. Paris and the Hague: Mouton. Translated as *The Craft of Sociology: Epistemological Preliminaries*. Berlin and New York: Walter de Gruyter, 1991.

1974

a. "Avenir de classe et causalite du probable." *Revue française de sociologie* 15, no. 1 (January-March): 3-42.

b. [1966] "The School as a Conservative Force: Scholastic and Cultural Inequalities". pp.32-46 in *Contemporary Research in the Sociology of Education*. Edited by John Eggleston. London: Methuen.

c. "Les fractions de la classe dominante et les modes d' appropriation de l'œuvre d' art." *Social Science Information* 13, no. 3: 7-32.

with Monique de Saint Martin. [1970] "Scholastic Excellence and the Values of the Educational System." pp.338-371 in *Contemporary Research in the Sociology of Education*. Edited by John Eggleston. London: Methuen.

1975

a. "La critique du discours lettré." *Actes de la recherche en sciences sociales* 5/6: 4-8.

b. "La lecture de Marx: quelques remarques critiques a propos de 'Quelques remarques critiques a propos de "Lire le Capital".'" *Actes de la recherche en sciences sociales* 5/6: 65-79.

c. "L'ontologie politique de Martin Heidegger." *Actes de la recherche en sciences sociales* 5/6: 109-156.

d. "The Specificity of the Scientific Field and the Social Conditions of the Progress of Reason." *Social Science Information* 14, no. 6 (December): 19-47.

with Luc Boltanski."Le fetichisme de la langue." *Actes de la recherche en sciences sociales* 2: 95–107.

with Yvette Delsaut. "Le couturier et sa griffe. Contribution a une théorie de la magie." *Actes de la recherche en sciences sociales* 1: 7–36.

with A. Casanova, and M. Simon. "Les intellectuels dans le champ de la lutte des classes." *La nouvelle critique* 87 (October): 20–26.

1977

a. *Outline of A Theory of Practice.* Cambridge: Cambridge University Press.

b. [1972] "Marriage Strategies as Strategies of Social Reproduction." pp.117–44 in *Family and Society: Selections from the Annales.* Edited by R. Foster and O. Ranum. Baltimore: The Johns Hopkins University Press.

c. "The Economy of Linguistic Exchanges." *Social Science Information* 16, no. 6: 645–668.

d. "Remarques provisoires sur la perception sociale du corps." *Actes de la recherche en sciences sociales* 14: 51–54.

with Luc Boltanski. [1973] "Changes in Social Structure and Changes in the Demand for Education." pp.197–227 in *Contemporary Europe: Social Structures and Cultural Patterns.* Edited by Scott Giner and Margaret Scotford-Archer. London: Routledge and Kegan Paul.

with Jean-Claude Passeron. [1970] *Reproduction in Education, Society and Culture.* London: Sage. Paperback edition with a new preface published 1990.

1978

a. "Sur l'objectivation participante. Réponses a quelques objections." *Actes de la recherche en sciences sociales* 20/21: 67–69.

b. "Classement, déclassement, reclassement." *Actes de la recherche en sciences sociales* 24: 2–22. Translated as the epilogue to Bourdieu and Passeron 1979.

c. "Sport and Social Class." *Social Science Information* 17, no. 6: 819–840.

d. "Capital symbolique et classes sociales." *L'arc* 72: 13–19. Translated in Bourdieu forthcoming a.

with Monique de Saint Martin. "Le patronat". *Actes de la recherche en sciences sociales* 20 /21: 3–82.

1979

a. "Les trois états du capital culturel." *Actes de la recherche en sciences sociales* 30: 3–6.

b. [1977] "Symbolic Power." *Critique of Anthropology* 13/14 (Summer): 77–85.

c. *Algeria 1960*. Cambridge: Cambridge University Press.

d. "The Sense of Honor." pp.95–132 in *Algeria 1960*. Cambridge: Cambridge University Press.

e. [1971] "Public Opinion Does Not Exist." pp.124–30 in *Communication and Class Struggle*, vol. 1. Edited by A. Matelart and S. Siegelaub. New York: International General/IMMRC.

with Jean-Claude Passeron. [1964] *The Inheritors: French Students and their Relation to Culture*. Chicago: The University of Chicago Press.

1980

a. [1977] "The Production of Belief: Contribution to an Economy of Symbolic Goods." *Media, Culture and Society* 2 (July): 261–293.

b. *Questions de sociologie*. Paris: Editions de Minuit.

c. "Le capital social." *Actes de la recherche en sciences sociales* 31: 2–3.

d. "Le mort saisit le vif. Les relations entre l'histoire incorporée et l'histoire réifiée." *Actes de la recherche en sciences sociales* 32/33: 3–14.

e. "Sartre." *London Review of Books* 2, no. 20 (October 20): 11–12.

f. "Le Nord et le Midi: contribution a une analyse de l'effet Montesquieu." *Actes de la recherche en sciences sociales* 35: 21–25.

g. "L'identité et la représentation. Eléments pour une reflexion critique sur l'idée de région." *Actes de la recherche en sciences sociales* 35: 63–72.

h. "Les intellectuels sont-ils hors-jeu?" pp.61–66 in *Questions de sociologie*. Paris: Editions de Minuit.

i. "Comment libérer les intellectuels libres?" pp.67–78 in *Questions de sociologie*.

Paris: Editions de Minuit.

1981

a. "La représentation politique. Eléments pour une théorie du champ politique." *Actes de la recherche en sciences sociales* 37 (February-March): 3–24. Reprinted in translation in Bourdieu 1991e.

b. "Epreuve scolaire et consécration sociale. Les classes préparatoires aux Grandes écoles." *Actes de la recherche en sciences sociales* 39: 3–70.

c. "Men and Machines." pp.304–317 in *Advances in Social Theory and Methodology: Toward an Integration of Micro-and Macro-Sociologies*. Edited by Karen Knorr-Cetina and Aaron V. Cicourel. London and Boston: Routledge and K'egan Paul.

d. "Retrouver la tradition libertaire de la gauche." *Libération* (December 23): 8–9.

e. Preface. pp.7–12 in Paul F. Lazarsfeld, Marie Jahoda, and Hans Zeisel, *Les chômeurs de Marienthal*. Paris: Editions de Minuit.

with Luc Boltanski. [1975] "The Educational System and the *Economy: Titles and Jobs*." pp.141–151 in *French Sociology: Rupture and Renewal Since 1968*. Edited by Charles C. Lemert. New York: Columbia University Press.

1982

a. *Leçon sur la leçon*. Paris: Editions de Minuit. Translated as "Lecture on the Lecture" in Bourdieu 1990h.

b. *Ce que parler veut dire. L'économie des échanges Linguistiques*. Paris: Arthème Fayard.

with Monique de Saint Martin. "La sainte famille. L'épiscopat français dans le champ du pouvoir." *Actes de la recherche en sciences sociales* 44/45: 2–53.

1983

a. "The Philosophical Establishment." pp.1–8 in. *Philosophy in France Today*. Edited by Alan Montefiore. Cambridge: Cambridge University Press.

b. "Vous avez dit 'populaire'?" *Actes de la recherche en sciences sociales* 46: 98–105. Reprinted in translation in Bourdieu 1991e.

c. "Les sciences sociales et la philosophie." *Actes de la recherche en sciences sociales.* 47/48: 45–52.

d. "The Field of Cultural Production, or the Economic World Reversed." *Petics.* 12 (November): 311–356.

e. [1982] "Erving Goffman, Discoverer of the Infinitely Small." *Theory, Culture, and Society* 2, no.1: 112–113.

1984

a. [19–79] *Distinction:. A Social Critique of the Judgement of Taste.* Cambridge, Mass.: Harvard University Press; London: Routledge and Kegan Paul.

b. Prefazione, pp.5–6 in Anna Boschetti, *L'impresa intellectuale. Sartre e "Les Temps Modernes"*. Bari: Edizioni Dedalo.

with Didier Eribon. "Université: Les rois sont nus." *Le nouvel observateur* (November 2–8): 86–90.

1985

a. [1984] "Social Space and the Genesis of Groups." *Theory and Society* 14, no. 6 (November): 723–744. Reprinted in Bourdieu 1991e.

b. [1984] "Delegation and Political Fetishism." *Thesis Eleven* 10/ 11 (November): 56–70. Reprinted in Bourdieu 1991e.

c. "The Genesis of the concepts of 'Habitus' and 'Field.'" *Sociocriticism* 2, no. 2: 11–24.

d. [1971] "The Market of Symbolic Goods." *Poetics* 14 (April): 13–44.

e. "Les intellectuels et les pouvoirs." pp.93–94 in *Michel Foucault, une histoire de la vérité.* Paris: Syros.

f. "A Free Thinker: 'Do Not Ask Me Who I Am:'" *Paragraph* 5 (March): 80–87.

g. "Existe-t-il une littérature belge? Limites d'un champ et frontières politiques." *Etudes de lettres* (Lausanne) 4: 3–6.

h. "Les professeurs de l'Université de Paris a la veille de Mai 68." pp.177–184 in *Le personnel de l'enseignement supérieur en France au 19ème et 20ème siècle.* Edited by Christophe Charle and Régine Ferré. Paris: Editions du CNRS.

with Bernd Schwibs. "Vernunft ist eine historische Errungenschaft, wie die Sozialversicherung." *Neue Sammlung* 3: 376–394.

with Roger Chartier and Robert Darnton."Dialogue a propos de l'histoire culturelle." *Actes de la recherche en sciences sociales* 59: 86–93.

1986

a. [1985] "From Rules to Strategies." *Cultural Anthropology* 1, no. I (Fe-bruary): 110–120.

b. [1983] "The Forms of Capital." pp.241–258 in *Hanabook of Theory and Research for the Sociology of Education*. Edited by John G. Richardson. New York: Greenwood Press.

c. "Habitus, code et codification." *Actes de la recherche en sciences sociales* 64: 40–44. Reprinted in Bourdieu 1990h.

d. "La science et l'actualité" *Actes de la recherche en science sociales* 61: 2–3.

e. "D'abord defendre les intellectuels." *Le Nouvel Observateur* (September 12–18): 82.

f. "Nécessiter." *L'Herne* (June, special issue on Francis Ponge): 434–437.

1987

a. *Choses dites*. Paris: Editions de Minuit.

b. "What Makes a Social Class? On the Theoretical and Practical Existence of Groups." *Berkeley Journal of Sociology* 32: 1–18.

c. [1986] "The Biographical Illusion." *Working Papers and Proceedings of the Center for Psychosocial Studies*, no. 14. Chicago: Center for Psychosocial Studies.

d. "The Historical Genesis of a Pure Aesthetics." *The Journal of Aesthetics and Art Criticism*. Special issue on "Analytic Aesthetics," ed. Richard Schusterman, 201–210. Reprinted in Bourdieu forthcoming c.

e. "Scientific Field and Scientific Thought." Comparative Study of Social Transformation, CSST Working Paper. Ann Arbor: The University of Michigan.

f. "Variations et invariants. Eléments pour une histoire structurale du champ des Grandes écoles." *Actes de la recherche en sciences sociales* 70: 3–30.

g. [1986] "The Force of Law: Toward a Sociology of the Juridical Field." *Hastings Journal of Law* 38: 209–248.

h. "Legitimation and Sturctured Interests in Weber's Sociology of Religion." pp.119–136 in *Max Weber, Rationality, and Modernity*. Edited by Sam Whimster and Scott Lash. London: Allen and Unwin.

i. "L'institutionalisation de l'anomie." *Cahiers du Musée national d'art mo-derne* 19/20 (June): 6–19.

j. [1975] "The Invention of the Artist's Life." *Yale French Studies* 73: 75–103.

k. "Fur eine Realpolitik der Vernunft." pp.229–234 in *Das Bildungswesen der Zukunft*. Edited by S. Muller-Rolli. Stuttgart: Ernst Klett.

l. "Revolt of the Spirit." *New Socialist* 46 (February): 9–11.

m. "L'assassinat de Maurice Halbwachs." *La liberté de l'esprit, Visages de la Resistance* 16 (Fall): 161–168.

with Monique de Saint Martin. "Agrégation et ségrégation. Le champ des Grandes écoles et le champ du pouvoir." *Actes de la recherche en sciences sociales* 69: 2–50.

et al. *Eléments d'une analyse du marché de la maison individuelle*. Paris: Centre de Sociologie Européenne. Mimeo, 104pp.

1988

a. [1984] *Homo Academicus*. Cambridge: Polity Press; Stanford: Stanford University Press.

b. *L'ontologie politique de Martin Heidegger*. Paris: Editions de Minuit. Translated as *The Political Ontology of Martin Heidegger*. Cambridge: Polity Press; Stanford: Stanford University Press, 1991.

c. "On Interest and the Relative Autonomy of Symbolic Power." *Working Papers and Proceedings of the Center for Psychosocial Studies*, no. 20. Chicago: Center for Psychosocial Studies. Reprinted as "A Reply to Some Objections" in Bourdieu 1990h.

d. "Flaubert's Point of View." *Critical Inquiry* 14 (Spring): 539–562.
e. "Vive la crise! For Heterodoxy in Social Science." *Theory and Society* 17, no. 5 (September): 773–788.
f. "Program for a Sociology of Sport." *Sociology of Sport Journal* 5, no. 2 (June): 153–161.
g. "Penser la politique." *Actes de la recherche en sciences sociales* 71/72: 2–3.
h. "La vertu civile." *Le Monde*, September 16, pp.1–2.
i. "A Long Trend of Change." Review of M. Lewin's *The Gorbatchev Phenomenon. The Times Literary Supplement*, August 12–18, 875–876.
j. Preface. pp.i-v in Brigitte Mazon, *Aux Origines de l'Ecole des hautes études en sciences sociales. Le rôle du mécénat américain (1920–1960)*. Paris: Les Editions du Cerf.

1989

a. *La noblesse d'Etat. Grands corps et Grandes écoles*. Paris: Editions de Minuit.
b. "Reproduction interdite. La dimension symbolique de la domination économique." *Etudes rurates* 113/114 (January-June): 15–36.
c. "How Schools Help Reproduce the Social Order." *Current Contents/Social and Behavioral Science* 21, no. 8 (February 20): 16.
d. "The Corporatism of the Universal: The Role of Intellectuals in the Modern World." *Telos* 81 (Fall): 99–110.
e. [1988] "Social Space and Symbolic Power." *Sociological Theory* 7, no. 1 (June): 18–26.
f. "On the Possibility of a Field of World Sociology." Keynote address to the Russell Sage Conference on "Social Theory in a Changing Society," the University of Chicago, April. Reprinted in Bourdieu and Coleman 1991.
with Patrick Champagne. "L'opinion publique." pp.204–206 in *50 idées qui ébranlèrent le monde. Dictionnaire de la glasnost.* Edited by Youri Afanas-siev and Marc Ferro. Paris: Payot.
with Roger Chartier."Gens a histoire, gens sans histoires." *Politix* b (Spring):

53–60.

with Loïc J. D. Wacquant. "For a Socioanalysis of Intellectuals: On 'Homo Academicus.'" *Berkeley Journat of Sociology* 34: 1–29.

1990

a. [1980] *The Logic of Practice*. Cambridge: Polity Press; Stanford: Stanford University Press.

b. "Droit et passe-droit. Le chanlp des pouvoirs territoriaux et la mise en oeuvre des règlements." *Actes de la recherche en sciences sociales* 81/82: 86–96.

c. with the collaboration of Salah Bouhedja, Rosine Christin, and Claire Givry. "Un placement de père de famille. La maison individuelle: spécificité du produit et logique du champ de production." *Actes de la recherche en sciences sociales* 81/82: 6–35.

d. with the collaboration of Salah Bouhedja and Claire Givry. "Uncontrat sous contrainte." *Actes de la recherche en sciences sociales* 81/82: 34–51.

e. "The Scholastic Point of View." *Cultural Anthropology* 5, no. 4 (November): 380–391.

f. "Principles for Reflecting on the Curriculum." *The Curriculum Journal I*, no. 3 (December): 307–314.

g. "Animadversiones in Mertonem." pp.297–301 in *Robert K. Merton: Consensus and Controversy*. Edited by Jon Clark, Celia Modgil, and Sohan Mod-gil. London: The Falmer Press.

h. *In Other Words: Essays Toward a Reflexive Sociology*. Cambridge: Polity Press: Stanford: Stanford University Press.

i. "La domination masculine." *Actes de la recherche en sczences sociales* 84: 2–31.

j. "Les conditions sociales de la circulation des idées." *Romanistische Zeitschrift für Literaturgeschichte* 14, no. 1/2: 1–10.

with Rosine Christin. "La construction du marché. Le champ administratif et la production de la 'politique du logement.'" *Actes de la recherche en sciences sociales* 81/82: 65–85.

with Monique de Saint Martin. "Le sens de la propriété. La genèse sociale des systèmes de préférence." *Actes de la recherche en sciences sociales* 81/82: 52–64.

1991

a. "Aspirant philosophe. Un point de vue sur le champ universitaire dans les années 50." pp.15–24 in *Les enjeux philosophiques des années 50*. Paris: Centre Georges Pompidou.

b. "Un analyseur de l'inconscient." Preface to abdelmalek Sayad, *L'immigration, ou les paradoxes de l'altérité*. Brussels: Editions De Boeck.

c. "Que faire de la sociologie? Entretien avec Pierre Bourdieu." *CFDT Aujourd'hui* 100: 134–157.

d. "Espace social et espace symbolique: introduction a une lecture japonaise de'La distinction.'" *Nichifutsu Bunka* 54 (March): 43–54.

e. *Language and Symbolic Power*. Edited and with an introduction by John B. Thompson. Cambridge: Polity Press; Cambridge, Mass.: Harvard University Press.

f. "The Peculiar History of Scientific Reason." *Sociological Forum* 5, no. 2 (Spring): 3–26.

ed., with James S. Coleman. *Social Theory for a Changing Society*. Boulder, Colo.: Westview Press.

with E. Balibar, T. Ben Jelloun, S. Breton, M. Harbi, A. Laabi, E. Terray, and K. Titous."Contre la guerre." *Libération* (February 21): 13.

with W. Hiromatsu, and H. Imamura."Pour une *Realpolitik* de la raison." *Gendai Shiso*(March): 182–203.

with Loïc J. D. Wacquant. "Das Feld des Machts und die technokratische Herrachaft." pp.67–100 in Pierre Bourdieu, *Intellektuellen und die Macht*. Edited by Irene Dölling. Hamburg: VSA Verlag.

Forthcoming

a. Practice, *Class, and Culture*: *Selected Essays*. Edited and with an introduction,

notes, and glossary by Loïc J. D. Wacquant. Cambridge: Polity Press.
b. "For a Politics of Morals in Politics." In *Practice, Class, and Culture*: *Selected Essays*. Cambridge: Polity Press.
c. *Essays on Art and Literature*. Edited by Randal Johnson. Cambridge: Polity Press.
d. *Academic Discourse*: *Linguistic Misunderstanding and Professorial Power*. Cambridge: Polity Press.

其他参考文献

Abbott, Andrew. 1988. *The System of Professions*: *An Essay on the Division of Expert Labor*. Chicago: The University of Chicago Press.

Abrams, Philip. 1982. *Historical Sociology*. Ithaca. N. Y.: Cornell University Press.

Accardo. Alain. 1983. *Initiation a la sociologie de l'illusionnisme social. Lire Bourdieu*. Bordeaux: Editions Le Mascaret.

Accardo, Alain, and Philippe Corcuff, eds. 1986. *La sociologie de Pierre Bourdieu. Textes choisis et commentés*. Bordeaux: Editions Le Mascaret.

Acciaiolo, Gregory L. 1981. "Knowing What You Are Doing: Pierre Bourdieu's 'Outline of a Theory of Practice'" *Canberra Anthropology* 4, no. 1 (April): 23–51.

Adair, Philippe. 1984. "La sociologie phagocytée par l'économique. Remarques critiques a propos de 'Ce que parler veut dire.'" *Sociologie du travail* 26, no. 1: 105–114.

Addelson, Katharine Pyne. 1990. "Why Philosophers Should Become Sociologists (and Vice Versa)." pp.119–147 in *Symbolic Interaction and Cultural Studies*. Edited by Howard S. Becker and Michael M. McCall. Chicago: The University of Chicago Press.

Alexander, Jeffrey C. 1980–1982. *Theoretical Logic in Sociology*. 4 vols. Berkeley and Los Angeles: University of California Press.

———. 1987a. "The Centrality of the Classics." pp.11–57 in *Social Theory Today*. Edited by Anthony Giddens and Jonathan Turner. Cambridge: Polity Press.

———. 1987b. *Twenty Lectures*: *Sociological Theory Since World War II*. New

York: Columbia University Press.

——. 1988. "The New Theoretical Movement." pp.77-101 in *Handbook of Sociology*. Edited by Neil J. Smelser. Newbury Park: Sage Publications.

——, ed. 1985. *Neo-Functionalism*. Newbury Park: Sage Publications.

Alexander, Jeffrey C., Bernhard Giesen, Richard Munch, and Neil J. Smelser, eds. 1987. *The Micro-Macro Link*. Berkeley and Los Angeles: University of California Press.

Alvim, Rosilène and José Sergio Leite Lopes. 1990. "Familles ouvrières, familles d'ouvrières." *Actes de la recherche en sciences sociales* 84: 78-84.

Ansart, Pierre. 1990. "Le structuralisme génétique ," "Classements et distinction," "Les champs symboliques," "Reproduction et stratégies." Chapters 1, 5, 9, and 13 in *Les sociologies contemporaines*. Paris: Editions du Seuil.

Archer, Margaret. 1983. "Process Without System." *Archives européennes de sociologie* 24, no. 1: 196-221.

Arliaux, Michel. 1985. "Review of *Homo Academicus*." *Revue française de sociologie* 26, no. 4: 713-719.

Aron, Raymond. 1981. *Le spectateur engagé*. Paris: Gallimard.

Aronowitz, Stanley, and Henri Giroux. 1985. *Education Under Siege: The Conversative, Liberal, and Radical Debate Over Schooling*. London: Routledge and Kegan Paul.

Ashmore, Malcom. 1989. *The Reflexive Thesis: Wrighting Sociology of Scientific Knowledge*. Chicago: The University of Chicago Press.

Atkinson, Paul. 1990. *The Ethnographic Imagrination: Textual Constructions of Reality*. London and New York: Routledge.

Auerbach, Erich. 1953. *Mimesis: The Representation of Reality in Western Literature*. Princeton: Princeton University Press.

Austin, J. L. 1962. *How to Do Things with Words*. New York: Oxford University Press.

Bachelard, Gaston. 1938. *La formation de l'esprit scientifique. Contribution à une psychanalyse de la connaissance objective*. Paris: Libraire Philosophique J. Vrin(4th ed. 1965).

——. 1949. *Le rationalisme appliqué.* Paris: Presses Universitaires de France(3rd ed. 1966).

——. 1984[1934]. *The New Scientific Spirit.* New York: W. W. Norton.

Balazs, Gabrielle. 1983. "Les facteurs et les formes de l'expérience du chômage." *Actes de la recherche en sciences sociales* 50: 69–83.

Balazs, Gabrielle, and Jean-Pierre Faguer. 1991. "'Que deviendront-ils?'Les effets sociaux de la caméra." *Actes de la recherche en sciences sociales* 86/87: 92–98.

Baldwin, John B. 1988. "Habit, Emotion, and Self-Conscious Action." *Sociological Perspectives* 31, no. 1 (January): 35–58.

Bancaud, Alain. 1989. "Une 'constance mobile': la haute magistrature." *Actes de la recherche en sciences sociales* 76/77: 30–48.

Bamard, Henri. 1990. "Bourdieu and Ethnography: Reflexivity, Politics and Praxis." pp.58–85 in *An Introduction to the Work of Pierre Bourdieu: The Practice of Theory.* Edited by R. Harker et al. London: Macmillan.

Becker, Gary. 1976. *The Economic Approach to Human Behavior.* Chicago: The University of Chicago Press.

Becker, Howard S., and John Walton. 1986 [1975]. "Social Science and the Work of Hans Haacke." pp.103–119 in Howard S. Becker, *Doing Things Together: Selected Papers.* Evanston: Northwestern University Press.

Beeghley, Leonard. 1984. "Illusion and Reality in the Measurement of Poverty," *Social Problems* 31 (February): 322–333.

Beisel, Nicola. 1990. "Class, Culture, and Campaigns against Vice in Three American Cities, 1872–1892." *American Sociological Review* 55, no. 1 (February): 44–62.

Bellah, Robert N. 1973. "Introduction." pp.ix-lv in Emile Durkheim. *On Morality and Society.* Chicago: The University of Chicago Press.

Bentley, G. Carter. 1987. "Ethnicity and Practice." *Comparative Studies in Society and History* 29, no. 1: 24–55.

Benveniste, Emile. 1969. *Le vocabulaire des institutions indo-européennes.* Paris: Editions de Minuit.

Berelson, Bernard, and G. A. Steiner. 1964. *Human Behavior.* New York: Harcourt Brace Jovanovich.

Berger, Bennett. 1981. *The Survival of a Counterculture: Ideological Work and Daily Life Among Rural Communards.* Berkeley and Los Angeles: University of California Press.

———. 1986. "Taste and Domination." *American Journal of Sociology* 91, no. 6 (May): 1445–1453.

———. 1989. "Structuralisme et volontarisme dans la sociologie de la culture." *Sociologie et sociétés* 21, no. 2 (October): 177–194.

———. 1991. "Structure and Choice in the Sociology of Culture." *Theory and Society* 20, no. 1: 1–20.

———, ed. 1990. *Authors of their Own Lives: Intellectual Autobiographies by Twenty American Sociologists.* Bekeley and Los Angeles: University of California Press.

Berger, Peter. 1966. *Invitation to Sociology: A Humanistic Perspective.* Harmondsworth: Pelican.

Berger, Peter, and Thomas Luckmann. 1966. *The SociaL Construction of Reality: A Treatise in the Sociology of Knowledge.* Harmondsworth: Penguin.

Best, Joel, ed. 1989. *Images of Issues: Typifying Contemporary Social Problems.* New York:}Vdine de Gruyter.

Bidet, Jacques. 1979. "Questions to Pierre Bourdieu." *Critique of Anthropology* 13–14 (Summer): 203–208.

Blasius, Jorg, and Joachim Winkler. 1989. "Gibt es die 'Feinen Unterschiede'? Eine Empirische Überprüfung der Bourdieuschen Theorie." *Kölner Zeitschrift für Soziologie und Social Psychologie* 41, no. 1 (March): 72–94.

Bloor, David. 1976. *Knowledge and Social Imagery.* London: Routledge and Kegan Paul.

Blumer, Herbert. 1969. *Symbolic Interactionism.* Englewood Cliffs, N. J.: Prentice-Hall.

Bchn, Cornelia. 1991. *Habitus und Kontext: Ein kritischer Beitrag zur Socialtheorie Bourdieus.* Darmstadt: Westdeutscher Verlag.

Boltanski, Luc. 1974. "Erving Goffman et le temps du soupçon." *Social Science Information* 12, no. 3: 127–147.

———. 1975. "La constitution du champ de la bande dessinée." *Actes de la recherche en sciences sociales* 1: 37–59.

———. 1979. "Taxinomies sociales et luttes de classes. La mobilisation de'la classe moyenne' et l'invention des 'cadres.'" *Actes de la recherche en sciences sociales* 29: 75–105.

———. 1980. "L'université les entreprises et la multiplication des salaries bourgeois (1960–1975)." *Actes de la recherche en sciences sociales* 34: 17–44.

———. 1984. "How a Social Group Objectified Itself:'Cadres' in France, 1936–1945." *Social Science Information* 23, no. 3: 469–92.

———. 1987 [1982]. *The Making of a Class: "Cadres" in French Society*. Cambridge: Cambridge University Press.

Boltanski, Luc, with Yann Daré and Marie-Ange Schiltz. 1984. "La dénonciation." *Actes de la recherche en sciences sociales* 51: 3–40.

Bon, François, and Yves Schemeil. 1980. "La rationalisation de l'inconduite: Comprendre le statut du politique chez Pierre Bourdieu." *Revue française de sociologie* 30, no. 6: 1198–1230.

Bonvin, François. 1982. "Une seconde famille. Un collège d'enseignement privé." *Actes de la recherche en sciences sociales* 30: 47–64.

Boschetti, Anna. 1985. "Classi reali e classi costruite." *Rassegna Italiana di Sociologia* 26, no. 1 (January-March): 89–99.

———. 1988[1985]. *The Intellectual Enterprise: Sartre and'Les temps mo-dernes.'* Evanston: Northwestern University Press.

Bourgois, Philippe. 1989. "In Search of Horatio Alger: Culture and Ideology in the Crack Economy." *Contemporary Drug Problems* (Winter): 619–649.

Bredo, E., and W. Feinberg. 1979. "Meaning, Power, and Pedagogy." *Journal of Curriculum Studies* 11, no. 4: 315–332.

Brint, Steven, and Jerome Karabel. 1989. *The Diverted Dream: Community Colleges and the Promise of Educational Opportunity in America, 1950–1985*. New York: Oxford University Press.

Broady, Donald. 1990. *Sociologi och epistemology. Om Pierre Bourdieus forfattarskap och den historiska epistemologin.* Stockholm: HLS Forlag.

Broady, Donald, and Mikäel Palme. 1990. "The Field of Institutions of Higher Learning in Sweden." Paper Presented to the Colloque sur la comparaison des institutions de formation des dirigeants en Europe, Paris, Maison des sciences de l'homme, November 8–9 (forthcoming in the conference proceedings).

Broady, Donald, and Olle Persson. 1989. "Bourdieu i USA. Bibliometriska noteringar." *Sociologisk Forskning* (Stockholm) 26, no. 4: 54–73.

Brown, Richard Harvey. 1990. *Social Science as Civic Discourse*: *Essays on the Invention, Legitimation, and Uses of Social Theory.* Chicago: The University of Chicago Press.

Brubaker, Rogers. 1985. "Rethinking Classical Sociology: The Sociological Vision of Pierre Bourdieu." *Theory and Society* 14, no. 6 (November): 745–775.

———. 1989a. "Social Theory as Habitus." Paper presented at the Conference on "The Social Theory of Pierre Bourdieu," Center for Psychosocial Studies, Chicago, March.(Forthcoming in Calhoun, LiPuma, and Postone 1992).

———. 1989b. "Review of Pierre Bourdieu,'Choses dites.'" *Contemporary Sociology* 18, no. 5 (September): 783–784.

Brubaker, Rogers, and Loïc J. D. Wacquant. Forthcoming. "Rethinking the Puzzle of Structure and Agency." *Annual Review of Sociology* 20.

Bryant, C. G. A. 1985. *Positivism in Social Theory and Research.* New York: Sairit Martin's Press.

Bürger, Peter. 1990. "The Problem of Aesthetic Value". pp.23–34 in *Literary Theory Today.* Edited by Peter Collier and Helga Geyer-Ryan. Ithaca, N. Y.: Cornell University Press.

Burke, Kenneth. 1989. *On Symbols and Society.* Edited and with an introduction by Joseph. R. Gusfield. Chicago: The University of Chicago Press.

Caillé, Alain. 1981. "La sociologie de l'intérêt est-elle interessante?" *Sociologie du travail* 23, no. 3: 257–274.

——. 1987a. *Critique de Bourdieu. Cours, séminaires et travaux*, no. 8. Lausanne: Université de Lausanne, Institut d'anthropologie et de sociologie.

——. 1987b. "Valeurs des biens et valeur des personnes: champs, marché et légitimité." *Bulletin du M. A. U. S. S.* 24 (December): 129–144.

Calhoun, Craig J. 1979. "The Radicalism of Tradition: Community Strength or'Venerable Disguise and Borrowed Language'?" *American Journal of Sociology* 88, no. 5: 886–914.

——. 1982. *The Question of Class Struggle*. Chicago: The University of Chicago Press.

——. 1990. "Putting the Sociologist in the Sociology of Culture: The Self-Reflexive Scholarship of Pierre Bourdieu and Raymond Williams." *Contemporary Sociology* 19, no. 4 (July): 500–505.

——. 1992. "Habitus, Field of Power and Capital: The Question of Historical Specificity." Forthcoming in Calhoun, LiPuma, and Postone 1992.

Calhoun, Craig, Edward LiPuma: and Moishe Postone, eds. 1992. *Exploring the Social. Theories of Pierre Bourdieu*. Cambridge: Polity Press. (Forthcoming)

Camic, Charles. 1986. "The Matter of Habit." *American Journal of Sociology* 91, no. 5: 1039–1087.

Caro, Jean-Yves. 1980. "La sociologie de Pierre Bourdieu: éléments pour une théorie du champ politique." *Revue française de science politique* 6 (December).

——. 1982. *Les économistes distingués*. Paris: Presses de la Fondation Nationale des Sciences Politiques.

Casanova, Pascale. 1990. "An bon plaisir de Pierre Bourdieu." Radio program broadcast on France Culture, 23 June 1990.

Cassirer, Ernst. 1923 [1910]. *Substance and Function: Einstein's Theory of Relativity*. Chicago: Open Court.

——. 1936. "The Influence of Language upon the Development of Scientific Thought." *The Journal of Philosophy* 33: 309–327.

Certeau, Michel de. 1984. "Foucault and Bourdieu." pp.45–60 in *The Practice of Everyday Life*. Berkeley and Los Angeles: University of California Press.

Chamboredon, Jean-Claude. 1975. "Sociologie de la sociologie et intérêts sociaux des sociologues." *Actes de la recherche en sciences sociales* 2: 2–20.

Chamboredon, Jean-Claude, and Jean-Louis Fabiani. 1977. "Les albums pour enfants. Le champ de l'édition et les définitions sociales de l'enfance." *Actes de la recherche en sciences sociales* 13: 60–79; 14: 55–74.

Champagne, Patrick. 1979. "Jeunes agriculteurs et vieux paysans. Crise de la succession et apparition du troisième âge." *Actes de la recherche en sciences sociales* 26/27: 83–107.

——. 1984. "La manifestation. La production de l'évènement politique." *Actes de la recherche en sciences sociales* 52/53: 18–141.

——. 1988. "Le cercle politique. Usages sociaux des sondages et nouvel espace politique." *Actes de la recherche en sciences sociales* 71/72: 71–97.

——. 1990. *Faire l'opinion. Le nouvel espace politique*. Paris: Editions de Minuit ("Le sens commun").

Champagne, Patrick, Rémi Lenoir, Dominique Merllié, and Louis Pinto. 1989, *Introduction à la pratique sociologique*. Paris: Dunod.

Chancer, Lynn S. 1987. "New Bedford, Massachusetts, March 6, 1983—March 22, 1984: The 'Before' and 'After' of a Group Rape." Gender and Society 1, no. 3 (September): 239–260.

Chapoulie, Jean-Michel. 1979. "La compétence pédagogique des professeurs comme enjeu de conflits." *Actes de la recherche en sciences sociales* 30: 65–85.

Charle, Christophe. 1978. "Les milieux d'affaires dans la structure de la classe dominante vers 1990." *Actes de la recherche en sciences sociales* 20/21: 83–96.

——. 1983. "Le champ universitaire parisien à la fin du 19ème siècle." *Actes de la recherche en sciences sociales* 47/48: 77–89.

——. 1987. *Les élites de la République, 1880–1900*. Paris: Fayard.

——. 1990. *Naissance des "intellectuels," 1880–1900*. Paris: Editions de Minuit("Le sens commun").

——. 1991. *Histoire sociale de la France au XIXème siècle*. Paris: Editions du

Seuil.

Chartier, Roger. 1988a. *Cultural History: Between Practices and Representations*. Cambridge: Polity Press; Ithaca, N. Y.: Cornell University Press.

——. 1988b. "L'histoire culturelle." pp.90–94 in *L'histoire en France*. Paris: Editions La Découverte.

Chomsky, Noam. 1967. "General Properties of Language." pp.73–88 in *Brain Mechanisms Underlying Speech and Language*. Edited by I. L. Darley. New York and London: Grune and Straton.

Cicourel, Aaron V. 1968. *The Social Organization of Juvenile Justice*. Chicago: Wiley.

——. 1974. *Cognitive Sociology*. New York: Free Press.

——. 1985. "Raisonnement et diagnostic: le rôle du discours et de la compréhension clinique en médecine." *Actes de la recherche en sciences sociales* 60: 79–88.

——. In press. "Habitus and the Developmental Emergence of Practical Reasoning." In *Sozialer Sinn und Geschmack*, edited by Gunther Gerbauer and Christoph Wulff. Berlin.

CLark, Terry N. 1973. *Prophets and Patrons*. Cambridge, Mass.: Harvard University Press.

Clifford, James, and George E. Marcus, eds. 1986. *Writing Culture: The Poetics and Potitics of Ethnography*. Berkeley and Los Angeles: University of California Press.

Coenen, Harry. 1989. "Praxeologie en strukturatietheorie: preliminaire opmerkingen bij een vergelijking." *Antropologische Verkenningen* 8, no. 2 (Summer): 8–17.

Coleman, James S. 1986. "Social Theory, Social Research and a Theory of Action." *American Journal of Sociology* 91, no. 6 (May): 1309–1335.

——. 1990a. "Columbia in the Fifties." pp.75–103 in *Authors of Their Own Lives: Intellectual Autobiographies by Twenty American Sociologists*. Edited by Bennett Berger. Berkeley and Los Angeles: University of California Press.

——. 1990b. *Foundations of Social Theory*. Cambridge, Mass.: Belknap Press of Harvard University Press.

Collectif 'Révoltes Logiques.'1984. *L'empire du sociologue*. Paris: Editions La

Découverte.
Collins, Jim. 1992. "Determination and Contradiction: An Appreciation and Critique of the Work of Pierre Bourdieu on Language and Education." Forthcoming in Calhoun, LiPuma, and Postone 1992.
Collins, Randall. 1979. *The Credential Society*. New York: Academic Press.
——. 1981a. "Cultural Capitalism and Symbolic Violence." pp.173–182 in *Sociology Since Mid-Century: Essays in Theory Cumulation*. New York: Academic Press.
——. 1981b. "On the. Microfoundations of Macrosociology." *American Journal of Sociology* 86: 984–1014.
——. 1985. *Three SociologicaL Traditions*. New York: Oxford University Press.
——. 1987. "Interaction Ritual Chains, Power, and Property." pp.193–206 in *The Micro-Macro Link*, edited by jeffrey. C. Alexander et al. Berkeley and Los Angeles: University of California Press.
——. 1988. *Theoretical Sociology*. San Diego: Harcourt Brace Jovanovich.
——. 1988–1989. "For a Sociological Philosophy." *Theory and Society* 17, no. 5: 669–702.
——. 1989. "Review of *Homo Academicus*." *American Journal of Sociology* 95, no. 2 (September): 460–463.
Connell, R. W. 1983. "The Black Box of Habit on the Wings of History: Reflections on the Theory of Reproduction." pp.140–161 in *Which Way is Up? Essays on Sex, Class, and Culture*. London: George Allen and Unwin.
Connerton, Paul. 1989. *How Societies Remember*. Cambridge: Cambridge University Press.
Cookson, Peter W., Jr., and Carolyn Hoges Persell. 1985a. *Preparing for Po-wer: America's Elite Boarding Schools*. New York: Basic Books.
——. 1985b. "English and American Residential Secondary Schools: A Comparative Study of the Reproduction of Social Elites." *Comparatioe Education Review* 29, no. 3 (August): 283–298.
Corbin, Alain. 1986 [1982]. *The Foul and The Fragrant*. Cambridge: Harvard University Press.

――. 1990. *Le village des cannibales*. Paris: Aubier.

Corson, David. 1991"Language, Power, and Minority Education." *Language and Education* 5: in press.

Coser, Lewis A. 1990. "Sociological Theories in Disarray." *Contemporary Sociology* 18, no. 4 (July): 477-479.

Coulon, Alain. 1991. "Le metier d'étudiant. Approches ethnométhodologique et institutionnelle l'entrée dans la vie universitaire." University of Paris VIII, Department of Education, These de doctorat d'Etat.

Cournot , A. 1912[1851]. *Essai sur les fondements de nos connaissances et sur les caractères de la critique philosophique*. Paris: Hachette.

Grow, G. 1989. "The Use of the Concept of Strategy in Recent Sociological Literature." *Sociology* 23, no. 1 (February): 1-24.

Dahl, Robert. 196. *Who Governs? Democracy and Power in an American City*. New Haven: Yale University Press.

Dal Lago, Alessandro. 1985. "Il sociologo non temperato." *Rassegna Italiana di Sociologia* 26, no. 1 (January-March): 79-89.

Darnton, Robert. 1984. *The Great Cat Massacre and Other Episodes in French Cultural History*. New York: Vintage.

Davidson, Arnold I., ed. 1989. "Symposium on Heidegger and Nazism." *Critical Theory*15, no. 2 (Winter): 407-488.

Davis, Nathalie Zemon. 1975. *Society and Culture in Early Mociern France*. Stanford: Stanford University Press.

DeGeorge, Richard, and Fernande DeGeorge, eds. 1972. *The Structuralists from Marx to Lévi-Strauss*. New York: Doubleday.

Delsaut, Yvette. 1976. "Le double mariage de Jean Célisse." *Actes de la recherche en sciences sociales* 4: 3-20.

――. 1988a. "Carnets de socioanalyse, 1: L'*inforjetable*." *Actes de la recherche en sciences sociales* 74: 83-88.

――. 1988b. "Carnets de socioanalyse, 2: Une photo de classe." *Actes de la recherche en sciences sociales* 75: 83-96.

Dennis, Shirley. 1986. "A Critical Review and Appropriatjon of Pierre Bourdieu's

Analysis of Social and Cultural Reproduction." *Journal of Education* 16, no. 2 (Spring): 96–112.

Derrida, Jacques. 1990. *L'institution philosophique.* Paris: Galilée. de Saint Martin, Monique. *See* Saint Martin, Monique de.

Desrosières, Alain. 1978. "Marché matrimonial et structure des classes sociales." *Actes de la recherche en sczences sociales* 20/ 21: 97–107.

Detleff, Müller, Fritz Ringer, and Brian Simon, eds. 1987. *The Rise of Modern Educational Systems.* Cambridge: Cambridge University Press.

Dewey, John. 1958. *Art as Experience.* New York: Capricorn.

Dezalay. Yves. 1989. " Le droit des familles: du notable à l'expert. La restructuration du champ des professionnels de la restructuration des entreprises." *Actes de la recherche en sczences sociales* 76/77: 2–28.

Dezalay, Yves, Austin Sarat, and Susan Silbey. 1989. "D'une demarché contestataire à un savoir méritocratique. Esquisse d'une histoire sociale de la sociologie juridique am*ricaine.*" *Actes de la recherche en sciences sociales* 78: 79–93.

DiMaggio, Paul. 1979. "Review Essay on Pierre Bourdieu." *American Journal of Sociology* 84, no. 6 (May): 1460–1674.

———. 1982. "Cultural Capital and School Success: The Impact of Status Culture Participation on the Grades of U. S. High School Students." *American Sociological Review* 47: 189–201.

———. 1990. "Cultural Aspects of Economic Action and Organization." pp.113–136 in *Beyund the Marketplace: Rethinking Economy and Society.* Edited by Roger Friedland and A. F. Robertson. New York: Aldine de Gruyter.

———. 1991a. "Social Structure, Institutions, and Cultural Goods: The Case of the United States." pp.133–155 in *Social Theory for a Changing Society.* Edited by Pierre Bourdieu and James S. Coleman. Boulder, Colo.: Westview Press.

———. 1991b. "Cultural Entrepreneurship in Nineteenth-Century Boston: The Creation of an Organizational Base for Higher Culture in America. pp."374–397 in *Rethinking. Popular Culture: Corttemporary Perspectives in Cultural Studies.* Edited by Chandra Mukerji and Michael Schudson. Berkeley and Los

Angeles: University of California Press.

DiMaggio, Paul, and Walter W. Powell. 1991. Introduction. pp.1–38 in *The New Institutionalism in Organizational Analysis*. Edited by Walter W. Powell and Paul J. DiMaggio. Chicago: The University of Chicago Press.

DiMaggio, Paul, and Michael Useem. 1978. "Social Class and Arts Consumption: The Origins and Consequences of Class Differences in Exposure to the Arts in the Americas." *Theory and Society* 5, no. 2 (March): 141–161.

Dobry, Michel. 1986. *Sociologie des crises Potitiques*. Paris: Presses de la Fondation nationale des Sciences Politiques.

Don. Yehuda, and Victor Karady, eds. 1989. *Social and Economic History of Central European Jewry*. New Brunswick: Transaction Publishers.

Douglas, Mary. 1981. "Good Taste: Review of Pierre Bourdieu,'La distinc-tion.'" *Times Literary Supplement* (London), February 13: 163–169.

Dreyfus, Hubert L. 1991. *Being-in-the-World: A Commentary on Heidegger's Being and Time, Division I*. Cambridge, Mass. MIT Press.

Dreyfus, Hubert L., and Paul Rabinow. 1983. *Michel Foucault: Beyond Structuralism and Hermeneutics*. 2d ed. Chicago: The University of Chicago Press.

Dumézil, Georges. 1987. *Entretiens avec Didier Eribon*. Paris: Gallimard.

Dumont, Martine. 1984. " Le succès mondain d'une fausse science: la physiognomonie de Johann Kaspar Lavater." *Actes de la recherche en sciences sociales* 54: 2–30.

Dupréel, Eugène. 1978. *Les Sophistes: Protagoras, Gorgias. Prodicus, Hippias.* Paris: Editions Griffon (Bibliothèque Scientifique).

Durkheim, Emile. 1921. *De la méthode dans les sciences sociales*. Paris: Librairie F. Alcan.

———. 1956 [1938]. *Education and Sociology*. Glencoe, Ill: The Free Press.

———. 1965 [1912]. *The Elementary Forms of the Religious Life*. New York: The Free Press.

———. 1966 [1895]. *The Rules of the Sociological Method*. New York: Free Press.

Durkheim, Emile, and Marcel Mauss. 1963[1903]. *Primitive Classification*.

Edited by Rodney Needham. Chicago: The University of Chicago Press.
Eagleton, Terry. 1991. "From Adorno to Bourdieu." pp.125–158 in *An Introduction to Ideology*. London: Verso.
Earle, William James. 1988. "Bourdieu's 'Habitus.'" Unpublished paper, Department of Philosophy, Baruch College, City University of New York.
Eder, Klaus. 1989. *Klassenlage, Lebensstil und kulturelle Praxis: Beiträge zur Auseinandersetzung mit Pierre Bourdieus Klassentheorie*. Frankfurt: Suhrkamp Verlag.
Eldridge, John. 1990. "Sociology in Britain: A Going Concern." pp.157–178 in *What Has Sociotogy Achieved*. Edited by Christopher G. A. Bryant and Henk A. Becker. New York: Saint Martin's Press.
Elias, Norbert. 1978a. *What is Sociology?* New York: Columbia University Press.
——. 1978b. *The Civilizing Process*. Oxford: Oxford University Press.
——. 1983. *The Court Society*. Oxford: Oxford University Press.
——. 1987a [1983]. *Involvement and Detachment*. Oxford and New York: Basil Blackwell.
——. 1987b. *Die Gesellshaft der Individuen*. Frankfurt: Suhrkamp Verlag.
Elias, Norbert, and Eric Dunning. 1986. *Quest for Excitement: Sport and Leisure in the Civilizing Process*. Oxford: Basil Blackwell.
Elster, Jon. 1984a. Sour Grapes. Cambridge: Cambridge University Press.
——. 1984b. *Ulysses and the Sirens*. Cambridge: Cambridge University Press.
——. 1986. *Rational Choice*. New York: New York University Press.
——. 1990. "Marxism, Functionalism and Game Theory." pp.97–118 in *Structures of Capital: The Social Organization of the Economy*. Edited by Sharon Zukin and Paul DiMaggio. Cambridge: Cambridge University Press.
Empson , W. 1935. *Some Versions of the Pastorals*. London: Chat to and Windus.
Encrevé, Pierre, and Michel de Fornel. 1983. "Le sens en pratique. Construction de la référence et structure sociale de l'interaction dans le couple question/réponse." *Actes de la recherche en sciences sociales* 46: 3–30.
Eribon, Didier. 1989. *Michel Foucault*. Paris: Flammarion. English Translation published by Harvard University Press, 1990.

Ernaux, Annie. 1984. *La place*. Paris: Gallimard.

Eyerman, R., T. Svensson, and T. Soderqvist, eds. 1987. *Intellectuals, Universities, and the State*. Berkeley and Los Angeles: University of California Press.

Fabiani, Jean-Louis. 1983. "Les programmes, les hommes et les oeuvres. Professeur de philosophie en classe et en ville au tournant du siècle." *Actes de la recherche en sciences sociales* 47/48: 3–20.

——. 1989. *Les philosophes de la République*. Paris: Editions de Minuit ("Le sens commun").

Faguer, Jean-Pierre. 1991. "Les effets d'une 'éducation totale.' Un collège jésuite, 1960." *Actes de la recherche en sciences sociales* 86/87: 25–43.

Farias, Victor. 1989 [1987]. *Heidegger and Nazism*. Edited and with a foreword by Joseph Margolis and Paul Bunell. Philadelphia: Temple University Press.

Farkas, George, Robert P. Grobe, Daniel Sheehan, and Yuan Shuan. 1990. "Cognitive and Noncognitive Determinants of School Achievement: Cender, Ethnicity, and Poverty in an Urban School District." *American Sociological Review* 55: 127–142.

Featherstone, Mike. 1987a. "Leisure, Symbolic Power and the Life Course." pp.113–138 in *Leisure, Sport and Social Relations*. Edited by J. Home et al. London: Routledge and Kegan Paul.

——. 1987b. "Consumer Culture, Symbolic Power and Universalism." pp.17–46 in *Mass Culture, Popular Culture and Social Life in the Middle East*. Edited by G. Stauth and S. Zubaida. Boulder, Colo.: Westview Press.

Ferry, Luc, and Alain Renault. 1990 [1986]. "French Marxism (Pierre Bourdieu)." pp.153–184 in *French Philosophy of the Sixties: An Essay on Anti-Humanism*. Amherst: University of Massachussetts Press.

Filloux, Jean-Claude. 1970. Introduction. pp.5–68 in Emile Durkheim, *La science sociale et l'action*. Paris: Presses Universitaires de France.

Fine, Michelle. 1991. *Framing Dropouts*. Albany: State University of New York Press.

Fiske, Alan Page. 1991. *Structure of Social Life: The Four Elementary Forms of Human Relations*. New York: The Free Press. Flaubert, Gustave. 1987[1870].

A Sentimental Education. Oxford: Oxford University Press.

Foley, Douglas E. 1989. "Does the Working Class Have a Culture in the Anthropological Sense of the Term?" *Cultural Anthropology* 4, no. 2 (May): 137–162.

Fornel, Michel de. 1983. "Légitimité et actes de langage." *Actes de la recherche en sciences sociales* 46: 31–38.

Foster, Steven W. 1986. "Reading Pierre Bourdieu." *Cultural Anthropology* 1, no. 1: 103–110.

Foucault, Michel. 1977a [1975]. *Discipline and Punish.* New York: Pantheon.

——. 1977b. *Language, Counter-memory, Practice*: Selected Essays and Interviews. Ithaca, N. Y.: Cornell University Press.

——. 1980. *Power /Knowledge*: Selected Interviews and. Other Writings, 1972–1977. New York: Pantheon.

——. 1988. *Michel Foucault: Politics, Philosophy, Culture*: Interviews and Other Writings. Edited by Lawrence D. Kritzman. London: Routledge.

Fournier, Marcel, and Michèle Lamont, eds. 1989. "La culture comme capital." Special issue of *Sociologie et sociétés* 21, no. 2 (October).

Fox, Robin. 1985. *Lions of the Punjab*: Culture in the Making. Berkeley: University of California Press.

Frank, Arthur. 1980. "Review of *Outline of A Theory of Practice*." *Contemporary Sociology* 9, no. 2 (March): 256–257.

Friedrichs, Robert. 1970. *A Sociology of Sociology.* New York: The Free Press.

Firedson, Elliott. 1986. *Professional Powers*: A Study of the Institutionalization of Formal Knowledge. Chicago: The University of Chicago Press.

Frow, J. 1987. "Accounting for Tastes: Some Problems in Bourdieu's Sociology of Culture." *Cultural Studies* 1, no. 1: 59–73.

Gal. S. 1988. "Language and Political Economy." *Annual Review of Anthropology* 18: 345–367.

Gamboni, Dario. 1983a. *Un iconoclasme moderne. Théorie et pratiques contemporaines du vandalisme artistique.* Lausanne: Editons d'En bas.

——. 1983b. "Mépris et méprises. Eléments pour une étude de l'iconoclasme contemporain." *Actes de la recherche en sciences sociales* 49: 2–28.

——. 1989. *La plume et le pinceau. Odilon Redon et la littérature.* Paris: Editions de Minuit.

Gans, Herbert. 1975. *High Culture and Low Culture: An Analysis and Evaluation of Taste.* New York: Harper.

——. 1989. "Sociology in America: The Discipline and the Public." *American Sociological Review* 54, no. 1 (February): 1–16.

Garcia, Marie-France. 1986. "La construction sociale d'un marché parfait: le marché au cadran de Fontaines-en-Sologne." *Actes de la recherche en sciences sociales* 65: 2–13.

Garfinkel, Harold. 1967. *Studies in Ethnomethodology.* Englewood Cliffs, N. J.: Prentice-Hall.

Garnham, Nicholas. 1986. "Extended Review: Bourdieu's. Distinction.'" *The Sociological Review* 34, no. 2 (May): 423–433.

Garnham, Nicholas, and Raymond Williams. 1980. "Pierre Bourdieu and the Sociology of Culture." *Media, Culture, and Society* 2, no. 3 (Summer): 297–312.

Garrigou, Alain. 1988. "Le secret de l'isoloir." *Actes de la recherche en sciences sociales* 71/72: 22–45.

Gartman, David. 1991. "Culture as Class Symbolization or Mass Reification: A Critique of Bourdieu's *Distinction. American Journal of Sociology* 97, no. 2 (September): 421–447.

Gaxie, Daniel. 1990. "An-dela des apparences... Sur quelques problemes de mesure des opinions." *Actes de la recherche en sciences sociales* 81/82: 97–113.

Gaxie, Daniel, and P. Lehinge. 1984. *Enjeux municipaux.* Paris: Presses Universitaires de France.

Gebauer, Gunther, and Christoph Wulff. In press. *Sozialer Sinn und Geschmack.* Berlin.

Geertz, Clifford. 1974. *The Interpretation of Cultures.* New York: Basic Books.

——. 1987. *Works and Lives*: *The Anthropologist as Author.* Stanford: Stanford University Press.

Gerhards, Jürgen, and Helmut K. Anheier. 1989. "The Literary Field: An Empirical Investigation of Bourdieu's Sociology of Art." *International Sociology* 4, no. 2: 131-146.

Gerth, Hans, and C. Wright Mills, eds. 1946. *From Max Weber*: *Essays in Sociology.* New York: Oxford University Press.

Giddens, Anthony. 1977. "Positivism and Its Critcs." pp.28-89 in *Studies in Social and Political Theory.* New York: Basic Books.

——. 1979. *Central Problems in Social Theory*: *Action, Structure, and Contradiction in Social Analysis.* Berkeley and Los Angeles: University of California Press.

——. 1984. *The Constitution of Society*: *Outline of the Theory of Structuration.* Cambridge: Polity Press.

——. 1986a. "Action, Subjectivity, and the Constitution of Meaning." *Social Research* 53, no. 3 (Fall): 529-545.

——. 1986b. "The Politics of Taste." *Partisan Review* 53, no. 2: 300-305.

——. 1987. "A Reply to My Critics." pp.249-301 *in Social Theory and Modern Societies*: *Anthony Giddens and His Critics.* Edited by David Held and John B. Thompson. Cambridge: Cambridge University Press.

——. 1990a. "Structuration Theory and Sociological Analysis." pp.297-315 in *Anthony Giddens*: *Consensus and Controversy.* Edited by Jon Clark, Celia Modgil, and Sohan Modgil. London: Farmer Press.

——. 1990b. *The Consequences of Modernity.* Cambridge: Polity Press; Stanford University Press.

Giddens, Anthony, and Jonathan Turner, eds. 1987. *Social Theory Today.* Cambridge: Polity Press; Stanford: Stanford: Stanford University Press.

Ginsburg, Faye. 1988. *Contested Lives*: *The Abortion Debate in an American Community.* Berkeley and Los Angeles: University of California Press.

Giroux, Henri. 1982. "Power and Resistance in the New Sociology of Education: Beyond Theories of Social and Cultural Reproduction." *Curriculum*

Perspectives 2, no. 3: 1-13.

———. 1983. *Theory and Resistance in Education: A Pedagogy for the Opposition.* New York: Bergin and Garvey.

Goffman, Erving. 1961. *Asylum: Essays on the Social Situation of Mental Patients and Other Inmates.* Harmondsworth: Penguin Books.

———. 1981. *Forms of Talk.* Philadelphia: University of Pennsylvania Press.

Goldmann, Lucien. 1975 [1964]. *Towards a Sociology of the Novel.* London: Tavistock.

Goodwin, Marjorie Harness. 1990. *He-Said-She-Said: Talk as Social Organization Among Black Children.* Bloomington: Indiana University Press.

Gorder, K. L. 1980. "Understanding School Knowledge: A Critical Appraisal of Basil Bernstein and Pierre Bourdieu." *Educational Theory* 30, no. 4: 335-346.

Gouldner, Alvin W. 1970. *The Coming Crisis of Western Sociology.* New York: Basic Books.

———. 1979. *The Future of Intellectuals and the Rise of the New Class.* Oxford: Oxford University Press.

Gramsci, Antonio. 1971. *Selections from the Prison Notebooks.* New York: International Publishers.

Granovetter, Mark. 1985. "Economic Action and Social Structure: The Problem of Embeddedness." *American Journal of Sociology* 91: 481-510.

———. 1990. "The Old and New Economic Sociology." pp.89-112 in *Beyond the Marketplace: Rethinking Economy and Society.* Edited by Roger Friedland and A. F. Robertson. New York: Aldine de Gruyter.

Greenacre, M. J. 1984. *Theory and Application of Correspondence Analysis.* New York: Academic Press.

Grignon, Claude. 1977. "Sur les relations entre les transformations du champ religieux et les transformations de l'espace politique." *Actes de la recherche en sciences sociales* 16: 3-34.

Grignon, Claude, and Jean-Claude Passeron. 1989. *Le savant et le populaire.* Paris: Editions du Seuil.

Groethusen, Bernard. 1977. *Origines de l'esprit bourgeois en France.* Paris:

Gallimard.

——. 1983. *Jean-Jacques Rousseau*. Paris: Gallimard.

Grossetti, Michel. 1986. "Métaphore économique et économie des pratiques." *Recherches sociologiques* 17, no. 2: 223–246.

Guillemin, Alain. 1982. "Aristocrates, propriétaires et diplômés. La lutte pour le pouvoir local dans le département de la Manche, 1830–1875." *Actes de la recherche en sciences sociales* 42: 33–60.

Guiraud, Pierre. 1965. *Le français populaire*. Paris: Presses Universitaires de France.

Gusfield, Joseph. 1981. *The Culture of Public Problems: Drinking-Driving and the Symbolic Order*. Chicago: The University of Chicago Press.

Habermas, Jürgen. 1986. *Autonomy and Solidarity: Interwiew with Jürgen Habermas*. Edited by Peter Dews. London: Verso.

Halbwachs, Maurice. 1972. *Classes sociales et morphologie*. Paris: Editions de Minuit.

Hall, Stuart. 1977. "The Hinterland of Science: Ideology and the'Sociology of Knowledge.'" pp.9–32 in *On Ideology*. Edited by the Center for Contemporary Cultural Studies. London: Hutchinson.

Hanks William F. 1987. "Discourse Genres in a Theory of Practice." *American Ethnologist* 14, no. 4 (November): 668–692.

——. 1990. *Referential Practice: Language and Lived Space Among the Maya*. Chicago: The University of Chicago Press.

Hareven, Tamara K. 1990. "A Complex Relationship: Family Strategies and the Processes of Economic Change." pp.215–244 in *Beyond the Marketplace: Rethinking Economy and Society*. Edited by Roger Friedland and A. F. Robertson. New York: Aldine de Gruyter.

Harker, Richard K. 1984. "On Reproduction, Habitus and Education." *British Journal of Sociology. of Education* 5, no. 2 (June): 117–127.

Harker. Richard, Cheleen Mahar, and Chris Wilkes, eds. 1990. *An Introduction to the Work of Pierre Bourdieu: The Practice of Theory*. New York: Saint Martin's

Press.

Haveman, Robert. 1987. *Poverty Policy and Poverty Research*: *The Great Society and the Social Sciences*. Madison: University of Wisconsin Press.

Heinich, Nathalie. 1987. "Arts et sciences à l'âge classique: professions et institutions culturelles." *Actes de la recherche en sciences sociales* 66/67: 47–78.

Henley, Nancy. 1977. *Body Politics*. Englewood Cliffs, N. J.: Prentice-Hall.

Heran, François. 1987. "La seconde nature de l'habitus. Tradition philo-sophique et sens commun dans le langage sociologique." *Revue française de sociologie* 28, no. 3 (July-September): 385–416.

Hirschman, Albert. 1987. "Interests." pp.882–887 in *The Nerw Palgrave*: *Dictionary of Economics*. Edited by John Eatwell et al. London: Macmillan.

———. 1991. *The Rhetoric of Reaction*: *Perversity, Futility, Jeopardy*. Cambridge, Mass.: Belknap Press of Harvard University Press.

Hoffman, Stanley. 1986. "Monsieur Taste." *New, York Review of Books* 33, no. 6 (AprIl): 45–48.

Hoggart, Richard. 1967. *The Uses of Literacy*: *Aspects of Working-Class Life*. London: Chatto and Windus.

Honneth, Axel. 1986. "The Fragmented World of Symbolic Forms: Reflections on Pierre Bourdieu's Sociology of Culture." *Theory, Culture, and Society* 3: 55–66.

Honneth, Axel, Hermann Kocyba, and Bernd Schwibs. 1986. "The Struggle for Symbolic Order: An Interview with Pierre Bourdieu." *Theory, Culture, and Society* 3: 35–51.

Hughes, Everett C. 1984[1961]. "Ethnocentric Sociology." pp.473–477 in *The Sociological Eye*: *Selected Papers*. New Brunswick: Transaction Books.

Hunt, Lynn. 1984. *Politics, Culture, and Class in the French Revolution*. Berkeley and Los Angeles: University of California Press.

Hunt, Lynn, ed. 1989. *The New Cultural History*. Berkeley and Los Angeles: University of California Press.

Husserl, Edmund. 1982 [1913]. *Ideas Pertaining to a Pure Phenomenology and*

to a *Phenomenological Philosophy, First Book: General Introduction to a Pure Phenomenology.* The Hague: Martinus Nijhoff.
Les idées de mai. 1970 Paris: Gallimard("Idées").
Ingram, D. 1982. "The Possibility of Communication Ethic Reconsidered: Habermas, Gadamer and Bourdieu on Discourse." *Man and World* 15: 149–161.
Inglis, Fred. 1988. "The Conflict of the Faculties." *The Times Higher Education Supplement,* October 30, 18–19.
Inglis, R. 1979. "Good and Bad Habitus: Bourdieu, Habermas and the Condition of England. "*The Sociological Review* 27, no. 2: 353–369.

Jackson, Michael. 1983. "Knowledge and the Body." *Man* 18, no. 2: 327–345.
——. 1989. *Paths Toward a Clearing: Radical Empiricism and Ethnographic Inquiry.* Bloomington: Indiana University Press.
Jacoby, Russell. 1987. *The Last Intellectuals: American Culture in the Age of Academe.* New York: Noonday Press.
Jameson, Fredric. 1990. *Postmodernism or, The Cultural Logic of Capitalism.* Durham: Duke University Press.
Jauss, Hans Robert. 1982. *Toward an Aesthetic of Reception.* Minneapolis: University of Minnesota Press.
Jay, Martin. 1990. "Fieldwork and Theorizing in Intellectual History: A Reply to Fritz Ringer." *Theory and Society* 19, no. 3 (June): 311–322.
Jenkins, Richard. 1982. "Pierre Bourdieu and the Reproduction of Determinism." *Sociology* 16, no. 2 (May): 270–281.
——. 1986. "Review of 'Distinction.'" *Sociology* 20, no. I (February): 103–105.
——. 1989. "Language, Symbolic Power and Communication: Bourdieu's Homo Academicus." *Sociology* 23, no. 4 (November): 639–645.
Joppke, Christian. 1986. "The Cultural Dimension of Class Formation and Class Struggle: On the Social Theory of Pierre Bourdieu." *Berkeley Journal of Sociology* 31: 53–78.

Kaplan, Abraham. 1964. *The Conduct of Inquiry: Methodology for Behavioral Science*. San Francisco: Chandler.

Karabel, Jerry. 1984. "Status Group Struggle, Organizational Interests, and the Limits of Institutional Autonomy: The Transformation of Harvard, Yale, and Princeton, 1918–1940." *Theory and Society* 13: 1–40.

——. 1986. "Community Colleges and Social Stratification in the 1980s." pp.13–30 in *The Community College and Its Critics*. Edited by L. S. Zwerling. San Francisco: Jossey-Bass.

Karabel, Jerry, and A. H Halsey, eds. 1977. *Power and Ideology in Education*. New York: Oxford University Press.

Karady, Victor. 1983. "Les professeurs de la République. Le marché scolaire, les réformes universitaires et les transformations de la fonction professorale à la fin du 19ème siècle." *Actes de la recherche en sciences sociales* 47/48: 90–112.

——. 1985. "Les Juifs de Hongrie sous les lois antisémites. Etude d'une conjoncture sociologique, 1938–1943." *Actes de la recherche en sciences sociales* 56: 4–30.

——. 1988. "Durkheim et les débuts de l'ethnologie universitaire." *Actes de la recherche en sciences sociales*. 74: 23–32.

Karady, Victor, and Wolfgang Mitter, eds. 1990. *Bildungswesen und Sozialstruktur in Mitteleuropa im 19. und 20. Jahrhundert*. Cologne: Bohlau Verlg.

Karp, Ivan. 1986. "Agency and Social Theory: A Review of Anthony Giddens." *American Ethnologist* 13, no. 1 (February): 131–137.

Katsilis, John, and Richard Rubinson. 1990. "Cultural Capital, Student Achievement, and Educational Reproduction in Greece." *American Sociological Review* 55: 270–279.

Katz, Michael B. 1989. *The Undeserving Poor: From the War on Poverty to the War on Welfare*. New York: Pantheon.

Kauppi, Niilo. 1991. *Tel Quel: La constitution sociale d'une avant-garde*. Helsinki: The Finnish Society of Sciences and Letters.

——. Forthcoming. "Textual Strategies or Strategies with Texts? 'Tel Quel' or the Social Conditions of Possibility of an Avant Garde." In *Tracing the Semiotic*

Boundaries of Politics. Edited by Pertti Ahonen. Berlin: Mouton de Gruyter.

Kauppi, Niilo, and Pekka Sulkunen, eds. 1992. *Forerunners of Modernity: Society, Intellectuals and the University.* Jyvaskyla, Finland: University of Jyvaskyla, Research Center for Contemporary Culture (Forthcoming).

Kestenbaum, Victor. 1977. *The Phenomenological Sense of John Dewey: Habit and Meaning.* Atlantic Highlands, N. J.: Humanities Press.

Knorr-Cetina, Karin. 1981. "The Micro-Sociological Challenge of Macro-Sociology: Towards a Reconstruction of Social Theory and Methodology." pp.1–47 in *Advances in Social Theory and Methodology: Toward an Integration of Micro and. Macro-Sociologies.* Edited by Karin Knorr-Cetina and Aaron V. Cicourel. London and Boston: Routledge and Kegan Paul.

Kot, A., and B. Lautier. 1984. "Métaphore économique et magie sociale chez Pierre Bourdieu." pp.70–86 in *L'empire du sociologue.* Paris: Editions La Découverte.

Koyré, Alexandre. 1966. *Etudes d'histoire de la pensée scientifique.* Paris: Presses Universitaires de France.

Kraus, Karl. 1976a. *In These Great Times: A Karl Kraus Reader.* Edited and translated by Harry Zohn. Chicago: The University of Chicago Press.

———. 1976b. *Half Truths and One-and-a-Half Truths. Selected Aphorisms.* Edited and translated by Harry Zohn. Chicago: The University of Chicago Press.

Kuhn, Thomas. 1970. *The Structure of Scientific Revolutions.* 2d ed. Chicago: The University of Chicago Press.

Labov, William. 1973. *Language in the Inner City: Studies in the Black English Vernacular.* Philadelphia: University of Pennsylvania Press.

———ed. 1980. *Locating Language in Time and Space.* New York: Academic Press.

Lacroix, Bernard. 1981. *Durkheim et le politique.* Paris: Presses de la Fondation nationale des sciences politiques.

Lagrave, Rose-Marie. 1990. "Recherches féministes ou recherches sur les femmes?" *Actes de la recherche en sciences sociales* 83: 27–39.

Lakomski, G. 1984. "On Agency and Structure: Pierre Bourdieu and J. C. Passeron's theory of Symbolic Violence." *Curriculum Inquiry* 14, no. 2: 151–163.

Laks, Bernard. 1983. "Langage et pratiques sociales. Etude sociolinguistique d'un groupe d'adolescents." *Actes de la recherche en sciences sociales* 46: 73–97.

Lamb, Stephen. 1989. "Cultural Consumption and the Secondary School Plans of Australian Students." *Sociology of Education* 62: 95–108.

Lamont, Michèle. 1989. "Slipping the World Back In: Bourdieu on Heidegger." *Contemporary Sociology* 18, no. 5 (September): 781–783.

Lamont, Michèle, and Annette P. Lareau. 1988. "Cultural Capital: Allusions, Gaps, and Glissandos in Recent Theoretical Developments." *Sociological Theory* 6, no. 2 (Fall): 153–168.

Lardinois, Roland, 1985. "Peut-on classer la famille hindoue." *Actes de la recherche en sciences sociales* 57/58: 29–46.

Larear, Annette. 1987. "Social Class and Family-School Relation ships: The Importance of Cultural Capital." *Sociology of Education* 56: 73–85.

Larson, Magali Sarfatti. 1977. *The Rise of Professionalism: A Sociological Analysis* Berkeley and Los Angeles: University of California Press.

Lash, Scott. 1990. "Modernization and Postmodernization in the Work of Pierre Bourdieu." pp.237–265 in *Sociology of Postmodernism*. London: Routledge.

Lash, Scott, and John Urry. 1987. *The End of Organized* Capitalism. Cambridge: Polity Press.

Latour, Bruno, and Paolo Fabbri. 1977. "La rhétorique de la science. Pouvoir et devoir dans un article de science exacte." *Actes de la recherche en sciences sociales* 13: 81–95.

Latour, Bruno, and Steve Woolgar. 1979. *Laboratory Life: The Social Construction of Scientific Facts*. London: Sage.

Laumann, Edward O., and David Knoke. 1988. *The Organizational State*. Madison: University of Wisconsin Press.

Lave, Jean. 1989. *Cognition in Practice: Mind. Mathematics and Culture in Everyday Life*. Cambridge: Cambridge University Press.

Lebart, Ludovic, Alain Morineau, and Kenneth M. Warwick. 1984. *Multivariate Descriptive Statistical Analysis*: *Correspondence Analysis and Related Techniques for Large Matrices*. New York: John Wiley and Sons.

Lee, Orville III. 1988. "Observations on Anthropological Thinking about the Culture Concept: Clifford Geertz an d Pierre Bourdieu." *Berkeley Journal of Sociology* 33: 115–130.

Lemert, Charles C. 1986. "French Sociology: After the'Patrons', What?" *Contemporary Sociology* 15, no. 5 (September): 689–692.

——. 1990. "The Habits of Intellectuals: Response to Ringer." *Theory and Society* 19, no. 3 (June): 295–310.

——, ed. 1982. *French Sociology Since 1968*: *Rupture and Renewal*. New York: Columbia University Press.

Lenoir, Rémi. 1978. "L'invention du 'troisième âge' et la constitution du champ des agents de gestion de la vieillesse." *Actes de la recherche en sciences sociales* 26/27: 57–82.

——. 1980. "La notion d'accident du travail: un enjeu de luttes." *Actes de la recherche en sciences sociales* 32/33: 77–88.

——. 1985. "L'effondrement des bases sociales du familialisme." *Actes de la recherche en sciences sociales* 57/58: 69–88.

Lepenies, Wolf. 1988. *Between Literature and Science*: *The Rise of Sociology*. Cambridge: Cambridge University Press; Paris: Editions de la Maison des sciences de l'homme.

Levi, Giovanni. 1989. "Les usages de la biographie." *Annates*: *économies, sociétés, civilisations*, no. 6 (November-December): 1325–1336.

Levine, Donald N. 1985. *The Flight from Ambiguity*: *Essays in Social and Cultural Theory*. Chicago: The University of Chicago Press.

Levine, Lawrence W. 1988. *High-Brow /Low-Brovo*: *The Emergence of Cultural Hierarchy in America*. Cambridge: Harvard University Press.

Lévi-Strauss, Claude. 1970 [1955]. *Tristes tropiques*. New York: Atheneum.

Lévi-Strauss, Claude, and Didier Eribon. 1988. *De près et de loin*. Paris: Odile Jacob. Translated as *Conversations with Claude Lévi-Strauss*. Chicago: The

University of Chicago Press, 1991.

Lewin, Moishe. 1985. *The Making of the Saviet System: Essays in the Social History of Interwar Russia.* New York: Pantheon.

Lichterman, Paul. 1989. "Revisiting a Gramscian Dilemma: Problems and Possibilities in Bourdieu's Analysis of Culture and Politics." Paper presented at the Annual Meeting of the American Sociological Association, San Francisco.

Lieberson, Stanley. 1984. *Making It Count; The Improvement of Social Research and Theory.* Berkeley and Los Angeles: University of California Press.

Lienard, Georges, and Emile Servais. 1979. "Practical Sense; On Bourdieu." *Critique of Anthropology* 13–14 (Summer): 209–219.

Loirand, Gildas. 1989. "De la chute au vol. Genèse et transformations du parachutisme sportif." *Actes de la recherche en sciences sociales* 79: 37–49.

Lord, Albert B. 1960. *The Singer of the Tales.* Cambridge: Cambridge University Press.

Luhmann, Niklas. 1982. "The Economy as a Social System." In *The Differentiation of Society*. New York: Columbia University Press.

Luker, Kristin. 1984. *Abortion and the Politics of Motherhood.* Berkeley and Los Angeles: University of California Press.

McAllester Jones, Mary. 1991. *Gaston Bachelard, Subversive Humanist: Texts and Readings.* Madison: University of Wisconsin Press.

MacAloon, John J. 1988. "A Prefatory Note to Pierre Bourdieu's 'Program for a Sociology of Sport.'" *Sociology of Sport Journal* 5, no. 2 (June): 150–152.

McCleary, Dick. 1989. "Extended Review: Bourdieu's 'Choses dites.'" *The Sociological Review* 37, no. 2 (May): 373–383.

Maccoby, Eleanor E. 1988. "Gender as a Social Category." *Developmental Psychology* 24, no. 6 (November): 755–765.

McLeod, Jay. 1987. *Ain't No Makin' It: Leveled Aspirations in a Low-Income Neighborhood.* Boulder, Colo.: Westview Press.

Mallin, S. 1979. *Merleau-Ponty's Philosophy.* New Haven: Yale University Press.

March, James G. 1978. "Bounded Rationality, Ambiguity, and the Engineering of

Choice." *Bell Journal of Economics* 9: 587–608.
Marcus, George E., and Dick Cushman. 1982. "Ethnographies as Texts." *Annual Review of Anthropology* 11: 25–69.
Marcus, George E., and Michael M. J. Fisher. 1986. *Anthropology as Cultural Critique: An Experimental Moment in the Human Sciences.* Chicago: The University of Chicago Press.
Maresca, Sylvain. 1981. "La représentation de la paysannerie. Remarques ethnographiques sur le travail de représentation des dirigeants agricoles." *Actes de la recherche en sciences sociales* 38: 3–18.
——. 1983. *Les dirigeants paysans.* Paris: Editions de Minuit ("Le sens commun").
Marin, Louis. 1988 [1981]. *Portrait of the King.* Minneapolis: University of Minneso to Press.
Margolis; Joseph, and Paul Bunell, eds. 1990. *Heidegger and Nazism.* Philadelphia: Temple University Press.
Martin, Bill, and Ivan Szelenyi. 1987. "Beyond Cultural Capital: Toward a Theory of Symbolic Domination." pp.16–49 in *Intellectuals, Universities and the State,* edited by R. Eyerman, T. Svensson, and T. Soderqvist. Berkeley and Los Angeles: University of California Press.
Marx, Karl. 1971. *Die Grundrisse.* Edited by David McLelland. New York: Harper and Row.
Mary, André. 1988. "Métaphores et paradigmes dans le bricolage de la notion d'habitus." *Cahiers du LASA* 8–9.
Mauger, Gérard, and Claude Fossé-Polliak. 1983. "Les loubards." *Actes de la recherche en sciences sociales* 50: 49–67.
Mauss, Marcel. 1950a [1902-3]. "Esquisse d'une théorie générale de la magie." pp.1–141 in *Sociotogie et anthropologie.* Paris: Presses Universitaires de France. Translated as *A General Theory of Magic.* New York: Norton 1975.
——. 1950b [1936]. "Les techniques du corps." pp.365–386 in *Sociologie et anthropologie.* Paris: Presses Universitaires de France. Translated as "Techniques of the Body." *Economy and Society* 2: 70–88.

——. 1950c. *Sociologie et anthropologie*. Paris: Presses Universitaires de France.
Mäzlish, Bruce. 1989. *A New Science: The Breakdown of Connections and the Birth of Sociology*. New York: Oxford University Press.
Mazon, Brigitte. 1988. *Aux origines de l'Ecole des hautes études en sciences sociales. Le rôle du mécenat américain (1920–1960)*. Paris: Les Editions du Cerf.
Medick, Hans, and David Warren, eds. 1984. *Interest and Emotion: Essays on the Study of Family and Kinship*. Cambridge: Cambridge University Press; Paris: Editions de la Maison des sciences de l'homme.
Mehan, Hugh, and Houston Wood. 1975. *The Reality of Ethnomethodology*. New York: Wiley.
Merleau-Ponty, Maurice. 1962 [1945]. *Phenomenology of Perception*. Atlantic Highlands, N. J.: Humanities Press.
——1963 [1949]. *The Structure of Behaviour*. Boston: Beacon Press.
Merllié, Dominique. 1983. "Une nomenclature et sa mise en œuvre: les statistiques sur l'origine sociale des étudiants." *Actes de la recherche en sciences sociales* 50: 3–47.
——. 1990. "Le sexe de l'écriture. Note sur la perception sociale de la féminité." *Actes de la recherche en sciences sociales* 83: 40–51.
Merton, Robert K. 1968. *Social Theory and Social Structure*. New York: The Free Press.
——. 1975. "Structural Analysis in Sociology." pp.21–52 in *Approaches to the Study of Social Structure*. Edited by Peter M. Blau. New York: The Free Press.
——. 1980. "On the Oral Transmission of Knowledge." pp.1–35 in *Sociological Traditions from Generation to Generation*. Edited by R. K. Merton and Mathilda White Riley. Norwood: Ablex.
——. 1987. "Three Fragments from a Sociologist's Notebooks: Establishing the Phenomennon, Specified Ignorance, and Strategic Research Materials." *Annual Review of Sociology* 13: 1–28.
Miller, Max. 1989. "Die kulturelle Dressur des Leviathans und ihre epistemologischen Reflexe." *Soziologische Revue* 12, no. 1 (January): 19–24.

Miller, Don, and Jan Branson. 1987. "Pierre Bourdieu: Culture and Praxis." pp.210–25 in *Creating Culture: Profiles in the Study of Culture.* Edited by Diane J. Austin-Broos. Sydney: Allen and Unwin.

Mills, C. Wright. 1959. *The Sociological Imagination.* New York: Oxford University Press.

Miyajima, Takashi. 1990. "The Logic of Bourdieu's Sociology: On Social Determinism, Autonomy, and the Body" (in Japanese). *Gendai Shisso* 18, no. 3: 220–229.

Miyajima, Takashi, Hidenori Fujita, Yuichi Akinaga, Kenji Haschimoto, and Kokichi Shimizu. 1987. "Cultural Stratification and Cultural Reproduction" (in Japanese). *Tokyo Daigaku Kyoiku Gakubu Kiyo* (Annals of the Faculty of Education of Tokyo): 51–89.

Monnerot, Jules. 1945. *Les faits sociaux ne sont pas des choses.* Paris: Gallimard.

Morgan, Devid H. 1989. "Strategies and Sociologists: A Comment on Crow." *Sociology* 23, no. 1 (February): 25–29.

Mortier, Freddy. 1989. "Actietheoretische analyse van rituelen volgens de praxeologie van Pierre Bourdieu." *Antropologische Verkenningen* 8, no. 2 (Summer): 40–48.

Muel-Dreyfus, Francine. 1977. "Les Instituteurs, les paysans et l'ordre républicain." *Actes de la recherche en sciences sociales* 17/18: 37–64.

Müller, Hans Peter. 1986. "Kultur, Geschmack und Distinktion. Grundzüge der Kultursoziologie Pierre Bourdieus." *Kölner Zeitschrift fur Soziologie. und Sozialforschung*, supplement, 162–170.

Münch, Richard. 1989. "Code, Structure, and Action: Building a Theory of Structuration from a Parsonian Point of View." pp.101–117 in *Theory Building in Sociology: Assessing Theory Cumulation.* Edited by Jonathan H. Turner. Newbury Park: Sage Publications.

Murphy, R. 1982. "Power and Autonomy in the Sociology of Education." *Theory and Society* 11: 179–203.

Murphy, Raymond, 1983. "The Struggle for Scholarly Recognition: The Development of the Closure Problematic in Sociology." *Theory and Society*

12: 631-658.

Nash, Roy. 1986. "Educational and Social Inequality: The Theories of Bourdieu and Boudon with Reference to Class and Ethnic Differences in New Zea-land " *New Zealand Sociology* 1, no. 2 (November): 121-137.

Needham, Rodney. 1963. Introduction. pp.v ii-xlviii in Emile Durkheim and Marcel Mauss, *Primitive Classification*. Chicago: The University of Chicago Press.

Nisbet, Robert. 1976. *Sociology as an Art Form*. New York: Oxford University Press.

Oakes, Jeannie. 1985. *Keeping Track: How Schools Structure Inequality*. New Haven: Yale University Press.

O'Brien, Mary. 1981. *The Politics of Reproduction*. London: Routledge and Kegan Paul.

Offerlé, Michel. 1988. "Le nombre de voix: électeurs, partis et électorat socialistes à la fin du 19ème siècle en France." *Actes de la recherche en sciences sociales* 71/72: 5-21.

Ollman, Bertell. 1976. *Alienation: Maxr's Conception of Man in Capitalist Society*. Cambridge: Cambridge University Press.

Olson, Mancur. 1965. *The Logic of Collective Action*. Cambridge, Mass.: Harvard University Press.

O'Neill, John. 1972. *Sociology as a Skin Trade: Essays Towards a Reflexive Sociology*. New York: Harper and Row.

Ortiz, Renato. 1983. "A procura de uma sociologia da pratica." pp.7-36 in Pierre Bourdieu. *Sociologia*. São Paulo: Atica.

Ortner, Sherry. 1984. "Theory in Anthropology Since the 1960s." *Comparative Studies in Society and History* 26: 126-166.

Ory, Pascal, and Jean-François Sirinelli. 1986. *Les intellectuels en France, de l'Affaire Dreyfus à nos jours*. Paris: Armand Colin.

Osterberg, Dag. 1988. "Bourdieu's Doctrine of Habitus and the Socio-Cultural Fields." pp.173-180 in *Metasociology: An Inquiry into the. Origins and*

Validity of Sociat Thought. Oslo: Norwegian University Press.

Ostrow, James M. 1981. "Culture as a Fundamental Dimension of Experience: A Discussion of Pierre Bourdieu's Theory of the Human Habitus." *Human Studies* 4, no. 3 (July-September): 279–297.

——. 1990. *Social Sensitivity: An Analysis of Experience and Habit.* Stony Brook: State University of New York Press.

Paradeise, Catherine. 1981. "Sociabilité et culture de classe." *Revue française de sociologie* 21, no. 4 (October-December).

Parsons, Talcott. 1937. *The Structure of Social Action.* Glencoe, Ill: The Free Press.

Paarsons, Talcott, and Neil J. Smelser. 1956. *Economy and Society: A Study in the Integration of Economic and Social Theory.* London: Routledge and Kegan Paul.

Passeron, Jean-Claude. 1986. "La signification des théories de la reproduction socio-culturelle." *International social Science Journal* 38, no. 4 (December): 619–629.

Pels, Dick. 1989. "Inleiding." pp.7–21 in Pierre Bourdieu, *Opstellen over smaak, habitus en het veldbegrip.* Amsterdam: Van Gennep.

Peneff, Jean. 198. "The Observers Observed: French Survey Researchers at Work." *Social Problems* 35, no. 5 (December): 520–535.

Pepper, Stephen C,. 1942. *World Hypotheses.* Berkeley and Los Angeles: UniVersity of California Press.

Perinbanayagam, R. S. 1985. *Signifying Acts: Structure and Meaning in Everyday Life.* Carbondale: Southern Illinois University Press.

Perrot, Martyne, and Martin de la Soudrière. 1988. "Le Masque ou la plume? Les enjeux de l'écriture en sciences sociales." *Informations sur les sciences sociales* 27, no. 3 (september): 439–460.

Phillips, Bernard S. 1988. "Toward a Reflexive Sociology." *The American Sociologist* 19, no. 2: 138–151.

Pialoux, Michel. 1978. "Jeunes sans avenir et marché du travail temporaire."

Actes de la recherche en sciences sociales 26/27: 19–47.

Pinell, Patrice. 1987. "Fléau moderne et médecine d'avenir: la cancérologie française entre les deux guerres." *Actes de la recherche en sciences sociales* 68: 45–76.

Pinçon, Michel. 1985. "Un patronat paternel." *Actes de la recherche en sciences sociales* 57/58: 95–102.

———. 1987. *Désarrois ouvriers*. Paris: L'Harmattan.

Pinçon, Michel, and Monique Pinçon-Rendu. 1989. *Dans les beaux quartiers*. Paris: Editions du Seuil.

Pinto, Louis. 1975. "L'armée, le contingent et les classes." *Actes de la recherche en sciences sociales* 3: 18–41.

———. 1984a. *L'intelligence en action: Le Nouvel Observateur*. Paris: Anne-Marie Métailié.

———. 1984b. "La vocation de l'universel. La formation de l'intellecturel vers 1900." *Actes de la recherche en sciences sociales* 55: 23–32.

———. 1987. *Les philosophes entre le lycée et l'avant-garde. Les métamorphoses de la philosophie dans la France d'aujourd'hui*. Paris: L'Harmattan.

Platt, Robert. 1989. "Reflexivity, Recursion and Social Life: Elements for a Postmodern Sociology." *The Sociological Review* 37, no. 4 (November): 636–667.

Pociello, Christian. 1981. *Le Rugby ou la guerre des styles*. Paris: Anne-Marie Métailié.

Pollak, Michael. 1979. "Paul Lazarsfeld, fondateur d'une multinationale scientifique." *Actes de la recherche en science sociales* 25: 45–59.

———. 1980. "Paul Lazarsfeld: A Sociointellectual Portrait." *Knowledge* 2, no. 2 (December): 157–177.

———. 1981. "Une sociologie en actes des intellectuels: les combats de Karl Kraus." *Actes de la recherche en sciences sociales* . 36/ 37: 87–103.

———. 1988. *Les Homosexuels et le SIDA: sociologie d'une épidémie*. Paris: Anne-Marie Metailie.

Pollak, Michael, with Marie-Ange Schiltz. 1987. "Identité sociale et gestion d'un risque de santé. Les homosexuels face au SIDA." *Actes de la recherche en sciences sociale* 68: 77–102.

Pollner, Melvin. 1991. "Left of Ethnomethodology: The Rise and Decline of Radioal Reflexivity." *American Sociological Review* 56, no. 3 (June): 370–380.

Ponton, Rémi. 1977. "Les images de la paysannerie dans le roman rural à la fin du 19ème siècle." *Actes de la recherche en sciences sociales* 17/18: 62–71.

Poulantzas, Nicos. 1973 [1968]. *Political Power and Social Classes*. London: New Left Books.

Powell, Walter W., and Paul DiMaggio, eds. 1991. *The New Institutionalism in Organizational Analysis*. Chicago: The University of Chicago Press.

Pudal, Bernard. 1988. "Les dirigeants communistes. Du 'fils du peuple' à'l'instituteur des masses.'" *Actes de la recherche en sciences sociales* 71/72: 46–70.

——. 1989. *Prendre parti. Pour une sociologie historique du PCF.* Paris: Presses de la Fondation nationale des sciences politiques.

Quine, Willard Van Orman. 1969. *Ontological Relativity and Other Essays*. New York: Columbia University Press.

Rabinow, Paul. 1977. *Reflections on Fieldwork*. Berkeley and Los Angeles: University of California Press.

——. 1982. "Masked I Go Forward: Reflections on the Modern Subject." pp.173–185 in *A Crack in the Mirror: Reflexive Perspectives in Anthropology*. Edited by Jay Ruby. Philadelphia. University of Pennsylvania Press.

Rabinow, Paul, and William H. Sullivan, eds. 1979. *Interpretive Social Science: A Reader.* Berkeley and Los Angeles: University of California Press.

Rancière, Jacques. 1984. "L'éthique de la sociologie." pp.13–36 in *L'empire du sociologue*. Edited by Collectif 'Révoltes Logiques.'Paris: Editions La Découverte.

Rasmussen, David. 1981. "Praxis and Social Theory." *Human Studies* 4, no. 3 (July-September): 273–278.

Rébérioux, Madeleine. 1988. "L'histoire sociale." pp.95–99 in *L'histoire en France*, Paris: Editions La Découverte.

Récanati, R. 1982. *Les énoncés performatifs*. Paris: Editions de Minuit.

Richer, Laurent, ed. 1983. *L'activite désintéressée: fiction ou réalité juridique*. Paris: Economica.

Ricoeur, Paul. 1977. "Phenomenology and the Social Sciences." *The Annals of the Phenomenological Society* 2: 145–159.

Riemer, Jeffrey M. 1977. "Varieties of Opportunistic Research." *Urban Life* 5, no. 4 (January): 467–477.

Ringer, Fritz. 1990. "The Intellectual Field, Intellectual History, and the Sociology of Knowledge." *Theory and Society* 19, no. 3 (June): 269–394.

———. 1991. *Fields of Knowledge: French Academic Culture in Comparative Perspective,. 1890–1920*. Cambridge: Cambridge University Press.

Rioux, Jean-Pierre, and Jean-François Sirinelli, eds. 1991. *La guerre d'Algérie et les intellectuels français*. Brussels: Editions Complexe.

Rittner. Volker. 1984. "Geschmack und Naturlichkeit." *Kölner Zeitschrift fur Soziologie und Sozialforschung* 36, no. 2: 372–378.

Ritzer, George. 1990a. "Metatheory in Sociology." *Sociological Forum* 5, no. 1 (March): 3–17.

———. ed. 1990b. *Frontiers of Social Theory: The New Syntheses*. New York: Columbia University Press.

Robinson, Robert V., and Maurice A. Garnier. 1985. "Class Reproduction among Men and Women in France: Reproduction Theory on its Home Ground." *American Journal of Sociology* 91, no. 2 (September): 250–280.

Robbins, Derek. 1988. "Bourdieu in England." Typescript. School for Independent Study, North-East London Polytechnic.

———. 1991. *The Work of Pierre Bordieu: Recognizing Society*. Milton Keynes: Open University Press.

Rogers, Susan Carol. 1991. *Shaping Modern Times in Rurat France: The Transformation and Reproduction of an Averyronnais Community*. Princeton: Princeton University Press.

Rosaldo, Renato. 1989. *Culture and Truth: The Remaking of Social Analysis.* Boston: Beacon Press.

Ross, George. 1991. "Where Have All the Sartres Gone? The French Intelligentsia Born Again." pp.221-249 in *Searching for the New France.* Edited by James F. Hollifield and George Ross. London and New York: Routledge.

Rossi, Peter H. 1989. *Down and Out in America: The Origins of Homelessness.* Chicago: The University of Chicago Press.

Rouse, Joseph. 1987. *Knowledge and Power: Toward a Political Philosophy of Science.* Ithaca, N. Y.: Cornell University Press.

Rupp, Jan C. C., and Rob de Lange. 1989. "Social Order, Cultural Capital and Citizenship. An Essay Concerning Educational Status and Educational Power Versus Comprehensiveness of Elementary Schools." *The Sociological Review* 37, no. 4 (November): 668-705.

Ryan, Jake, and Charles Sackrey, eds. 1984, *Strangers in Paradise: Academics from the Working Class.* Boston: South End Press.

Sack, Hans-Gerhard. 1988. "The Relationship Between Sport Involvement and Life-Style in Youth Culture." *International Review for the Sociology of Sport* 23, no. 3: 213-232.

Sacks, Harvey, and Emmanuel A. Schegloff. 1979. "Two Preferences in the Organization of Reference to Persons in Conversation and their Interaction." pp.15-21 in *Everyday Language: Studies in Ethnomethodology.* Edited by George Psathas. New York: Irvington Press.

Sahlins, Marshall. 1985. *Islands of History.* Chicago: The University of Chicago Press.

——. 1989. "Post-structuralisme, anthropologe et histoire." *L'ethnographie* 105 (Spring): 9-34.

Saint Martin, Monique de. 1971. *Les fonctions sociales de l'enseignement scientifique.* Paris and The Hague: Mouton and De Gruyter.

——. 1980. "Une grande famille." *Actes de la recherche en sciences sociales* 31: 4-21.

——. 1985. "Les stratégies matrimoniales dans l'aristocratie. Notes provisoires."

Actes de la recherche en sciences sociales 59: 74–77.

——. 1989a. "La noblesse et les 'sports'nobles." *Actes de la recherche en science. scciales* 80: 22–31.

——. 1989b. "Structure du capital, différenciation selon les sexes et 'vocation' intellectuelle." *Sociologie et sociétés* 21, no. 2 (October): 9–25.

——. 1990a. "Une'bonne'éducation: Notre Dame des Oiseaux." *Ethnologie française* 20, no. 1: 62–70.

——. 1990b. "Les 'fernmes écrivains' et le champ littéraire." *Actes de la recherche en sciences sociales* 83: 52–56.

Sanchez de Horcájo, J. J. 1979. *La cultura, reproducio o cambia: el analysis sociologico de P. Bourdieu.* Monograph 23. Madrid: Centro de Investigaciones Sociologicas.

Sanjek, Roger, ed. 1990. *Fieldnotes: The Makings of Anthropology.* Ithaca, N. Y.: Cornell University Press.

Sartre, Jean-Paul. 1981–91. *The Family Idiot: Gustave Flaubert,* 1821–1857. 4 vols. Chicago: The University of Chicago Press.

——. 1987. Preface. pp.7–64 in Paul Nizan, *Aden, Arabie.* New York: Columbia University Press.

Saussure, Ferdinand de. 1974[1960]. *Course in General Linguistics.* London: Fontana.

Sayad, Abdelmalek. 1977. "Les trois 'âges' de l'émigration algérienne en France." *Actes de la recherche en sciences sociales* 15: 59–79.

——. 1979. "Les enfants illégitimes." *Actes de la recherche en sciences sociales* 25: 61–81: 26/27: 117–132.

——. 1985. "Du message oral au message sur cassette: la communication avec l'absent." *Actes de la recherche en sciences sociales* 59: 61–72.

——. 1991. *L'immigration, ou les paradoxes de l'altérité.* Brussels: Editions De Boeck.

Schatzki, Theodore Richard. 1987. "Overdue Analysis of Bourdieu's Theory of Practice." *Inquiry* 30, nos. 1–2 (March): 113–136.

Schegloff, Emmanuel. 1987. "Between Macro and Micro: Contexts and Other

Connections." pp.207–234 in the *Micro-Macro Link*. Edited by Jeffrey C. Alexander et al. Berkeley and Los Angeles: University of California Press.

Scheler, Max. 1963. *Ressentiment*. Introduction by Lewis A. Coser. New York: The Free Press.

Scherrer, Jutta. 1990. "L'érosion de l'image de Lénine." *Actes de la recherche en sciences sociales* 85: 54–69.

Schiltz, M. 1982. "Habitus and Peasantisation in Nigeria: A Yoruba Case Study." *Man* 17, no. 4: 728–746.

Schmidt, James. 1985. *Maurice Merleau-Ponty: Between Phenomenology and Structuralism*. New York: Saint Martin's Press.

Schneider, Joseph W. 1985. "Social Problems Theory: The Constructionist View." *Annual Review of SocioLogy* 11: 209–229.

Schon, Donald. 1983. *The Reflective Practicioner: How Professionals Think in Action*. New York: Basic Books.

Schorske, Carl E. 1981 [1961]. *Fin-de-Siècle Vienna: Politics. and Culture*. New York: Vintage.

Schudson, Michael. 1978. *Discovering the News*. New York: Basic Books.

Schutz, Alfred. 1970. *On Phenomenology and Social Relations*. Edited and with an introduction by Helmut R. Wagner. Chicago: The University of Chicago Press.

Schwenk, Otto G. 1989. "Wohlfahrsstaat, Klasse und Kultur. Eine Prufung der Argumente Pierre Bourdieus im Lichte empirischer Befunde zum Wirken des Wohlfahrtsstaat." *Soziologenkorrespondenz* 13: 155–179.

Scott, James C. 1985. *Weapons of the Weak: Everyday Forms of Peasant Resistance*. New Haven: Yale Univerity Press.

——. 1990. *Domination and the Arts of Resistance: Hidden Transcripts*. New Haven: Yale University Press.

Scott, Joan. 1988. *Gender and the Politics of History*. New York: Columbia University Press.

Searle, John R. 1983. *Intentionality: An Essay in the Philosophy of Mind*. Cambridge: Cambridge University Press.

Sewell, William H., Jr. 1980. *Work and Revolution in France*: *The Language of Labor from the Old Regime to* 1848. Cambridge: Cambridge University Press.

———. 1987. "Theory of Action, Dialectic and History: Comment on Coleman." *American Journal of Sociology* 93, no. 1 (July): 166–172.

———. 1992. "A Theory of Structure: Duality, Agency, and Transformation." *American Journal of Sociology* 98, no. 1 (Forthcoming).

Sharrock, Wes, and Bob Anderson. 1986. *The Ethnomethodologists*. London: Tavistock.

Shusterman, Richard, ed. 1989. *Analytic Aesthetics*. Oxford and New York: Basil Blackwell.

Sica, Alan. 1989. "Social Theory's 'Constituency.'" *The American Sociologist* 20, no. 3 (Fall): 227–241.

Simon, Herbert. 1957. *Models of Man*. New York: Wiley.

Skocpol, Theda R. 1979. *States and Social Revolutions*: *A Comparative Analysis of France, Russia, and China*. Cambridge: Cambridge University Press.

Smelser, Neij J., ed. 1988. *Handbook of Sociology*. Newbury Park, Calif.: Sage Publications.

Snook, Ivan. 1990. "Language, Truth and Power: Bourdieu's 'Ministerium.'" pp.160–180 in *An Introduction to the Work of Pierre Bourdieu*, edited by Richard Harker, Cheleen Mahar, and Chris Wilkes. New York: Saint Martin's Press, 1990.

Snyders, George. 1976. *Ecole, classe et culture de classe. Une relecture critique de Baudelot-Establet, Bourdieu-Passeron et Illich*. Paris: Presses Universitaires de France.

Spector, Malcom, and John I. Kitsuse. 1987. *Constructing Social Problems*. New York: Aldine de Gruyter.

Spencer, J. 1989. "Anthropology as a Kind of Writing." *Man* 24, no. 1: 145–164.

Staub-Bernasconi, Silvia. 1989. "Theoretiker und Praktikerinnen sozialer Arbeit: Essay über symbolische Macht und die Bewegungsgesetze des Bildungscapitals." *Schweizerische Zeitschrift für Sociologie* 14, no. 3 (December): 445–468.

Steinrücke, Margareta. 1989. "Notiz zum Begriff der Habitus bei Bourdieu." *Das Argument* 30, no. 1 (January-February): 92–95.

Stinchcombe, Arthur. 1986. "The Development of Scholasticism." pp.45–52 in *Approaches to Social Theory*. Edited by Siegwart Lidenberg, James S. Coleman, and Stefan Nowak. New York: Russell Sage Foundation.

Strawson, Peter F. 1959. *Individuals: An Essay in Metaphysics*. London: Methuen.

Suaud, Charles. 1978. *La vocation. Conversion et reconversion des prêtres ruraux*. Paris: Editions de Minuit ("Le sens commun").

———. 1982. "Conversions religieuses et reconversions économiques." *Actes de la recherche en sciences sociales* 44/45: 72–94.

———. 1989. "Espace des sports, espace social et effets d'âge. La diffusion du tennis, du squash et du golf dans l'agglomération nantaise." *Actes de la recherche en sciences sociales* 79: 2–20.

Sudnow. David, 1978. *Ways of the Hand: The Organization of Improvised Conduct*. Cambridge: Harvard University Press.

Sulkunen, Pekka. 1982. "Society Made Visible: On the Cultural Sociolgoy of Pierre Bourdieu." *Acta Sociologica* 25, no. 2: 103–115.

Swartz, David. 1977. "Pierre Bourdieu: The Cultural Transmission of Social Inequality." *Harvard Educational Review* 47 (November): 545–554.

———. 1981. "Classes, Educational Systems and Labor Markets." *European JournaL of Sociology* 22, no. 2: 325–353.

Swedberg, Richard. 1990. *Economics and Sociology: Redefining Their Boundaries*. Princeton: Princeton University Press.

Swedberg, Richard, Ulf Himmelstrand, and Göran Brulin. 1987. "The Paradigm of Economic Sociology: Premises and Promises." *Theory and Society* 16, no. 2: 169–214.

Szelenyi, Ivan. 1988. *Socialist Entrepreneurs: Enbourgeoisement in Rural Hungary*. Cambridge: Polity Press; Madison: University of Wisconsin Press.

Sztompka, Piotr. 1986. *Robert K. Merton: An Intellectual Profile*. New York: Saint Martin's Press.

———. 1991. *Society in Action: The Theory of Social Becoming*. Chicago: The

University of Chicago Press; Cambridge: Polity Press.

Terdiman, Richard. 1985. *Discourse /Counterdiscourse*: *The Theory and Practice of Symbolic Resistance*. Ithaca, N. Y.: Cornell University Press.

Terray, Emmanuel. 1990. *La Politique dans la caverne*. Paris: Editions du Seuil.

Thapan, Meenakshi. 1988. "Some Aspects of Cultural Reproduction and Pedagogic Communication." *Economic and Political* Weekly, March 19, 592–596.

Thévenot, Laurent. 1979. "Une jeunesse difficile. Les fonctions sociales du flou et de la rigueur dans les classements." *Actes de la recherche en sciences sociales* 26/27: 3–18.

Thompson, E. P. 1963. *The Making of the English Working Class*. Harmondsworth: Penguin.

Thompson, John B. 1984. "Symbolic Violence: Language and Power in the Sociology of Pierre Bourdieu." pp.42–72 in *Studies in the Theory of Ideology*. Cambridge: Polity Press.

———. 1991. Editor's introduction. In Pierre Bourdieu, *Language and Symbolic Power*. Cambridge: Polity Press; Cambridge: Harvard University Press.

Tiles, Mary. 1984. *Bachelard: Science, and Objectivity*. Cambridge: Cambridge University Press.

Tilly, Charles. 1986. *The Contentious French: Four Centuries of Popular Struggles*. Cambridge: Harvard University Press.

———. 1990. *Coercion, Capital, and European States. A. D. 990–1990*. New York: Basil Blackwell.

Timms, Edward. 1986. *Karl Kraus-Apocatyptic Satirist: Culture and Catastrophe in Habsburg Vienna*. New Haven: Yale University Press.

Traweek, Susan. 1989. *Beamtimes and Lifetimes: The World of High-Energy Physicists*. Cambridge: Harvard University Press.

Turner, Jenny. 1990. "Academicus Unchained." *City Limits*, January 4–11.

Turner, Jonathan. 1987. "Analytic Theorizing." pp.156–194 in *Social Theory Today*. Edited by Anthony Giddens and Jonathan Turner. Cam bridge: Polity

Press.

Tyler, Stephen A. 1987. *The Unspeakable: Discourse, Dialogue, and Rhetoric in the Postmodern World.* Madison: University of Wisconsin Press.

Urry, John. 1990. *The Tourist Gaze: Leisure and Travel in Contemporary Society.* Newbury Park, Calif.: Sage Publications.

Van Maanen, John. 1988. *Tales of the Field: On Writing Ethnography.* Chicago: The University of Chicago Press.

Van Parijs, Philippe. 1981,"Sociology as General Economics." *European Journal of Sociology* 22, no. 2: 299-324.

Verboven, Dick. 1989. "Bourdieu in breder perspectif: parallellen en divergenties tussen de praxeologische benaderingen van Leuven en Gent." *Antropologische Verkenningen* 8, no. 2 (Summer): 1-7.

Verdes-Leroux, Jeannine. 1976. "Pouvoir et assistance: cinquante ans de service social." *Actes de la recherche en sciences sociales* 2/3: 152-172.

——. 1978. *Le travail social.* Paris: Editions de Minuit ("Le sens commun").

——. 1981. "Une institution totale auto-perpétuée: le Parti Communiste Français." *Actes de la recherche en sciences sociales* 36/ 37: 33-63.

Verger, Annie. 1982. "L'artiste saisi par l'école Classements scolaires et 'vocation' artistique." *Actes de la recherche en sciences sociales* 42: 19-32.

——. 1987. "L'art d'estimer l'art. Comment classer l'incomparable." *Actes de la recherche en sciences sociales* 66/67: 105-121.

Vernier, Bernard. 1985. "Stratégies matrimoniales et choix d'objet incestueux. Dôt, diplôme, liberté sexuelle, prénom." *Actes de la recherche en sciences sociales* 57/58: 3-27.

——. 1989. "Fétichisme du nom, échanges affectifs intra-farniliaux et affiniés éllèctives." *Actes de la recherche en sciences sociales* 78: 2-17.

Vervaëck, Bart. 1989. "Over lijnen, cirkels en spiralen: een kritiek op Pierre Bourdieu." *Antropologische Verkenningen* 8, no. 2 (Summer): 8-17.

Viala, Alain. 1985. *Naissance de l'écrivain. Sociologie de la littérature à l'âge classique.* Paris: Editions de Minuit ("Le sens commun").

———. 1988. "Prismatic Effects." *Critical Inquiry* 14, no. 3 (Spring): 563–ê73.

Villette, Michel. 1976. "Psychosociologie d'entreprise et rééducation morale." *Actes de la recherche en sciences sociales* 4: 47–65.

Wacquant, Loïc J. D. 1987. "Symbolic Violence and the Making of the French Agriculturalist: An Inquiry Into Pierre Bourdieu's Sociology." *Australian and New Zealand Journal of Sociology* 23, no. 1 (March): 65–88.

———. 1989a. "Corps et âme: notes ethnographiques d'un apprenti-boxeur." *Actes de la recherche en sciences sociales* 80: 36–67.

———. 1989b. "Toward a Reflexive Sociology: A Workshop with Pierre Bourdieu." *Sociological Theory* 7, no. I (Spring): 26–63.

———. 1989c. "Portraits académiques. Autobiographie et censure scientifique dans la sociologie américaine." *Revue de l'Institut de Sociologie* 1/2: 143–154.

———. 1990a. "Sociology as Socio-Analysis: Tales of 'Homo Academicus.'" *Sociological Forum* 5, no. 4 (Winter): 677–689.

———. 1990b. "Exiting Roles or Exiting Role Theory? Critical Notes on Ebaugh's 'Becoming An Ex.'" *Acta Sociologica* 33, no. 4 (Winter): 397–404.

———. 1992. "Bourdieu in America: Notes on the Transatlantic Importation of Social Theory." Forthcoming in Calhoun, LiPuma, and Postone 1992.

Wacquant, Loïc J. D., and Craig Jackson Calhoun. 1989. "Intérêt, rationalité et culture. A propos d'un récent débat sur la théorie de l'action." *Actes de la recherche en sciences sociales* 78: 41–60.

Wallace, Walter L. 1988. "Toward a Disciplinary Matrix in Sociology." pp.23–76 in *Handbook of Sociology*. Edited by Neil J. Smelser. Newbury Park: Sage Publications.

Weber, Max. 1949. *The Methodology of the Social Sciences*. Edited by Edward A. Shils and Henry A. Finch. Glencoe, Ill.: The Free Press.

Weber, Max. 1978 [1918-20]. *Economy and Society*. Berkeley and Los Angeles: University of California Press.

Weis, Lois, ed. 1988. *Class, Race, and Gender in American Education*. Albany: State University of New York Press.

Wexler, Philip. 1987. *The New Sociology of Education*. London: Routledge.

Wiley, Norbert. 1990. "The History and Politics of Recent Sociological Theory." pp.392-415 in *Frontiers of Social Theory: The New Syntheses*. Edited by George Ritzer. New York: Columbia University Press.

Willis, Paul. 1977. *Learning to Labour: How Working-Class Kids Get Working-Class Jobs*. New York: Columbia University Press.

———1983. "Cultural Production and Theories of Reproduction." In *Race, Class, and Education*. Edited by L. Barton and S. Walker. London: Croom-Helm.

Wilson, Elizabeth. 1988. "Picasso and pâté de foie gras. Pierre Bourdieu's Sociology of Culture." *Diacritics* 18, no. 2 (Summer): 47-60.

Winckler, Joachim. 1989. "'Monsieur le Professeur!' Anmerkungen zur Soziologie Pierre Bourdieus." *Sociologia Internationatis* 27, no. 1: 5-18.

Winkin, Yves. 1990. "Goffman et les femmes." *Actes de la recherche en sciences sociales* 83: 57-61.

Wippler, Reinhard. 1990. "Cultural Resources and Participation in High Culture." pp.187-204 in *Social Institutions: Their Emergence, Maintenance, and Effects*. Edited by Michael Hechter, Karl-Dieter Opp, and Reinhard Wippler. New York: Aldine Publishing Company.

Wittgenstein, Ludwig. 1977. *Vermischte Bemerkungen*. Frankfurt: Suhrkamp Verlag.

———. 1980. *Remarks on The Philosophy of Psychology*. Oxford: Basil Blackwell.

Wolfe, Alan. 1989a. *Whose Keeper? Social Science and Moral Obligation*. Berkeley and Los Angeles: University of California Press.

———. 1989b. "Market, State, and Society as Codes of Moral Obligation." *Acta Sociologica* 32, no. 3: 221-236.

Woolard, K. 1985. "Language Variation and Cultural Hegemony: Towards an Integration of Sociolinguistics and Social Theory." *American Ethnologist* 12: 738-748.

Woolf, Stuart, ed. 1991. *Domestic Strategies: Work and Family in France and*

Italy. 1600–1800. Cambridge: Cambridge University Press; Paris: Editions de la Maison des sciences de l'homme.

Woolf, Virginia. 1987[1927]. *To the Lighthouse*. New York: Harvest/HBJ Books.

Woolgar, Steve, ed. 1988. *Knowledge and Reflexivity: New Frontiers in the Sociology of Knowledge*. London: Sage.

Wrong, Dennis, 1961. "The Oversocialized Conception of. Man." *American SociologicaL Review* 26: 183–193.

Yamamoto, Tetsuji. 1988. *Power /Practices /Discourse: Foucault, Bourdieu, Illich*, Tokyo: Discours.

Zarca, Bernard. 1979. "Artisanat et trajectoires sociales." *Actes de la recherche en sciences sociales* 29: 3–26.

Zelizer, Viviana. 1988. "Beyond the Polemics on the Market: Establishing a Theoretical and Empirical Agenda." *Sociological Forum* 3, no. 4 (Fall): 614–634.

Zolberg, Vera. 1986. "Taste as a Social Weapon." *Contemporary Sociology* 15, no. 4 (July): 511–515.

———. 1990. *Constructing a Sociology of the Arts*. Cambridge: Cambridge University Press.

Zukin, Sharon, and Paul DiMaggio, eds. 1990. *Structures of Capital: The Social Organization of the Economy*. Cambridge: Cambridge University Press.

Zukerman Harriet. 1988. "The Sociology of Science." pp.511–574 in *Handbook of Sociology*. Edited by Neil J. Smesler. Newbury Park, Calif.: Sage.

人名索引

（所标数字为原书页码，即本书边码）

A

阿博特，安德鲁 Abbott, Andrew, 242
阿代尔，菲利普 Adair, Philippe, 115n. 67
阿德尔森，凯瑟琳·派恩 Addelson, Katharine Pyne, 157
阿尔都塞，路易 Althusser, Louis, 8, 19, 155n. 111, 156, 164, 251n. 49
阿卡多，阿兰 Accardo, Alain, 2n. 1
阿隆，雷蒙 Aron, Raymond, 46, 46n. 83
阿伦特，汉娜 Arendt, Hannah, 102n. 55
阿罗诺维茨，斯坦利 Aronowitz, Stanley, 79
阿佩尔，奥托 Apel, Otto, 139
阿什莫尔，马尔科姆 Ashmore, Malcolm, 36n. 63, 43n. 77
阿特金森，保罗 Atkinson, Paul, 41n. 72
埃德尔，克劳斯 Eder, Klaus, 2n. 1, 6n. 10
埃尔德里奇，约翰 Eldridge, John, 80n. 24
埃尔诺，安妮 Ernaux, Annie, 205n. 166
埃尔斯特，约恩 Elster, Jon, 25n. 44, 40n. 70, 52, 79n. 23, 123, 126, 126n. 80
埃朗，弗朗索瓦 Héran, François, 122
埃里蓬，迪迪埃 Eribon, Didier, 56n. 102, 64n. 3
埃利亚斯，诺贝特 Elias, Norbert, 15, 15n. 27, 50n. 88, 55, 91, 91n. 35, 92-93, 92n. 36, 93nn. 39-40, 97, 181, 189, 241n. 36
艾布拉姆斯，菲利普 Abrams, Philip, 16, 91n. 35
艾尔曼，R. T. Eyerman, R. T., 4n. 4
安德森，鲍勃 Anderson, Bob, 40, 144
安萨尔，皮埃尔 Ansart, Pierre, 2n. 1, 11n. 21, 132n. 85
奥布莱恩，玛丽 O'Brien, Mary, 173
奥尔巴赫，埃里希 Auerbach, Erich, 124
奥尔曼，伯特尔 Ollman, Bertell, 16n. 30
奥尔森，曼库 Olson, Mancur, 125n. 79
奥格斯坦，鲁多夫 Augstein, Rudof, 154n. 109

人名索引

奥克斯, 珍妮 Oakes, Jeannie, 79n. 20

奥里, 帕斯卡 Ory, Pascal, 25n. 45, 53n. 96

奥尼尔, 约翰 O'Neill, John, 36n. 63, 38

奥斯特, 丹尼尔 Oster, Daniel, 61

奥斯特罗, 詹姆斯·M. Ostrow, James M., 20n. 36, 115n. 67, 122, 122n. 77

奥斯汀, J. L. Austin, J. L., 147-148, 148n. 100, 169

奥特纳, 谢里·B. Ortner, Sherry B., 2n. 1, 10n. 19

B

巴赫金, 米哈伊尔 Bakhtin, Mikhail, 141

巴纳德, 亨利 Barnard, Henri, 41, 41n. 73, 42n. 75, 66n. 8

巴什拉, 加斯东 Bachelard, Gaston, 5n. 7, 35, 35n. 60, 45n. 82, 73, 74, 95n. 43, 161n. 115, 174, 177n. 132, 181, 194, 195n. 155, 233, 251n. 49

巴特, 罗兰 Barthes, Roland, 154, 156

柏拉图 Plato, 128, 158

拜塞尔, 尼克拉 Beisel, Nicola, 4n. 4

班松, 米歇尔 Pinçon, Michel, 81n. 25

邦构, 阿兰 Bancaud, Alain, 243n. 39

鲍德温, 约翰·B. Baldwin, John B., 122n. 77

鲍尔斯, 萨缪尔 Bowles, Samuel, 80n. 24

鲍威尔, 沃尔特·W. Powell, Walter W., 118n. 71, 132n. 85

贝尔, 丹尼尔 Bell, Daniel, 77n. 17

贝克尔, 霍华德 Becker, Howard, 110n. 63

贝克尔, 加里 Becker, Gary S., 25n. 45, 115n. 67, 118

贝拉, 罗伯特 Bellah, Robert, 49, 50n. 90

贝雷尔森, 伯纳德 Berelson, Bernard, 96

贝斯特, 乔尔 Best, Joel, 239n. 30

本维尼斯特, 埃米尔 Benveniste, Emile, 147

本泽克里, 让-皮埃尔 Benzécri, Jean-Pierre, 96n. 47

比代, 雅克 Bidet, Jacques, 79, 135-36

比格利, 莱昂纳德 Beeghley, Leonard, 241n. 37

毕尔格, 彼得 Bürger, Peter, 2n. 1, 87, 151n. 107

毕沙罗, 卡米耶 Pissarro, Camille, 93

波尔纳, 梅尔文 Pollner, Melvin, 37n. 64, 71

波拉克, 迈克尔 Pollak, Michael, 212n. 175, 225n. 12, 239n. 31

波兰尼, 卡尔 Polanyi, Karl, 165

波斯东, 摩西 Postone, Moishe, 2n. 1

波西罗, 克里斯廷 Pociello, Christian, 93n. 40

伯格, 彼得 Berger, Peter, 9n. 17

伯杰, 本内特 Berger, Bennett, 36n. 63, 37, 38, 38n. 68, 43n. 77, 63n. 2, 80n. 24, 205n. 166

伯克, 肯尼斯 Burke, Kenneth, 30, 102n. 55

博恩, 弗朗索瓦 Bon, François, 2n. 1

博恩，柯妮莉亚 Bohn, Cornelia, 2n. 1, 104n. 56

博尔坦斯基，吕克 Boltanski, Luc, 14, 26, 94n. 42, 142n. 95, 145, 160, 206n. 167, 221n. 4, 238n. 29, 239n. 31, 243n. 40, 262

博斯凯蒂，安娜 Boschetti, Anna, 155n. 111, 243n. 41

布弗海斯，雅克 Bouveresse, Jacques, 196n. 157

布赖恩特，C. G. A. Bryant, C. G. A., 31, 176n. 130

布兰森，简 Branson, Jan, 3n. 3, 132n. 85

布朗，理查德·哈维 Brown, Richard Harvey, 50

布朗肖，莫里斯 Blanchot, Maurice, 154n. 109

布劳，彼得 Blau, Peter, 23

布林特，史蒂文 Brint, Steven, 79n. 20

布卢尔，大卫 Bloor, David, 36n. 63, 37, 43n. 77, 71

布鲁贝克，罗杰斯 Brubaker, Rogers, 3n. 3, 5n. 8, 35n. 62, 223n. 8, 261

布鲁默，赫伯特 Blumer, Herbert, 9n. 17, 23

布鲁奈尔，保罗 Brunell, Paul, 154n. 109

布罗代尔，费尔南 Braudel, Fernand, 16, 46, 46n. 83, 156

布罗迪，唐纳德 Broady, Donald, 2n. 1, 5n. 7, 79n. 20

布洛克，莫里斯 Bloch, Maurice, 10n. 19

布吕林，戈兰 Brulin, Goran, 118n. 71

布欧约尔，安妮 Boigeol, Anne, 243n. 39

布儒瓦，菲利普 Bourgois, Philippe, 82n. 26

布希亚，让 Baudrillard, Jean, 154

D

达贝尔，阿兰 Darbel, Alain, 85, 88n. 33, 154

达恩顿，罗伯特 Darnton, Robert, 90n. 34, 92, 92n. 36

达尔，罗伯特 Dahl, Robert, 229n. 20

达尔文，查尔斯 Darwin, Charles, 132

达雷，扬 Daré, Yann, 239n. 31

戴维森，阿诺德·I. Davidson, Arnold I., 154n. 109

戴维斯，娜塔莉·泽蒙 Davis, Nathalie Zemon, 91n. 35

道格拉斯，玛丽 Douglas, Mary, 5n. 7, 10n. 19

德尔索，伊薇特 Delsaut, Yvette, 94n. 42, 106n. 59, 148n. 101, 161n. 117

德朗热，罗伯特 de Lange, Robert, 79n. 20

德雷弗斯，于贝尔·L. Dreyfus, Hubert L., 2n. 1, 25n. 46, 48n. 86

德里达，雅克 Derrida, Jacques, 2n. 1, 45n. 80, 47, 54n. 98, 63–64, 154n. 109, 154–155, 156, 180n. 134, 231n. 23

德罗西埃，阿兰 Desrosières, Alain, 29n. 51

德乔治，费尔南德 DeGeorge, Fernande,

人名索引

16n. 30

德乔治，理查德　DeGeorge, Richard, 16n. 30

德萨雷，伊夫　Dezalay, Yves, 99n. 51, 243n. 39, 245n. 44

德斯坦，瓦莱里·吉斯卡尔　Giscard d'Estaing, Valery, 212

德特勒夫，米勒　Detleff, Müller, 79n. 20

邓宁，埃里克　Dunning, Eric, 93n. 39

狄尔泰，威廉　Dilthey, Wilhelm, 185n. 138

迪玛奇奥，保罗　DiMaggio, Paul, 4n. 4, 77n. 17, 79, 84n. 30, 95n. 44, 118n. 71, 132n. 85, 261

迪普雷尔，尤金　Dupréel, Eugene, 160

笛卡尔，勒内　Descartes, René, 5, 20, 25, 49, 122, 129, 137, 241

第谷　Brahe, Tycho, 125

蒂埃斯，安妮-玛丽　Thiesse, Anne-Marie, 206n. 167

蒂利，查尔斯　Tilly, Charles, 16, 91, 91n. 35, 92n. 3f

蒂姆斯，爱德华　Timms, Edward, 212n. 175

杜比，乔治　Duby, Georges, 55n. 101

杜梅泽尔，乔治　Dumézil, Georges, 97, 156

杜威，约翰　Dewey, John, 84, 122, 122n. 77

多布里，米歇尔　Dobry, Michel, 2n. 1

E

厄里，约翰　Urry, John, 4n. 4, 25n. 44

厄西姆，迈克尔　Useem, Michael, 77n. 17

恩普森，W.　Empson, W., 83

F

法比亚尼，让-路易　Fabiani, Jean-Louis, 17n. 31, 94n. 42, 102n. 54, 155n. 111

法比尤斯，劳伦斯　Fabius, Laurent, 57n. 105

法卡斯，乔治　Farkas, George, 4n. 4

法里亚斯，维克托　Farias, Victor, 154n. 109

范马楠，约翰　Van Maanen, John, 41n. 72

范帕里斯，菲利普　Van Parijs, Philippe, 24n. 43

菲雷，吕克　Ferry, Luc, 65n. 6, 180n. 134

菲利普斯，伯纳德·S.　Phillips, Bernard S., 71n. 11

菲斯克，阿兰·佩奇　Fiske, Alan Page, 115n. 67

菲尤，让-克劳德　Filloux, Jean-Claude, 49

费恩，米歇尔　Fine, Michelle, 79n. 20

费瑟斯通，迈克　Featherstone, Mike, 4n. 4

费希尔，迈克尔·M. J.　Fisher, Michael M. J., 72

费耶阿本德，保罗　Feyerabend, Paul, 30

丰克劳，阿兰　Finkelkraut, Alain, 55

弗兰切斯卡，皮耶罗·德拉　Francesca, Piero della, 93

弗里德里克斯，罗伯特 Friedrichs, Robert, 38

弗里德曼，乔纳森 Friedman, Jonathan, 10n. 19

弗里德森，埃利奥特 Friedson, Elliott, 242

弗洛伊德，西格蒙德 Freud, Sigmund, 132

伏瓦克，巴特 Vervaeck, Bart, 6n. 10, 11n. 20

福多尔，杰里·A. Fodor, Jerry A., 141

福柯，米歇尔 Foucault, Michel, 25n. 46, 47, 47n. 84, 48n. 86, 55-56, 63-64, 64n. 3, 94n. 41, 156, 167, 180, 180n. 134, 189n. 145, 195-196, 196n. 156, 213n. 23

福克纳，威廉 Faulkner, William, 206, 206n. 167, 207

福克斯，罗宾 Fox, Robin, 132n. 85

福利，道格拉斯·E. Foley, Douglas E., 80n. 24

福楼拜，古斯塔夫 Flaubert, Gustave, 86, 90, 100, 184, 205, 206n. 167, 208, 221

福内尔，米歇尔·德 Fornel, Michel de, 148n. 100

福塞-波利亚克，克劳德 Fossé-Polliak, Claude, 241n. 284

G

伽达默尔，汉斯-格奥尔格 Gadamer, Hans-Georg, 154n. 109

盖里利，阿兰·德 Kérily, Alain de, 86

甘斯，赫伯特 Gans, Herbert J., 77, 77n. 17

冈博尼，达里奥 Gamboni, Dario, 2n. 1, 94n. 41

戈德，K. L. Gorder, K. L., 135

戈德利耶，莫里斯 Godelier, Maurice, 10n. 19

戈德曼，吕西安 Goldmann, Lucien, 69

戈夫曼，欧文 Goffman, Erving, 37, 144n. 96, 145, 181, 189, 205, 221n. 4

哥白尼 Copernicus, Nicolaus, 132

格鲍尔，贡特尔 Gebauer, Gunther, 2n. 1

格尔茨，克利福德 Geertz, Clifford, 10n. 19, 41, 41n. 72, 72, 185

格拉诺维特，马克 Granovetter, Mark, 118n. 71

格里尼翁，克劳德 Grignon, Claude, 84n. 29, 94n. 42

格鲁克斯曼，安德烈 Glucksman, Andre, 55

格罗，弗朗索瓦 Gros, François, 55n. 101

格罗塞蒂，米歇尔 Grossetti, Michel, 118n. 72

格罗休伊森，伯纳德 Groethuysen, Bernard, 209, 209n. 171

格特，汉斯 Gerth, Hans, 17

葛兰西，安东尼奥 Gramsci, Antonio, 47, 47n. 84, 168n. 123

葛兰言 Granet, Marcel, 12n. 24

宫岛刚 Miyajima, Takashi, 79n. 20

古德温，玛乔丽·哈尼斯 Goodwin,

人名索引

Marjorie Harness, 144n. 96

古迪纳夫，沃德 Goodenough, Ward, 11n. 23

古尔德纳，埃尔文 Gouldner, Alvin, 4n. 4, 36n. 63, 38, 38nn. 67–68, 39n. 69, 40, 71, 71n. 11, 72

古尔维奇，乔治 Gurvitch, Georges, 161n. 115

广松涉 Hiromatsu, W., 16n. 30

H

哈贝马斯，尤尔根 Habermas, Jürgen, 47, 139, 147, 154n. 109, 156, 188, 189

哈布瓦赫，莫里斯 Halbwachs, Maurice, 58, 59n. 106, 241n. 38

哈恩，O. Hahn, O., 161n. 116

哈尔西，A. H. Halsey, A. H., 79n. 21

哈克，汉斯 Haacke, Hans, 110

哈克，理查德·K. Harker, Richard K., 2n. 1, 3n. 3, 6n. 9, 11n. 21, 80n. 24, 115n. 67, 132n. 85

哈雷文，塔马拉·K. Hareven, Tamara K., 164

哈里斯，马文 Harris, Marvin, 10n. 19

海德格尔，马丁 Heidegger, Martin, 20, 21n. 37, 122, 128, 137n. 91, 150–151, 153n. 108, 154n. 109, 155n. 111, 156n. 112

海德格尔与纳粹主义 and Nazism, 151–152

海德格尔的政治思想 political thought of, 152–153, 153–155

汉克斯，威廉·F. Hanks, William F., 2n. 1

赫伯迪格，迪克 Hebdige, Dick, 80n. 24

赫希曼，阿尔伯特 Hirschman, Albert, 116n. 70

黑格尔，乔治·威廉·弗里德里希 Hegel, Georg Wilhelm Friedrich, 40, 121, 123, 156n. 112, 261

亨利，南希 Henley, Nancy, 173n. 127

亨特，琳 Hunt, Lynn, 91n. 35, 92n. 36

胡塞尔，埃德蒙 Husserl, Edmund, 20, 73, 77, 111, 121, 129, 137n. 91, 169, 181

华康德 Wacquant, Loïc J. D., 3n. 3, 6, 18n. 32, 21n. 37, 23n. 42, 36, 40n. 70, 43n. 77, 47n. 84, 58, 65n. 6, 76n. 16, 79, 92n. 38, 112n. 65, 123, 147n. 99, 210n. 173, 213n. 176

华莱士，沃尔特·L. Wallace, Walter L., 35n. 62, 129, 176n. 129

惠更斯，克里斯蒂安 Huygens, Christian, 99

霍布斯鲍姆，埃里克·J. Hobsbawm, Eric J., 91, 92nn. 36–37

霍尔，斯图尔特 Hall, Stuart, 80n. 24

霍夫曼，斯坦利 Hoffman, Stanley, 78n. 18, 203n. 164

霍加特，理查德 Hoggart, Richard, 80n. 24, 205n. 166

霍耐特，阿克塞尔 Hönneth, Axel, 24, 33, 64n. 4, 261

J

基崔斯，约翰·I. Kitsuse, John I., 239n. 30

吉登斯，安东尼 Giddens, Anthony, 3n. 3, 31, 31n. 53, 35n. 62, 36n. 63, 37, 37n. 65, 38n. 66, 48, 65n. 5

吉鲁，亨利 Giroux, Henri, 79, 79n. 21, 82, 132n. 85, 135-136

吉罗，皮埃尔 Guiraud, Pierre, 149

吉森，伯恩哈特 Giesen, Bernhard, 3n. 3, 162

加芬克尔，哈罗德 Garfinkel, Harold, 9, 9n. 17, 10n. 18, 11n. 23, 36n. 63, 37, 71, 73

加里古，阿兰 Garrigou, Alain, 238n. 29

加纳姆，尼克拉斯 Garnham, Nicholas, 4, 80n. 24, 87, 261

加斯菲尔德，约瑟夫 Gusfield, Joseph, 239n. 30

加特曼，大卫 Gartman, David, 24, 79, 132n. 85, 192n. 150

杰，马丁 Jay, Martin, 91n. 35

杰克逊，迈克尔 Jackson, Michael, 20

今村 Imamura, H., 16n. 30

金斯伯格，费伊 Ginsburg, Faye, 239n. 31

K

卡茨，J. J. Katz, J. J., 141

卡茨，迈克尔·B. Katz, Michael B., 241n. 37

卡尔霍恩，克莱格 Calhoun, Craig J., 2n. 1, 40n. 70, 47n. 84, 123, 132n. 85, 247n. 45

卡拉贝尔，杰里 Karabel, Jerry, 79nn. 20-21, 100-101

卡拉第，维克托 Karady, Victor, 94nn. 41-42

卡米克，查尔斯 Camic, Charles, 122n. 77

卡普，伊万 Karp, Ivan, 3n. 3

卡普兰，亚伯拉罕 Kaplan, Abraham, 28, 30n. 52, 226n. 16

卡奇利斯，约翰 Katsilis, John, 4n. 4

卡萨诺瓦，帕斯卡莱 Casanova, Pascale, 56n. 102

卡斯托里阿迪斯，科尔内留斯 Castoriadis, Cornelius, 102n. 55

卡瓦耶，让 Cavaillès, Jean, 5n. 7

卡西尔，恩斯特 Cassirer, Ernst, 15n. 27, 181, 228, 261

卡耶，阿兰 Caillé, Alain, 2n. 1, 24, 115n. 67

凯洛格，W. N. Kellogg, W. N., 191

凯斯滕鲍姆，维克托 Kestenbaum, Victor, 22n. 38, 122

康德，伊曼纽尔 Kant, Immanuel, 4, 40n. 70, 78, 88, 156n. 112, 158, 170, 189n. 145, 203, 261

康归翰，乔治 Canguilhem, Georges, 5n. 7, 30n. 52, 45n. 82, 94n. 41

康纳顿，保罗 Connerton, Paul, 122n. 77, 223n. 6

康奈尔，R. W. Connell, R. W., 13n. 25, 79,

人名索引

80n. 24

考皮，尼洛 Kauppi, Nillo, 156, 198n. 159

柯林斯，兰道尔 Collins, Randall, 3n. 3, 4n. 4, 32n. 55, 37n. 64, 79, 79nn. 20, 22, 122n. 77, 157, 175, 242

柯奇巴，赫尔曼 Kocyba, Hermann, 33, 64n. 4, 261

柯瓦雷，亚历山大 Koyré, Alexandre, 77

科尔班，阿兰 Corbin, Alain, 91, 91n. 35

科尔曼，詹姆斯 Coleman, James, 23, 25, 32n. 55, 40n. 70, 122, 188n. 143, 225n. 13

科尔楠，哈利 Coenen, Harry, 3n. 3, 11n. 20

科克托，让 Cocteau, Jean, 84

科里根，保罗 Corrigan, Paul, 80n. 24

科塞，刘易斯·A. Coser, Lewis A., 176n. 129

科森，大卫 Corson, David, 2n. 1

科特，A Kot, A., 115n. 67

克拉克，特里·N. Clark, Terry N., 177, 177n. 131

克拉克，约翰 Clarke, John, 80n. 24

克劳斯，卡尔 Kraus, Karl, 47n. 84, 56, 212, 212n. 175

克雷西，唐纳德 Cressey, Donald, 205n. 166

克里斯坦，罗西纳 Christin, Rosine, 104n. 58, 110n. 64, 118n. 71, 144n. 96, 239n. 32

克利福德，詹姆斯 Clifford, James, 36n. 63, 41n. 72, 72

克罗，G. Crow, G., 164

克诺尔-塞蒂纳，卡琳 Knorr-Cetina, Karin, 16n. 28

克诺克，大卫 Knoke, David, 113

孔德，奥古斯特 Comte, Auguste, 30, 30n. 52, 54n. 98, 146, 176, 176n. 129

库恩，托马斯 Kuhn, Thomas, 176, 223n. 7

库尔诺，安托万 Cournot, Antoine, 91

库克森，小彼得·W. Cookson, Peter W., Jr., 4n. 4, 79n. 20

库朗，阿兰 Coulon, Alain, 11n. 23

库什曼，迪克 Cushman, Dick, 41n. 72

蒯因，维拉德·范·奥尔曼 Quine, Willard Van Orman, 35n. 60, 96

L

拉比诺，保罗 Rabinow, Paul, 25n. 46, 41, 42n. 74, 48n. 86, 49n. 87, 185

拉波波特，罗伊·A. Rappoport, Roy A., 10n. 19

拉波夫，威廉 Labov, William, 143, 229n. 20

拉博埃西 La Boétie, Etienne de, 24

拉尔森，马加利·萨尔法蒂 Larson, Magali Sarfatti, 242

拉夫，让 Lave, Jean, 21n. 37

拉格拉夫，罗斯-玛丽 Lagrave, Rose-Marie, 94n. 42

拉康，雅克 Lacan, Jacques, 180n. 134

拉克鲁瓦，伯纳德 Lacroix, Bernard, 49

拉克斯，伯纳德 Laks, Bernard, 149n. 104

拉库-拉巴特, 菲利普　Lacoue-Labarthe, Philipe, 154, 154n. 109

拉罗, 安妮特　Lareau, Annette, 4n. 4, 94n. 44

拉蒙, 米歇尔　Lamont, Michèle, 4n. 4, 95n. 44

拉什, 斯科特　Lash, Scott, 25n. 44, 40n. 71, 49

拉图尔, 布鲁诺　Latour, Bruno, 223n. 7

拉扎斯菲尔德, 保罗　Lazarsfeld, Paul, 34, 175, 225, 225n. 12

莱布尼茨, 戈特弗里德·威廉　Leibniz, Gottfried Wilhelm, 131, 137, 217, 223

莱佩尼斯, 沃尔夫　Lepenies, Wolf, 208

莱温, 劳伦斯·W.　Levine, Lawrence W., 77n. 17, 84n. 30

莱温, 唐纳德·N.　Levine, Donald N., 23n. 40

兰姆, 斯蒂芬　Lamb, Stephen, 4n. 4

朗, 丹尼斯　Wrong, Dennis, 10n. 18

朗西埃, 雅克　Rancière, Jacques, 52, 115n. 67

劳曼, 爱德华·O.　Laumann, Edward O., 113

劳斯, 约瑟夫　Rouse, Joseph, 223n. 7

勒巴尔, 米歇尔　Lebart, Michel, 96n. 47

勒福尔, 克劳德　Lefort, Claude, 102n. 55

勒克曼, 托马斯　Luckmann, Thomas, 9n. 17

勒鲁瓦·拉杜里, 埃马纽埃尔　LeRoy Ladurie, Emmanuel, 54n. 98, 231n. 23

勒默特, 查尔斯·C.　Lemert, Charles C., 91n. 35, 132n. 85

勒努瓦, 雷米　Lenoir, Rémi, 40, 94n. 42, 238, 238n. 29, 241n. 38

勒温, 库尔特　Lewin, Kurt, 97

勒温, 摩西　Lewin, Moshe, 91, 91n. 35, 92n. 36, 97

雷贝里尤, 玛德琳　Rébérioux, Madeleine, 2n. 1

雷卡亚蒂, R.　Récanati, R., 148

雷默尔, 杰弗里·M.　Riemer, Jeffrey M., 93n. 40

雷诺, 阿兰　Renault, Alain, 65n. 6, 180n. 134

李, 奥维尔　Lee, Orville, III, 42n. 75

里彻, 劳伦特　Richer, Laurent, 115n. 67

里茨尔, 乔治　Ritzer, George, 31, 31n. 53

里斯曼, 大卫　Riesman, David, 37

里乌, 让-皮埃尔　Rioux, Jean-Pierre, 45n. 81

利奥塔, 让-弗朗索瓦　Lyotard, Jean-François, 154

利伯森, 斯坦利　Lieberson, Stanley, 28n. 49

利科, 保罗　Ricoeur, Paul, 20n. 35, 179

利普马, 爱德华　LiPuma, Edward, 2n. 1

利奇, 埃德蒙　Leach, Edmund, 10n. 19

列维, 伯纳德-亨利　Lévy, Bernard-Henri, 55

列维-斯特劳斯, 克劳德　Lévi-Strauss, Claude, 8, 16, 42, 42n. 75, 46, 46n. 83, 97, 156, 163, 261

人名索引

林格，弗里茨　Ringer, Fritz, 2n. 1, 79n. 20, 91n. 35

卢卡奇，乔治　Lukács, Georg, 69

卢克，克里斯廷　Luker, Kristin, 239n. 31

卢曼，尼克拉斯　Luhmann, Niklas, 102, 104nn. 56, 58

鲁阿内，亨利　Rouanet, Henri, 96n. 47

鲁滨逊，理查德　Rubinson, Richard, 4n. 4

罗宾斯，德雷克　Robbins, Derek, 2n. 1

罗杰斯，苏珊·卡罗尔　Rogers, Susan Carol, 81n. 25

罗卡尔，米歇尔　Rocard, Michel, 55n. 101

罗萨尔多，雷纳托　Rosaldo, Renato, 2n. 1, 42n. 74, 72

罗森布拉姆，南希　Rosenblum, Nancy, 205n. 166

罗斯，乔治　Ross, George, 53

罗西，彼得·H.　Rossi, Peter H., 28, 244n. 43

洛德，阿尔伯特·B.　Lord, Albert B., 21n. 37

"逻辑悖反"　Collectif 'Révoltes Logiques,' 2n. 1

M

马丁，比尔　Martin, Bill, 4n. 4

马尔库斯，乔治·E.　Marcus, George E., 36n. 63, 41n. 72, 72

马戈利斯，约瑟夫　Margolis, Joseph, 154n. 109

马格奇奥里，罗伯特　Maggiori, Robert, 154n. 109

马哈，舍林　Mahar, Cheleen, 2n. 1, 3n. 3, 6n. 9, 11n. 21, 80n. 24, 115n. 67, 132n. 85

马基雅维利，尼科洛　Machiavelli, Niccolò, 50n. 91

马克思，卡尔　Marx, Karl, 8, 8n. 14, 13, 16, 95n. 43, 97, 121, 121n. 76, 123, 126, 130, 160, 181, 197, 224, 250, 261

马雷斯卡，西尔万　Maresca, Sylvain, 94n. 42, 147n. 99

马林，S.　Mallin, S., 22

马林，路易　Marin, Louis, 54n. 98, 92, 92n. 36

马奈，爱德华　Manet, Edouard, 86, 90, 221

马歇尔，阿尔弗雷德　Marshall, Alfred, 224

马宗，布里吉特　Mazon, Brigitte, 46n. 83

麦科比，埃莉诺　Maccoby, Eleanor, 134

麦克劳德，杰伊　McLeod, Jay, 80n. 24, 130n. 84

麦克利斯特，琼斯·玛丽　MacAllester, Jones Mary, 95n. 43

麦克卢恩，约翰·J.　MacAloon, John J., 93n. 40

曼，迈克尔　Mann, Michael, 16

毛泽东　Zedong, Mao, 80n. 24

梅迪克，汉斯　Medick, Hans, 164

梅利耶，多米尼克　Merllié, Dominique, 29n. 51, 40, 241n. 38

梅洛-庞蒂，莫里斯　Merleau-Ponty,

Maurice, 20, 20n. 35, 21, 22, 22n. 39, 122, 122n. 77, 128, 138n. 92

梅亚苏，克劳德 Meillassoux, Claude, 10n. 19

梅兹利希，布鲁斯 Mäzlisch, Bruce, 206n. 167

蒙克，爱德华 Munch, Edward, 93

蒙内罗，朱尔 Monnerot, Jules, 180

孟德斯鸠 Montesquieu, 155n. 111

米德，乔治·赫伯特 Mead, George Herbert, 122n. 77

米恩，休 Mehan, Hugh, 71

米尔斯，C. 赖特 Mills, C. Wright, 17, 28n. 48, 30-31, 33n. 57, 175

米勒，马克斯 Miller, Max, 24

米勒，唐 Miller, Don, 3n. 3, 132n. 85

米特，沃尔夫冈 Mitter, Wolfgang, 94n. 41

明希，理查德 Münch, Richard, 3n. 3, 162

摩尔根，大卫·H Morgan, David H., 164

莫尔捷，弗雷迪 Mortier, Freddy, 11n. 20, 18n. 34

莫热，热拉尔 Mauger, Gérard, 241n. 38

莫斯，马塞尔 Mauss, Marcel, 12-13, 12n. 24, 19, 26, 26n. 47, 95n. 43, 116n. 70, 121, 148, 148n. 101, 149n. 103

莫斯卡，加埃塔诺 Mosca, Gaetano, 52

墨菲，雷蒙德 Murphy, Raymond, 65n. 5

默顿，罗伯特·K. Merton, Robert K., 16, 34, 34n. 58, 93n. 40, 175, 225, 244n. 43

N

纳什，琼 Nash, June, 10n. 19

奈斯，理查德 Nice, Richard, 80n. 24

尼采，弗里德里希·威廉 Nietzsche, Friedrich Wilhelm, 52, 85, 148n. 102, 154, 212

尼海姆，罗德尼 Needham, Rodney, 10n. 19, 13

尼斯比特，罗伯特 Nisbet, Robert, 206n. 167

涅克施，恩斯特 Niekisch, Ernst, 152

P

帕尔梅，米卡埃尔 Palme, Mikaël, 79n. 20

帕拉代斯，凯瑟琳 Paradeise, Catherine, 115n. 67

帕累托，维尔弗雷多 Pareto, Vilfredo, 52, 224

帕森斯，塔尔科特 Parsons, Talcott, 34, 72, 104n. 58, 161, 161n. 115, 175, 176, 224, 224n. 11, 225, 242

帕斯卡尔，布莱兹 Pascal, Blaise, 56, 127-28, 246

帕斯龙，让-克劳德 Passeron, Jean-Claude, 7n. 13, 8n. 14, 12n. 24, 35n. 61, 44n. 78, 54, 55n. 100, 64n. 4, 80n. 24, 84n. 29, 95, 95n. 43, 96n. 45, 161nn. 115-116, 170n. 125, 174, 180, 185nn. 138-139, 195nn. 153, 155, 221, 251n. 49

佩林巴纳亚甘，R. S. Perinbanayagam, R. S., 122n. 77

人名索引

佩内夫，让　Peneff, Jean, 29n. 51
佩珀，斯蒂芬·C.　Pepper, Stephen C., 11
佩塞尔，卡洛琳·霍格斯　Persell, Carolyn Hoges, 4n. 4, 79n. 20
蓬东，雷米　Ponton, Rémi, 206n. 167
蓬日，弗朗西斯　Ponge, Francis, 199
皮亚杰，让　Piaget, Jean, 16
皮亚卢，米歇尔　Pialoux, Michel, 82n. 26, 241n. 38
平托，路易　Pinto, Louis, 40, 54, 155n. 111, 198n. 159, 241n. 38
普达尔，伯纳德　Pudal, Bernard, 102n. 55
普拉特，罗伯特　Platt, Robert, 36n. 63, 37
普兰查斯，尼克斯　Poulantzas, Nicos, 113
普鲁斯特，马塞尔　Proust, Marcel, 206
普洛普，弗拉基米尔　Propp, Vladimir, 97n. 49

Q

钱塞尔，林恩　Chancer, Lynn, 172n. 126
乔姆斯基，诺姆　Chomsky, Noam, 19, 142, 146
乔普克，克里斯蒂安　Joppke, Christian, 23n. 41, 115n. 67
乔伊斯，詹姆斯　Joyce, James, 206

R

冉第，赫伯特　Gintis, Herbert, 80n. 24
热奈特，热拉尔　Genette, Gérard, 231n. 23
荣格，恩斯特　Jünger, Ernst, 152, 153
瑞安，杰克　Ryan, Jake, 205n. 166

S

萨德诺，大卫　Sudnow, David, 21n. 37
萨克雷，查尔斯　Sackrey, Charles, 205n. 166
萨克斯，哈维　Sacks, Harvey, 144
萨林斯，马歇尔　Sahlins, Marshall, 10n. 19, 115n. 67, 132n. 85
萨缪尔森，保罗　Samuelson, Paul, 17n. 31
萨丕尔，爱德华　Sapir, Edward, 97
萨特，让-保罗　Sartre, Jean-Paul, 9, 46, 56, 126, 126n. 80, 129, 132, 133, 154, 155n. 111, 170, 180, 189n. 145, 193, 209, 243, 243n. 41, 263
萨伊德，阿卜杜勒-马利克　Sayad, Abdelmalek, 54, 54n. 97, 81n. 25, 118n. 71, 238n. 29
塞尔，约翰·R.　Searle, John R., 18
塞莱尼，伊万　Szelenyi, Ivan, 4n. 4
塞通卡，彼得　Sztompka, Piotr, 3n. 3, 35n. 62
赛潘，米纳科什　Thapan, Meenakshi, 80n. 24, 132n. 85
桑杰克，罗杰　Sanjek, Roger, 72
桑切斯，德·奥尔卡霍　Sanchez de Horcájo, J. J., 2n. 1
瑟德奎斯特，T.　Soderqvist, T., 4n. 4
沙茨基，西奥多·理查德　Schatzki, Theodore Richard, 2n. 1
沙利文，威廉·H.　Sullivan, William H., 185

沙罗克，韦斯　Sharrock, Wes, 40, 144

沙普利耶，让-米歇尔　Chapoulie, Jean-Michel, 29n. 51

莎士比亚，威廉　Shakespeare, William, 182n. 135

山本哲司　Yamamoto, Tetsuji, 2n. 1

尚博尔东，让-克劳德　Chamboredon, Jean-Claude, 8n. 14, 35n. 61, 44n. 78, 94n. 42, 95, 95n. 43, 96n. 45, 161nn. 115–116, 177n. 131, 185nn. 138–139, 195n. 155, 206n. 167, 221, 251n. 49

尚帕涅，帕特里克　Champagne, Patrick, 40, 94, 94n. 42, 239, 239n. 30, 241n. 38, 250n. 48

舍恩，唐纳德　Schon, Donald, 223n. 7

舍勒，马克斯　Scheler, Max, 212

圣马丁，莫尼克·德　Saint Martin, Monique de, 5, 13, 17n. 31, 28, 78n. 19, 94n. 42, 118n. 71, 119n. 74, 135, 161n. 117, 174, 192n. 149, 206n. 167, 210, 230, 239n. 31, 245n. 44, 262

施迈尔，伊夫　Schemeil, Yves, 2n. 1

施密特，詹姆斯　Schmidt, James, 49, 122n. 77

施纳佩尔，多米尼克　Schnapper, Dominique, 85, 154

施奈德，约瑟夫·W.　Schneider, Joseph W., 10n. 19, 239n. 30

施维布斯，贝恩德　Schwibs, Bernd, 33, 64n. 4, 190, 261

叔本华，阿瑟　Schopenhauer, Arthur, 9

舒茨，阿尔弗雷德　Schutz, Alfred, 9, 28, 73

舒德森，迈克尔　Schudson, Michael, 101

舒斯特曼，理查德　Shusterman, Richard, 2n. 1

斯宾格勒，奥斯瓦尔德　Spengler, Oswald, 152

斯宾诺莎，巴吕赫　Spinoza, Baruch, 184n. 137

斯各特，琼　Scott, Joan, 92, 92n. 36, 241n. 38

斯考克波尔，西达·R.　Skocpol, Theda R., 23, 113

斯科特，詹姆斯·C.　Scott, James C., 229n. 20

斯梅尔塞，尼尔·J.　Smelser, Neil J., 3n. 3, 104n. 58, 162, 176n. 129

斯密，亚当　Smith, Adam, 116

斯奈德斯，乔治　Snyders, George, 2n. 1

斯努克，伊万　Snook, Ivan, 148n. 102

斯潘塞，J.　Spencer, J., 41n. 72

斯佩克特，马尔科姆　Spector, Malcolm, 239n. 30

斯坦纳，G. A.　Steiner, G. A., 96

斯特劳森，彼得·F.　Strawson, Peter F., 229n. 18

斯廷奇柯姆，阿瑟　Stinchcombe, Arthur, 31n. 54

斯韦德伯格，理查德　Swedberg, Richard,

人名索引

118n. 71, 176n. 129

斯文松，T Svensson, T., 4n. 4

斯沃茨，大卫 Swartz, David, 95n. 44, 130n. 84

苏奥，查尔斯 Suaud, Charles, 81n. 25

苏尔库南，佩卡 Sulkunen, Pekka, 79, 132n. 85, 198n. 159

苏格拉底 Socrates, 204

索绪尔，费迪南·德 Saussure, Ferdinand de, 8, 141, 146, 261

T

塔巴尔，N. Tabard, N., 96n. 47

泰尔斯，玛丽 Tiles, Mary, 95n. 43

泰弗诺，劳伦 Thévenot, Laurent, 29n. 51, 241n. 38

泰勒，斯蒂芬·A. Tyler, Stephen A., 36n. 63, 41n. 72

泰雷，伊曼纽尔 Terray, Emmanuel, 200-201

汤普森，E. P. Thompson, E. P., 91, 91n. 35, 92nn. 36-37, 247n. 45

汤普森，约翰·B. Thompson, John B., 53n. 94, 115n. 67, 140n. 94, 148nn. 100, 102, 262

忒耳西忒斯 Thersites, 182n. 135

特迪曼，N. Terdiman, Richard, 2n. 1

特拉维克，苏珊 Traweek, Susan, 223n. 7

特纳，乔纳森 Turner, Jonathan, 31

特纳，维克多 Turner, Victor, 10n. 19

特纳，詹妮 Turner, Jenny, 53n. 95, 57n. 104

梯尼亚诺夫，尤里 Tynianov, Jurii, 97, 97n. 49

涂尔干，埃米尔 Durkheim, Emile, 7n. 12, 8, 8n. 14, 11, 11n. 22, 12-13, 12n. 24, 14, 16, 22, 44n. 79, 49, 50n. 87, 90, 92, 95n. 43, 180, 186, 195n. 154, 222, 224, 261

托克维尔，阿列克塞·德 Tocqueville, Alexis de, 77n. 17

W

瓦伊达，安德鲁·P. Vayda, Andrew P., 10n. 19

威尔科斯，克里斯 Wilkes, Chris, 2n. 1, 3n. 3, 6n. 9, 11n. 21, 80n. 24, 115n. 67, 132n. 85

威利，诺伯特 Wiley, Norbert, 3n. 3

威利斯，保罗 Willis, Paul, 80n. 24

威廉斯，雷蒙 Williams, Raymond, 4, 80n. 24, 261

威普勒，莱茵哈德 Wippler, Reinhard, 25n. 45

韦伯，马克斯 Weber, Max, 8n. 14, 13, 17, 32n. 56, 33, 41, 83, 92-93, 95n. 43, 112, 112n. 65, 113, 115, 126, 132, 144n. 96, 160, 185n. 139, 188, 224, 261

韦博旺，迪克 Verboven, Dick, 11n. 20

韦尔代什-勒鲁，让尼娜 Verdès-Leroux, Jeannine, 94n. 42, 102n. 55

韦克斯勒，菲利普 Wexler, Philip, 80n. 24

维特根斯坦，路德维希 Wittgenstein,

Ludwig, 1, 20, 23n. 41, 31, 61, 122, 148n. 102, 160, 181, 241n. 36

维亚拉，阿兰 Viala, Alain, 2n. 1, 17n. 31, 94nn. 41–42, 245n. 44

魏斯，洛伊丝 Weis, Lois, 79n. 20

沃尔顿，约翰 Walton, John, 110n. 63

沃尔夫，阿兰 Wolfe, Alan, 50, 50n. 90

沃尔夫，埃里克 Wolf, Eric, 10n. 19

沃尔夫，本杰明·李 Whorf, Benjamin Lee, 15n. 27, 241n. 36

沃伦，大卫 Warren, David, 164

伍德，休斯顿 Wood, Houston, 71

伍尔夫，弗吉尼娅 Woolf, Virginia, 124, 170, 173, 206n. 167, 207, 207n. 168

伍尔夫，克里斯多夫 Wulff, Christoph, 2n. 1

伍尔夫，斯图尔特 Woolf, Stuart, 164

伍尔加，史蒂夫 Woolgar, Steve, 36n. 63, 37, 41, 43n. 77, 223n. 7

伍拉德，K Woolard, K., 2n. 1

X

西布瓦，阿兰 Cibois, Alain, 96n. 47

西卡，阿兰 Sica, Alan, 31–32, 32n. 55, 34n. 59

西考雷尔，阿隆 Cicourel, Aaron, 11n. 23, 37, 73n. 13, 181, 249

西里内利，让-弗朗索瓦 Sirinelli, Jean-François, 25n. 45, 45n. 81, 53n. 96

西蒙，赫伯特 Simon, Herbert, 56n. 102, 79n. 20, 126

西蒙，克劳德 Simon, Claude, 206, 207

希拉克，雅克 Chirac, Jacques, 57n. 105

希默尔斯特兰德，乌尔夫 Himmelstrand, Ulf, 118n. 71

席尔茨，M. Schiltz, M., 132n. 85, 239n. 31

夏蒂埃，罗杰 Chartier, Roger, 2n. 1, 90n. 34, 92, 92n. 36

夏尔，克里斯多夫 Charle, Christophe, 17n. 31, 54, 94nn. 41–42, 198n. 159, 206n. 167, 230n. 21, 235n. 25, 243n. 40

小希庇阿 Hippias, 160

谢格洛夫，伊曼纽尔·A. Schegloff, Emmanuel A., 144, 226n. 15

熊彼特，约瑟夫 Schumpeter, Joseph, 16n. 28

休厄尔，小威廉·H. Sewell, William H., Jr., 3n. 3, 91, 91n. 35, 220n. 3

休斯，埃弗里特·C. Hughes, Everett C., 226n. 16

休斯克，卡尔·E. Schorske, Carl E., 92, 92n. 36

Y

雅各比，拉塞尔 Jacoby, Russell, 65n. 6

雅各布森，罗曼 Jakobson, Roman, 16, 97, 97n. 49

亚里士多德 Aristotle, 128, 183

亚历山大，杰弗里 Alexander, Jeffrey C., 3n. 3, 31, 31n. 53, 32, 162, 224, 224n. 11

Z

泽利泽，薇薇安娜 Zelizer, Viviana, 118n. 71

詹金斯，理查德 Jenkins, Richard, 24, 78n. 18, 79, 123-124, 132n. 85, 135-136, 169-170

詹明信 Jameson, Fredric, 87

朱克曼，哈里雅特 Zuckerman, Harriet, 25n. 44

祖金，沙伦 Zukin, Sharon, 118n. 71

佐尔伯格，维拉 Zolberg, Vera, 80n. 24

主题索引

（所标数字为原书页码，即本书边码）

A

《阿尔及利亚 1960》（布尔迪厄） *Algeria 1960* (Bourdieu), 124n. 78, 263-264

"阿尔及利亚的亚无产阶级"（布尔迪厄）"The Algerian Subproletariate" (Bourdieu), 137n. 91

"阿尔及利亚工人对失业的忧虑"（布尔迪厄）"The Obsession of Unemployment Among Algerian Workers" (Bourdieu), 137n. 91

《阿尔及利亚纪事》（布尔迪厄）*The Algerians* (Bourdieu), 46n. 83, 54n. 99

阿尔及利亚解放战争 Algerian war of liberation, 45, 45n. 81

"阿尔及利亚农民的时间观"（布尔迪厄）"The Attitude of the Algerian Peasant Toward Time" (Bourdieu), 137n. 91

《阿拉伯的亚丁》（尼赞）*Aden d'Arabie* (Nizan), 209

B

"罢工和政治行为"（布尔迪厄）"Strikes and Political Action" (Bourdieu), 92n. 37

"柏柏尔人的民居———一个颠倒的世界"（布尔迪厄）"The Berber House, or the World Reversed" (Bourdieu), 134n. 88

《背井离乡：阿尔及利亚传统农业的危机》（布尔迪厄与萨伊德）*Le déracinement: La crise de l'agriculture traditionnelle en Algérie* (Bourdieu and Sayad), 54

"被禁止的再生产：经济支配的符号基础"（布尔迪厄）"Reproduction Forbidden: The Symbolic Bases of Economic Domination" (Bour-dieu), 164-167

必然性 Necessity, 199, 200

边界 Boundaries, 232, 254

　　学科～ between disciplines, 148-49

　　场域～ of a field, 232, 244

　　反思性的～ of reflexivity, 212

亦参见 二元对立 See also Antinomies

辩证关系 Dialectic

社会行动与制度之间的～ between social action and institutions, 262

亦参 双重解读 See also Double reading

表象 Representation, 51, 257, 260

～与行动者 agents and, 250-251

～与专门职业 and professions, 242-243

社会世界的表象 of the social world, 249, 250

《别忘了它》(利伯森) Making it Count (Lieberson), 28n. 49

伯明翰当代文化研究中心 Birmingham Centre for Contemporary Cultural Studies, 80n. 24

《不的哲学》(巴什拉) The Philosophy of No (Bachelard), 177n. 132

布尔迪厄, 皮埃尔 Bourdieu, Pierre:

对于～的吸收 assimilation of, 4-5, 6

对于～的双重化约 double reduction of, 25, 25n. 45

～的影响 influence of, 2-3

对于～的误读 misreading of, 4-5, 24-25, 62-63, 77, 77n. 17, 79, 79n. 21, 113, 130n. 84, 135-136, 210

对于～的接受 reception of, 159

～与精英学校之间的分离 separation from elite schools, 208-209, 213n. 176

～与社会学话语 and sociological discourse, 203-204

～的价值观 values of, 58-59

《布尔迪厄二文》(CCCS 油印文选) Two Bourdieu Texts (CCCS Stenciled Paper), 80n. 24

"布尔迪厄和民族志" (巴纳德) "Bourdieu and Ethnography" (Barnard), 66n. 8

C

参与式对象化 Participant objectivation, 63, 67-68, 68n. 9, 253-255, 253n. 50

～的必要性 necessity of, 259-260

大选后的电视辩论中的～ in post-election television debates, 255-259

亦参 See also 对象化、客观化 Objectivation

参与式观察 Participant observation, 113, 226

与参与式对象化不同的～ as different from participant objectivation, 253

操作定义 Operational definitions, 244-245

策略 Strategy, 128-129, 129n. 83, 143, 163n. 118, 193, 219, 232, 262

～与行动者 agent and, 256, 258

～与阶级 class and, 27

～的动态机制 dynamism of, 27-28

～与规则 and rule, 42-43

常人方法学 Ethnomethodology, 9, 144, 175, 226

～与对象的构建 and construction of the object, 246-247

对于～的批评 critique of, 10, 74

与~的区别 difference from, 11n. 23, 73

~与实证主义 and positivism, 73

~与反思性 reflexivity and, 37, 40

场合主义者错觉 Occasionalist fallacy, 144n. 96

场域 Field, 16, 18, 89-90, 94, 94n. 42, 161, 193, 262-263

~与行动者 agent and, 101, 101n. 52, 102, 232, 257

~与游戏的类比 analogy with game, 98-100

~与二元对立 and antinomies, 23, 75

~中的自主性 autonomy in, 177-178

~的进入壁垒 barriers to entry in, 75, 100, 190

~与资本 and capital, 101, 107-108

~与对象的构建 and construction of the object, 228

~与决定论 determinism and, 199-200

~与系统理论的区别 difference from systems theory, 103-104

~与机器的区别 as different from apparatus, 102, 102n. 53

~与支配的区别 as different from domination, 167

~与社会的区别 as different from society, 16-18

~与结构主义的区别 as different from structuralism, 18

~与支配的关系 and domination, 24, 52, 80, 102, 243

~的稳定性 durability of, 78n. 19

~的动力机制 dynamics of, 101

~的经济学 economy of, 118

~的效应 effect of, 153

~与惯习 and habitus, 16, 18, 19, 21-23, 125-128, 128n. 82, 129-30, 138, 189

~与社会空间的类比 homology with social space, 105-106, 106n. 59

住宅业~ in housing, 112-113

~与幻象 illusio and, 117

~与个体 and the individual, 107

新闻~ journalistic, 257

司法~ juridical, 243

~与语言 language and, 149-151

~的界限 limits of, 100, 104, 232, 244

~与中介 and mediation, 105

~与方法 method and, 228

~作为位置网络 as network of positions, 97-98

~与有机论 and organicism, 103-104

~中的参与 participation in, 107-8

~与个人性 and the personal, 44

哲学~ philosophical, 105-106, 151-52

~中的位置 position in, 86, 214-215, 253-254

生产~ of production, 86, 157

~与职业 and profession, 242, 243

~与理性主义 and rationalism, 75

接受~ of reception, 158-159

~与关系主义 and relationalism, 96–97

~之间的关系 relations between, 109–110, 234

社会学~ sociological, 34n. 59

~作为游戏空间 as a space of play, 19

~中的争夺焦点 stakes in, 244–245

~的结构 structure of, 99

~与争夺 and struggle, 101, 102, 103–104

~中的子场域 subfields in, 104, 230

~作为力量系统 as a system of forces, 17, 17n. 31, 103–104, 198–199, 256–257

~作为关系系统 as a system of relations, 106–107

~与轨迹 and trajectory, 105

与权力场域相对的~ vis-à-vis field of power, 104

亦参 See also 学术场域 Academic field; 艺术场域 Artistic field; 宗教场域 Religious field; 科学场域 Scientific field; 科层场域 Bureaucratic field; 文化生产场域 Cultural production: field of; 经济场域 Economic field; 权力场域 Field of power; 教育场域 Educational field; 智识场域 Intellectual field; 文学场域 Literary field; 关系主义 Relationalism

超功利性 Disinterestedness

参看 利益 See Interest

"创造性设计"（布尔迪厄）"Creative Project" (Bourdieu), 151n. 107

"纯粹审美活动的历史生成过程"（布尔迪厄）"The Historical Genesis of A Pure Aesthetics" (Bourdieu), 263

"从规则到策略"（布尔迪厄）"From Rules to Strategies" (Bourdieu), 164n. 119

《存在与时间》（海德格尔）Being and Time (Heidegger), 21n. 37

《存在与虚无》（萨特）Being and Nothingness (Sartre), 9, 180

D

大众文化 Popular culture

~与支配 and domination, 82–83, 83n. 27

~与价值评判 and value judgments, 83–84

戴夫洛斯效应 Diafoirus effect, 248, 248n. 46

《到灯塔去》（伍尔夫）To the Lighthouse (Woolf), 124, 173

道德 Morality, 50, 202

反思性与~ reflexivity and, 49–50, 198–199

等级制 Hierarchy, 80n. 24, 84–85

不同类型资本之间的等级次序 of species of capital, 98

《地位》（埃尔诺）La place (Ernaux), 205n. 166

"独身生活和农民的状况"（布尔迪厄）"Celibacy and the Condition of Peasants" (Bourdieu), 162–163

独身现象研究 Bachelorhood, study of, 162-166, 166n. 120

"独身现象与农民的生活状况"（布尔迪厄）"Bachelorhood and the Condition of Peasants" (Bour-dieu), 134n. 88

短路谬误 Short-circuit fallacy, 69

断裂 Rupture, 89, 196, 229, 247, 250

 艺术场域中的～ in the artistic field, 93-94

 ～与观注方式的转换 and conversion of the gaze, 251

 认识论～ epistemological, 251-252, 251n. 49

 运动场域中的～ in the field of sports, 93

 ～的工具 instrument of, 170, 170n. 125, 238

 实践理论中的～ in praxeology, 11

 科学～ scientific, 164

 亦参 See also 对象的构建 Construction of the object

对象/客体的构建 Construction of the object, 214, 220-221, 224, 225, 227-228, 229, 230-233, 264

 ～与类推推理 and analogical reasoning, 233-234

 材料与～ data and, 226-227

 常人方法学中的～ in ethnomethodology, 246-247

 场域与～ field and, 228

 实证主义与～ positivism and, 244-245, 244n. 43

 ～与预先构建之物 and the preconstructed, 235-236

 职业与～ profession and, 242-243, 244

 ～的社会基础 social bases of, 238-239

 ～与无意识 and the unconscious, 40

 亦参 断裂 See also Rupture

对象化、客观化 Objectivation, 163, 193, 204, 214

 对于客观对象化的批判 critique of, 71

 客观主义对象化 objectivist, 254-255, 259

 客观对象化与社会学实践 and sociological practice, 68-69

 亦参 See also 参与式对象化 Participant objectivation

对应因素分析 Correspondence analysis, 96, 96n. 47, 227

E

二元对立 Antinomies, 3, 13, 15, 15n. 27, 23, 75, 188-189

 摈弃～ rejection of, 10-11, 10n. 19

 ～的顽固韧性 resilience of, 178-179, 181-182

 科学上的～ scientific, 181

二元对立 Antinomy, 172

 历史性与真理之间的～ of historicity and truth, 156n. 112

 具体研究的教学中的～ of pedagogy of

research, 249

二元论 Dualism, 19-20, 23, 108, 122

亦参 二元对立 *See also* Antinomies

F

法国国家统计与经济研究所 National Institute of Statistical and Economic Research (INSEE), 241, 249

法国学生全国联合会 UNEF (student union), 54-55, 55n. 100

"法国知识分子：从萨特到温和意识形态"（罗斯）"French Intellectuals from Sartre to Soft Ideology" (Ross), 53

"法国知识分子的群星之荟"（布尔迪厄）"Hit Parade of French Intellectuals" (Bourdieu), 264

法兰克福学派 Frankfurt school, 47, 192-193

"法兰西学院就我国教育前景的报告"（布尔迪厄）"Report of the Collège de France on the Future of Education" (Bourdieu), 55n. 101

"法律的力量：司法场域社会学初探"（布尔迪厄）"The Force of Law: Toward a Sociology of the Juridical Field" (Bourdieu), 263

法则 Law, 52

～的效用条件 conditions of validity, 197, 197n. 158

～与场域的功能运作 and the functioning of fields, 75

"反对战争"（布尔迪厄等）"Against War" (Bourdieu et al.), 56n. 102

《反思的实践者》（舍恩）*The Reflective Practitioner* (Schon), 223n. 7

反思性 Reflexivity, 36, 38, 40-41, 72, 88-89, 136, 181-182, 212, 213, 236, 246, 254

～与自主性 and autonomy, 182-184, 186-187

～中的偏见 bias in, 39-40

布尔迪厄的反思性观念 Bourdieu's conception of, 36-37, 72

～与布尔迪厄的生平轨迹 and Bourdieu's trajectory, 44-45

～的观念 conceptions of, 37-38, 71-72

与埃尔文·古尔德纳的～观念的差异 difference with Alvin Gouldner on, 38-39

认识论～ epistemic, 44-45, 46, 47

～与伦理 and ethics, 49-50, 198-199

～与自我中心主义 and ethnocentrism, 69-70

～与民族志 and ethnography, 41-42, 41n. 72, 42n. 74, 72

～与客观性 and objectivity, 214-215

～的障碍 obstacles to, 246-247

～与政治 and politics, 194-195

～与实证主义 and positivism, 48-49

对于～的抗拒 resistance to, 43-44, 72

风格的～ of style, 63, 63n. 2, 64

亦参 *See also* 方法 Method; 参与式

对象化　Participant objectivation

方　法　Method, 5, 6-7, 10-15, 11n. 21, 14-15, 71, 205-8, 228, 230-232

　　亦参　See also　关系主义　Relationalism; 研究　Research

方法论　Methodology, 28-29, 181, 243, 246

　　对于~的批判　critique of, 30, 162, 175, 225-226, 227, 244

　　~的双重作用　double function of, 202

　　~与理论相脱离　separation from theory, 224-225

方法论多元论　Methodological pluralism, 30

方法论上的个体主义　Methodological individualism, 15-16, 16n. 28, 126-127

方法论上的情境主义　Methodological situationalism, 15-16, 16n. 38

方法论一元论　Methodological monism, 29n. 50, 29-30

分类　Classification, 7, 13-14, 262

　　大众文化中的~　in popular culture, 84

　　~与预先构建之物　and the preconstructed, 235-236

　　~问题　problem of, 241-242, 241n. 38

　　~与争夺的焦点　and the stakes of the struggle, 14

"分类的某些原始形式"（涂尔干与莫斯）"Some Primitive Forms of Classification" (Durkheim and Mauss), 12

风格　Style, 152, 170

　　亦参　See also　惯习　Habitus

"风气之先"（布尔迪厄）"Un signe des temps" (Bourdieu), 200n. 163

符号暴力　Symbolic violence, 15, 145, 170, 221

　　~与支配　domination and, 167-168, 167n. 121, 168n. 122

　　~与性别支配　and gender domination, 74, 170-172, 172n. 126

　　~与误识　and misrecognition, 194-195

　　~与农民　and peasants, 162-166, 166n. 120

　　~与国家　the state and, 92, 111-112, 111n. 64, 112n. 65

　　亦参　See also　意识形态　Ideology

符号革命　Symbolic revolution, 91

符号互动论　Symbolic interactionism, 113, 175, 226

符号系统　Symbolic systems

　　符号系统与社会关系　and social relations, 13-14, 14n. 26

符号资本　Symbolic capital, 4, 119, 161, 165

　　符号资本与性别　gender and, 134n. 88, 173-174

G

"高谈阔论的游戏"（布尔迪厄）"The Parlour Game" (Bourdieu), 264

"高雅时尚与高雅文化"（布尔迪厄）"High

Fashion and High Culture" (Bourdieu), 86n. 32

"革命中的革命"（布尔迪厄）"Revolution in the Revolution" (Bourdieu), 54

工人阶级 Working class, 74, 80n. 24, 82, 84

功利主义化约 Utilitarian reduction 参看 See 对于布尔迪厄的双重化约 Bourdieu, Pierre: double reduction of

功能主义 Functionalism, 52, 79–80, 91, 92, 102, 224

～与场域的区别 difference from field, 103–104

《孤独的人群》（里斯曼）*The Lonely Crowd* (Riesman) 37

关系 Relation, 28, 73

场域之间的～ between fields, 109–100

关系主义 Relationalism, 12–14, 15–16, 113–114, 179, 228–229, 263

～与类推推理 analogical reasoning and, 233–234

～与场域 and fields, 96–97

～与社会空间 and social space, 230–232

亦参 *See also* 场域 Field; 惯习 Habitus

《关于费尔巴哈的提纲》（马克思）*Ad Feuerbach* (Marx), 121n. 76

"关于演说的演说"（布尔迪厄）"Lecture on the Lecture" (Bour-dieu), 210n. 173

观注 Gaze, 199n. 162, 251, 263

亦参 社会学的观注 *See also* Sociological gaze

惯习 Habitus, 4, 13, 16, 20, 80n. 24, 120n. 75, 128–129, 131, 139–140, 161, 223

审美～ aesthetic, 263

～与行动者 and agent, 105, 120–121, 123–124

～与二元对立 and antinomies, 23

～与决定论 and determinism, 133–136

～的性情倾向 dispositions of, 252

～与支配 and domination, 24, 81

～的双重历史性 double historicity of, 139–140

～与场域 and field, 16–18, 19, 21–23, 125–128, 128n. 82, 129–130, 138, 189

～与性别 and gender, 172, 172n. 126

语言～ linguistic, 145–147, 145n. 97, 149

～的逻辑 logic of, 22–23

～与实践 and practice, 27, 121

～与实用主义 and pragmatism, 122, 122n. 77

对于～的反应 reaction to, 132–133, 132n. 85

科学～ scientific, 5, 35, 40–41, 161–162, 222, 223–224

～作为结构化机制 as a structuring mechanism, 18–19

～与主观性/主体性 and subjectivity, 126

亦参 *See also* 图式：知觉与理解的图式

Schemata: of perception and appreciation

规则 Rule

~与行动者 and agents, 115

~与场域 and fields, 101

游戏的~ of the game, 98, 99

~与策略 and strategy, 42-43

轨迹 Trajectory, 99, 105, 117, 254

布尔迪厄的生平~ Bourdieu's, 44-45, 64, 204-5, 209, 211-213

~与场域 field and, 214-215

亦参 See also 生平 Biography

国家 State, 100, 111

~作为场域的聚合体 as an ensemble of fields, 111-112, 114-115

与机器不同的~ as different from apparatus, 102

~的生成 genesis of, 92-93, 114

~与社会问题 and social problems, 236, 236n. 27, 240

~与资本类型 and species of capital, 114-115

~与符号暴力 and symbolic violence, 92, 93, 111-112, 111n. 64, 112n. 65

《国家精英：名牌大学与群体精神》（布尔迪厄）*La noblesse d'Etat: Grands corps et Grandes écoles* (Bourdieu), 11n. 23, 27, 78n. 19, 93, 111n. 64, 140, 163n. 118, 208, 210n. 172

H

合法化 Legitimation, 84

宏大理论（家）Grand theory/theoreticians, 113, 175, 177, 229, 233

后结构主义 Poststructuralism:

与~的类似之处 affinity with, 49

与~的区别 difference from, 48

后现代主义 Postmodernism, 17, 41n. 72, 47, 154

互动 Interaction, 10, 256-257

~空间 space of, 257-258

~与结构 structure and, 143-144, 144n. 96

幻象 Illusio, 98, 115, 116, 173

~与场域 and field, 117

~与利益 and interest, 115, 116

《换句话说》（布尔迪厄）*In Other Words* (Bourdieu), 264

J

机器 Apparatus, 102, 102n. 53

机械论 Mechanicalism, 108-109, 119-120, 122

集体性知识者 Collective intellectual, 58

《纪律与惩罚》（福柯）*Discipline and Punish* (Foucault), 196n. 156

《继承人：法国学生及其与文化的关系》（布尔迪厄与帕斯龙）*The Inheritors: French Students and Their Relation to Culture* (Bourdieu and Passeron), 54-55

《家庭白痴》（萨特）*The Family Idiot* (Sartre), 263

监察、审查、监督 Censorship, 28, 55, 146,

152, 170, 257

~与文化生产场域的关系 and fields of cultural production, 150

~与科学场域的关系 and the scientific field, 190, 206-207

建构主义 Constructivism

参看 主观主义 See Subjectivism

焦点：分析的关键 Stakes: of analysis, 186

场域中的争夺~ in fields, 104, 244-45

游戏中的~ of the game, 98, 100, 102, 116, 220-221

政治中的争夺~ in politics, 200

教学 Teaching, 222-223

研究的~ of research, 219-220, 234-235, 251-253

"教学判断的范畴"（布尔迪厄）"The Categories of Professorial Judgment" (Bourdieu), 170n. 125, 263

教育 Education, 4, 80n. 24, 82, 88, 170, 181

精英学校 elite schools, 78n. 19, 80n. 24, 106n. 59, 208-209, 213n. 176

~与方法论 methodology and, 225

~与权力 and power, 67, 70-71

~与资本再生产 and the reproduction of capital, 114-115

~与断裂 and rupture, 93

~与社会学方法 and the sociological method, 70

~与符号权力 and symbolic power, 12, 12n. 24

亦参 See also 名牌高校 Grandes écoles

《教育、社会和文化中的再生产》（布尔迪厄和帕斯龙）Reproduction in Education, Society, and Culture (Bourdieu and Passeron), 4, 79, 170n. 125

教育场域 Educational field

参看 See 学术场域 Academic field

阶级 Class, 5, 14, 69, 106, 204-205, 228

~与艺术 and art, 87-88

社会学中的~与偏见 and bias in sociology, 39

~与支配 and domination, 23-24, 52

~与知识分子 intellectuals and, 45, 106n. 59

~与语言 and language, 149

~再生产 reproduction of., 27, 78, 80n. 24, 262

统治~ ruling, 76n. 16, 229

~理论 theory of, 249-250

~与法国学生全国联合会 UNEF and, 54-55, 55n. 100

美国的~ in the United States, 77, 77n. 17, 78

~与无思 and unthought, 249

结构化理论 Structuration theory, 3n. 3

结构主义 Structuralism, 4, 5, 8, 16, 16n. 29, 80, 164, 222, 222n. 5

对于~的批判 critique of, 142

与～的区别 difference from, 42–43, 137n. 91
～与场域 field and, 18
～对于布尔迪厄的影响 influence on Bourdieu, 120n. 75
亦参 See also 客观主义 Objectivism
"结构主义与社会学知识的理论"（布尔迪厄）"Structuralism and Theory of Sociological Knowledge" (Bourdieu), 222n. 5

经济 Economy
　场域的～机制 of fields, 118
　实践的经济学 of practice, 4, 24
经济场域 Economic field, 98, 105, 109
　～与艺术场域 and the artistic field, 109–110
经济决定论 Economic determinism, 24–25
经济学 Economics:
　与～的区别 difference with, 117–120
　～与场域理论 and theory of fields, 120
　～与时间 time and, 263–264
经济资本 Economic capital, 99, 99n. 51, 119
经验主义 Empiricism
　参看 See 实证主义 Positivism
局势、关联 Conjuncture, 257
　场域中的局势 in fields, 102
　历史局势 historical, 130
　危机交织的局势 as intersecting in crisis, 89
　言语中的关联 in speech, 145
　局势与结构转型 and transformation of structure, 90
拒绝 Denegation, 143, 145, 152, 198n. 160, 258
　符号性～ symbolic, 195–196
决定论 Determinism, 193, 210
　～与性情倾向 and disposition, 135–137
　～与惯习 habitus and, 133–36
　社会场域中的～ in social fields, 199–200
　～与无意识 and the unconscious, 136–137
决定因素 Determinants, 105, 168
　理解的～ of apprehension, 253–254
　社会学家面临的～ on sociologists, 211

K

"卡比尔社会的荣誉感"（布尔迪厄）"The Sentiment of Honor in Kabyle Society" (Bourdieu), 134n. 88
开放式的概念 Open concept, 95–96
《康德与形而上学问题》（海德格尔）Kant and the Problem of Metaphysics (Heidegger), 152
科层场域 Bureaucratic field, 239–240, 240n. 34
科学 Science, 27, 51
　对于～的批判 critique of, 246
　～与预先构建之物 and the preconstructed, 236

~中的进步 progress in, 262-263

~与社会学 and sociology, 175-176, 176n. 129, 177-178

~与主体 and the subject, 214-215

科学场域 Scientific field, 17, 47, 48, 51, 176, 177-178, 189, 214

~的自主性 autonomy of, 47-48

~的进入壁垒 barriers to entry in, 190

~与审查 censorship and, 206-207

"科学场域的特殊性"（布尔迪厄） "The Specificity of the Scientific Field" (Bourdieu), 262-263

科学资本 Scientific capital, 46

~的自主性 autonomy of, 183-184

可能性 Possibles

~的条件 conditions of, 214

~的空间 space of, 152, 153

"可能性的因果性"（布尔迪厄） "Causality of the Probable" (Bourdieu), 130n. 84

客观性 Objectivity, 100-101

对于~的批评 critique of, 214

~与反思性 reflexivity and, 214-215

客观主义 Objectivism, 5, 7-9, 8-9, 8n. 14, 22, 121, 128, 262

空间 Space, 76n. 16, 85, 180-181, 257

学术~ academic, 254

艺术场域中的~ in the artistic field, 86, 94

~与对象的构建 and construction of the object, 232-233

~与场域 and field, 19, 100, 105-6, 106n. 59

互动~ of interaction, 257-258

文学场域的~ in the literary field, 86

游戏~ of play, 52, 102

~与位置 position and, 99, 105, 112

可能性的~ of possibles, 152, 153

专门职业中的~ in professions, 243

关系~ of relations, 97, 228-229

社会~ social, 69, 74, 86, 137n. 91, 181, 214-115, 230-231, 239n. 30, 262

体育~ of sports, 93, 93n. 40

亦参 See also 生平 Biography

L

劳动 Labor

科学中的分工 division of in science, 225

社会理论中的分工 division of in social theory, 32

"类比的恶魔"（布尔迪厄） "The Devil of Analogy" (Bourdieu), 23n. 40

类推，结构对应关系与类推 Analogy, homology and, 233-234

理论 Theory, 77, 161-162

阶级~ of class, 249-250

对于~的批判 criticism of, 30-33

~与研究的融合 fusion with research, 34-35

~与实践 and practice, 70-71, 159-162, 161n. 117, 167

～与研究的关系　relation to research, 3, 30-34, 31n. 54, 32n. 55, 182-183, 221-222, 228, 232-233

～与方法论的脱离　separation from methodology, 224-225

～与社会学职业　and the sociological profession, 31-34, 31n. 54, 32n. 55

～与研究的脱节　split from research, 174-175

"理论知识的三种形式"（布尔迪厄）"The Three Forms of Theoretical Knowledge" (Bourdieu), 261-262

理性　Reason

　　参看　See　理性主义　Rationalism

理性行动理论　Rational action theory, 9, 120, 129, 131, 138

　　～与行动　and agency, 123

　　对于～的批判　critique of, 124-126, 126n. 80

　　与～的区别　difference from, 24-25

理性选择理论　Rational-choice theory

　　参看　See　理性行动理论　Rational action theory

理性主义　Rationalism, 47-48, 47n. 84, 75

　　～与行动者　agents and, 129-130

　　～与历史主义　and historicism, 188-189

　　～与历史　and history, 190-191

力比多　Libido

　　参看　See　利益　Interest

历史、历史学　History, 48, 74, 91, 92, 117

　　历史与行动者　agent and, 123-124, 139

　　历史与变迁　and change, 79-80, 79n. 22, 91

　　连续与断裂　continuity and rupture, 93-94

　　历史与知识分子　intellectuals and, 197-198

　　历史与模型建构　and model building, 233

　　历史与理性主义　and rationalism, 190-191

　　历史学与社会学　and sociology, 90-91, 238

　　历史中的时间　time in, 93-94, 94n. 41

历史学家：与历史学家之间的距离　Historians: distance from, 92-94, 92n. 36

历史主义　Historicism, 139-140, 150-151, 153, 156n. 112

　　～与理性主义　and rationalism, 188-189

利益　Interest, 25-26, 115, 117, 263

　　～与功利主义的区别　difference from utilitarianism, 116-117

　　经济～　economic, 124-125

　　与漠然相对而言的利益/兴趣　as opposed to indifference, 116

　　亦参　See also　幻象　Illusio

伦理　Ethics

　　参看　See　道德　Morality

"论符号权力"（布尔迪厄）"On Symbolic

主题索引　495

Power" (Bourdieu), 261

"论福楼拜的观点"（布尔迪厄）　"Flaubert's Point of View" (Bourdieu), 74n. 14

"论体育运动和暴力"（埃利亚斯）　"Essay on Sport and Violence" (Elias), 93

逻辑　Logic

　经济~　economic, 119-20

　实践~与理论~　logic of practice versus theoretical logic, 39-40, 40n. 70

　实践~　of practice, 43

M

《马丁·海德格尔的政治本体论》（布尔迪厄）　The Political Ontology of Martin Heidegger (Bourdieu), 150, 153

马克思主义　Marxism, 16n. 30, 80n. 24, 92, 109, 166-167

　阿尔都塞式的~　Althusserian, 8, 19, 155n. 111, 164

　脱离实际的马克思主义者　armchair, 111, 113

　知识分子与~　intellectuals and, 159

　~与预先构建之物　and the preconstructed, 250-251

　结构~　structural, 251n. 49

　~与无思　and unthought, 249

"麦克斯韦妖：宗教场域的结构和生成"（布尔迪厄）　"Maxwell's Devil: The Structure and Genesis of the Religious Field" (Bourdieu), 234n. 24

矛盾　Contradiction:

　学术场域中的~　in the academic field, 89-90

　民族学中的~　in ethnology, 248;

　专门职业中的~　in professions, 243

"没有科学家的所谓科学"（布尔迪厄）　"A Science Without Scientist" (Bourdieu), 240n. 34

《媒介、文化和社会》　Media, Culture and Society, 80n. 24

《美诺篇》（柏拉图）　Meno (Plato), 128

绵延　Duration

　参看　时间　See Time

民意调查　Public opinion polls, 200, 240, 240n. 34

民族学　Ethnology, 248

民族志　Ethnography, 4, 37, 226

　~与文本反思性　and textual reflexivity, 41-42, 41n. 72, 42n. 74, 72

名牌高校　Grandes écoles, 78n. 19, 103

《摹仿论》（奥尔巴赫）　Mimesis (Auerbach), 124

模型建构　Model building, 233, 251

《摩洛哥田野作业反思》（拉比诺）　Reflections on Fieldwork in Morocco (Rabinow), 42n. 74

目的论　Finalism, 125

目的论谬误　Teleological fallacy, 92

N

"那么又是谁创造了创造者呢？"（布尔

迪厄）"But Who Created the Creators?" (Bourdieu), 86n. 32, 204n. 165

"男性的支配"（布尔迪厄）"Male Domination" (Bourdieu), 134n. 88

能力 Competency, 28

语言～ linguistic, 145, 146-147, 149

"你说的话是'大众'的吗？"（布尔迪厄）"Did You Say 'Popular'?" (Bourdieu), 83n. 27

农民 Peasants, 81n. 25, 130

农民与符号暴力 and symbolic violence, 162-166, 166n. 120

"农民社会的两性关系"（布尔迪厄）"The Relation Between the Sexes in Peasant Society" (Bourdieu), 134n. 88

P

"皮埃尔·布尔迪厄的'体育社会学大纲'初探"（麦克卢恩）"A Prefatory Note to Pierre Bourdieu's 'Program for a Sociology of Sport'" (MacAloon), 93n. 40

偏见 Bias

学术场域中的～ in the academic field, 39

唯智主义的～ intellectualist, 69-70, 70n. 10

反思性中的～ in reflexivity, 39-40

社会学中的～ in sociology, 39-40

目的论的～ teleological, 100

品味 Taste, 84, 84n. 30, 131

品味与阶级 class and, 77, 77n. 17

平民主义 Populism, 83, 84n. 29

评价上的二元对立 Evaluative dichotomies, 84-85

"普遍性的法团主义"（布尔迪厄）"The Corporatism of the Universal" (Bourdieu), 263

Q

"谴责活动"（博尔坦斯基、达雷、席尔茨）"Denunciation" (Boltanski, with Daré and Schiltz), 239n. 31

"青年只是一个词"（布尔迪厄）"Youth is Nothing But a Word" (Bourdieu), 241n. 38

《情感教育》（福楼拜）*A Sentimental Education* (Flaubert), 184

"求知的愉悦"（布尔迪厄）"The Pleasure of Knowing" (Bourdieu), 48n. 86

《区隔：品味评判的社会批判》（布尔迪厄）*Distinction: A Social Critique of the Judgment of Taste* (Bourdieu), 5, 85, 87, 93n. 40, 134n. 88, 137n. 91, 154, 203n. 164, 206, 211, 264

～中的材料 data in, 65n. 5, 227

～与道德行动 and moral action, 48-49

～中的时间因素 time in, 78

～中的笔法 writing in, 66, 66n. 8

"～日本读本导读"（布尔迪厄）"Introduction to a Japanese Reading of 'Distinction'" (Bourdieu), 203n. 164

权　力　Power, 14, 73, 89-90, 112, 229-30, 262, 263

学术~　academic, 76, 177, 190

粉碎~　destruction of, 49-50, 50n. 88

经济~　economic, 230

~与教育　education and, 67, 70-71

~与场域　and field, 97, 101

智识~　intellectual, 68

~与知识分子　and intellectuals, 56-57, 57n. 104

~与知识　and knowledge, 47-48, 48n. 86

~与语言　language and, 142-44, 147-48

~与国家　and the state, 100, 114-15

符　号~　symbolic, 4, 14-15, 47, 148, 210n. 172, 258, 262

权力场域　Field of power, 17-18, 18n. 32, 51, 76-77, 76n. 16, 90, 103

~与智识场域　and the intellectual field, 105

~中的位置　position in, 231

~的再生产　reproduction of, 231

~与国家　and the state, 114-15

~中的争斗　struggles in, 76n. 16, 99-100

与场域相对的~　vis-à-vis fields, 104

"权力场域"（布尔迪厄）"The Field of Power" (Bourdieu), 76n. 16

R

《让-雅克·卢梭》（格罗休伊森）*Jean-Jacques Rousseau* (Groethusen), 209n. 171

人　类　学　Anthropology, 4, 70, 117, 159, 229, 248

~与反思性　and reflexivity, 41-42, 41n. 72., 42n. 74

"'人民'的作用"（布尔迪厄）"The Uses of 'The People'" (Bourdieu), 83n. 27

"人与机器"（布尔迪厄）"Men and Machines" (Bourdieu), 262

认　识　论　Epistemology, 174, 176, 181, 224-225

~与自由放任的态度　*laissez faire* attitude and, 227

社会学中的~　in sociology, 263

~的任务　task of, 178-179

认识论断裂　Epistemological rupture, 251-252, 251n. 49

认识论障碍　Epistemological obstacles, 7-8, 9-10, 15, 15n. 27, 41-42, 42n. 74, 69-70, 181

认知结构　Cognitive structures

亦参　*See*　图式　Schemata

任意性　Arbitrariness

资本~　of capital, 119

文化~　cultural, 170, 172-173

S

《三种文化》（莱佩尼斯）*Die drei Kulturen* (Lepenies), 208

社会分析　Socioanalysis, 49, 63, 210-211, 211n. 174

《实践的逻辑》中的～ in The Logic of Practice, 213n. 177

社会结构 Social structures, 9-10, 9n. 17

"社会结构的变革和对教育要求的变革"（布尔迪厄与博尔坦斯基）"Changes in Social Structure and Changes in the Demand for Education" (Bourdieu and Boltanski), 262

《社会科学研究探索》Actes de la recherche en sciences sociales, 57, 57n. 105, 65, 65n. 7, 238

"社会空间和符号资本"（布尔迪厄）"Social Space and Symbolic Power" (Bourdieu), 261

"社会空间和集团的生成"（布尔迪厄）"Social Space and the Genesis of Groups" (Bourdieu), 262

《社会理论与社会结构》（默顿）Social Theory and Social Structure (Merton), 34

社会世界：双重现实 Social world: double reality of, 7, 10-11, 255

《社会事实不是物》（蒙内罗）Les faits sociaux ne sont pas des choses (Monnerot), 180

社会问题 Social problems, 236-238, 239n. 30, 240, 244n. 43

社会物理学 Physics, social 参看 See 客观主义 Objectivism

～ Sociology, 71-72, 83-84, 157, 187-188, 196, 204, 210-212, 236-38, 236n. 27, 237n. 28, 240, 248, 249, 261

～与艺术的类似之处 analogy with art, 219-221, 220n. 3

艺术～ of art, 85-86

～中的自主性 autonomy in, 182-184, 186-187, 203-204

～的自由 freedom of, 198-99, 199n. 161

～与历史学 and history, 90-91, 94n. 41, 238

社会学与语言 and language, 241, 241n. 36

～与文学 and literature, 206-8

～与元话语 and metadiscourse, 191, 259

～面临的障碍 obstacles to, 186-187, 187n. 140

～与哲学 and philosophy, 50, 155-156, 182

～与政治 and politics, 50-51

～与先知预言的风格 prophetism and, 185-186

～与科学 and science, 175-176, 176n. 129, 177-178

～作为科学 as a science, 26-28, 185

～的任务 task of, 7, 12-15, 49-50, 50n. 88

～与理论 theory and, 31-34, 31n. 54, 32n. 55

～与无意识 and the unconscious, 213-214

～与无思 and the unthought, 238, 249-50

~的写作 writing of, 65–66, 65n. 7

亦参 See also 专门职业 Profession; 反思性 Reflexivity

社会学的观注 Sociological gaze, 46, 251;
社会学观注中的偏见 bias in, 39–40

《社会学的技艺》（布尔迪厄、尚博尔东、帕斯龙） Le métier de sociologue (Bourdieu, Chamboredon, and Passeron), 30n. 52, 95, 95n. 43, 221, 224

《社会学的问题》（布尔迪厄） Questions de sociologie (Bourdieu), 187n. 140

《社会学年度评论》 Annual Review of Sociology, 237n. 28

《社会学手册》（斯梅尔塞） Handbook of Sociology (Smelser), 176n. 129

社会资本 Social capital, 119

身体 Body, 93n. 40, 263
　～与语言 and language, 149
　社会化的～ as socialized, 74, 172–173

"身体技术"（莫斯） "Techniques of the Body" (Mauss), 149n. 103

神圣化 Consecration, 209–210, 210n. 172, 252

审美 Aesthetics, 5, 87–88, 88n. 33, 263
　～与哲学 and philosophy, 153–155
　～与学校 and scholē, 88

生平 Biography, 207–208, 207n. 169
　《学术人》与～ Homo Academicus and, 212–213
　"生平错觉"（布尔迪厄） "The Biographical Illusion" (Bourdieu), 207n. 169

时间 Time, 78, 78n. 19, 137–138, 137n. 91, 207–208
　～与行动 and agency, 123
　～与经济结构 and economic structures, 263–264
　惯习中的～ in habitus, 22
　历史中的～ in history, 93–94, 94n. 41
　～与实践 and practice, 138
　～与研究 and research, 234–235, 235n. 25

"时间与权力"（布尔迪厄） "Time and Power" (Bourdieu), 190n. 147

《识文断字的用途》（霍加特） The Uses of Literacy (Hoggart), 80n. 24

实践 Practice, 30, 70, 138, 221, 250, 262
　～与行动者 agents and, 129, 129n. 83
　～与惯习 habitus and, 27, 131, 135
　～与语言 language and, 141–142, 149
　～逻辑 logic of, 22–23, 39–40, 40n. 70, 43, 119–120, 121
　～与实践感 and practical sense, 120–21
　～与反思性 reflexivity and, 236
　～与图式 schemata and, 224–225
　社会学的～ sociological, 68–69, 223–24
　～与理论 theory and, 159–162, 161n. 117, 167

《实践的逻辑》（布尔迪厄） The Logic of Practice (Bourdieu), 42n. 74, 70n. 10,

115n. 68, 141, 213n. 177, 253n. 50, 264

实践感 Practical sense, 20-22, 247

～与断裂 rupture and, 251-252

～与游戏感 and sense of the game, 120-121

亦参 See also 知识：实践知识 Knowledge: practical

实践理论 Praxeology, 11-15, 22, 139, 262

《实践理论大纲》(布尔迪厄) Esquisse d'une théorie de la pratique (Bourdieu), 115n. 68, 140n. 94

《实践理论大纲》(布尔迪厄) Outline of A Theory of Practice (Bourdieu), 4, 121n. 76, 134n. 88, 140n. 94, 262

《实体与功能》(卡西尔) Substance and Function (Cassirer), 228

实用主义 Pragmatism, 122, 122n. 77

《实证哲学教程》(孔德) Cours de philosophie positive (Comte), 30n. 52, 176n. 129

实证主义 Positivism, 28, 110, 121, 175, 176, 190, 232, 235-36, 246

～与审查 and censorship, 206-207

～与对象构建 and construction of the object, 244-245, 244n. 43

对于～的批判 critique of, 32-35, 34n. 59, 65, 96

～与常人方法学 ethnomethodologists and, 73

～与开放式的概念 open concepts and, 95-96

～与操作定义 and operational definitions, 244-245

～与反思性 reflexivity and, 48-49

～与社会现实建构 and social construction of reality, 239

"世界的除魔"(布尔迪厄) "The Disenchantment of the World" (Bourdieu), 263-264

世界社会学大会 World Congress of Sociology, 237

市场 Market

学术～ academic, 246

语言～ linguistic, 145-147, 145n. 97, 257

婚姻～ matrimonial, 164, 165-66, 173

双重解读 Double reading, 7-8, 152-153

《谁统治》(达尔) Who Governs (Dahl), 229n. 20

司法资本 Juridical capital, 99, 99n. 51

T

谈话分析 Conversation analysis, 143, 144, 162, 226, 226n. 15

特定引力 Gravity, specific, 17

"体育社会学大纲"(布尔迪厄) "Program for a Sociology of Sport", (Bourdieu), 263

投入 Investment

经济的～ economic, 117-118

游戏中的～ in the game, 98, 118

图式 Schemata, 7, 12, 130n. 84, 223, 247

知觉和评价的～ of perception and

appreciation, 11, 13-14, 14n. 26, 20

科学实践的～ of scientific practice, 224-225

社会建构的～ socially constructed, 12-13

～与无思 and the unthought, 171

亦参 See also 惯习 Habitus

《图书评鉴：欧洲书评杂志》 Liber: The European Review of Books, 56-57, 57n. 104

W

网络理论 Network theory, 113-114

危机 Crisis

惯习与～ habitus and, 131

大学中的～ in the university, 89

微观分析与宏观分析 Micro-and macroanalysis, 3, 23, 159, 181, 262

唯方法论主义 Methodologism, 28-30, 28n. 48

唯经济主义 Economism, 115, 115n. 68, 118, 123

与～的区别 difference from, 26

唯理论主义 Theoreticism, 27-28, 110

唯理论主义的理论 Theoreticist theory, 31-32, 31n. 54, 161, 162, 175, 224-225

亦参 See also 理论：与研究的关系 Theory: relation to research

唯理论主义谬误 Theoreticist fallacy, 70, 71

唯智主义 Intellectualism, 121, 122, 142, 181

唯智主义谬误 Intellectualist fallacy, 39-40, 40n. 70, 71

亦参 See also 学究谬误 Scholastic fallacy

唯智主义偏见 Intellectualist bias, 69-70, 70n. 10

亦参 See also 学究谬误 Scholastic fallacy

位置 Position, 11, 97, 99, 105, 117, 229-30, 239n. 30

场域中的～ in a field, 86, 97-98, 101, 105, 214-215, 253-254

权力场域中的～ in the field of power, 231

～与语言 language and, 193

社会空间中的～ in social space, 136

～与无思 unthought and, 213, 213n 177

位置占据 Position-taking, 86, 99, 105

文化 Culture

～的支配 domination of, 87-89

高雅～ high, 87, 88

知识分子与～ intellectuals and, 88-89

与自然相对而言的～ as opposed to nature, 87

《文化商品的经济学》（布尔迪厄） The Economics of Cultural Goods (Bourdieu), 107n. 60

文化生产 Cultural production

～与审查 and censorship, 150

～的场域 field of, 26, 48, 69, 116, 184

"文化生产的场域"（布尔迪厄）"The Field of Cultural Production" (Bourdieu), 263

文化相对主义 Cultural relativism, 87

文化消费 Cultural consumption, 78

《文化与真理》（罗萨尔多）Culture and Truth (Rosaldo), 42n. 74

文化资本 Cultural capital, 4, 99, 102n. 55, 119, 119n. 74, 160

文学场域 Literary field, 86, 90, 104

～与社会学的类似之处 similarity to sociology, 206—208;

与权力场域相对的～ vis-à-vis field of power, 104

巫术 Magic, 81n. 25, 84, 117, 232

神圣化的～ of consecration, 209—210, 210n. 172

语言的～ of language, 148

民意调查的巫术 of public opinion polls, 200

"巫术的一般理论述要"（莫斯）"Outline of a General Theory of Magic" (Mauss), 148n. 101

无思 Unthought, 40, 171, 213, 213n. 177

哲学中的～ in philosophy, 157

～与社会学 and sociology, 238, 249—250

无所作为的主张 Futility thesis, 52

无意识 Unconscious, 40, 49

～和决定论 and determinism, 136—137

认识论上的～ epistemological, 41—42, 42n. 74

～和知识分子 intellectuals and, 191—192

～和社会学 sociology and, 213—214

误识 Misrecognition, 51, 198n. 160

～与性别支配 and gender domination, 171—172, 172n. 126

～与意识形态 ideology and, 250

～与符号暴力 and symbolic violence, 168, 168n. 123, 194—195

X

《西方社会学面临的危机》（古尔德纳）The Coming Crisis of Western Sociology (Gouldner), 38, 72

《系科之争》（康德）The Conflict of the Faculties (Kant), 78

系统理论 Systems theory, 96, 103;

～与场域理论的区别 difference from theory of field, 103—104

系统性概念 Systemic concepts, 96, 96n. 45

先发制人 Anticipation, 152

《先知与守护神》（克拉克）Prophets and Patrons (Clark), 177n. 131

闲暇 Scholē, 88, 157, 214

现代主义 Modernism, 17, 47, 154

现象学 Phenomenology, 4, 5, 9, 127

对于～的批判 critique of, 9—10, 73—74

对于～的借鉴 incorporation of, 20, 20n. 35

现象学与反思性 reflexivity and, 40

相对主义 Relativism, 203, 203n. 164, 214

主题索引

《小希比阿篇》（柏拉图）*The Lesser Hippias* (Plato), 160

写作 Writing

～方法 method of, 65-66, 66n. 8

社会学中的～ in sociology, 65-66, 65n. 7

《新科学精神》（巴什拉）*The New Scientific Spirit* (Bachelard), 35

信念 Belief

参看 See 信念 *Doxa*; 游戏中的切身利害 Game: stakes of; 幻象 *Illusio*

信念 *Doxa*, 98, 128, 169, 248

对于～的分析 analysis of, 73-74

思想中心论 intellecualocentric, 170, 170n. 125

～的政治意涵 political import of, 74

～的证实 ratification of, 246

学究式的～ scholarly, 89

信念与社会学 sociology and, 248

信念经验 *Doxie* experience, 73, 74, 168

～与马克思主义 Marxism and, 250-251

～的政治意涵 political implications of, 247

信息资本 Informational capital, 119

亦参 See also 文化资本 Cultural capital

行动/能动作用 Agency, 3, 3n. 3

理性行动理论中的行动 in rational action theory, 123

社会现象学中的行动 in social phenomenology, 9

行动路线 Lines of action, 22-23, 25, 129, 129n. 83

行动者 Agent, 7, 8-9, 19, 49, 70, 97, 129-130, 130n. 84

～作为资本承载者 as bearers of capital, 108-109

～与符号暴力的合谋 complicity with symbolic violence, 167-168, 168n. 122

～所受的决定作用 determinations of, 105, 168

～与决定论 and determinism, 136-137

～与主体的区别 as different from subject, 20-22, 107, 121-122, 137, 140

～与个体的区别 as different from the individual, 19, 107

～与支配 domination and, 52

～与经济 and economy, 124, 124n. 78

场域中的～ in a field, 100-102, 101n. 52, 102n. 55, 105, 107, 232, 257

～与惯习 habitus and, 18, 105, 120-121, 123-124

～与历史 and history, 123-124, 139

～与意识形态 ideology and, 250-251

～与行动路线 and lines of action, 129, 129n. 83

实践理论中的～ in praxeology, 11

～与规则 and rules, 115

～与心智图式 and schemata, 12, 13

～与社会现实 and social reality, 10,

127-128, 128n. 82

～与社会再生产 and social reproduction, 139-140

～与社会空间 and social space, 214-115

～与策略 strategy and, 256, 258

～之间的争斗 struggle of, 48, 69

亦参 See also 生平 Biography

性别 Gender, 74, 80n. 24

～与社会学中的偏见 and bias in sociology, 39

～与文化资本 and cultural capital, 119n. 74

～与惯习 habitus and, 172, 172n. 126

～与符号交换 and symbolic exchange, 173-174

性别对立 Gender oppositions, 134, 134n. 88

性别支配 Gender domination, 82, 134n. 88, 207n. 168

～与符号暴力 symbolic violence and, 74, 170-172, 172n. 126

性情倾向 Disposition, 11, 81, 105, 131, 239n. 30, 252

～与决定论 and determinism, 135-137

～与惯习 habitus and, 133

～与具体研究 and research, 249, 253

～与社会变革 and social change, 81, 81n. 25

～与社会轨迹 and social trajectory, 99

～的结构 structure of, 121-22

亦参 See also 图式：知觉与理解的图式 Schemata: of perception and apprehension

"胸怀大志的哲学家"（布尔迪厄）"An Aspiring Philosopher" (Bourdieu), 45n. 82

宿命论 Fatalism, 210

学界 Academia, 254-255

～与理论和研究之间分离的关系 and split between theory and research, 34

"学究观点"（布尔迪厄）"The Scholastic Point of View" (Bourdieu), 70n. 10

学究谬误 Scholastic fallacy, 42, 70n. 10, 123, 141

亦参 See also 唯智主义偏见 Intellectualist bias

"学究谬误"（布尔迪厄）"The Scholastic Fallacy" (Bourdieu), 264

学术场域 Academic field, 78n. 19, 100-101, 102, 105

～的进入壁垒 barriers to entry in, 75

～中的偏见 bias in, 39

～中的矛盾冲突 contradictions in, 89-90

与～保持距离 distance from, 45

《学术界里的陌生人：来自工人阶级的学者》（瑞安与萨克雷）Strangers in Academia: Academics from the Working Class (Ryan and Sackrey), 205n. 166

学术空间：作为争斗场所 Academic space: as site of struggle, 70-71, 254

《学术人》（布尔迪厄）Homo Academicus

(Bourdieu), 25n. 45, 43n. 77, 62-64, 62n. 1, 67, 75, 89, 105, 108, 156, 169, 182n. 135, 190, 203, 213n. 176, 264

~与生平 and biography, 212-213

~中的材料 data in, 64-65, 65n. 5

~与历史变迁 historical change and, 79, 79n. 22, 91

~与参与式对象化 and participant objectivation, 253-254

~中的反思性 reflexivity in, 194-195

《学做工》（威利斯）Learning to Labour (Willis), 80n. 24

Y

《言说意味着什么》（布尔迪厄）Ce que parler veut dire (Bourdieu), 140n. 94, 141

言语的学说 Logology, 30

言语行为理论 Speech-act theory, 147-148, 148n. 100

研究 Research, 218-219, 229, 249, 253

~与理论的融合 fusion with theory, 34-35

~与模型构建 and model building, 233

~与理论的关系 relation to theory, 3, 30-34, 31n. 54, 32n. 55, 182-183, 221-222, 232-233, 338

~与理论的脱节 split from theory, 174-175

~的教授 teaching of, 219-220, 234-235, 251-253

~与时间 time and, 234-235, 235n. 25

亦参 See also 唯理论主义的理论 Theoreticist theory

演说效应 Oracle effect, 147n. 99

《1968年的思潮》（菲雷与雷诺）La pensée 68 (Ferry and Renault), 180n. 134

《移民或异他性的困境》（萨伊德）Immigration or the Paradoxes of Otherness (Sayad), 54n. 97

艺术 Art, 85, 87

~与社会学之间的类似之处 analogy with sociology, 219-221, 220n. 3

~作为研究对象 as an object, 85-86

~与阶级 and class, 87-88

~可能性的社会条件 social conditions of possibility, 86-87

亦参 See also 观注：艺术观注 Gaze: artistic

艺术场域 Artistic field, 17, 87, 90, 97-98, 102n. 55, 105, 263

~与宗教场域的类似之处 as analogous with religious field, 86

~的构成 constitution of, 107, 107n. 60

~与经济场域 and the economic field, 109-110

~中的评判 evaluation in, 84-85

~中的断裂 rupture in, 93-94

艺术家 Artist

艺术家与自主性 autonomy and, 109-110

艺术家的概念 conception of, 93-94

艺术家与占位 and position-taking, 105
"艺术家生活方式的发明"（布尔迪厄）
　"The Invention of the Artist's Life" (Bourdieu), 263
《艺术之恋》（布尔迪厄、达贝尔、施纳佩尔） The Love of Art (Bourdieu, Darbel, and Schnapper), 85, 86, 87–88, 154
异化 Alienation, 201
《异己》（斯各特）Alien (Scott), 201
异治性 Heteronomy, 184
意识形态 Ideology, 106n. 59, 250–251
意向性 Intentionality, 20, 25
《尤利西斯和塞壬》（埃尔斯特）Ulysses and the Sirens (Elster), 126
游戏 Game, 25, 128–129, 197n. 158, 210
　～与资本 capital and, 98–100
　～与场域 field and, 21–22, 98–100, 198–199
　～与性别 and gender, 172
　～的投入 investment in, 98, 118
　～与参与式对象化 and participant objectivation, 259–260
　哲学～ philosophical, 152, 154–155
　～规则 rules of, 98, 99
　科学～ scientific, 223–224
　～感 sense of, 120–121, 128
　～与社会学 sociology and, 71–72
　～的争夺焦点 stakes of, 98, 100, 102, 116, 220–221
有限理性 Bounded rationality, 126–127

语言 Language, 15, 15n. 27, 47, 83, 142, 149, 193, 241
　获得～的渠道 access to, 257
　～与身体 and the body, 149
　～与场域 and field, 149–151
　～与权力 and power, 142–144
　～的权力 power of, 147–148
　～与实践 and practice, 141–142
　～与社会学家 and the sociologist, 241, 241n. 36
　～作为宝藏 as a treasure, 146
　亦参 See also 语言行为 Performative
"语言对科学思想发展的影响"（卡西尔）"The Influence of Language Upon the Development of Scientific Thought" (Cassirer), 15n. 27
语言行为 Performative, 141, 148, 148n. 100
　亦参 See also 语言 Language；语言学 Linguistics
"语言交流的（经济）体系"（布尔迪厄）"The Economy of Linguistic Exchanges" (Bourdieu), 262
语言学 Linguistics
　～与能力 competency and, 145, 146–147
　对于～的批判 critique of, 141–142, 146
　亦参 See also 语言 Language；语言行为 Performative
《语言与符号权力》（布尔迪厄）Language and Symbolic Power (Bourdieu), 140n. 94,

262

预先构建 Preconstructed, 236, 251

~与分类 classification and, 235-236

~与对象的构建 construction of the object and, 235-236

马克思主义里的~ in Marxism, 250-251

怨恨 Ressentiment, 212, 254

Z

再生产 Reproduction, 80n. 24, 99, 101, 139-140, 159

~与资本 and capital, 75-76, 114-115

~与阶级 and class, 27, 78

~与历史变迁 historical change and, 79, 79n. 22

学究信念的再生产 of scholarly *doxa*, 248

再生产理论家 Reproduction theorists, 80n. 24

哲学 Philosophy, 85, 153, 158, 179-180, 261

~的唯美主义 aestheticism of, 153-155

~生产场域 field of production of, 151-152

~与游戏 game and, 154-155

~与知识分子 intellectuals and, 45, 45n. 82

~与政治 and politics, 150-152, 155

~与社会学 and sociology, 155-156, 182

~与主体 and the subject, 214

~与无思 and the unthought, 157

争斗 Struggle, 48, 106n. 59, 256, 262

学术空间里的~ in academic space, 70-71, 254

场域中的~ in fields, 51, 76n. 16, 99-104

为了权力的~ for power, 114-115

~与社会学 sociology and, 211

~的空间 space of, 243

~的焦点 stakes of, 14, 69, 98

政治 Politics, 13-14, 14n. 26, 47, 190-91, 200

~与行为美学 and aesthetics of conduct, 197

布尔迪厄的~介入 Bourdieu's interventions, 53-56, 53n. 94, 54n. 98, 55nn. 100-101, 56n. 102

~与性别 and gender, 74

~与知识分子 intellectuals and, 56-57, 57n. 104, 190

~与哲学 and philosophy, 150-151, 152, 155

~与反思性 and reflexivity, 194-195

~与社会学 sociology and, 50-51, 187-188, 211

政治场域 Political field, 94, 102n. 55, 257

~与支配 and domination, 257-258

亦参 *See also* 科层场域 Bureaucratic field

支配 Domination, 12, 12n. 24, 14-15, 51, 74, 83, 93, 102n. 55, 106, 117, 145

~的二律背反 antinomy of, 82, 82n. 26

~与阶级 class and, 23-24, 52

～与文化 and culture, 87-89

～的破除 destruction of, 49-50, 50n. 88

～与场域的区别 as different from field, 167

～与被支配者 and the dominated, 23-24, 80-81, 80n. 24

场域中的～ in fields, 52, 76n. 16, 80, 84-85, 102, 190, 243

～与性别 and gender, 173-74

～与惯习 habitus and, 81

～的工具 instruments of, 13-14, 14n. 26

～与知识分子 intellectuals and, 38, 39, 63-64, 191-192, 193

～与语言 language and, 143-44, 145-146

《到灯塔去》中的～ in To the Lighthouse, 173

～与大众文化 and popular culture, 82-83, 83n. 27

对于～的抵抗 resistance to, 23-24, 80n. 24, 80-81, 82, 82n. 26, 90

～与怨恨 ressentiment and, 212

游戏空间的～ of space of play, 257

符号～ symbolic, 50-51, 106n. 59

～与符号生产者 and symbolic producers, 57-58

～与符号暴力 and symbolic violence, 167n. 121, 167-68

大学中的～ in the university, 89

亦参 See also 权力 Power; 符号暴力 Symbolic violence

知识 Knowledge, 70, 95n. 43, 181

～与行动 and action, 196-197, 196n. 157

～与权力 power and, 47-48, 48n. 86

实践～ practical, 9, 127-128

～与实践 and practice, 30, 121

～与反思性 reflexivity and, 254

～的教授 teaching of, 222-23

知识分子 Intellectuals, 44, 56, 63-64, 66, 74, 108, 111, 170, 187n. 142, 193, 195, 212, 212n. 175, 263

～与阿尔及利亚解放战争 and the Algerian war of liberation, 45, 45n. 81

～的自主性 autonomy of, 56, 57, 187-188

～作为被支配的资本形式的占有者 as bearers of dominated form of capital, 54

～与阶级 and class, 45, 106n. 59

～与集体无意识 and the collective unconscious, 191-192

～与文化 and culture, 88-89

～作为支配阶级中的被支配集团 as dominated fraction of dominant class, 38, 39, 51, 58, 81, 104, 192, 192n. 149

～与支配 and domination, 63-64, 191-192, 192n. 149

～与历史 and history, 197-198

～与马克思主义 and Marxism, 159

～与哲学 and philosophy, 45, 45n. 82

～与政治 and politics, 53-56, 190, 197

制度 Intuition, 108, 108n. 62, 164, 205-206

主题索引

制约 Conditioning, 127, 130
  亦参 See also 惯习 Habitus
智识场域 Intellectual field, 83n. 27, 106–107, 156, 192, 193, 243, 258
  ~的自主性 autonomy of, 187–188
  ~中的评价 evaluation in, 84–85
  ~与权力场域 and the field of power, 105
"重扬左派的自由意志传统"（布尔迪厄）"Reclaiming the Libertarian Tradition of the Left" (Bourdieu), 56n. 102
主观主义 Subjectivism, 9, 121, 129, 262
  对于~的批判 criticism of, 22
  实践理论中的~ in praxeology, 11
主体 Subject, 8, 137, 190, 214
  与行动者不同的~ as different from agent, 121–122, 137, 140
  与个体不同的~ as different from individual, 107
  ~与惯习 habitus and, 126
  ~的回归 return of, 179, 180
主体性 Subjectivity, 201
住房建设 Housing, 18, 108n. 61, 111n. 64, 112–113, 200, 200n. 163, 226n. 15, 227, 239
专门职业 Profession, 241, 244
  对于~的批评 critique of, 242–243
  ~作为场域 as a field, 243
"追求理性的现实政治学"（布尔迪厄）"Realpolitik of Reason" (Bourdieu), 190–191

资本 Capital, 4, 54, 97, 114, 230
  学术~ academic, 76
  ~与行动者 agents and, 108–109
  ~ arbitrariness of, 119
  ~兑换 conversion of, 118–119
  ~与场域 and field, 98–100, 101, 107–108
  权力场域中的~ in fields of power, 17–18
  智识~ intellectual, 56, 76, 88–89
  语言~ linguistic, 143
  哲学~ philosophical, 152
  政治~ political, 102n. 55
  ~与权力 and power, 114–115
  ~种类 species of, 7, 76n. 16, 98–100, 114–115, 118–119, 262
  特有的~形式 specific forms of, 107–108
  亦参 See also 文化资本 Cultural capital; 经济资本 Economic capital; 司法资本 Juridical capital; 科学资本 Scientific capital; 社会资本 Social capital; 符号资本 Symbolic Capital
"资本的形式"（布尔迪厄）"The Forms of Capital" (Bourdieu), 262
《资本论》（马克思）Die Grundrisse (Marx), 16
资料搜集 Data collection, 29, 29n. 51
  对于~的批判 critique of, 225–227
  亦参 实证主义 See also Positivism
"子虚乌有的所谓舆论"（布尔迪厄）"Public Opinion Does Not Exist" (Bourdieu),

240n. 34

《自杀论》(涂尔干) Suicide (Durkheim), 8

自我中心主义 Ethnocentrism, 69-70, 115n. 68

 方法论上的~ methodological, 169

自主性 Autonomy

 场域中的~ in a field, 177-178

 智识场域中的~ in the intellectual field, 187-188

 ~与科学资本 and scientific capital, 183-184

 社会学中的~ in sociology, 182-184, 186-187, 187-188, 203-204

宗教场域 Religious field, 17

 与艺术场域类似的~ as analogous with artistic field, 86

《宗教生活的基本形式》(涂尔干) The Elementary Forms of Religious Life (Durkheim), 44n. 79, 87

《醉心贵族的小市民》(莫里哀) Le Bourgeois gentilhomme (Molière), 248n. 46

《作为经验的艺术》(杜威) Art as Experience (Dewey), 122n. 77

"作为社会再生产策略的婚姻策略"(布尔迪厄) "Marriage Strategies as Strategies of Social Reproduction" (Bourdieu), 163-164, 163n. 118, 262

《作为一种艺术形式的社会学》(尼斯比特) Sociology as an. Art Form (Nisbet), 206n. 167

译后记

在这本书出版之际,对本书的作者大概已经不需要做太多的介绍了,这一年来,在国内学界,法国社会学家布尔迪厄(Pierre Bourdieu)的大名已经越来越响亮了。在两年多前,当我们立意翻译此书时,根本没有想到布尔迪厄的思想,或至少是名字,如此迅速地在国内流传开来,不管这于学界是幸,还是不幸。

作为一位已经进入法兰西学院的"不朽者",布尔迪厄大概是自阿隆(Raymond Aron)以来法国最有影响的社会学家。在法国当代社会学界的四位大家里,他现在是为国际社会理论界引用最多,研究最多的一位。

1930年,布尔迪厄出生在法国南部比安地区。相对来说,这个地区"较为落后"。布尔迪厄本人也总愿意强调自己是一个来自穷人家的孩子,但与雷蒙·威廉斯(Raymond Williams)这样出身社会底层的学者相比,大概他的家境要好得多。布尔迪厄在1954年从巴黎高等师范毕业,比福柯晚三年,比德里达早一年,与年鉴学派第三代中的佼佼者勒华拉杜里和专攻叙事理论的文学理论家热奈特同年。作为巴黎高师的高才生,他并没有因循这个培养法国知识精英的学校中一般学生的发展路径(凡是读过波伏瓦或萨特自传的读者,大概都对这种路径不太陌生)。1956年在阿尔及利亚服兵役的经历，使他从一个"高高在上"的哲学家转变为从事实地研究的社会科学家。这在当时法国的学术界，大概算是一种社会学意义上的"下向流动"了。但在阿尔及利亚的人类学研究，却构成了布尔迪厄此后思想发展的原动基础。他对实践的关注，对研究者和研究对象间之关系的强调，以及后来批评结构主义、倡导策略社会学的做法都可以在那些经历中找到最初的灵感来源。不过，布尔迪厄的正规人类学研究，始于1960年，从那时起，他在巴黎大学人文学院担任助教，通过自学逐渐成为一个人类学家。他曾经上过列维-斯特劳斯的课，后来他对阿尔及利亚地区的柏柏尔人住宅的符号结构的研究，显示了他从这些课中所受到的影响。此后，布尔迪厄还担任过阿隆的助手。与法国社会理论界这些有影响力的人物的接触，无疑对布尔迪厄本人的学术产生了相当大的影响。后来，布尔迪厄在接受采访时，也明确承认了这一点。在里尔大学任教三年后，布尔迪厄于1964年返回巴黎。从1968年起，他担任欧洲社会学中心主任至今。部分得益于福柯等人的帮助，布尔迪厄在1982年成为法兰西学院唯一的一名社会学教授（阿隆去世后，有一段时间，法兰西学院中没有一位社会学家）。自80年代后半期，布尔迪厄的学术影响在全世界迅速扩大。进入90年代，已经成为与吉登斯、哈贝马斯、卢曼比肩在世的社会理论大师。布尔迪厄的社会学理论强调理论探索与经验研究的紧密结合，秉承法国的认识论传统，并深受马克思、韦伯和涂尔干晚期作品以及莫斯、卡西尔、潘诺夫斯基等学者的影响，这些在他的几本著作中都有所反映。这些主要著作包括：《实践理论大纲》《教育、社会和文化的再生产》《区分》《学术人》《实践的逻辑》《换句话说》《语言与符号暴力》,以及《悲惨世界》等。

华康德现在加州大学伯克利分校任教,同时也在布尔迪厄主持的欧洲社会学中心从事研究工作。他现在是英语世界中介绍布尔迪厄理论最不遗余力的一位学者了。他本人则通过对黑人拳击手的经验研究应用和发展布尔迪厄的理论。

本书的中文本能够得以问世,首先要感谢布尔迪厄教授和华康德教授慷慨地授予了我们中文版权,并始终关心本书的翻译工作,解答我们提出的问题。而且由于种种周折,本书译毕后,历经两年才有机会出版,华康德教授不厌其烦地为版权进行了再次认定,对此,我们尤为感谢。在联系版权过程中,北京大学社会学系的杨善华教授给予我们以很大的帮助,在此也表示感谢。

邓正来先生和陈嘉映先生先后校阅了本书全文,改正了原稿中的许多错误,对他们的辛苦劳动,我们亦深表谢意。当然,本书不免仍有错误,则应完全由我们自己负责。

邓正来先生和王炜先生还为本书的出版做了大量工作,我们由衷地感谢他们为此付出的心血。

本书由两人合译始,今天看来虽屡经校改,仍有不尽如人意处,望读者坦率批评和指正。为有不同学科阅历读者方便,书中冒昧地添加了许多介绍名词概念、学术和人物背景的译注,但愿不会使博学的读者厌烦。本书的翻译出版,辗转两年有余,布尔迪厄的学说对我们的意义已经有了许多变化,但当时在燕园46楼一起无知无忌地纵谈布尔迪厄的朋友却依旧,就以此怀念"麻雀"们一起啁啾的时光。

李猛　李康

1997年8月于燕园

校订说明

书名改为《反思社会学导引》。基于中央编译出版社2004年版订正了不少错误，其中许多排印错误是该版对1998年初版进行重排时新出现的，甚憾。

"反思""惯习""性情倾向"等核心概念的译法，十数年来中文学界不乏批评意见，如理解不准、生造汉语等，高宣扬先生等也有其他译法。但这些术语贯穿全书，或意涵复合（如反思、反身、反馈），或并举对比（如habitus、habit、hexis），并无完美解决方案。此次不做通改，权当翻译局限的体现。

两位译者17年前初译学术著作，经验不足，也不具备今日之网络检索条件。如今看来，无论在学理意义还是文字意义上，处理布尔迪厄的长句功力还是不足，尤其大量破折号原本是可以消掉的。此次校勘限于语词，对句式已经无法调整。另外一些疏漏，源于当初手写译稿、互校复译、转录电脑的繁难环节。无论如何，感念当时L君放弃下班休息时间，承担了大量看似机械的工作，细心辨识，反复录入；还有原译后记中曾致谢的师友里的王炜和邓正来先生，三位已先后辞世，愿他们安息。

李康
2013年9月于北大燕园

重订补记

遵照出版方对于学术译著的规范要求，此次又为全书补上了英文页码作为边码，翻译并重新编排了原书的两份索引，在依据索引页码回查正文译名的过程中，又修订了一些译法。但必须说明的是，不同于同期操作的吉登斯《社会的构成》的校订，本书并没有对照原文逐字逐句重校，一定会有不少改善空间，敬请明察。特别感谢编辑白中林先生在这本书整个再版过程中的细致努力。

李康

2014 年 9 月于北大燕园

"社会学名著译丛"已出书目

《帝国的政治体系》　　　　　　〔以色列〕S.N. 艾森斯塔德

《马克斯·韦伯与经济社会学思想》〔瑞典〕理查德·斯威德伯格

《社会科学方法论》　　　　　　〔德〕马克斯·韦伯

《污名》(修订译本)　　　　　　〔美〕欧文·戈夫曼

《互动仪式链》　　　　　　　　〔美〕兰德尔·柯林斯

《符号理论》　　　　　　　　　〔德〕诺伯特·埃利亚斯

《背弃圣约》　　　　　　　　　〔美〕罗伯特·贝拉

《反思社会学导引》　　　　　　〔法〕布尔迪厄〔美〕华康德

图书在版编目(CIP)数据

反思社会学导引/(法)布尔迪厄,(美)华康德著;李猛,李康译.--北京:商务印书馆,2024.--(社会学名著译丛).--ISBN 978-7-100-24450-3

I. C91

中国国家版本馆 CIP 数据核字第 2024D5V106 号

权利保留,侵权必究。

社会学名著译丛

反思社会学导引

〔法〕布尔迪厄　著
〔美〕华康德

李猛　李康　译

商　务　印　书　馆　出　版
(北京王府井大街36号　邮政编码100710)
商　务　印　书　馆　发　行
北京中科印刷有限公司印刷
ISBN 978-7-100-24450-3

2024年11月第1版	开本 880×1230　1/32
2024年11月北京第1次印刷	印张 16½

定价:82.00元